पाटन का प्रभुत्व

पाटन का प्रभुत्व

कन्हैयालाल माणिकलाल मुंशी

अनुवाद

प्रवासीलाल वर्मा

वाणी प्रकाशन

वाणी प्रकाशन

4695, 21-ए, दरियागंज, नयी दिल्ली 110 002

शाखा

अशोक राजपथ, पटना 800 004

फ़ोन: +91 11 23273167 फ़ैक्स: +91 11 23275710

www.vaniprakashan.in
vaniprakashan@gmail.com

PATAN KA PRABHUTVA
by Kanhaiyalal Maniklal Munshi
Translated by Prawasilal Verma

ISBN : 978-81-7055-209-3

Novel

प्रथम संस्करण 1990
द्वितीय संस्करण 2002
तृतीय संस्करण 2009
आवृत्ति संस्करण 2015
मूल्य : ₹ 395

शुभम् ऑफ़सेट, दिल्ली-110 032 में मुद्रित

वाणी प्रकाशन का लोगो मक़बूल फ़िदा हुसेन की कूची से

प्रस्तावना

प्राचीन गुजरात का इतिहास जानने के साधन इतने अल्प हैं कि उन पर उपन्यास की नींव रखना बहुत कठिन है। उस समय के रीति-रिवाज, कार्य-पद्धति और संसार की घटनाओं का हमें बहुत कम ज्ञान है। ऐतिहासिक पुरुषों के जीवन-चरितों का नितान्त अभाव है। तद्विषयक लेख भी थोड़े ही मिलते हैं, और जो मिलते हैं वे उपन्यास-रचना के लिए निरर्थक हैं। अतएव, जिस समय का चित्रण अभीष्ट है, उसके वातावरण का सृजन करना असम्भव-सा हो जाता है। इन कारणों से जो कुछ प्रयत्न किये जाते हैं, उनमें ऐतिहासिक दृष्टि से अनेक दोष रह जायें, यह स्वाभाविक है। इस उपन्यास में सज्जनों को यदि इस प्रकार का कोई दोष दिखलाई दे, तो आशा है, वे क्षमा करेंगे।

इस उपन्यास के अनेक पात्र ऐतिहासिक हैं। भीमदेव और विमलशाह की ऐतिहासिक ख्याति जगत्-प्रसिद्ध है; न हो, तो होनी चाहिए। इस समय जिस जगह अहमदाबाद है, उसके निकट ही कर्णावती नगरी को स्थापित करने वाला कर्णदेव भी परिचित है; उसकी स्त्री मीनलदेवी चन्द्रपुर (दक्षिण) से किस प्रकार आयी, राजा से विवाह किया, अवमानिता हुई और मुंजाल के प्रयत्न से फिर किस प्रकार सम्मानिता हो गयी, यह भी इतिहास में है। क्षेमराज के त्याग और अपने काका के प्रति देवप्रसाद के आत्म-त्याग के लिए भी ऐतिहासिक प्रमाण हैं। इतिहास में केवल यह नहीं दिखाया गया है कि देवप्रसाद की मृत्यु किस कारण हुई। शान्तिचन्द्र, मुंजाल और उदा (श्रीमाली वणिक) के द्वारा हमारे महान गुर्जरेश सिद्धराज जयसिंहदेव के समय की गयी सेवाओं की साक्षी इतिहास देता है; और उदा तो कुमारपाल के राज्य-काल तक महामंत्री था। कुमार जयदेव भविष्य के राजाधिराज हैं, उन्हें सभी पहचान सकेंगे। त्रिभुवनपाल जयदेव के परम मित्र और पाटन के अलंकार थे। मदनपाल और लीलाधर वैद्य भी सच्चे ऐतिहासिक पात्र हैं। मदनपाल की मृत्यु भी ऐतिहासिक है। पाटन की ध्वजा पर ताम्रचूड़ कुक्कुट का चिह्न था, यह अनेक लेखों में मिलता है और सिद्धराज 'ताम्रचूड़ ध्वज' के नाम से पुकारे जाते थे।

इस उपन्यास को इस प्रकार जन्म देने में दो मित्रों से बहुत सहायता मिली है, इसे हम साभार स्वीकार करते हैं; एक हैं श्री अम्बालाल बु.जानी और दूसरे श्री खुशाल त. शाह।

1916 ई.

–क.मा. मुंशी

अनुक्रमणिका

उपोद्घात

गुजरात के वैभव पर अंधकार, विस्मरण और पराधीनता के अनेक स्तर चढ़ गये हैं। यद्यपि आज गुजरात की भूमि पर नीरस शान्ति छायी हुई है, तथापि किसी समय इसी भूमि पर इतिहास की सजीव घटनाएँ घटित हुई थीं। अकाल के मारे हुए इन्हीं खेतों की परिपूर्ण फसल ने, नाममात्र को रहे हुए इन्हीं वनों के वृक्षों की गहरी हरियाली ने और सूखी हुई सरिताओं के उछलते हुए जल ने किसी समय कुछ और ही जीवन देखा था, विजयी वीरों की रण-गर्जना सुनी थी, सत्ता और भक्ति के भावों का अनुभव किया था। गुजरात एक महावृक्ष है। इसकी जड़ में परमात्मा श्रीकृष्ण का कर्मयोग छिपा हुआ है, इसकी डालियों पर महाकवि नमद और महात्मा गाँधी की कोंपलें फूटी हैं।

मध्यकाल में गुर्जर-साम्राज्य की नींव डालनेवाला मूलराज सोलंकी था। उसके प्रताप, उसके कार्यों ने अनहिलवाड़ पाटन का नाम सारे भारतवर्ष में प्रसिद्ध कर दिया था। आसपास के राज्यों को जीतकर, वह उन पर पाटन की पताका फहराना चाहता था। बहुत अंशों में इसमें वह सफल भी हुआ था; परन्तु वृद्धावस्था में उसकी धार्मिक वृत्ति इतनी अधिक बढ़ गयी कि उसके पुत्र चामुंड तथा पौत्र दुर्लभसेन पर भी उसकी छाया पड़े बिना न रही। साम्राज्य के स्वप्न नष्ट हो गये। पाटन के नरेश स्वतंत्र, पर सत्ताहीन हो गये।

जब दुर्लभसेन के भाई नागराज का युवक पुत्र भीमदेव सिंहासन पर आरूढ़ हुआ, तब देश की स्थिति बहुत ख़राब थी। मूलराज की राजनीति के कारण लोग बहुत धनी और स्वच्छन्द हो गये थे। राजपूत इधर-उधर की लूट-पाट से अपनी सत्ता बढ़ाते और उसी में अपनी कृतार्थता समझते थे। इसलिए देश की हालत कुछ ठीक-ठिकाने की नहीं थी। इसी समय गज़नी के बादशाह की आकांक्षा का ज्वालामुखी फट पड़ा। उसके लावा की ज्वालाओं ने पाटन को जला डाला, सोमनाथ को भूमिसात् कर दिया—गुजरात की स्वतन्त्रता की धूल उड़ गयी। भीमदेव अपने प्राण बचा कर कंथकोट (कच्छ) भाग गया।

परन्तु, वहाँ वह शान्त होकर नहीं बैठा। उसमें अथाह शौर्य और साहस था। मुहम्मद ग़ज़नी के पीठ फेरते ही इधर-उधर के योद्धाओं को एकत्र करके उनमें स्वदेश-प्रेम जाग्रत् करना उसके लिए पल-भर का काम था। श्रावकों को अपने राजाओं के संरक्षण में निर्भयता से व्यापार करने की टेव पड़ी हुई थी। वे यवनों के अत्याचारी शासन से तंग थे, इसलिए उन्होंने भी सहायता की, और वीरवर भीम ने

पाटन को फिर अपने अधीन कर लिया। उसने यवनों के बिठाये हुए नाम-मात्र के राजाओं को, देश से बाहर निकाल दिया और पाटन फिर स्वतन्त्र हो गया।

भीमदेव योद्धा था, राजनीतिज्ञ नहीं। उसे यह नहीं आता था कि धन और सत्ता से अभिमानी बने हुए व्यापारियों को किस प्रकार ठीक रखा जाय। यह भी उसकी समझ में नहीं आता था कि लूटनेवाले और चाहे जिस बहाने से उपद्रव मचाने वाले अविचारी राजपूतों को किस प्रकार सीधा किया जाय। पाटन के नगरसेठ और दंडनायक, विमल मंत्री ने धन के मद में चूर होकर पाटन छोड़कर चन्द्रावती बसायी। बहुत-से धनी व्यापारी भी वहाँ जा बसे और अपने राज्य-कार्यों को पंचायत के द्वारा करने लगे। पाटन की सत्ता वहाँ नाम-मात्र की ही थी। भीम विमलशाह की मैत्री को निभाता रहा, उसकी सहायता से आसपास के राज्यों से लड़ा और मालवराज की महत्वाकांक्षा को भी काबू में रख सका। पाटन का राजा बहादुर कहलाता और योद्धा समझा जाता था; परन्तु पाटन के बाहर उसकी सत्ता बहुत कम थी। मूलराज के समय में जागीरें पाकर जो राजपूत योद्धा छोटे-छोटे राजा बन गये थे, पाटन के राजा को नाम-मात्र का चक्रवर्ती समझते थे और जो शक्तिशाली मंडलेश्वर थे, वे अपने-अपने मंडल या प्रान्त में एक तरह से स्वतंत्र थे। इन सबकी सहायता से ही भीमदेव ने पाटन को फिर अपने अधीन किया था; इसलिए वह उनसे कुछ कह नहीं पाता था।

जैनों और राजपूतों में बहुत वैमनस्य रहता था, जब-तब झगड़े हुआ करते थे। जैन साहूकार भी शक्ति और शौर्य में कुछ कम न थे। राजा बड़ी मुश्किल से दोनों पक्षों को सीधा रखने का प्रयत्न करता था। भीम ने वानप्रस्थ ग्रहण कर लिया। उसकी पहली वणिक पत्नी बकुलादेवी का पुत्र क्षेमराज बड़ा बुद्धिमान था। परन्तु, उसे विश्वास नहीं था कि राजपूत सामन्त उसकी सत्ता को स्वीकार करेंगे; अतएव बुद्धिमानी से काम लेकर वह भी वानप्रस्थ हो गया और अपने पुत्र के लिए उसने देहस्थली का प्रान्त माँग लिया। तब भीम की राजपूत पत्नी उदयामती का पुत्र कर्णदेव सिंहासन पर आरूढ़ हुआ। उसमें वीरता थी; पर साथ ही वह मौजी और शौकीन भी था। अतएव युद्धों के दुःख उठाने की अपेक्षा कर्णावती स्थापित करके वहाँ सुन्दर और विशाल महल बनवाने की ओर उसकी दृष्टि अधिक गयी। वह चाहता था कि सब कुछ शान्ति से चलता रहे।

क्षेमराज का पुत्र देवप्रसाद अशान्ति की मूर्ति था। उसमें भीमदेव की वीरता, सरलता, शौर्य और प्रताप मूर्तिमान हो रहे थे। परन्तु, बुद्धि और राजनीतिक दाँव-पेचों में उसके समान यह भी कच्चा था। आसपास के थोड़े से स्वतन्त्र और छोटे-छोटे नगर उसने जीते और वह राजपूत सामन्तों का अगुआ बन गया। उन्हें भीमदेव के स्वच्छन्दी उपद्रवी दिन याद आये और वे मानने लगे कि कर्णदेव के पश्चात् देवप्रसाद* गद्दी पर बैठे, तो सोने का सूर्य उदय हो जाय।

इस समय पाटन के श्रावकों या जैनों का बल बढ़ गया। जो श्रावक चन्द्रावती चले गये थे, उनमें से बहुतों को पाटन के प्रति प्रेम था। वे फिर लौट आये और कर्ण की शान्त राजनीति के कारण वे सफल भी हुए। मंत्री-पद तो वे बहुत समय से भोग रहे थे, और, यदि राजा नाम-मात्र का हो और फिर वह उनके कहे अनुसार चलता हो, तो उस राजा को नाम-मात्र का सम्मान देते रहने में क्या हर्ज था?

इसी समय चन्द्रपुर की राजकुमारी मीनल कर्णदेव से ब्याह करने आयी। राजा ने विवाह किया, पछताया और उसने उसे छोड़ भी दिया। परन्तु बाद में नगरसेठ मुंजाल के प्रयत्न से, जो कि राजा का मित्र था, पति-पत्नी के बीच मेल हो गया। राजा मीनलदेवी को फिर मानने लगा और उनसे कुमार जयदेव का जन्म हुआ। मीनलदेवी जैन थी, उसका मुख्य परामर्शदाता मंत्री बुद्धिमान मुंजाल भी जैन था; अतएव राजपूतों की स्थिति बिगड़ने लगी। देवप्रसाद का प्रभाव कम होने लगा।

देवप्रसाद पहले तो चिढ़ा, फिर देहस्थली चला गया और वहाँ अपना मंडल बढ़ाने का प्रयत्न करने लगा। देहस्थली का मंडल एक छोटा-सा राज्य बन गया। पाटन को निर्बल देखकर देवप्रसाद का हृदय फटता था; परन्तु करे क्या?

मुंजाल ने छोटे सामन्तों को तो धीरे-धीरे पाटन के अधीन कर लिया परन्तु मंडलेश्वरों और खास करके देवप्रसाद को अधीन करना सहज नहीं था और फिर राजा किसी भी कड़े उपाय से काम लेने के विरुद्ध था; अतएव मुंजाल कोई सख्त कदम न उठा सकता था।

---

*अनहिलवाड़ पाटन के राजाओं की वंशावली और राज्य काल

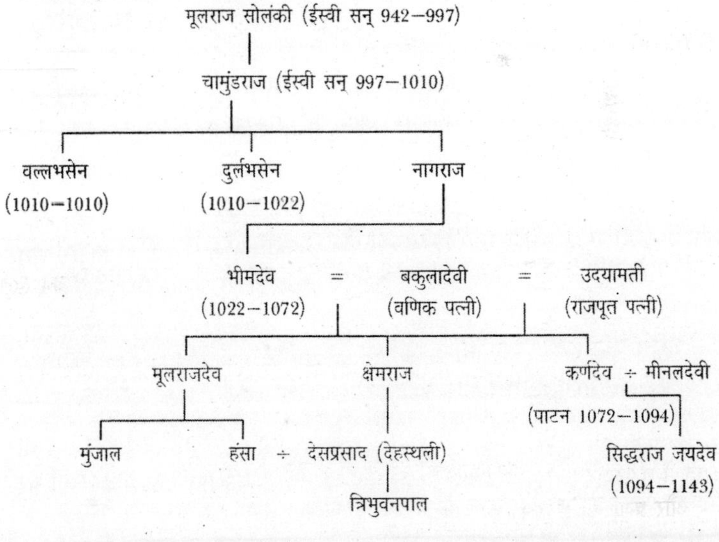

कर्णदेव की मृत्यु निकट आ पहुँची। इससे वातावरण गम्भीर हो गया। सब सोचने लगे कि 'अब क्या होगा?'

भूत

सम्वत् 1150 के ग्रीष्म की रमणीय सन्ध्या अंधकार में विलीन हो रही थी। सप्तमी-अष्टमी का अर्द्धचन्द्र धीरे-धीरे तेजस्वी होता जा रहा था। पाटन जाने का मार्ग इस समय शून्य और भयंकर प्रतीत होता था। आसपास की वृक्षावली साँय-साँय कर रही थी। दूर से सुन पड़नेवाली सियारों की आवाज़ कभी-कभी भयानक रूप से शान्ति को भंग कर देती थी। ऐसे निर्जन मार्ग पर लुटेरों और बहारवटियों[1] के भय की परवाह न करके दो घुड़सवार तेज़ी से पाटन की ओर जा रहे थे।

आगे के घोड़े का सवार प्रचंड और तेजस्वी प्रतीत होता था। उसकी बड़ी-बड़ी और तेजस्वी आँखें अँधेरे में न दिखने वाले पाटन के किले की ओर लगी हुई थीं; और वह जब-तब अपने तेज़ घोड़े को एड़ लगाकर और भी तेज़ी से दौड़ाने का प्रयत्न कर रहा था, मानो इस चाल से उसे सन्तोष नहीं था। उसका पहनावा उस समय के साधारण राजपूत योद्धाओं का-सा था। उसकी छोटी भौंरे जैसी काली दाढ़ी के छोर कान से लिपटे हुए थे।

पिछला घुड़सवार लगभग सत्रह वर्ष का, स्वरूपवान् और चंचल था। उसकी सुन्दर आँखें, इतनी तीव्र गति होने पर भी, आसपास की विशेषताओं को देखने में नहीं चूक रही थीं। उसका पहनावा भी बड़े सवार के ही सदृश था।

वातावरण में रमणीय अस्पष्टता थी, मोहक शान्ति थी, दुखियों के हृदय में भी सुख प्रेरित करने की शक्ति थी, फिर भी आगे चलने वाले घुड़सवार का चित्त अशांत था। उसकी भौंहें चढ़ी हुई थीं।

कुछ चलकर अगले घुड़सवार ने घोड़े को जरा रोका और पीछे मुड़कर पिछले घुड़सवार से कहा, "त्रिभुवन, इस पगडंडी से हम जल्दी पहुँचेंगे, क्यों?"

त्रिभुवन ने कुछ मुस्कराकर कहा, "मुझे मालूम नहीं; परन्तु यह तो किसी का खेत प्रतीत होता है।"

"इससे क्या हुआ? पास में ही श्रावकों का उपाश्रय[2] है, वहीं से जाना होता है।" यह कहकर अगला घुड़सवार चल पड़ा।

---

1. गुजरात में बहारवटिया उन विद्रोहियों को कहते हैं जो राजा से बिगड़कर उसके कानूनों को तोड़ने और प्रजा को तंग करने के लिए बाहर निकल पड़ते हैं।
2. उपासरा, जैन साधुओं के ठहरने के लिए बना हुआ मकान।

पगडंडी बहुत सँकरी थी। ऊपर झुके हुए वृक्षों की घटा में से कहीं-कहीं चन्द्रमा दीख जाता था। परन्तु घोड़ा कुशल और विश्वसनीय था। घुड़सवार उस पर भरोसा रखकर आगे बढ़ा। कुछ देर में सँकरी पगडंडी चौड़ी हो गयी और वृक्षों की कतार से बना हुआ एक प्राकृतिक चौक-सा आ गया। वहाँ चाँदनी फैली हुई थी; सब चीज़ें रुपहले रंग से रंगी हुई दिखायी पड़ रही थीं। घुड़सवार विचारों के चक्कर में इधर-उधर देखे बिना घोड़ा दौड़ाता रहा।

इतने में अगले सवार का घोड़ा लड़खड़ा गया और तेजी के जोश में बढ़ता हुआ गिर पड़ा। सवार भी उसके साथ नीचे आ रहा। गिरते-गिरते उसकी दृष्टि सामने पड़े हुए एक पत्थर पर गयी। गिरने की पीड़ा को भूलकर वह उसी ओर देखने लगा।

रुपहली चाँदनी के साथ सन्धा के मन्द प्रकाश के मिल जाने से जो अद्भुत स्वप्न जैसा सन्ध्या का उजेला हो रहा था, उसमें उसने उस पत्थर पर एक स्त्री को देखा।

उसके वस्त्र सफ़ेद और सादे प्रतीत हुए। मुखारविन्द सुन्दर पर सूखा-सा लगा। आँखें बड़ी, परन्तु म्लान-सी दिखलाई पड़ीं। गिरते-गिरते एक पल में सवार ने यह सब देख लिया। उसकी एक-एक रेखा उसने हृदय में अंकित कर ली, उसे पहचान लिया, हृदय की गहराई में से एक विशाल तरंग उठी और वह कहाँ है, क्या कर रहा है, सब भूल गया।

सवार एकदम उठ खड़ा हुआ और धूल झाड़ने की भी परवाह किये बिना पत्थर की ओर लपका। "कौन, ऐं?" परन्तु पत्थर पर कोई था नहीं। सवार की आँखें फट गयीं, उसका अंग-अंग काँपने लगा। उसने चारों ओर देखा; परन्तु कोई भी नहीं था। स्वप्न समझकर उसने आँखें मलीं। पागलों की भाँति व्याकुल-सा होकर वह इधर-उधर देखने लगा।

"यह कैसा भ्रम है भगवान्!" वह इस प्रकार दयनीय-सा मुख बनाकर बुदबुदाया, जैसे उसका हृदय फटा जा रहा हो। मस्तक की वेदना को दबाने के लिए उसने कनपटी को हाथों से दबा लिया। कपाल के पसीने को पोंछ डाला। निःश्वास छोड़ा। अज्ञात भय से उसे ज़रा कँपकँपी आ गयी।

इतने में पिछला सवार आ पहुँचा। "पिताजी, क्या देख रहे हैं? अरे, क्या घोड़े पर से गिर पड़े?"

पिता ने बड़ी कठिनाई से चित्त को ठिकाने लाकर कहा, "नहीं बेटा, घोड़ा ज़रा लड़खड़ा गया था।"

"क्या घोड़ा लड़खड़ा गया था? आप गिर गये, यह तो अनोखी बात है।" कहकर त्रिभुवन हँस पड़ा और घोड़े को निकट लाकर पिता की ओर देखने लगा। उनके भयंकर बने हुए चेहरे को देखकर वह चुप हो रहा। पिता के स्वभाव को वह जानता था, और ऐसे अवसर पर चुप रहना ही पसन्द करता था। पिता चुपचाप अपने होंठों को दबाये हुए घोड़े के पास आया और धीरे से उसको कसा। ऊबकर, लापरवाही

से घोड़े की लगाम उसने घोड़े की गरदन पर डाल दी और छाती पर सिर झुकाकर गहरे विचार में लीन हो गया। उसे ऐसा लगा, जैसे एक पल में ही बुढ़ापे ने आ घेरा हो।

पीछे चंचल लड़के ने पिता की व्यथा को देखा और बीच में बोलकर उसे अधिक दुःखी करने की अपेक्षा मौन मुख वह भी घोड़े को धीरे-धीरे बढ़ाने लगा। अगला घोड़ा भी अपनी इच्छानुसार चलने लगा।

कुछ देर यही क्रम रहा। इसी समय अगले सवार की विचार-माला फिर टूट पड़ी। किसी ने पुकारकर कहा, "अरे! वह सामने बाड़े का दरवाज़ा बन्द किया हुआ है, उस तरफ़ घोड़ा लिये जा रहे हो, काँटों में न जा पड़ोगे!"

सवार ने फिर चित्त को ठिकाने किया, "क्यों, यह रास्ता बन्द है?"

"हाँ भैया! यों फिरकर जाओगे तो रास्ता मिल जायगा।"

"यहाँ कहाँ आ गये?"

इसी समय लड़का पीछे से आ पहुँचा, "आप पहचानते नहीं, यह विमल मंत्री का स्थानक है।"

"अच्छा!"

लड़के ने पूछा, "पाटन का दरवाज़ा अब कितनी दूर है?"

"यही कोई दो खेतों की दूरी पर है, इस रास्ते से जाओ।" कहकर ग्रामीण ने रास्ता दिखा दिया।

पिता और पुत्र साथ-साथ चलने लगे।

"बहुत विलम्ब हो जायगा। पाटन के दरवाज़े बन्द हो गये, तो फिर मुश्किल है।" लड़के ने कहा, "उस यति ने रास्ते में बहुत देर लगा दी? मुझे तो वह कोई बड़ा पहुँचा हुआ मालूम पड़ा।"

"बेटा, आजकल चन्द्रावती के जैन अभिमान से फूले नहीं समा रहे हैं। वे पाटन को भी जैनों का ही बनाना चाहते हैं। क्या करूँ, मेरा वश नहीं है।"

"पिताजी, आप इतने ज़ोर से बोल रहे हैं? कहीं कोई सुन लेगा तो?"

"हाँ बेटा, भूल गया। लो, वह दुर्ग दिखलायी पड़ने लगा; परन्तु त्रिभुवन, वह यति तो हमसे पहले रवाना हुआ है, इसलिए अब पहुँच गया होगा।"

"हाँ, हम ज़रा थकावट दूर करने को सो गये और वह निकल गया।"

पाटन का दरवाज़ा आ पहुँचा। वह बन्द होने की तैयारी में था। पिता-पुत्र ने चुपचाप दरवाज़ा पार किया।

कुछ देर में अगले घुड़सवार ने घोड़ा खड़ा रखकर कहा, "बेटा, मैं राजमहल में जा रहा हूँ, तुम अपने यहाँ जाओ।"

त्रिभुवन बड़े प्रेम-भाव से कुछ देर पिता की ओर देखता रहा, "पिताजी, यों अकेले जाओगे और कुछ हो गया तो?"

"अरे पगले! मुझे क्या होगा? किसका साहस..."

"समय अच्छा नहीं है, आप जो कदम बढ़ा रहे हैं, वह बड़ा विकट है।"

"विकट क्या है? ऐसे तो न जाने क्या-क्या कर चुका हूँ।"

"परन्तु मामा बड़े ज़बरदस्त हैं!"

"जाओ, जाओ, जाकर बेफिक्री से सो जाओ। ऐसे बहुत-से मंत्री देख डाले हैं।"

"अच्छा, कल सवेरे समाचार दीजिएगा।"

"ज़रा भी चिन्ता न करो।" कहकर पिता ने अपना घोड़ा एक ओर बढ़ा दिया।

पिता जब तक दृष्टि से ओझल न हो गया, तब तक त्रिभुवन खड़ा रहा और कुछ देर में उसने भी उसी ओर अपने घोड़े को बढ़ा दिया।

भविष्यवाणी

राजपूत सवार राजमहल के पिछले दरवाज़े पर नौकरों के आने-जाने की खिड़की के पास पहुँचा और उसने धीरे से उसे खटखटाया। कुछ देर में एक स्त्री ने खिड़की खोल दी, "कौन, भीमा?"

सवार ने ज़रा हँसते हुए कहा, "नहीं, ज़रा समरसेन चोबदार को बुला दोगी?"

स्त्री लजाकर सिर नीचा किये चली गयी।

सवार ने कुछ देर प्रतीक्षा की। अन्त में ऊबकर बग़ल के एक कुंडे से घोड़े को बाँध दिया और खिड़की को लाँघकर अन्दर जा पहुँचा। ऐसा प्रतीत होता था कि वह राजमहल के कोने-कोने से परिचित है। इसलिए वह बायीं बग़ल से नौकरों के रहने की कोठरियों की ओर गया और उसने एक कोठरी का द्वार खटखटाया।

"कौन है इस समय?" कहकर एक बूढ़े ने द्वार खोल दिया, सवार को देखकर उसने आश्चर्य से पूछा, "कौन?"

"मैं हूँ। चुप रह, मुझे अन्दर आने दे।"

राजपूत अन्दर चला गया और उसने सावधानी से किवाड़ बन्द कर लिये। चोबदार हाथ जोड़े सामने खड़ा हो गया।

"प्रभु! आप इस समय और यहाँ?"

"समर! यहाँ इसी समय मेरा काम है। इस समय न आता, तो फिर जीवन-भर देहस्थली के दुर्ग में सड़ते रहना पड़ता।"

"परन्तु मालिक, अगर मुंजाल मंत्री या मीनलदेवी जान जाएँगी, तो?"

"तो क्या हुआ? तीन-चार दिन इस प्रकार बीत गये, तो फिर मुझे कोई अड़चन नहीं आ सकती।"

"जो मालिक की आज्ञा। अब..."

"अब क्या? तुम्हारे पास जो कुछ खाने को हो, ले आओ, और फिर लीलाधर वैद्य को बुला दो।"

"अन्नदाता, यह तो नहीं हो सकता। वे रात-दिन महाराज की सेवा में रहते हैं।"

"तो उनका दामाद वाचस्पति क्या करता है?"

"हाँ, वे ठाले हैं; परन्तु उनसे क्या कहूँ?"

"कहना कि जिनके कारण तुम उपाध्याय बने हो, वे बुला रहे हैं।"

चोबदार ने कुछ खाने को ला दिया। राजपूत ने उसे खाया। इतनी ही देर में चोबदार बाहर से लौट आया।

"सरकार, वाचस्पति आ रहे हैं।"

"अच्छा, अब तुम जाओ।"

"जो आज्ञा।" कहकर चोबदार वहाँ से चला गया। राजपूत इधर-उधर टहलने लगा। कुछ देर में वह बड़बड़ाया, "तू इस समय कहाँ से?" उसकी भँवें चढ़ी हुई थीं। आँखों में खिन्नता स्पष्ट दिखायी पड़ रही थी। विशाल कंधे झुक-से गये थे। कुछ देर में एक दुबला-पतला झुका हुआ-सा बुद्धिमान व्यक्ति आया। चाहे जितनी भीड़ में वह ब्राह्मण पंडित के रूप में पहचाना जा सकता था। वाचस्पति गजानन पंडित ने काशी में रहकर अध्ययन किया था और इस समय वह पाठशाला का मुख्य उपाध्याय था। राजवैद्य लीलाधर का वह जमाई था और विद्वत्ता तथा विश्वासपात्रता के कारण राजमहल में उसका सम्मान था। उसने आकर पुकारा, "समरसेन!"

"समरसेन नहीं है। मैं हूँ, मैंने तुम्हें बुलाया है।"

आवाज सुनकर वाचस्पति घबरा गया, उसका कलेजा धड़कने लगा, उसकी सुध-बुध जाती रही, "कौन? मंडले..."

"धीरे, पंडित, धीरे, यह कोई चिल्लाने की जगह है?"

"परन्तु, आप यहाँ? आपके साहस की तो हद्द हो गयी।"

"साहस को रखो एक ओर, मैं किसी काम से आया हूँ।"

"किस काम से?"

"मुझे काकाजी से मिलना है।"

"यह नहीं हो सकता। दिन-रात मीनलदेवी, उदयमती या मुंजाल मेहता पास रहते हैं।"

"मैं अपने काका से भी नहीं मिल सकता?"

"परन्तु आप और सबके तो शत्रु हैं।"

"वाचस्पति, इस समय मैं कह रहा हूँ और तुमसे इतना-सा काम नहीं हो सकता? आज तुम उपाध्याय किसके कारण बने हो? यह भी वक्त की ही बात है कि भीमदेव का पौत्र याचना कर रहा है और तुम इनकार कर रहे हो—ऐं?"

"समय बहुत बलवान है, नहीं पुरुष बलवान।"

"भाड़ में झोंको अपनी बुद्धिमानी को, कोई मार्ग निकालो।"

"मार्ग निकलना कठिन है। इस समय गुजरात का राजतंत्र बिगड़ गया है। सुधारने वाला श्रीहरि..."

राजपुत ने ऊबकर कहा, "श्रीहरि को रहने दो। कुछ सीधी तरह से भी कहोगे या नहीं? चाहे जैसे करो, पर यह काम करना ही होगा।"

"मालिक!" सिर खुजलाते हुए पंडित ने सोचना शुरू किया, "एक काम कीजिएगा?"

"कहो।"

"वणिक की जैसी पगड़ी बाँधिए और यह मेरा शाल ओढ़ लीजिए। पर, है बड़ी जोखिम का काम। सिर साँटे की बात है। मेरे साथ चलिए, मैं आपको छिपा दूँगा। और, मौका देखकर वैद्यराज से कहूँगा।"

"हाँ, स्वीकार है।" कहकर राजपूत पगड़ी बदलने लगा।

"महाराज, यदि कुछ उलटा-सीधा हो जाय, तो इसकी जोखिम मेरे सिर न होगी।"

"घबरा क्यों रहे हो? यह लो, तैयार हो गया। परन्तु, वाचस्पति, एक बात पूछूँ?"

"पूछिए। मेरी विद्वत्ता आप ही के लिए है।"

दुःखपूर्ण स्वर में राजपूत ने पूछा, "मरा हुआ आदमी भूत कब होता है।"

"महाराज, विषय गूढ़ है और शास्त्रीय है। श्राद्ध-विधि के अनादर से, अत्यन्त वासना के विकार से यदि आत्मा प्रेतलोक में रह जाय, तो वह मौका आने पर पृथ्वी पर लौट आती है।"

"किसलिए?"

"स्नेहियों से मिलने या उन्हें चेताने के लिए।"

"ऐं!–" राजपूत ज़रा फीका-सा हँसता हुआ बोला। उसके मुख पर फिर निराशा के चिह्न दिखलायी पड़ने लगे। पहले वाचस्पति निकला, फिर राजपूत। दोनों कोठरी से बाहर आ गये। जंजीर चढ़ायी और धीरे-धीरे, जिस कमरे में कर्णदेव मृत्यु-शय्या पर पड़े थे, उस ओर चले।

राजमहल में सर्वत्र सुनसान था। राजा की बीमारी की चिन्ता में, भविष्य के सोच-फिकर में, सभी के हृदय अशान्त थे। अतएव महल में दीपक मंद से जल रहे थे, नौकर-चाकर धीरे-धीरे चल-फिर रहे थे और सबके मुख चिन्ताग्रस्त दिखलायी पड़ रहे थे। एक अँधेरे कमरे में होकर वाचस्पति राजपूत को ऊपर ले गया और जहाँ राजा कर्णदेव की शय्या थी, उसकी बग़ल के कमरे तक वे बिना किसी विघ्न के पहुँच गये। परन्तु, इसी समय किसी स्त्री के कंगनों की खनखनाहट सुनाई पड़ी। वाचस्पति ने राजपूत का हाथ थाम लिया, "मुश्किल हुई!"

राजपूत ने धीरे से पूछा, "क्यों?"

"महारानी आती मालूम होती हैं। इधर आइए, इस झरोखे में चले जाइए, अवसर पाकर बुला लूँगा।"

"अरे!—"

"अब अरे-वरे कुछ नहीं, जाइए न चुपचाप।" कहकर वाचस्पति ने झरोखे के अधखुले द्वार में से राजपूत को ठेलकर किवाड़ बन्द कर दिये।

राजपूत ने झरोखे में जाते-जाते, किसी का पद-रव निकट आते हुए सुना और अधिकारपूर्ण स्वर में किसी से कुछ पूछते हुए भी।

"कौन है?

वाचस्पति का उत्तर सुनाई पड़ा, "कोई नहीं माताजी, मैं हूँ।"

राजपूत का हृदय कुछ अधीरता से व्याकुल होने लगा। वह झरोखे में इधर-उधर टहलने लगा, "क्या करूँ, कोई मार्ग नहीं दिखलायी पड़ता।"

अँधेरे में से आवाज़ सुनाई पड़ी, "आओ भाई, मैं दिखलाऊँ।"

राजपूत चौंक पड़ा, तलवार पर हाथ रखकर आगे बढ़ा, "कौन है?"

अस्त हो रहे चन्द्र के प्रकाश में कोई आता हुआ दिखाई पड़ा और आने वाले ने ज़रा व्यंग्य से पूछा, "राजपूतराज, इतनी ही देर में भूल गये?"

"कौन? यति? जो रास्ते में मिले थे? इस समय यहाँ कहाँ से?"

"जहाँ से तुम आये, वहीं से। कदाचित हमारे भाग्य में परस्पर मित्र बनना ही लिखा है।"

"परन्तु आप कहाँ से आ गये?"

"जिस प्रकार आप को छिपानेवाला कोई मिल गया, उसी प्रकार मुझे भी किसी ने ला छिपाया।"

राजपूत ने होंठ चबा लिये।

"यतिजी, इस समय एक-दूसरे की बात जानने में सार नहीं है; परन्तु जैसा आप कहते हैं, वह ठीक मालूम होता है। ऐसा प्रतीत होता है कि या तो हम मित्र बन जाएँगे या कट्टर शत्रु।"

"इस समय इस भूमि पर शत्रुता की ही आवाज़ सुनाई देती है।"

"यह श्रावकों का प्रताप है!"

"या राजपूतों का?"

"यह तो कर्णदेव मरेंगे, तब ज्ञात होगा।"

"अब इस बात को छोड़ दीजिए।"

राजपूत ने मूँछों पर हाथ फेरते हुए कहा, "तो अब मित्रता की बात की जाय। आपका नाम क्या है?"

"आनन्द सूरि।"

"और आपका?"

राजपूत ने जरा विचार करते हुए कहा, "लोग मुझे देवीसिंह कहते हैं।"

यति ने ज़रा हँसते हुए कहा, "यह मुझे आज ही मालूम हुआ कि मंडलेश्वर झूठ बोलते हैं।"

देवीसिंह चौंक पड़ा। उसका हाथ अनजाने ही फिर तलवार पर जा पहुँचा, "तुम कौन हो?"

"तलवार निकालने की आवश्यकता नहीं है मंडलेश्वर! यहाँ गड़बड़ होगी, तो वह आपको ही भारी पड़ेगी, मुझे नहीं।"

राजपूत ने निःश्वास डालकर अपनी स्थिति को समझा और तलवार पर से हाथ हटा लिया।

"आनन्द सूरि, तुम कौन हो, क्या मुझे इस समय प्रकट कर देना चाहते हो?"

"नहीं राजा, आपको दुःख पहुँचाना मेरा काम नहीं है। परन्तु इस समय तो आप पर दैव का कोप है।"

"यतिजी, दैव तो इस प्रकार कई बार कुपित हुआ और रीझा है। मुझे उसकी परवाह नहीं है।"

"मंडलेश्वर, राजा रावण का अभिमान भी चूर्ण हो गया है, ध्यान रखिए। इस समय मैं शत्रु नहीं, मित्र के रूप में कह रहा हूँ कि तुम्हारे दिन पूरे हो गये हैं। जितने दिन रहे हैं, उनका सदुपोग कर लो।"

"सदुपयोग यही कि जितना भी हो सके, श्रावकों को पीस डालूँ। इन पापियों ने मेरा सब कुछ लूट-खसोट लिया है। अब और भी अधिक लुट जाऊँगा, इसकी परवाह नहीं।"

"अब वे आपके हाथों अधिक न पिसेंगे।"

"क्यों?"

"गुरुदेव का वचन है..."

"क्या?"

"जिन भगवान के शत्रु मेरे हाथों ठिकाने लगनेवाले हैं।"

मंडलेश्वर को कँपकँपी आ गयी। वह मौन होकर खड़ा रह गया।

"राजा, वर्षों से आप जिन भगवान् के दीन सेवकों को जला रहे हैं; इसलिए आप माफ नहीं किये जा सकते। फिर भी आप वीर पुरुष हैं और गुजरात के अलंकार।

"आपकी क्षमा की किसे परवाह है?" राजपूत ने तिरस्कार से हँसते हुए कहा।

"न हो; परन्तु राजा की मृत्यु हो जाने पर बहुत उपद्रव मचेगा। यदि कभी मेरे योग्य कोई काम पड़े, तो..."

"मुझे काम पड़े?" मंडलेश्वर ने गर्व से हँसते हुए कहा।

"राजा, आप बुद्धिमान हैं, शूरवीर हैं। धर्म-विरोध न होता, तो आपकी उन्नति देखकर मैं प्रसन्न होता। फिर भी आज की भेंट के संस्मरण-स्वरूप मैं वचन देता हूँ, उसे याद रखना। किसी दिन काम पड़े, तो आनन्द सूरि से कहना, वह करेगा।"

"यतिजी, मंडलेश्वर याचना नहीं करता, न कभी करेगा। जिस प्रकार धन के अभिमान में श्रावक लोग फूल रहे हैं, उसी प्रकार अपनी भुजाओं के बल पर हम भी मस्त हैं।"

"जैसी आपकी इच्छा! परन्तु देखो, सावधान रहना।"

"मंडलेश्वर डरता नहीं है।"

"तो भी मौत का डर तो है?"

"यतिजी, मृत्यु मेरे लिए एक खिलवाड़ है।"

जैसी इच्छा। अच्छा, मैं जाता हूँ। मैं उस ओर से आया हूँ, उसी ओर जाऊँगा।" कहकर यति झरोखे के दूसरी ओर चला गया।

मंडलेश्वर विचार ही विचार में मूँछें चबाने लगा। उसके मस्तिष्क में सन्ध्या-समय का भूत और यति की आगाही घूमने लगी। कितने ही वर्ष हुए उसने अकेले अपने हाथों अपने मंडल को छोटा-सा राज्य बना लिया था। उसके नाम का डंका सारे गुजरात में बज रहा था; परन्तु देहस्थली में पड़े रहना उसे भला नहीं मालूम होता था। पाटन उसके विचार से सृष्टि का मुकुट था। उसमें महामणि की भाँति सुशोभित होने की उसे बड़ी भारी आकांक्षा थी। इस ओर पाटन के शासक उसे निर्बल बनाने का प्रयत्न कर रहे थे। और, यद्यपि उनका यह प्रयत्न अधिकांश निष्फल हो गया था, तथापि उसने इस समय मंडलेश्वर को उलझन में डाल दिया था।

मुंजाल

आनन्द सूरि झरोखे के दूसरे छोर पर पहुँच गया। वह अपने मन में फूल रहा था। गुरुदेव से आज्ञा लेकर जब चन्द्रावती से वह पाटन आया, तब उसे आशा नहीं थी कि ऐसे शुभ शकुन होंगे।

"महाराज!" एक स्त्री का स्वर सुनाई पड़ा।

यति विचारों से जाग्रत हुआ, "कौन, रेणुका?"

"जी हाँ, पधारिए। मैंने मंत्रीजी को आपका पत्र दे दिया है और वे आपको बुला रहे हैं।"

"कहाँ हैं?"

"चलिए मेरे साथ!" कहकर रेणुका यति को वहाँ से ले गयी। यति को ज़रा क्षोभ हुआ। गुजरात के महामंत्री मुंजाल को कौन नहीं जानता था? उसकी हुंडियाँ बग़दाद

और वेनिस में स्वीकारी जाती थीं। काँपते हुए सामन्त और मंडलेश्वर उसकी शक्ति की साक्षी देते थे। मालवराज उसे अपना बनाने के लिए अवंति का अपार धन देने को तैयार था और पाटन के लोग उसके पीछे पागल थे। उसकी आज्ञा पर मरने को तैयार रहते थे। ऐसे मनुष्य से पहली ही बार मिलने पर यति को क्षोभ होना स्वाभाविक था। एक कमरे में दो-तीन गुमाश्ते कुछ लिख रहे थे और एक कोने में चार-पाँच शस्त्र-सज्जित व्यक्ति धीरे-धीरे वार्तालाप कर रहे थे। यति को देखकर सबने ज़रा एक दूसरे की ओर देखा; परन्तु कोई बोला नहीं। रेणुका ने हाथ से यति को ठहरने के लिए संकेत किया और वह अन्दर चली गयी। कुछ देर में वह लौटी और उसे अन्दर ले गयी।

अन्दर झूले पर मंत्री बैठे हुए थे। वे लगभग पैंतीस वर्ष के जान पड़ते थे। उनका मुख सुन्दर था, आँखें तलवार की धार की भाँति तीक्ष्ण थीं, शरीर सशक्त और सुघटित था। मुख पर इस वयस में भी नयी जवानी ज़ैसी ही मूँछें थीं। कपाल पर विचार की गौरव-पूर्ण रेखाएँ झलक रही थीं। लम्बी चोटी कंधों पर फैल रही थी, जिसे वह समेट रहे थे।

यति की ओर एक तीक्ष्ण दृष्टि डालकर उन्होंने नमस्कार किया और झूले पर बैठने का इशारा किया। वे स्वयं पास पड़ी हुई चौकी पर जाकर बैठ गये।

"बिराजिए।"

"नमस्कार मंत्री महाराज!" कहकर आनन्द सूरि बैठ गया। पहली बार मुंजाल को देखने पर उसके हृदय में न जाने क्या-क्या विचार उठे। मुंजाल की लोकप्रियता, उसका विशाल व्यापार, उसकी दृढ़ राजनीति, शत्रुओं के मुख से सुना जानेवाला उसका मीनलदेवी से सम्बन्ध—ये सब बातें तत्काली ही उसके मन के आगे आ खड़ी हुईं। इन सब विचारों को रोककर उसने मंत्री के साथ बातचीत आरम्भ की।

"चन्द्रावती में सब कुशल-क्षेम से हैं। नगरसेठ का पत्र आपने पढ़ा?"

मंत्री ने जरा गम्भीर स्वर में कहा, "हाँ, परन्तु उन्होंने अपनी माता के समाचार क्यों नहीं लिखे? मौसी कैसी हैं?"

"जब मैं आया, तब तो उनकी हालत कुछ गिरी हुई-सी थी।"

"कहिए, कैसे आये हैं? आप जानते हैं, इस समय मुझे अवकाश नहीं है।"

"जी हाँ, मैं आपके कार्य में विघ्न डालने नहीं आया हूँ।"

मंत्री कुछ तिरस्कार से हँस पड़ा और मौन हो गया।

"गुरुदेव का कथन है कि जिन भगवान की कृपा से इस समय मेरे हाथों अनेक कार्य होने हैं। और इस समय आपके काम आने के लिए ही मैं यहाँ आया हूँ।"

"देखिए, सौभाग्य भाई लिखते हैं कि आप विद्वान और होशियार हैं; इसलिए काम तो बहुत आयेंगे। परन्तु ठीक तो यह है कि आप एक ही काम करें।" मंत्री ने कुछ लापरवाही से कहा।

"क्या?"

"कृपा करके पाटन के राज-तन्त्र में चन्द्रावती का झगड़ा न लायें।—" मुंजाल ने धीरे परन्तु दृढ़ता से कहा।

यति चौंक पड़ा। मुंजाल ने कैसे जान लिया कि इसी के लिए वह आया है। मंत्री से वह जरा डरने लगा।

"मैं कोई झगड़ा करने नहीं आया हूँ। अपने नगर सेठ के लिखे अनुसार आपसे मिलकर फिर महारानीजी से मिलूँगा और जब तक मेरे योग्य कोई काम न मिलेगा, तब तक यहीं रहूँगा।"

मुंजाल कुछ देर उसकी ओर देखता रहा, जैसे उसके कथन पर उसे विश्वास न हुआ हो और फिर बोला, "आनन्द सूरिजी, मुझे ज्यादा बात करना पसन्द नहीं है। चन्द्रावती के श्रावकों की सत्ता के प्रतिनिधि के रूप में आप आये हैं; परन्तु धर्म का जोश मैं पाटन के शासन में नहीं लाना चाहता और आप उसे लाने का प्रयत्न करेंगे, तो मेरी-आपकी पटेगी नहीं। इतना ही कहता हूँ कि यदि आप ऐसा करेंगे, तो मुझे आपको शत्रु समझना होगा।"

"नहीं, इसकी आवश्यकता नहीं है। इस समय तो मैं मित्र बनकर आया हूँ, और इसके प्रमाण की आवश्यकता हो, तो अभी दे सकता हूँ।"

"क्या?"

"एक गुप्त बात बतलाऊँ?"

मुंजाल ने फिर कुछ तिरस्कार से हँसकर पूछा, "कौन-सी?"

"कर्णदेव का भतीजा देवप्रसाद यहीं है।"

मुंजाल खिलखिलाकर हँस पड़ा, "आनन्द सूरिजी, चन्द्रावती में क्या इसी प्रकार राज-काज चलता है?"

"क्यों?"

"यही गुप्त बात है? पाटन से बाहर दोपहर के समय आप उससे मिले, अभी-अभी झरोखे में इतमीनान से बातें कीं। क्या यह सब मेरी दृष्टि से बाहर है? यतिजी, आप तो लोगों को मोक्ष दिलाया करें और मेरा काम मुझे करने दें।" मुंजाल ने ज़रा हँसते हुए कहा। यति दिग्मूढ़ हो गया। उसका गर्व ज़रा उतर गया।

"मंत्रिराज, क्षमा कीजिए। आपकी शक्ति से मैं अपरिचित था।"

"अच्छा। परन्तु, इतना स्मरण रखिएगा कि अपनी राजनीति के बीच में आने वालों को मैं क्षमा नहीं करता।" मुंजाल ने भयंकर दृष्टिपात करके कहा। "कहिए, अब आप क्या करना चाहते हैं? आपने भोजन कर लिया, या भूखे हैं?"

"महारानीजी से प्रणाम करना बाकी रहा है। आज मैं भोजन नहीं करूँगा, उपवास है।"

"अच्छा, तब मेरे साथ चलिए। मैं भी उन्हीं के पास जा रहा हूँ।" कहकर मुंजाल

ने पास की खूँटी से खेस उतार कर ओढ़ा और दूसरे द्वार से यति को साथ लेकर प्रस्थान किया। आनन्द सूरि का अभिमान ज़रा उतर गया था। उसके आगे-आगे गौरव से पैर बढ़ाता हुआ मुंजाल तेज़ी से चल रहा था। उसे देखकर यति के मन में विचार हुआ कि 'चन्द्रावती और प्रकार से चाहे जैसी हो; परन्तु पाटन के मंत्री के समान नर-पुंगव तो वहाँ कोई नहीं है।'

जब महारानीजी के कमरे के पास आये, तब मुंजाल ने यति को ठहरने का इशारा किया। कमरे के द्वार बन्द थे। द्वार के सामने एक हरे रंग के हंडे में दीपक टिमटिमा रहा था। मुंजाल ने कुंडा खटखटाया। कुछ देर में एक बूढ़ी स्त्री ने द्वार खोला–

"कौन है?"

"मैं हूँ।" मुंजाल ने कहा।

"हाँ, आइए। महारानीज़ी आपकी राह देख रही हैं। यह कौन हैं?"

"यह चन्द्रावती के यति हैं। बूढ़ी, तुम यहाँ बैठो। मैं अभी बुलाऊँगा।" कहकर, बुढ़िया को वहाँ बिठाकर मुंजाल अन्दर चला गया।

यति ने मुंजाल और मीनलदेवी के विषय में अनेक बातें सुनी थीं। इस समय यदि अज्ञात रूप से, दीवार तोड़कर, अदृष्ट रहकर इन दोनों की बातें सुनी जा सकें, तो कैसा? यति गुणपूजक था और कर्णदेव की राजधानी में रहनेवाले महान व्यक्तियों के समागम का अनुभव प्राप्त करने के लिए आया था। सौभाग्य से अब तक तो उसकी इच्छा भली भाँति पूर्ण हुई थी। वह यह विचार करता हुआ खड़ा रहा कि कब द्वार खुले और इन महान व्यक्तियों में भी सबसे अद्भुत मीनलदेवी को वह देखे। उसे ऐसा प्रतीत हुआ कि जब तक मुंजाल की सत्ता को कम करने की कोई कुंजी नहीं मिलती, तब तक सब व्यर्थ है। मीनलदेवी के विषय में उसने बहुत कुछ सुना था। उसके विचारों का सफल होना रानी के अभिप्राय पर भी निर्भर था, इसलिए वह विचार करने लगा कि उसके साथ किस प्रकार वार्त्तालाप किया जाय।

मालवराज की खरीद

पिता का घोड़ा दृष्टि से ओझल होते ही त्रिभुवन भी उनकी आज्ञा को भूल कर उसी मार्ग से जाने लगा। उसका चित्त प्रफुल्लित था क्योंकि पिता के दुःखों से वह परिचित नहीं था। उसके लिए पाटन मूर्तिमान सुख-स्वप्न के समान था। परन्तु, दुर्भाग्य से वह अधिक समय तक यहाँ नहीं रह सकता था। वह धीरे-धीरे राजमहल की ओर गया और उसकी दूसरी ही ओर घूम पड़ा। आखिर एक कोने में एक एकान्त झरोखे के नीचे घोड़े को रोककर उस पर से उतर पड़ा। उसने पृथ्वी पर से एक कंकड़ उठाया

और झरोखे की अन्दर से बन्द की हुई खिड़की पर मारा; कुछ देर में फिर एक कंकड़ फेंका, फिर दो-चार इकट्ठे फेंके। इसके उत्तर में धीरे से खिड़की का द्वार खुला और एक सुकुमार बालिका का हँसता हुआ मुख बाहर आ गया। उसने आसपास देखा और द्वार को और अधिक खोल कर झरोखे में आकर नीचे की ओर देखने लगी।

"कौन है?"

"अरे कौनवाली, कब तक खड़ा रखेगी?"

"कौन है? जाता है कि नहीं?" हँसते हुए उस बाला ने कहा।

"जाऊँ कहाँ, मैं ऊपर आता हूँ, रस्सी बाँधो।"

"रस्सी तो तीन दिन हुए, टूट गयी!"

"नहीं, नहीं प्रसन्न! देखो, पिताजी का काम था, इससे मैं न आ सका।"

"तो अब मुझे काम है, लौट जाओ।" कहकर बाला ने खुँटी पर से रस्सी उतारी और वह उसे झरोखे के जंगले से बाँधने लगी।

"लौट कर कैसे जा सकता हूँ? क्षत्रिय हूँ।"

"इस समय रात को चोरों की भाँति आना यह भी क्षत्रियत्व ही प्रदर्शित कर रहा है!"

"तुम्हारे लिए सब स्वीकार है। बस करो, इतने से काम चल जायगा। बहुत नीची क्यों बाँधती हो?" कहकर त्रिभुवन रस्सी से लिपट गया और दो-एक हाथ ऊपर गया ही था कि ऊपर से हँसती हुई प्रसन्न ने रस्सी की गाँठ ज़रा ढीली कर दी; अतएव रस्सी खुल गयी और त्रिभुवन रस्सी के साथ पृथ्वी पर आ रहा। त्रिभुवन हँसते हुए उठकर खड़ा हो गया।

"अरे चण्डिका देवी! कोई चौकीदार आ जायगा, तो तुम्हारे और मेरे दोनों के प्राणों पर आ बनेगी।"

"तो मैं क्या करूँ, तुम्हारा दुर्भाग्य! रस्सी को वापिस फेंको, अब अच्छी तरह बाँधूँगी।"

त्रिभुवन ने रस्सी फेंकी और प्रसन्न ने फिर से बाँध दी! पलक मारते-न-मारते त्रिभुवन झरोखे पर पहुँच गया, जंगले को थाम कर ऊपर चढ़ गया और उसने प्रसन्न को जा पकड़ा।

"तुम्हें मेरी शपथ है, जो मुझे पकड़ो!"

"क्यों?"

"मैं तुमसे रूठ गयी हूँ। तीन दिन बिताते, मेरे तो प्राण निकल गये।" मुँह मटका कर प्रसन्न ने कहा।

"देख लिया तुम्हारे प्राणों को।" कहकर त्रिभुवन उसे पकड़ने लगा। बिल्ली की भाँति तेजी से प्रसन्न अन्दर चली गयी, पीछे-पीछे त्रिभुवन भी दौड़ पड़ा। परन्तु उसके अन्दर घुसने के पहले ही प्रसन्न झूले पर चढ़ गयी और खड़े-खड़े झूलने लगी।

"अरे रोको! क्या मरना चाहती हो?"

"लो पकड़ो अब, साहस हो तो!" प्रसन्न ने अधिकाधिक पैंगें बढ़ाते हुए कहा। उसकी हँसी पेट में नहीं समा रही थी। उसकी आँखों में हास्य और शरारत भरी हुई थी। त्रिभुवन को चिढ़ाते हुए पैंगों के परिश्रम से उसके मुख पर लाली आ गयी थी। धीरे-धीरे उसकी चोटी भी खुल गयी और वह अधिकाधिक पैंगें बढ़ाने लगी।

"प्रसन्न, देखो गिर जाओगी।"

"यह तुम्हारा दोष है, आये क्यों नहीं? अब मैं उतरने की नहीं। तुमसे जो हो सके, कर लो।"

पैंगों पर पैंगें आ रही थीं और वह बैठ-बैठकर और बढ़ा रही थी। प्रसन्न ने जब मोहिनी की आकर्षक भयंकरता धारण की तब त्रिभुवन के प्राण सटपटाने लगे और इस चिन्ता में वह चुपचाप खड़ा रहा कि यदि झूला टूट पड़ा, तो क्या दशा होगी! पलक मारते ही पसन्न ने हाथ छोड़ दिये और वह हँसते-हँसते परिणाम का खयाल किये बिना ही कूद पड़ी और सामने खड़े हुए त्रिभुवन पर जा पड़ी। इस प्रकार अचानक कूद पड़ने से त्रिभुवन चकित हो गया और होश खोकर भूमि पर गिर पड़ा। दोनों को कड़ी चोट आयी, फिर भी हँसते हुए भूमि पर पड़े-पड़े दोनों ने एक दूसरे को भुजाओं में कस लिया।

"दुष्टा कहीं की! ऊधम मचा रही है?" कहकर त्रिभुवन ने दो-एक चपतें जड़ दीं।

"शैतान, तूने यह क्या किया?" उधर से प्रसन्न ने भी त्रिभुवन की कुछ मरम्मत कर दी।

"चल, अब उठ, पहुनागत (आतिथ्य) पूरी हो गयी।"

"मेरा दुर्भाग्य कि मैं यहाँ आया। चल उठ, झूले पर बैठ। गेरा तो मस्तक भन्ना रहा है।"

"और यह मेरा हाथ देखा? छिल गया और रक्त बह रहा है।"

"ठीक हुआ, चिन्ता मिटी। चल, अब मैं जाता हूँ।"

"अब जाते कहाँ हो? तब आये ही क्यों?"

"क्यों, तुम कह न रही थीं कि चले जाओ? अब मेरी बारी है।"

"ऐसा मत करो। अब तुम यहीं रहोगे?"

त्रिभुवन ने गम्भीर होकर उत्तर दिया, "कोइ निश्चय नहीं है। कुछ समझ में भी नहीं आ रहा है। परन्तु इस समय बादल बड़े घिरे हुए मालूम होते हैं।"

"तुम्हारे बाप भी बड़े बिकट हैं!"

"प्रसन्न, तुम उनके विषय में क्या जानो? संसार में उनके समान योद्धा नहीं है, नरपुंगव हैं। और तुम्हारी बुआ ने उन्हें इतना दुःख दिया है कि उसे वे ही सहन कर सकते हैं।"

''बुआजी की बात ही न करो। संसार में वे भी एक ही हैं।'' प्रसन्न कुछ कर्कश स्वर में बोली।

''और संसार में मंडलेश्वर भी एक ही हैं।''

''सो तो ठीक, परन्तु कोई यह जान जाये कि हम प्रतिमास इस प्रकार मिला करते हैं, तब?''

''तब क्या? कोई चोरी करते हैं?''

''नहीं, परन्तु बुआजी मट्टी पलीद कर छोड़ेंगी।''

''इसमें मट्टी पलीद करने की कौन बात है? परन्तु यह तो कहो कि बारहटजी (चारण) कैसे हैं?''

''वे दिनोंदिन दुर्बल होते जा रहे हैं; परन्तु तुम्हें बहुत याद करते हैं।''

''तो चलो, मिल आयें। फिर मुझे जाना है।''

''आये नहीं कि तुम्हें तो जाने की सूझती है। अच्छा, चलो...'' कहकर प्रसन्न त्रिभुवन को बारहट के पास ले गयी।

सामल भीमदेव का सम्मानित बारहट था। वह उनके वीर अशान्त शासन-काल का अडिग साथी था, और आज नब्बे वर्ष की अवस्था में भी जबकि उसकी आँखें चली गयी थीं, बोलने की शक्ति कम हो गयी थी, स्मरण-शक्ति घट गयी थी, पहले के यशोगान याद कर-करके जी रहा था। राजमहल के ही एक भाग में वह रहता था और सब उसे सम्मान और श्रद्धा से देखते थे। प्रसन्न और त्रिभुवन के प्रति वह बहुत ही स्नेह रखता था। जब ये दोनों पास पहुँचे, तब वह बिछौने पर बैठा था और बग़ल में एक नौकर उसका हुक्का भर रहा था। उनके आने पर नौकर हुक्का रखकर चला गया।

''बारहटजी, जय सोमनाथ!''

छाती पर से सिर को उठाकर बारहट ने अपनी निस्तेज आँखों को घुमाया।

''कौन है भाई!''

''क्यों, पहचानते नहीं हो?''

''कौन, त्रिभुवनपाल? आओ, आज सामल बारहट को याद किया? बहुत दिन हो गये।''

''आपके बिना कहीं चल सकता है? कहिए, तबीयत कैसी है? दिनोंदिन बहुत दुर्बल होते जा रहे हैं?''

''भैया, साथी चले गये, सुभट चले गये, और कर्णदेव भी जाने को बैठे हैं। फिर मैं तो पुराना हूँ, अब मुझे भी जाना चाहिए।''

''फिर हमें बोध कौन देगा?''

''अब बोध की किसे आवश्यकता है? पाटन तो अब जाने को बैठा है, बल्कि

उसे प्राचीन वैभव अखरता है, प्राचीन वीरता खटकती है, भैया!" वृद्ध ने सिर हिलाकर कहा।

"रहने दो बारहटजी, आपको तो पहले का ही सब कुछ भला मालूम होता है।"

बारहट ने ज़रा उत्तेजित होकर कहा, "अब रह क्या गया है? केसरिया करना त्याग कर राजा लोग षड्यन्त्र रचने लगे, रण के मैदान को छोड़कर वैधव्य-सा धारण किर लिया, प्रतिदिन कुछ-न-कुछ नया ही सुन पड़ता है।"

"क्यों? हाल में ऐसा क्या सुना जो इतने चिढ़ गये हो?" प्रसन्न ने पूछा।

"प्रसन्न बेटी, क्या कहूँ? जो मालवराज पाटन का नाम सुनकर काँपा करता था, उसे अब रिश्वतें दी जाती हैं! उसके बल से भयभीत होकर उसे सन्तुष्ट करने के प्रयत्न किये जा रहे हैं!"

प्रसन्न ने होंठ चबा लिये और व्याकुल होकर त्रिभुवन की ओर देखा। त्रिभुवन ने पूछा, "ऐं! यह भला क्या है?"

"जब रनवास राज करने लगता है, तब इसके सिवा और क्या हो सकता है? स्त्रियों की बुद्धि तो पैर-तले रहती है भैया!"

त्रिभुवन ने पूछा, "परन्तु बात क्या है?"

प्रसन्न जरा चुप खड़ी रही। वह समझ गयी की बारहट क्या कहना चाहता है। कहीं त्रिभुवन अप्रसन्न न हो जाय, इसलिए वह बात बदलना चाहती थी।

"होगा कुछ। परन्तु आपकी खाँसी अब कैसी है?"

"सुनूँ तो सही, क्या बात है? बारहटजी, कह डालिए। आपके सिवा नयी बातें और कहाँ से मालूम होंगी?"

बारहट ने कहा, "क्या?"

पीछे खड़ी प्रसन्न काँपने लगी।

"अरे भैया, मेरी यह प्रसन्न मालवराज को दी जायगी! वाह, पाटन की क्या तारीफ की जाय! कन्या देकर सन्धि करना! मेरे भीमदेव नहीं हैं इस समय नहीं तो सबके प्राण ले डालते!" कहकर उसने एक सोरठा कह सुनाया :

गयौ गयौ वह राज, भैटें दे अरि बस कियौ।
पड़े नरनपै गाज, सुनकर जो कोपैं नहीं ॥

"सचमुच?" त्रिभुवन ने जरा सख्ती से पूछा, उसकी आँखों में तेज आ गया। "क्या प्रसन्न मालव को ब्याहेगी? क्यों प्रसन्न, सच है?"

प्रसन्न को कुछ सूझा नहीं कि वह क्या कहे। उसने सिर झुका लिया। त्रिभुवन के मुख पर विकरालता आ गयी। उसके नथुने फड़कने लगे। पाटन और मालवा में पीढ़ियों से शत्रुता चली आ रही थी और इस शत्रुता का पोषण करने में ही महत्ता समझी जाती थी। शत्रु के आगे नत होकर सन्धि करना राजपूतों को सदा मृत्यु से भी बुरा मालूम होता रहा है।

"प्रसन्न, कहते लजाती हो? क्या तुम भी जाने को तैयार हो?"

सामने सामल बारहट खेद से सिर धुन रहा था और बीच-बीच में हुक्का गुड़गुड़ाता जा रहा था।

"बुआजी मुझे समझा तो रही हैं।"

"बुआज़ी, मीनलदेवी? उनकी क्या सामर्थ्य है?" बिना विचारे जरा जोर से त्रिभुवन ने कहा। पीछे से एक कोमल, पर अधिकार-प्रदर्शक स्वर सुनाई पड़ा और सब चौंककर उस ओर घूम पड़े।

"मीनलदेवी की सामर्थ्य पूछनेवाला यह कौन है?"

द्वार में एक बारह वर्ष का बालक खड़ा था। उसके गौरवपूर्ण मुख पर कर्णदेव के सौन्दर्य की छाप थी, आँखों में मीनलदेवी की तेजस्विनी भव्यता थी। अपमानित राजसत्ता की उग्रमूर्ति के समान वह खड़ा था और सबकी ओर कड़ी नजर से देख रहा था।

बारहट ने कहा, "कौन कुमार जयदेव? आओ, मेरे सोलंकी कुल के दीपक!"

जयदेव ने तिरस्कार से पूछा, "माताजी के विषय में इस प्रकार बोलनेवाला यह कौन है? यहाँ क्यों आया है?"

वैसे ही तिरस्कार और गौरव से त्रिभुवन ने उत्तर दिया– "राजमहल में आने का जितना तुम्हें अधिकार है, उतना मुझे है। इस बात को फिर किसी समय प्रमाणित करूँगा, इस समय जा रहा हूँ।" कहकर किसी के रोकने से पहले ही वह वहाँ से चला गया। उसे एकदम ख्याल हो आया कि यदि जयदेव पहचान लेगा, तो पिता को नुकसान पहुँचे बिना न रहेगा। इस समय पिता ने उसे चुप रहने को कहा था। प्रसन्न और बारहट तो किसी भी प्रकार सब गुप्त रख लेंगे; परन्तु युवराज के साथ वार्त्तालाप करना उसे बड़ा जोखिम का काम मालूम हुआ। वह तेजी से नीचे उतरा, और उस कमरे में पहुँच गया जिसमें पहले चढ़ा था। उसके तीर-कमान वहीं पड़े थे। उन्हें वहीं छोड़कर वह झरोखे में पहुँचा। प्रसन्न भी उसके पीछे-पीछे दौड़ती हुई आ पहुँची।

"त्रिभुवन, ज़रा ठहरो। इस तरह क्यों जा रहे हो?"

प्रसन्न को फटकारते हुए त्रिभुवन ने कहा, "क्या काम है? उज्जयिनी की रानी को मुझसे क्या मतलब?"

"परन्तु ज़रा सुनोगे भी?"

"तुम रानी बन जाओ, तब सुनूँगा।" कहकर क्रोध के आवेश में, बिना विचारे वह नीचे कूद पड़ा और घोड़े पर बैठकर वहाँ से चल दिया। न जाने कब तक प्रसन्न उसकी ओर देखती रही और बोली, "पिता और पुत्र दोनों कितने उतावले हैं!"

मीनलदेवी

जब मुंजाल आनन्द सूरि को छोड़कर रानी के कमरे में प्रविष्ट हुआ, तब उसकी गति और स्वरूप कुछ बदल गये। उसका मग़रूर और सत्ता-दर्शक चेहरा कुछ नम्र और स्नेहसिक्त हो गया।

"देवी, आप कहाँ हैं?"

"कौन, मेहता! मैं यहाँ हूँ।" अन्दर के कमरे से आवाज़ आयी। छोटी-सी कोठरी में लगभग तीस वर्ष की एक स्त्री चौकी पर बैठी माला फेर रही थी। उसके नेत्र ज़रा लाल और मुख म्लान प्रतीत हो रहा था। मुंजाल सामने देहली पर बैठ गया। स्त्री ने माला अलग रख दी और अपने छोटे, पर तेजस्वी नेत्र मंत्री पर जमा दिये। उसका रूप सादा और वर्ण श्याम था।

"मुंजाल, क्या खबर है?"

"बादल घिर रहे हैं।"

"क्यों?"

"देवप्रसाद यहाँ आ पहुँचा है।"

"ऐं! क्या कह रहे हो? बिना आज्ञा लिये?"

"इसमें आज्ञा किसलिए चाहिए? चचा मृत्यु-शय्या पर पड़े हों, तब भतीजा क्या देखने को भी न आये?"

"और हमारा सब कुछ लूट ले जाय? इस समय उन्हें तो कुछ ज्ञान है नहीं, कहीं कुछ कह दिया, तो और उत्पात खड़ा हो जायगा!"

"कुछ न होगा। आप निश्चिंत रहें। परन्तु इस समय उसे नहीं छेड़ा जा सकता, नहीं तो मैं क्या चूकनेवाला था? मुझे तो अभी उसके साथ लम्बा हिसाब निबटाना है।"

"मेहता, निबटाते-निबटाते तो पन्द्रह वर्ष बीत गये। अभी तक कुछ नहीं हुआ।"

"यह सब आपके लिए।"

"मेरे लिए?"

"हाँ, आपके जयदेव के लिए पाटन बना रहे, इसलिए मैं अपनी शत्रुता और स्वार्थ को भूलकर इस चक्कर में उलझ रहा हूँ।"

मीनलदेवी ने कुछ असंतोष के साथ कहा, "उसमें तुमने किया क्या? अब से तेरह वर्ष पहले गुजरात में पैर रखते समय जैसी सत्ताहीन केवल शोभा-भर की रानी थी, वैसी ही आज भी हूँ। तुम पर विश्वास करते-करते तो मैं अब बूढ़ी हो गयी।"

इस अन्याय-पूर्ण व्यंग्य की चोट से दबे हुए स्वर में मुंजाल ने कहा, "देवी, आप

ऐसा कह रही हैं? तेरह वर्ष पहले तो सारा पाटन भी आपका न था। आज बड़ी-बड़ी जागीरों और मंडलों को छोड़कर बाकी सब जगह आपकी आन बर्त रही है। चन्द्रावती ने भी हमारे लिए सेना तैयार की है, और यदि इससे अधिक कुछ नहीं हो सका है, तो वह आपके ही कारण।''

''तुम्हारी यह शिकायतें सुनते-सुनते तो मैं थक गयी।''

''और अभी अधिक थकेंगी। चाहे जिस तरह से राजसत्ता को स्थापित करना मेरी समझ से बाहर की बात है।''

''नहीं तो मैं क्या सबकी आश्रिता होकर रहूँ? भले हैं तुम्हारे अन्नदाता, कि सारा जीवन नाम-मात्र का अधिकार भोग कर बिता दिया। परन्तु मुझसे कैसे रहा जा सकता है?''

''मैं कब कहता हूँ कि वैसा जीवन बिताइए? पर चाहे जिस तरह एक से दूसरे पक्ष को लड़ाकर सत्ता क्यों जमायी जाय? जागीरदारों और मंडलेश्वरों की सत्ता को निर्बल बनाने के लिए राजपूतों को नीचा दिखाकर श्रावकों को श्रेष्ठता क्यों दी जाय? क्या इसी से पाटन सत्तावान बनेगा? यह तो स्वप्न है देवी!''

''मुझे तो तुम्हारा ही स्वप्न मालूम होता है। जब तक ये दोनों पक्ष एक-दूसरे को निर्बल न कर दें, तब तक राजा को कौन पूछता है?''

''निर्बलता पर राज्य की रचना करना तो राँडों का खेल है। जानती हैं, इसका क्या परिणाम होगा? हमारे श्रावकों ने पाटन से ऊबकर चन्द्रावती की स्थापना की, और यहाँ भी उनका वश चले तो राजा को अलग करके महाजन-राज्य स्थापित कर दें। अन्त में वे यही करेंगे; परन्तु आज यह नहीं हो सका तो केवल मेरे ही प्रताप से।'' महामंत्री ने मगरूरी से कहा।

''तब किस लिए डर रहे हो? यहाँ महाजन-राज्य हो जाएगा, तो नगरसेठ तो तुम्हीं होगे? तुम्हारे मौसा विमलमंत्री ने चन्द्रावती का राज किया। तुम्हारी मौसी का सौभाग्य वहाँ राज कर रहा है, और तुम यहाँ करो।'' रानी ने जरा कटाक्ष से कहा।

''मैं क्यों नहीं करता, इसके कारण क्या आप नहीं जानतीं?'' कहकर मुंजाल ने कुछ विचित्र प्रकार से रानी की ओर देखा। रानी ज़रा नीचे की ओर देखने लगी। कुछ देर दोनों मौन रहे।

''और दूसरा कारण यह है कि..'' मुंजाल ने इस प्रकार कहा, जैसे पहला कारण बात दिया हो, ''जहाँ-तहाँ चन्द्रावती बसाने से क्या लाभ? केवल व्यापारियों की सत्ता का क्या प्रभाव? सत्ता सारे देश की चाहिए। मूलराजदेव की यही राजनीति थी। सारे गुजरात को एक राज्य के अधीन करके जब सारी प्रजा को सबल बनाया जायगा, तभी हमारे पाटन का डंका देश-देशांतरों में बजेगा। जब से दूसरे प्रकार के विचार यहाँ प्रविष्ट हुए हैं, तभी से सब कुछ बिगड़ा है और जो मालवा और कच्छ मूलराज के नाम

से काँपते थे, वे आज प्रतिवर्ष हमसे कुछ न कुछ झपट लेते हैं, और विदित नहीं कि किस क्षण वे पाटन पर आक्रमण कर दें।''

''क्यों, मालवराज भी तैयार हो गया है क्या?''

''तैयार कब नहीं था? अवन्ति में तो यह माना जाता है कि गुजरात मालवे का एक मंडल है!''

''इसी से तो उससे प्रसन्न को ब्याहना चाहती हूँ।''

''इसका कोई सुफल मुझे नहीं दिखाई पड़ता। मैं तो यही कहूँगा कि तेरह वर्ष विश्वास रखा, तो कुछ समय और रखिए। मुझे अपने ढंग से काम करने दीजिए। जयदेव समस्त गुजरात का स्वामी बनेगा।''

''परन्तु इस मंडलेश्वर का क्या करोगे?''

''वह अपने आप सीधा हो जायगा। कोई तूफान उठ खड़ा हुआ, तो उसका हाथ सबल हो उठेगा। गाँव-गाँव के राजपूत उसकी ओर हो जायँगे। इसकी अपेक्षा, उसके बाहुओं को ऐसा निर्बल कर देना चाहता हूँ; उसके पक्ष वालों को ऐसा विश्वास करा देना चाहता हूँ कि उसे छोड़कर सब लोग पाटन-नरेश के सेवक बन जायँ।''

''जैसा सोचते हो, वैसा सरल नहीं है।''

''बहुत सरल है। यदि हम अपनी राजनीति को लोगों के लिए लाभदायक बना दें तो मालवराज के साथ सहज ही युद्ध ठान सकेंगे और हमारी उत्साहित प्रजा का ध्यान इस ओर गया, तो पाँच वर्षों में सारा देश आपका है। हममें उत्साह है, शक्ति है; परन्तु उसे दिखाने का अवसर नहीं उपस्थित होता।

''मेहता, मुझे तो यह स्वप्न के समान प्रतीत होता है।''

''इन स्वप्नों को कल प्रातःकाल ही सत्य करके दिखा सकता हूँ, यदि आप मेरी एक बात मानें।''

''वह क्या।''

''विमलशाह के पश्चात् हमारे यहाँ कोई दंडनायक नहीं नियत हुआ। देवप्रसाद प्रयत्न करके हार गया; पर अन्नदाता ने उसे यह पद नहीं दिया। मुझे दंडनायक बनाइए और फिर देखिए।''

''मुंजाल, यह पद का लोभ तुम्हें कब से हो गया? तुम्हें कमी किस बात की है?'' मीनलदेवी ने उलाहने के स्वर में पूछा।

''कमी तो बहुत कुछ है।'' कहकर मुंजाल ने दयनीय दृष्टि से देखा और फिर कहा, ''देवी आपको ज्ञात नहीं, मुझे पदों की परवा नहीं है। कमी यही है कि इस राज्य में एक बेढंगी रीति प्रचलित हो गयी है। किसी एक के हाथ में सत्ता नहीं रहती, और सब मनमाना किये जाते हैं।''

''तुम्हारी सत्ता क्या कम है, जो ऐसा कह रहे हो?''

"हाँ, कम है, क्योंकि आपके राजतन्त्र में एकसमानता नहीं है। देवप्रसाद सेनापति हमारा शत्रु है; शान्तिचन्द्र मंत्री और कोषाध्यक्ष चन्द्रावती के पक्ष के हैं। उदयमती का भाई मदनपाल कर्णावती का दुर्गपाल अर्थात् एक तरह से वहाँ का राजा और मैं पाटन का दुर्गपाल हूँ ; अर्थात्..."

"तुम यहाँ के राजा।"

"नहीं, मुझसे कुछ नहीं होता; कारण कि आपका मार्ग दिनोंदिन भिन्न होता जा रहा है। शान्तिचन्द्र का तो है ही; अतएव मैं यहाँ केवल शोभा के लिए हूँ।"

"फिर भी तुम्हीं सच्चा राज करते हो!"

"कारण कि और किसी में बुद्धि नहीं है। यदि ये सब किसी एक के अधिकार में रहें, और वह पाटन का दुर्गपाल हो, तो अवश्य आपके राज्य की सत्ता बढ़ जाय।"

"या घट जाय?"

मुंजाल ने ज़रा दुःख-पूर्ण स्वर में कहा, "यही तो दुःख है। इतने-इतने दुःख उठाने पर, इतनी-इतनी सेवा करने पर भी आपको सन्देह है कि मुझे सारा अधिकार सौंप देंगी, तो मैं उसका दुरुपयोग करूँगा?"

"नहीं-नहीं मेहता, ऐसा कुछ नहीं है।"

"देखिए, विचार कर देखिए, अभी कुछ समय है। पर अन्नदाता के प्राण निकल गये तो दूसरे ही क्षण आपको कुछ करना होगा। नहीं तो जो कुछ है, उस पर अंधकार छा जायगा और जो कुछ किया-कराया है, सब व्यर्थ हो जायगा।"

"तब, चन्द्रावती से जो सेना बुलायी है, उसका सेनापति कौन होगा?"

"हाँ, यह विचारणीय है। श्रावक के सिवा तो वे किसी को मानेंगे नहीं और हमारी सत्ता की सारी कुंजी भी वही है। मेरी धारणा के अनुसार यदि शान्तिचन्द्र को नियत किया जाय तो ठीक होगा।"

"क्यों?"

"कारण कि वहाँ के लोग उसे अपना समझते हैं, और वह वयोवृद्ध है; इसलिए उसका वजन भी पड़ेगा। सोलंकियों के प्रति उसकी राज-भक्ति भी अचल है। इसलिए वह आपकी आज्ञा को माने बिना न रहेगा।"

"अच्छा, देखा जायगा। ईश्वर करे वह समय देर से आये।"

"देवी, सौभाग्य भाई ने एक यति को यहाँ भेजा है और लिखा है कि उन्हें राज-सेवा की इच्छा है। उनसे अभी मिलेंगी, या प्रातःकाल?"

"कुछ पानीदार है?"

"हाँ, होशियार तो मालूम होता है और सौभाग्य भाई भी बहुत प्रशंसा लिख रहे हैं।"

"अच्छा, तब इसी समय मिलूँगी।"

"एक प्रकार हमारे काम अवश्य आएगा। शान्तिचन्द्र और चन्द्रावती को उसके

कारण हम वश में रख सकेंगे। परन्तु देखिए, कहीं वह चन्द्रावती का पैर यहाँ न ला जमाए!''

''मुंजाल, मुझ पर विश्वास नहीं है?''

''नहीं है; परन्तु आपकी इस परस्पर लड़ा मारने की राजनीति में मुझे श्रद्धा नहीं है।''

''नहीं-नहीं, जाओ, बुलाओ। परन्तु मुंजाल!'' रानी ने धीमे स्वर में कहा, ''देवप्रसाद यहीं है, कोई उपद्रव न हो, इसलिए 'उसे' यहाँ लाकर रखा जाय, तो कैसा हो?''

मुंजाल का मुँह उतर गया। उसके कपाल पर बल आ गये।

''किसे?''

''उसे ही,'' कहकर रानी ने खिड़की की ओर अँगुली से संकेत किया।

मुंजाल के नेत्रों से ज्वालाएँ निकलने लगीं। ''देवी, जो समझ में आये, कीजिए। मुझसे इसमें कुछ भी न पूछिए।''

''इस यति को सौंप दूँ? यह अपरिचित है; अतएव बिना सन्देह किये काम करेगा।''

''जो इच्छा हो, कीजिए।'' कहकर मुंजाल शीघ्रता से द्वार के पास गया और उसने आनन्द सूरि को पुकारा। आनन्द सूरि अन्दर आ गया।

धर्म और साम्राज्य

आनन्द सूरि ने 'धर्म-लाभ' दिया और मीनलदेवी ने प्रणाम किया।

''देवी, सौभाग्य भाई ने इन्हीं महात्मा को भेजा है। अब मैं जाता हूँ। ज़रा देख आऊँ कि अन्नदाता की तबीयत कैसी है।''

''अच्छा, जाओ, मैं भी अभी आती हूँ।''

मुंजाल यति की ओर तीक्ष्ण दृष्टि डालकर चले गये।

आनन्द सूरि ने कहा, ''देवी! आज मेरा अहोभाग्य है। मैं जगह-जगह भटकता फिरा; परन्तु आपको देखने की इच्छा हृदय में सदा रही। आज मैं कृतार्थ हो गया।''

''आपका नाम?''

''आनन्द सूरि।''

''आप यहाँ किसलिए आये हैं? कोई विशेष कार्य है?''

''महारानीजी, सच कहूँ?'' यति की आँखें चमकने लगीं। मुंजाल की उपस्थिति में जो क्षोभ था, वह दूर हो गया। धीरे-धीरे उसका प्रभाव दिखायी पड़ने लगा, ''अपना जीवन मैंने जिन भगवान की सेवा में अर्पण कर दिया है।''

"तो फिर राज-कार्यों में क्यों पड़ना चाहते हैं?"

"राजनीति क्या धर्म नहीं है? धर्म और जीवन अभिन्न हैं देवी, और यदि भिन्न तो इस भिन्नता के कारण ही हमारी अवनति हुई है।"

"यतिजी, मुझे उपदेश दे रहे हैं?" रानी ने ज़रा गर्व से पूछा।

"हाँ, दे रहा हूँ। क्यों न दूँ?" तुम्हारी अपेक्षा ग़ज़नी के यवन अधिक बुद्धिमान हैं। संसार का गला घोंटना भी उनके शास्त्र सिखाते हैं।"

"मुंजाल मंत्री का मत इससे भिन्न है।"

"इसी से वे ख़ता खाते हैं।"

मीनलदेवी ने आतुरता से पूछा, "तब आपकी क्या धारणा है?"

"मंत्री ने चन्द्रावती की शासन-पद्धति के विषय में अधिक वार्त्ता करने के लिए मना कर दिया है, और तुम इसके लिए चिन्तित हो! अच्छा, उसके विषय में फिर कभी बात करेंगे।"

"नहीं, मैं अभी सुनना चाहती हूँ। पाटन की हालत इस समय बड़ी बेढंगी हो गयी है, आप जैसे विद्वान अनुभवी व्यक्ति के अभिप्राय मेरे लिए बड़े काम आयँगे।"

"मुंजाल मंत्री के अतिरिक्त और किसी का परामर्श काम नहीं आ सकता।" यति ने धीरे-धीरे विष फैलाते हुए कहा, "परन्तु मैं मानता हूँ कि एक धर्म के बिना एकता नहीं; एक धर्म के प्रभाव बिना प्रजा नहीं और उसके उत्साह के बिना वीरता नहीं।"

"यदि आप इस समय पाटन के प्रधान हों, तो क्या करें?"

यति ने कहा, "यदि मेरा वश चले, तो मैं जैन धर्म को अपनी राजनीति का पहला मंत्र बनाऊँ, उसके अनुयायियों में उसके नाम पर उत्साह और एकता प्रेरित करूँ, उसकी रक्षा के लिए लोगों में वीरता प्रकट करूँ और उसके प्रचार के लिए देश-देश में जैन भगवान का गेरुआ झंडा फहराऊँ।" धर्म के जोश से उसका मुख प्रदीप्त हो उठा।

"आपकी बात यों तो ठीक मालूम होती है; परन्तु फिर राजपूतों का क्या होगा?"

"राजपूत लोग सत्ता और शौर्य के सेवक हैं और धर्म को जब वे अपना प्रतिनिधि देखेंगे तो तुरन्त उसके अधीन हो जायँगे।"

"महाराज अपने पिताजी से सुनी हुई बात कहते थे कि ग़ज़नी के बादशाह ने नव-खंड जीतकर सारी दुनिया में अपनी आन फैलायी थी।"

"इसका कारण भी वही है। वह केवल राजा ही नहीं, धर्मवीर भी है। मैं उत्तर की ओर गया था, तब मुझे उसका एक धर्मगुरु मिला था। उसने मुझे उसके कई सिद्धान्त समझाये थे। वे यवन केवल यही सीखे हैं कि 'धर्म के बिना राज नहीं हो सकता'।

मीनलदेवी ने सिर हिलाते हुए कहा, "आनन्द सूरिजी, आप ज्ञात या अज्ञात रूप से मेरी आन्तरिक इच्छा के अनुकूल ही कह रहे हैं। परन्तु, श्रावकों की सत्ता हो जायगी, तो विमलशाह की भाँति राजा को तिरस्कृत करके वे महाजनों की ही सत्ता स्थापित कर देंगे और पाटन दूसरा चन्द्रावती बन जायगा।"

यति ने कुछ झुककर भयंकर शान्ति से कहा, "रानी जी, सच बताऊँ? तुम्हारा यह भय ठीक है। परन्तु, अच्छी वस्तु ग्रहण करके बुरी दूर की जा सकती है।"

"किस रीति से?"

"वह रीति आपको पसन्द न आयेगी।"

"सो मैं देख लूँगी, आप कहिए तो सही।"

"इसे अलग कर दीजिए।"

मीनलदेवी ने गौरव से मस्तक ऊँचा किया और आनन्द सूरि पर तीक्ष्ण चुभती हुई दृष्टि डालकर कहा, "किसे? मुंजाल को? परन्तु आप परदेशी हैं; इसलिए नहीं जानते कि मुंजाल मेरा दाहिना हाथ है। जिस समय मैं चन्द्रपुर में थी, उस समय सबसे पहले गुजरात की ओर मुझे इसी ने आकर्षित किया; महाराज के साथ विवाह का सुभीता कर दिया; और महाराज ने मेरे रूप पर अप्रसन्न होकर जब मुझे त्याग दिया, तब इसी ने सुलह कराई; और आज तेरह वर्षों से यह अचल भक्ति के साथ मेरे पक्ष में खड़ा है।"

"यह उद्‌गार आपकी महत्ता प्रकट कर रहे हैं। मुंजाल राजभक्त है, होशियार है; परन्तु उसकी राजनीति ओछी बुद्धि की है। यदि वह मान जाय, तब तो बहुत ही उत्तम; पर न माने तो कुछ समय के लिए मुख्य अधिकार आपको अपने हाथ में ले लेना चाहिए। मुंजाल मंत्री की दृष्टि से देखता है, राजा की दृष्टि से नहीं।"

"यति जी, आप बहुत वाचाल हैं! एक परदेशी के साथ निजी बातें मैंने आज ही की हैं। परन्तु आपकी सत्यता पर मैं विश्वास करती हूँ।"

"ज़रा भी भय न कीजिए। मैं आपकी सेवा के लिए आया हूँ और मेरे समान नमकहलाल आपको और नहीं मिल सकता।"

"अच्छा, तब कहूँ? मुंजाल अडिग है, वह टूट सकता है; पर मुड़ नहीं सकता।"

"मोड़ना आता हो, तो सब मुड़ सकते हैं।"

"किस प्रकार?"

"चन्द्रावती ने जो सेना भेजी है उस सेना का सेनापति मुंजाल को बना दीजिए। श्रावक लोग उसे ठिकाने रखेंगे। शान्तिचन्द्र कुशल है। उसे पाटन का दुर्गपाल बनाइए और सम्भव हो तो दंडनायक भी।"

रानी चौंक पड़ी, "क्या? अच्छा, मैं विचार कर देखूँगी। कल सवेरे शान्तिचन्द्रजी को लेकर मेरे पास आइए।"

"अवश्य। देवीजी, मेरे योग्य और कोई कार्य हो, तो मैं हमेशा हाज़िर हूँ।"

"हाँ, एक काम करेंगे?"

"क्या? जो कहोगी, करने को तैयार हूँ।"

"नगर के बाहर विमलशाह को स्थानक देखा है?"

"हाँ, आज आते समय मैं वहीं रुका था।"

"वहाँ जाकर आचार्यजी को अलग बुलाकर कहिएगा कि मीनलदेवी गोरी साध्वी को बुला रही हैं।"

"गोरी साध्वी?"

"हाँ, और उसे डोली में बिठाकर यहाँ ले आइए। डोली को गढ़ में न लाकर पीछे यह जो ज़ीना है, वहाँ लाकर मेरी दासी को सौंप दीजिए।"

"जो देवी की इच्छा।"

"यह बात बहुत ही गुप्त रखने की है।"

"यह कहने की आवश्यकता नहीं है।" कहकर आनन्द सूरि चला गया।

मीनलदेवी न जाने कब तक चुपचाप खड़ी रही। मुंजाल और यति के वाक्यों की ध्वनि उसके कानों में सुनाई पड़ रही थी।–"क्या किया जाय?"

कर्णदेव

अभी तक बेचारा मंडलेश्वर वाचस्पति की प्रतीक्षा करता हुआ झरोखे में इधर-उधर टहल रहा था। पहले उसने वाचस्पति को कोसा, फिर लीलाधर वैद्य को, फिर मुंजाल को, फिर मीनलदेवी को और फिर अपने भाग्य को। फिर भी कोई नहीं आया। आख़िर जम्हाइयाँ आने लगीं, वह नीचे बैठ गया। उसे एक झपकी आयी और वह सो गया। सोते-सोते उसने अनेक स्वप्न देखे। स्वप्न में एक सुन्दर मुख बार-बार दिखता रहा। मंडलेश्वर अधिक निराश और चिन्तित हो गया। नींद में भी उसे ऐसा प्रतीत हुआ, जैसे उसका हृदय बैठ गया हो। इस प्रकार बहुत समय बीत गया। मध्य रात्रि भी बीती और पौ फटने का समय आ गया। न समझा जा सके, ऐसा मधुर और मन्द प्रकाश रात्रि के अंधकार में मिल जाने लगा। जब वाचस्पति ने पीछे से आकर मंडलेश्वर के कन्धे पर हाथ रखा, तब वह चौंककर जाग पड़ा, खड़ा हो गया और इधर-उधर देखने लगा।

"वाचस्पति, कितनी रात बीत गयी? क्या अरुणोदय हो गया?–" कहकर मंडलेश्वर झरोखे में से सिर निकाल, पूर्व की ओर नीचे झुककर देखने लगा।

"हाँ, कुछ अबेर हो गयी।" वाचस्पति ने कहा; परन्तु मंडलेश्वर ने कोई उत्तर नहीं दिया। वह उसी प्रकार झरोखे में झुका रहा। उसकी पुतलियाँ जैसे आँखों में से निकली जा रही हों, इस तरह बाहर निकली हुई थीं और वह एकाग्र दृष्टि से नीचे बाग

में कुछ देख रहा था। उसका अंग-अंग काँप रहा था, कपाल पर पसीने की बड़ी-बड़ी बूँदें आ गयी थीं।

"क्या है मंडलेश्वर?"

उसने वाचस्पति का हाथ ऐसे ज़ोर से दबाया जैसे सँड़सी से पकड़ लिया हो, "देखो, देखो, वह क्या दिखलाई पड़ रहा है?"

वाचस्पति को जब अँधेरे में कुछ भी दिखाई न दिया तब उसने कहा, "मुझे तो कुछ भी नहीं दिखता।"

"वह कोई स्त्री जैसा, देखो, देखो, यह जा रही है। यह गयी, वह... यह..."

"नहीं मालिक, मेरी आँखें कुछ निर्बल हैं, इसलिए इस समय कुछ नहीं दिख सकता।"

"आज यह दूसरी बार। ठहरो, मैं ठीक मालूम कर आऊँ।"

"मालूम करने कहाँ जायँगे? भुरभुरा तो हो आया है और अन्नदाता इस समय ज़रा चेत में हैं, वे फिर अचेत ही जायँगे। उनसे नहीं मिलोगे?"

गहन विचार की भँवर में पड़कर मंडलेश्वर ने कहा, "वाचस्पति, क्या करूँ? मेरा मन हिंडोले में चक्कर खा रहा है।"

"परन्तु कोई स्त्री गयी, इससे आप इतने क्यों डर गये?"

"पंडित, तुम क्या जानो? पन्द्रह वर्षों के बाद आज मैंने दूसरी बार उसे देखा।"

"किसे?"

मंडलेश्वर ने काँपती और बैठी हुई आवाज़ से कहा, "अपनी प्रियतमा को, वर्षों पहले मरी हुई, पर न भूली हुई हृदयेश्वरी को।"

"महाराज, यह भ्रम होगा।"

"भ्रम? नहीं, नहीं, नहीं, अभी मेरे नेत्र निस्तेज नहीं हुए, मेरी बुद्धि बूढ़ी नहीं हो गयी है।"

विचार में पड़े हुए वाचस्पति ने घबराकर पूछा, "तब क्या भूत था? आप ऐसा समझते हैं?"—शान्तं पापम्, शान्तं पापम्!

"पंडित, इसमें 'शान्तं पापम्' की ज़रूरत नहीं है। मेरे मस्तक पर मृत्यु मँडरा रही है। गुजरात के श्रेष्ठ योद्धा के दिन पूरे हो गये हैं। एक मनुष्य ने आज यह भी भविष्य कहा है कि मैं कुछ दिनों में मर जाऊँगा। आज दो बार वह स्वर्गीया स्त्री भी यही चेतावनी दे गयी। चिन्ता नहीं। मैं जैसे जीया हूँ वैसे ही मरूँगा। जब मेरे नाम से बावन नगर और बारह मंडल त्रस्त होकर मर मिटेंगे, तब मैं मरूँगा। चलो वाचस्पति, काकाजी के पास ले चलो।" मंडलेश्वर ने भयंकर स्वर में कहा और वाचस्पति के पीछे-पीछे दृढता से कदम बढ़ाये।

निकट ही एक कमरे में पाटन-नरेश मृत्यु-शय्या पर पड़े थे। लीलाधर वैद्य और दो एक अन्य मनुष्य कोई औषधि तैयार कर रहे थे। मंडलेश्वर को आते देख लीलाधर उठा और निकट आ गया।

"मंडलेश्वर, कितनी देर लगा दी? बड़ी कठिनता से बेहोशी को रोका है, और अब अचेत हो गये, तो फिर सब समाप्त समझिए!"

"अच्छा!" कहकर मंडलेश्वर राजा की शय्या के समीप आये। लीलाधर ने संकेत से और सबको बाहर कर दिया और निश्चल होकर अपने भारी शरीर को दवा घोंटने के काम में लगा दिया।

"काकाजी! काकाजी! मुझे पहचानते हैं?"

मृत्यु-शय्या पर भी सुन्दर दिखते हुए कर्णदेव ने ज़रा करवट बदली, और बड़ी कठिनता से नेत्र खोले। उनका सारा शरीर मृतक की भाँति हो गया था। इस औषधि के ज़ोर से कुछ होश आया था।

"कौन, देवा?" बड़ी कठिनता से कर्णदेव के मुख से यह शब्द निकले।

"हाँ, काकाजी, देवा। कुछ कहना चाहते हैं? जो कुछ कहना हो, कहिए।"

"उ...प...द्रव मचाने को..." अपनी निस्तेज आँखों को देवप्रसाद पर स्थिर करके राजा ने पूछा।

"नहीं काकाजी, मैंने यदि कोई उपद्रव मचाया भी हो, तो दूसरे के अत्याचार के कारण। मेरा वश चलेगा तो मैं झगड़ा मिटा दूँगा। और कुछ कहना चाहते हैं?"—देवप्रसाद ने कान के पास मुँह ले जाकर ज़ोर से पूछा।

"ज...य...दे...व"—कर्णदेव ने धीरे-धीरे एक-एक अक्षर निकाला।

"काकाजी, आपका पुत्र मेरा भाई है। उसको ज़रा भी आँच न आने दूँगा।"

"व...च...न..."

"हाँ, वचन देता हूँ कि यदि कोई मेरा मान भंग न करना चाहेगा, तो अवश्य ही मैं जयदेव का बाल भी बाँका न होने दूँगा।"

"अँ-अँ! देवा!" बड़े प्रयत्न से चित्त ठिकाने करके कर्णदेव ने कहा।

"जी, और कुछ?"

"समीप आओ।" देवप्रसाद कुछ समीप आ गया और नीचे झुका।

"हं - हं - सा जीवित है।"

देवप्रसाद चौंक पड़ा और 'ऐ' कहकर एकदम पीछे हट गया, 'कहाँ?' उसकी आँखों के आगे सारा कमरा घूमने लगा।

"वि - वि - वि" कहते-कहते कर्णदेव का गला भर्रा गया। उनके नेत्र देवप्रसाद के पीछे किसी वस्तु पर ठहर गये। देवप्रसाद ने पीछे की ओर देखा। तेजस्वी आँखों की भयंकर स्थिरता से मीनलदेवी राजा की ओर देख रही थी। मरते-मरते भी वे भले राजा प्रतापी रानी की एक ही दृष्टि से मौन हो गये। शान्ति से और तिरस्कार से रानी वहीं खड़ी रही। राजा की आँखें फटने लगीं।

"वैद्यराज?" रानी का शान्त स्वर सुनाई पड़ा, "देखिए, फिर अचेत हो रहे हैं क्या?"

देवप्रसाद के उबलते हुए स्वभाव में राजा की हंसा के जीने की बात ने तेल छोड़ दिया था। उसकी उग्रता बढ़ गयी थी। उसकी बहुत वर्षों से खोई हुई पत्नी हंसा जीवित है! वह यह भी न समझ सका कि मैं चेत में हूँ या अचेत। सामने मीनलदेवी को देखकर वह और भी व्याकुल हो गया। बड़ी कठिनता से उसने अपने स्वभाव को वश में किया और पूछा, ''काकीजी, यह बात सत्य है?''

''क्या?''

''मेरी हंसा जीवित है?''

''मैं क्या जानूँ!''

''मैंने आज दो बार उसे देखा है, और अभी काकाजी ने भी यही कहा।''

मीनलदेवी ने ज़रा व्यंग्य से कहा, ''काकाजी की इस समय की बातों पर तो तुम ही विश्वास कर सकते हो। इस विषय की सब बातें पीछे होंगी, इस समय मेरा चित्त ठिकाने नहीं है।''

देवप्रसाद को नहीं सूझ पड़ा कि इस समय क्या कहना चाहिए और वह बोला, ''तुम्हारा चित्त यदि ठिकाने नहीं, तो मेरा भी कहाँ है! हंसा तुम्हारे महल में है।''

''यह किसने कहा?''

''मैंने अपनी आँखों उसे देखा है और अभी-अभी।''

अज्ञात रूप से रानी चौंक पड़ी।

''भ्रम है, मंडलेश्वर! भ्रम है। इस समय तुम्हें राज्य की चिन्ता रखनी चाहिए। इस प्रकार व्यर्थ की बातें करना कोई अच्छी बात है?''

''काकीजी, राज्य की तो चिन्ता क्या रखूँ? तुम्हारे सलाहकारों ने तुम्हें भरमा रखा है; अतएव तुम मेरी कहाँ सुननेवाली हो? काकाजी को मैंने अभी वचन दिया है कि मैं अपने भाई की सेवा करने के लिए तैयार हूँ।''

देवप्रसाद का भोलापन देखकर रानी की आँखें जरा हँस पड़ीं।

''परन्तु मैं कब मना करती हूँ? तुम तो कुछ-न-कुछ बहाना खोजा करते हो।'' रानी ने ऐसा स्वाँग भरकर कहा जैसे वह असहाय हो। देवप्रसाद के विचारों को जानने का यह उसे अच्छा मौका मिला था।

''मैं बहाना खोजा करता हूँ, या तुम्हारे मंत्री? काकीजी, अभी कुछ नहीं बिगड़ा है। गयी-गुजरी जाने दो। तुम जो कहो, करने को तैयार हूँ।'' भोले मंडलेश्वर ने कहा।

''मैं कब मना करती हूँ। केवल तुम्हारी ओर से विलम्ब है।''

''मेरी ओर से? कहो, क्या चाहती हो?''

''बस, इतना ही चाहिए कि मेरा जयदेव एकचक्र राज करे।'' मीनलदेवी ने मधुरता से कहा।

''काकीजी, पाटन का स्वामी सदा एकचक्र ही राज करता है।''

"केवल बातों में! सच तो यह है कि पाटन के बाहर एक कुत्ता भी उसकी ओर नहीं देखता।"

"काकीजी, एकचक्र राज करना है? तो मुझे दंडनायक बना दो, कल प्रातःकाल ही सारा भारत पाटन के अधीन कर दूँगा।" देवप्रसाद ने मग़रूरी से कहा।

"सारा भारत तो दूर रहा, सोरठ और हालार का क्या होगा? घर में ही तो संशय है।"

देवप्रसाद ने जरा मीनल की चालाकी समझते ही पूछा, "अर्थात्?" उसे ऐसा प्रतीत हुआ कि मीनलदेवी धूर्त्तता से बातें कर रही हैं।

"अर्थात् यह कि जहाँ बारह मंडल और बावन नगर अपना-अपना मनचाहा करते हैं, वहाँ पाटन को कौन पूछता है?"

"तुम क्या उन सबको सर करना चाहती हो?" ज़रा मूँछों पर हाथ रखकर देवप्रसाद बोला। वह मीनलदेवी की बात को समझ गया।

"हाँ। इसके बिना मेरा लड़का एकचक्र राज कैसे कर सकता है?"

"अर्थात् सब मंडलेश्वर तुम्हारे दास बन जायँ! सिंह मिटकर तुम्हारे घर की बिल्लियाँ बन जायँ!"

"नहीं, राज्य से शत्रुता छोड़कर राज्य के स्तम्भ बन जायँ।" मीनल ने कहा।

"और यह करने के लिए अपनी देवस्थली तुम्हें सौंप दूँ, अपनी सेना तुम्हें दे दूँ, जिन बहादुर योद्धाओं ने मेरे दादा के साथ रहकर यवनों को गुजरात से बाहर खदेड़ा, उनकी स्वतन्त्रता के प्रति विद्रोह करूँ?"

मीनलदेवी मौन हो गयी। लीलाधर वैद्य चुपचाप राजा का उपचार कर रहा था। कुछ देर सब चुप रहे।

"और इस नीचता और द्रोह का सिरोपाव क्या दोगी?" मंडलेश्वर मज़ाक करते हुए क्रूरता से हँस पड़ा। मीनलदेवी की आँखें शान्ति से उसकी ओर देखती रहीं।

उसने धीरे से कहा, "दंडनायक का पद छोटा नहीं है। वह तुम जैसे सोलंकी वीर को ही शोभा दे सकता है।"

"तुम्हारे इस पद के लिए अपना देश, अपना अधिकार, अपनी स्वतन्त्रता खो दूँ?" देवप्रसाद ने खोखली आवाज़ में पूछा। उसकी आँखें विकराल हो गयीं। उसके मुख पर सिंह का-सा प्रताप आ गया। छाती ठोककर वह बोला, "काकीजी, अपनी बुद्धि को अपने पास रखो। जब तक मंडलेश्वर के शरीर में प्राण हैं, तब तक राजपूत वीरों को अधीन करनेवाला किसकी माँ ने जना है, मैं देख लूँगा। जो राजनीति परम्परा से चली आ रही है, मैं देखता हूँ कि उसे कौन बदलता है?"

"मैं भी देखूँगी कि गुजरात में कितना पानी है।"

"इसमें पछताओगी। पद के लोभ से पूर्वजों की टेक छोड़ने को यदि कोई तैयार होगा, तो उसको भारी पड़ेगा।"

"मंडलेश्वर, पाटन की रानी किसी के डराये नहीं डरती।"

"तब देखूँ तो सही कि भीमदेव सोलंकी के पौत्र को पिंजरे में बन्द करनेवाला कौन है?" कहकर मंडलेश्वर ने मूँछों पर ताव दिया और फिर जरा नरम होकर कहा, "काकीजी! अब भी कुछ भली सलाह लो, और झगड़े की जड़ को काट दो।"

"सलाह के लिए मैं देहस्थली नहीं आऊँगी, निश्चिन्त रहो।" कहकर मीलनदेवी वहाँ से राजा की ओर गयी।

देवप्रसाद भी क्रोध के आवेश में उठकर चला गया।

लीलाधर वैद्य ने औषधि तैयार करते हुए सिर ऊपर उठाया और रानी के मुख की व्याकुलता देखी।

"महारानीजी, इस सिंह को पिंजरे में बन्द करना सहज नहीं है।"

"वैद्यराज, समय आने पर वह भी किया जायगा।"

"जो चाहे कीजिए; पर पाटन के सिंहासन पर कलंक न लगने पाये, यह ध्यान रखिए।" बूढ़े वैद्य ने साहस से कहा।

मीनलदेवी ने कोई उत्तर नहीं दिया।

पिता और पुत्र

देवप्रसाद भारी हृदय घर आया। कुछ देर के लिए वह राज्य के झगड़ों को भूल गया। उसके मस्तिष्क में यही शब्द टकराते रहे कि 'हंसा जीवित है'। एक तो गहन विचार करने की शक्ति उसमें थी ही नहीं और दूसरे इस समय वह बिलकुल नष्ट हो गयी थी। उसे सूझ नहीं कि इस समय क्या किया जाय। उसके मन में अनेक विचार उत्पन्न हुए। कुछ पुरानी आशाएँ और संकल्प फिर प्रकट हुए। पहले तो उसने सोचा कि अपनी आँखों और राजा के शब्दों पर विश्वास किया जाय या नहीं। एक तरह से राजनीति के प्रपंचों के इस ऐन मौके पर हंसा के हृदय-विदारक विचारों ने उसके साहस को क्षीण कर दिया और बुद्धि की तेज धार कुछ भोंथरी पड़ गयी।

वह पाटन में गुप्त रूप से आया था; अतएव चुपचाप अपने पिछले दरवाजे पर गया।

"ज़ोरावर, त्रिभुवन कहाँ है?"

"ऊपर टहल रहे हैं, महाराज!"

"सोया नहीं? दिन-भर की दौड़धूप से थक न गया होगा?"

"जी नहीं, नहीं सोये।"

"अच्छा, किसी से कहना मत। परन्तु यदि वल्लभ आये, तो ऊपर भेज देना।"

"जो आज्ञा।"

मंडलेश्वर ऊपर गया। उसके हृदयरूपी अरण्य में त्रिभुवन ही एक विश्राम-स्थल था। उसने देखा कि वह भी उदास दिखायी पड़ रहा है।

"क्यों बेटा, सोये नहीं?"

"जी नहीं, नींद नहीं आयी।"

त्रिभुवन के कन्धे पर हाथ रखकर मंडलेश्वर ने स्नेह से कहा, "बेटा, अभी तुम्हें चिन्ता में पड़ने के लिए बहुत विलम्ब है।"

"पिताजी, यह कुछ अपने हाथ की बात थोड़े ही है। परन्तु इस बात को छोड़ दीजिए। आप वहाँ गये थे, क्या हुआ?"

एक निःश्वास छोड़कर मंडलेश्वर ने कहा, "क्या बताऊँ? दुःखों की सीमा नहीं है।–" कहते-कहते मंडलेश्वर के आँखों में पानी भर आया।

त्रिभुवन ने बड़ी सहानुभूति के साथ पिता की ओर देखा।

"पिताजी, आप मुझे बालक समझकर कुछ बताते नहीं! अक्सर आपके दुःख की बातें सुनने और सुनकर यथासम्भव सहायता करने को हृदय तड़पा करता है। परन्तु अभी आपको विश्वास नहीं है।"

"विश्वास की बात नहीं है बेटा, पर तुम्हारे कोमल हृदय पर कितना भार डालूँ?"

"आपको खबर नहीं है पिताजी, सोलह वर्ष का सोलंकी सारी दुनिया के लिए भारी होता है!"

मंडलेश्वर ने गर्व से कहा, "बेटा, मैं जानता हूँ। मेरी आँखों के आगे तुम बड़े हुए हो और मेरी सारी साधें तुमने पूर्ण की हैं।"

"तब किस कारण आप मुझे अपने दुःख का भागी नहीं बनाते?"

"बनाऊँ? बन सकोगे? क्या लाभ? अच्छा, तुम इस राज्य के प्रपंचों को जानते हो?"

"कुछ जानता हूँ, परन्तु उनके कारण क्या हैं सो समझ में नहीं आते।"

"इनका इतिहास बहुत पुराना है। मैंने अब तक इसलिए नहीं कहा कि तुम्हारा जी न दुखे। परन्तु आज कहता हूँ, सुन लो। भीमदेव के तीन स्त्रियाँ थीं। पहली स्त्री[1] छोटी अवस्था में मर गयी और उनके पुत्र मूलराजदेव की मृत्यु का हाल तुम्हें मालूम ही है। दूसरी थीं बकुलादेवी–वणिक-कन्या–पिताजी की माँ[2]। और तीसरी उदयामती, काकाजी की माँ[3]। हाँ, परन्तु शायद तुम नहीं जानते कि मेरे पिता क्षेमराज, बड़े पुत्र होते हुए भी राज्य छोड़कर दादाजी के साथ वानप्रस्थी क्यों हो गये? वैराग्य-भाव की अपेक्षा उनमें व्यवहार-कुशलता अधिक थी। उन्होंने देखा कि यदि वे गद्दी पर बैठेंगे तो गुजरात के सामन्त परस्पर कट मरेंगे।

"सो कैसे?"

"जब मुसलमान बादशाह ने पाटन पर चढ़ाई की और कुछ महीनों अपना अधिकार यहाँ जमाये रखा तब देश बरबाद हो गया। सामन्त छिपते फिरते थे, और धनी लोग अपनी दौलत और स्त्रियों को छुपाये रहते थे। आखिर भीमदेव कंथकोट (कच्छ) से आये। उन्होंने काँपते हुए सामन्तों को इकट्ठा किया, उन्हें साहस बँधाया। श्रावक भी विदेशियों के जुल्म से तंग आकर दादाजी की ओर झुके। दादाजी की सेना पाटन की सीमा पर आ पहुँची और बादशाह के सहायक भाग खड़े हुए और पाटन में फिर सोलंकियों का डंका बजने लगा। परन्तु अपने दुर्भाग्य से साँप ने छछूँदर को निगल लिया।"

"कैसे?"

"इस मुंजाल[1] के मौसा और पाटन के नगरसेठ विमलशाह का सिर फिर गया। वह अपने को दादाजी से भी बड़ा योद्धा समझने लगा।"

"विमल मंत्री की वीरता के विषय में मैंने बहुत कुछ सुना। चन्द्रावती उन्होंने तो बसायी थी?"

"हाँ, परन्तु इसका मूल कारण यह था कि स्वार्थी वणिकों को हमारा राज्य अच्छा नहीं लगा। उन्हें तो सब जगह महाजन ही चाहिए।"

"परन्तु दादाजी यह कैसे सहन कर सके?"

"क्या करते? राज्य की दुर्दशा थी, और श्रावकों के सिवा धन और किसी से मिल नहीं सकता था।"

"तब सामन्त लोग क्या कर रहे थे?"

"इसमें दादाजी की भूल थी। वे सामन्तों पर अधिकार जमाने का प्रयत्न कर रहे थे; इसलिए वे खीजे रहते थे। उनका बल अधिक था और बड़ी मुश्किल से वे धनिकों को वश में रख पाते थे। इससे पिताजी ने विचार किया कि यदि वे गद्दी पर बैठेंगे, तो सभी सामन्त काकाजी का पक्ष लेंगे और गुजरात में उत्पात खड़ा हो जायगा। इसकी अपेक्षा उन्होंने वानप्रस्थ अधिक पसन्द किया। परन्तु काका कर्णदेवजी उनसे भी कमज़ोर निकले। वे श्रावक मंत्रियों के हाथ का खिलौना बन गये। फिर भी, जब तक मीनलदेवी का विवाह काकाजी के साथ नहीं हुआ था, तब तक सब मेरे प्रभाव में रहते थे, और शूर-सामन्त जो चाहते करते थे। परन्तु, पाटन के दुर्भाग्य से मीनलदेवी आयीं। नगरसेठ मुंजाल काकाजी का प्रिय-पात्र था और फिर नयी रानी का भी प्रिय बन गया। तब सामन्तों की सत्ता तोड़ने के प्रयत्न शुरू हुए। इस समय मैं ही उनमें बाधक हूँ। हमारा मंडल सबसे बड़ा और स्वतंत्र है। जब तक वह स्वतंत्र है, तब तक और किसी मंडल को कोई नहीं छेड़ सकता। सामन्तों का स्वातंत्र्य आज मेरे ही कारण है। अब यह सब मुझे राज्य का दास बनाने का प्रयत्न कर रहे हैं। परन्तु, उन सबको ज्ञात नहीं कि मेरी देहस्थली या सामन्तों को कोई ज़रा भी छेड़े। जो काम राजा भीमदेव ने नहीं किया, उसे करनेवाले ये बनिये कौन होते हैं?"

''तब ये लोग क्या करना चाहते हैं?''

''काकाजी स्वर्गवासी हो जायँ, तब देखेंगे। उसी समय समझ में आयगा कि यह लोग कौन-सी चाल चलते हैं। इतने वर्ष मैं अपनी देहस्थली में ही पड़ा रहा, इसका भी कारण काकाजी ही हैं। और जब तक वे हैं, तब तक पाटन का अधिपति मेरे लिए परमेश्वर है।''

''परन्तु पिताजी, इसमें दुःख की कौन-सी बात है? आप देहस्थली में वल्लभसेन से कह आये हैं कि हमारी सेना को वह मेरल की सीमा पर लाकर रक्खे, फिर क्या चिन्ता है? आपके मुख से एक शब्द निकलते ही गुजरात के वीर उठ खड़े होंगे। तब मीनलदेवी अपने आप सीधी हो जायँगी।''

बोलते-बोलते मंडलेश्वर को पसीना आ गया था, उसे पोंछते हुए उन्होंने कहा,

---

1. भीमदेव–पहली स्त्री
   |
   मूलराज
2. भीमदेव–दूसरी स्त्री बकुलादेवी (वणिक कन्या)
   क्षेमराज
   |
   देवप्रसाद–हंसा
   |
   त्रिभुवनपाल
3. भीमदेव–तीसरी स्त्री उदयामती (राजपूत-कन्या)
   |
   कर्णदेव–मीनलदेवी
   |
   जयदेव (सिद्धराज जयसिंह)
4. धनपाल नगरसेठ
   |
   हंसा–देवप्रसाद = देहस्थली के मंडलेश्वर — मुंजाल (श्रावक वणिक नगरसेठ)
   |
   त्रिभुवनपाल

"यह तो मैं जानता हूँ, यह हिसाब लगाकर ही मैं आया हूँ। परन्तु यहाँ एक नये दुःख ने बाधा डाल दी है।"

त्रिभुवन ने आतुरता से पूछा, "वह क्या?"

देवप्रसाद ने भारी हृदय से कहा, "वह दुःख है भीतर का, जो सेना से या बाहुबल से दूर नहीं हो सकता बेटा!" देवप्रसाद ने फिर से अपना हाथ त्रिभुवन के कन्धे पर रख दिया और कहा, "क्या करूँ? तुम्हें खबर तो है कि तुम्हारी माता कौन थी?"

"जी हाँ, नगरसेठ मुंजाल की बहन।"

"परन्तु हमारा विवाह विचित्र प्रकार से हुआ था। उसका भाई और माँ हमारे विवाह के विरुद्ध थे, बिना किसी की सम्मति के मैं उसे देहस्थली ले गया और हमारा विवाह हो गया। हमारे सुख की कोई सीमा न रह गयी थी।" वे ऐसे स्वर मे कहने लगे, जैसे उनका हृदय फटा जा रहा हो। त्रिभुवन भी मौन रहा।

' परन्तु मुझ से सभी श्रावक जलते थे। मैंने उन्हें बहुत सताया था। इसका बदला लेने को वे तड़प रहे थे। एक बार मैं शिकार से लौटकर आया। घर में देखा, तो मेरी हंसा का पता नहीं है।"

"ऐं! क्या हुआ?" त्रिभुवन ने आकुल नेत्रों से पूछा।

"न जाने क्या हुआ! मेरे शत्रु सफल हो गये, मेरी लक्ष्मी लूट ले गये।" मंडलेश्वर ने निराशा से, सिर हिलाकर कहा।

"तब आपने खोज क्यों नहीं की? इस प्रकार कहाँ ले जायँगे?"

"बेटा, मैं यों ही बैठा रहनेवाला नहीं हूँ। काकाजी से मिला, तुम्हारे मामा से मिला। सब मुकर गये। मैं हाथ-पैर मारता रहा। धीरे-धीरे बातें फैलने लगीं कि हंसा मर गयी या चांडालों ने मार डाली। मेरी निर्दोष, सुकुमार प्रियतमा उनके द्वेष की बलि हो गयी।"

"परन्तु इसमें बुराई क्या हो गयी थी? बकुलादेवी ने भी तो दादाजी से विवाह किया था?"

"बेटा, उस समय बात और थी। श्रावक सबल नहीं थे। अब वे अभिमानी और सत्तावान हो गये हैं, और फिर मैं तो उनका कट्टर शत्रु ठहरा।"

"परन्तु पिताजी, मुझे खबर ही नहीं कि इन लोगों ने ऐसा गजब ढाया है? मैं बचपन में देखी हुई माता को स्मरण करने का प्रयत्न किया करता हूँ। मैं तो यही समझता था कि दैव कोप से ही वे संसार से उठ गयी हैं।"

देवप्रसाद ने निःश्वास छोड़कर कहा, "नहीं, दैव का अभिनय तो तुम्हारे मामा मुंजाल ने ही किया था।"

"परन्तु पिताजी, इससे आप निराश क्यों हो रहे हैं? मामा के दैव हम हैं। हमारा कोप उनके लिए भारी पड़ेगा।"

"हाँ बेटा, परन्तु बात यहीं सभाप्त नहीं हो जाती।"

"क्यों?"

देवप्रसाद ने रोते हुए कंठ से कहा, "बेटा, तुम्हारी माता जीवित हैं।"

"ऐं! यह आप क्या कह रहे हैं?" त्रिभुवन ने इस प्रकार चौंककर कहा जैसे बिजली टूट पड़ी हो। दाँत पीसकर, आँखें फाड़कर वह पिता की ओर देखता रहा। उसके हृदय में, मृत माता के लिए एकत्र हुई तरंगें उछलने लगीं।

"हाँ, सत्य है। मैंने कल रात को उसे दो बार देखा। एक तो तब जब हम विमलशाह के उपाश्रय के पास से आ रहे थे।..."

"जब घोड़ा भड़का था तब?"

"हाँ। और दूसरी बार अभी, जब मैं राजमहल के झरोखे में खड़ा था। मैंने क्षण-भर उसकी स्वर्गीय छवि देखी। क्षण ही भर में वह अन्तर्धान हो गयी।" उसने खिड़की से बाहर दृष्टि स्थिर करके इस प्रकार कहा, जैसे उसकी छवि को दृष्टि में लाने का प्रयत्न कर रहा हो।

"पिताजी, कुछ भ्रम न हो?"

"विचार करके मैंने भी यही सोचा था। परन्तु काकाजी..."

"काकाजी!"

"उन्होंने मरते-मरते मुझसे कहा कि हंसा जीवित है, और पीछे से काकी न आ गयी होतीं, तो कुछ और भी पता लगता।"

"इसका आशय यह कि इतने वर्षों से उन्हें कहीं छिपाकर रख छोड़ा है!"

"यही बात है और क्या! यह है मेरा दुःख। तो बेटा, अब क्या किया जाय?"

"क्या किया जाय, यह आप मुझसे पूछते हैं? अब करने को एक ही बात रह गयी है। यदि यह सच है, यदि माताजी को जीतेजी इस प्रकार कष्ट दिया है, तो इसका बदला हम लेंगे। माताजी को छुड़ाएँगे और इन चांडालों को सिखा देंगे कि उन्हें अँगुली से छूना भी कितना भारी होता है?"

"यह ठीक है; पर यह किसे ख़बर कि वह कहाँ है?"

"या तो विमलशाह के उपाश्रय में या राजमहल में। आपने उन्हें वहीं तो देखा था?"

"हाँ, परन्तु राजमहल में खोज लेना कोई सहज है? मैंने मीनल काकी से पूछा; परन्तु वे तो एक से दो नहीं होतीं।"

"क्या कहती हैं?"

"वे तो भ्रम ही बतलाती हैं। परन्तु, सम्भव है, वे न भी जानती हों।"

"तब कौन जानता है?"

"मुंजाल मीनल काकी के आने से पहले ही हंसा को उड़ा ले गये थे। इसलिए सम्भव है उन्हें ज्ञात न होने दिया हो। परन्तु काकाजी जानें और वे न जानें, यह कैसे सम्भव है?"

"परन्तु काकी को कैसे समझाया जाय पिताजी? एक रास्ता है। आज्ञा हो, तो कर देखूँ। मुंजाल मामा से मैं मिला नहीं हूँ। मैं जाकर उनसे मिलूँ, प्रार्थना करूँ, देखूँ मानते हैं या नहीं।"

"बेटा, तुम उसे नहीं पहचानते। उसे हाथ में करना सहज नहीं है।"

"परन्तु देख तो लूँ, इसमें हानि ही क्या है? अधिक-से-अधिक यही कि इनकार कर देंगे।"

"तो जाओ; परन्तु अपनी टेक का ध्यान रखना। अभी काकी मुझे लुभाने आयी थीं, उसी प्रकार तुम्हें भी न लुभायें।"

"यह कहने की आवश्यकता नहीं है। मैं अभी लौटकर आता हूँ। जोरावर पिताजी और मेरे लिए जरा हाथ-मुँह धोने को पानी ले आ।"

नौकर पानी लाया और धीरे से उसने देवप्रसाद से कहा, "महाराज, वल्लभसेन ने एक आदमी भेजा है।"

"क्या कहता है?"

"कहता है कि वल्लभसेन मेरल आ पहुँचे हैं।"

"बेटा, यह भी अच्छे समाचार हैं। तुम जा आओ। फिर देखें क्या होता है?"

सेना के आने की बात सुनकर मंडलेश्वर का हृदय निराशा से कुछ मुक्त हो गया। उनका विचार मुंजाल की सत्ता को निर्बल कर डालने का था। उन्हें ऐसा मालूम हुआ कि यदि मैं यहाँ रहूँ, पाटन से कुछ दूरी पर मेरल में वल्लभसेन सेना लेकर पड़ा रहे, और देहस्थली की स्वतन्त्र ध्वजा फहरती रहे, तो विपक्ष की कुछ भी न चलेगी। उन्हें विश्वास था कि इस समय उन्हें तंग करने या छेड़ने का कोई साहस न करेगा; अर्थात्, कर्णदेव की मृत्यु के बाद की धाँधली से लाभ उठाकर पाटन में अपना अधिकार जमाने का विचार उन्होंने कर रखा था।

मामा और भानजा

मामा से भेंट करने को जाते हुए त्रिभुवन घबराया। उसने जीवन-भर उसे शत्रु समझा था। आज तक उससे एक शब्द भी बोलने का काम न पड़ा और उसकी ख्याति बड़े-बड़े मुत्सद्दियों-प्रबन्धकों को भी कँपाती थी। फिर भी त्रिभुवन का निश्चय दृढ़ था। अपनी माँ के ऊपर हुए जुल्म की बात से उसका हृदय घायल था। अत्याचारियों को उचित दंड देने के लिए उसके हाथ अकुला रहे थे। परन्तु अपने पिता की अपेक्षा उसमें सांसारिक ज्ञान अधिक था। उसने जान-बूझकर मंडलेश्वर को यह दिखलाया था कि वह सब बातों से अनभिज्ञ है। परन्तु, सामल बारहट और अन्य मनुष्यों से उसने

बहुत-सी बातें सुनी थीं और उन पर अपना मत भी निश्चित कर लिया था। इस समय भी उसने अपने उबलते हृदय को ठंडा किया। उसे विश्वास था कि मुंजाल जैसे राजनीतिज्ञ के सामने अपने आपे में न रहना तिरस्कृत होने के समान है।

जब वह मुंजाल के गुमाश्तों के बैठने की जगह पहुँचा, तब सब खलबला उठे। त्रिभुवन का बचपन, उसके मुख पर की भव्य सुन्दर रेखाएँ और आँखों का तेज़ देखकर सब विचार में पड़ गये और पूछने लगे कि यह कौन है? साधारणतया इस समय मुंजाल किसी से मिलता नहीं था; परन्तु त्रिभुवन से यह कहने का किसी ने साहस नहीं किया।

''आपका नाम?''

''त्रिभुवनपाल सोलंकी।''

एक मनुष्य ने सिर उठाकर ऊपर देखा, चौंका, उसे पहचाना और कहा, ''ठहरिए महाराज मैं देख आता हूँ, कदाचित मंत्रीजी कार्य में व्यस्त हों।''

''हाँ, कह देना कि जब फुरसत मिले तब बुला लें, तब तक मैं यहीं हूँ।''

गुमाश्ता गया और तुरन्त लौट आया, ''पधारिए।''

त्रिभुवन हृदय की धड़कन को शान्त रखने का प्रयत्न कर रहा था। वह भीतर गया। यहाँ गद्दी पर रूपवान और तीक्ष्ण दृष्टिवाला एक मनुष्य बैठा था। त्रिभुवन ने उसके मुख की भव्यता देखी और तुरन्त पहचान लिया। कुछ काँपते स्वर में पूछा, ''मामाजी, मुझे पहचानते हैं?''

मंत्री के मुख का भाव बदल गया। क्षण भर के लिए घबराहट तथा उछलते स्नेह की छाया मुख पर आ पड़ी। उसने हाथ बढ़ा दिये। उसके हाथों में न दिखनेवाला कंपन था।

''कौन? हंसा के त्रिभुवन?'' ज़रा अशान्त-से स्वर में मंत्री ने पूछा।

त्रिभुवन मामा को प्रणाम करके गद्दी के नीचे बैठ गया।

''ऊपर बैठो भइया! देखूँ, जरा इधर देखो—देखूँ तुम्हारा मुख। जरा आगे बढ़ो, यहाँ आओ।''

त्रिभुवन को आश्चर्य हुआ कि क्या यही स्नेहसिक्त और भावुक पुरुष उसका क्रूर समझा जानेवाला मामा है? कुछ क्षण दोनों मौन रहे।

''बहुत समय बाद मैंने तुम्हें देखा।''

''कदाचित पहली ही बार। नहीं?''

त्रिभुवन के शब्दों ने मंत्री की बुद्धि को तेज कर दिया। उसने स्वस्थता प्राप्त की। त्रिभुवन को प्रतीत हुआ कि ऐसा कटाक्षपूर्ण वाक्य बोलकर उसने भूल की है।

''क्यों बेटा, कैसे आये?'' मंत्री की उमंग-भरी आवाज़ भावहीन होने लगी।

त्रिभुवन को सूझा नहीं कि किस प्रकार बात आरम्भ की जाय; अतएव उसके मुख से निकल गया, ''एक भिक्षा माँगने आया हूँ।''

"भिक्षा! मेरी बहन का पुत्र, मेरे जीते-जी भिक्षा माँगे!" ज़रा हँसते हुए मुंजाल ने कहा।

त्रिभुवन ने गिड़गिड़ाते हुए कहा, "हाँ मामाजी, भिक्षा कहिए, या जो चाहे कहिए; पर मुझे एक वस्तु दीजिए।"

"कौन-सी वस्तु?"

"मेरी जननी।"

और कोई होता तो चौंक पड़ता; परन्तु मुंजाल के मुख पर क्षण-भर के लिए आश्चर्य की बिजली चमकी और अदृश्य हो गयी।

"यह क्या कह रहे हो?"

"सच कह रहा हूँ। सत्रह वर्षों तक मुझे अपना जीवन नीरस प्रतीत हुआ है। आज मुझे ज्ञात हुआ कि वह क्यों नीरस था। मुझसे अपनी माता के बिना नहीं रहा जाता। वह मुझे लौटा दीजिए।"

"बेटा, तुम पागल हो गये हो? तुम्हारी माता तो कभी की स्वर्गवासिनी.."

"मामाजी, आप भी मुझसे छल करेंगे? मेरी माता जीती हैं।"

"किसने कहा?" निश्चल दृष्टि से त्रिभुवन की ओर देखते हुए मुंजाल ने पूछा। उसके स्वर में कृत्रिम, शान्त मधुरता थी, तो भी उसकी आँखें कहे देती थीं कि उसका मस्तिष्क तेजी से काम किये जा रहा है।

"किसने कहा? मैं कहता हूँ। देखनेवाले ने उन्हें सदेह देखा है, और कहने वाले ने सत्य कहा है।"

"किसने देखा? किसने कहा?"

आर्द्र होकर त्रिभुवन ने कहा, "मामाजी, आप मेरे साथ ऐसा व्यवहार करेंगे? जन्म लेकर मैंने माँ की गोद नहीं देखी; जन्म लेकर स्नेह से उमड़ते हुए नेत्रों से माता के अमूल्य बोल नहीं सुने। आप पाषाण नहीं, मनुष्य हैं। रोते हुए, कलपते हुए और साध से पागल हुए एक बालक पर आपको दया नहीं आती? आपके हृदय में उमंग-भरी बहन के लिए ज़रा भी स्थान नहीं है? किसलिए वे गयीं; यह मैं नहीं जानना चाहता। किसने उन्हें सताया, यह भी मैं नहीं सुनना चाहता; परन्तु इस समय वे मुझे देखें, तो आपको कितने आशीष दें? माता-पिता आपकी शरण में उन्हें छोड़ गये थे। आज बेचारी उस दीन बहन की इतनी-सी इच्छा भी पूर्ण न करेंगे? उनके छः मास के उमंग-भरे कुमार के निकट से लोग उन्हें उठा ले गये, और उन्होंने फिर उसे नहीं देखा। आज वह बड़ा हो गया, माता के नेत्रों को शीतल करनेवाला हो गया। आप अपनी बहन और भानजे की यह दीन प्रार्थना न सुनेंगे? माता जी, दोनों की भेंट न करा देंगे?"

त्रिभुवन का मुख दयनीय था, उसके नेत्रों से आँसू बह रहे थे। सामने मंत्री स्थिर

होकर बैठा हुआ था। उसके मुट्ठी बँधे हुए हाथों के नाखून मांस में जोर से घुसे जा रहे थे। इसके सिवा अनुभूति के कोई चिन्ह उस पर नहीं थे।

"बेटा, क्यों रो रहे हो? यह सब मिथ्या है। मैं कोई परमेश्वर हूँ कि असम्भव को सम्भव कर सकूँ?" उसने भाव-हीन स्वर में कहा।

"नहीं, परन्तु आपका नाम मुंजाल है। आप गुजरात की दसों दिशाओं में फैली हुई ख्याति के स्वामी हैं, आपकी शक्ति अपार है। आप जो चाहें, कर सकते हैं।"

"भइया, तुम भूल रहे हो। कई बातों के समझने में तुम्हें अभी बहुत देर लगेगी। विजयी वीर की सत्तामयी कीर्ति के पीछे क्या-क्या पीड़ाएँ हैं, हँसते हुए मुख की सुन्दर रेखाएँ कितने आँसुओं को ढके रहती हैं—यह सब समझने में अभी तुम्हें देर है। यदि मेरे द्वारा मेरी बहन सजीव हो सकती, तो क्या मैं यों बैठा रहता? मेरी बहन मेरे लिए भी अपने प्राणों के समान थी। वह स्वयं ही मुझे दगा दे गयी, मैंने नहीं दिया।"

"तब क्या आप यह कहते हैं कि वे मर गयी हैं? या ऐसे हाथों में हैं कि वहाँ आपका जोर नहीं चलता? आप इस प्रकार आँसू बहाएँगे, तो मेरी क्या दशा होगी?"

"कुछ नहीं। वह अब कैसे मिल सकती है?" मुंजाल की आँखों में भी दुःख झलक आया।

"ऐसे नहीं, यह बताइए कि क्या वे मर गयी? सचमुच?"

"तब और क्या? बहन का जो होना था सो हो गया, पर अब क्या भानजा मेरी बात मानेगा?" मुंजाल ने मीठे स्वर में पूछा।

त्रिभुवन सोच रहा था कि 'अब इनको क्या कहा जाय? कहीं पिताजी या कर्णदेव का भ्रम ही न हो?'

"त्रिभुवन, मेरे पास रहोगे?" मुंजाल ने इस प्रकार कहा, जैसे एकदम निश्चय पर आ गया हो।

चौंककर त्रिभुवन ने कहा, "क्यों?"

"देखो, मेरे कोई सन्तान नहीं है। संसार में मेरे लिए दूसरा कोई उपाय नहीं है। दिन जाते मुझे बुढ़ापा आ घेरेगा। मेरे साथ रहोगे?" मेरे हृदय की आशाओं को पूर्ण करोगे?

"मामाजी, यह एक ही प्रकार से हो सकता है। आप मेरे पिताजी से सन्धि कर लें।"

मुंजाल के होंठ दब गये। उसके नेत्र अधिक तीक्ष्ण हो गये। वह बोला, "तुम्हें सन्धि के लिए भेजा है?"

त्रिभुवन ने गर्व से मस्तक उठाकर कहा, "मंडलेश्वर सन्धि की याचना नहीं करते!"

मुंजाल ने मधुरता से कहा, "भइया, यदि तुम इतनी बात मान लो तो ऐसा सुख दूँगा कि अपनी माँ का सुख भी भूल जाओगे।"

"यह कैसे हो सकता है? उस सुख के लिए अपने पिताजी को अकेला छोड़ दूँ?"

"मंडलेश्वर अपने काम को आप सँभाल लेंगे। यहाँ तुम जैसों के लिए प्रतिष्ठा है, धन है और कीर्ति है।"

"और फिर?"

"फिर क्या? कर्णदेव की मृत्यु के पश्चात् तुम्हारे पिताजी की जो स्थिति अब है, उससे बुरी हो जायगी। वहाँ तुम्हारा निर्वाह न होगा।"

"मामा जी, उस स्थिति को सुधारना या बिगाड़ना इतना सहज नहीं है। देहस्थली का दुर्ग ऊँचा है और वहाँ के वीरों ने चूड़ियाँ नहीं पहन रखी हैं।"

"वहाँ एक वस्तु नहीं है।"

"वह क्या?"

"मुंजाल मंत्री की बुद्धि!"

"मामा जी, बुद्धि परमेश्वर ने किसी एक को ही नहीं सौंप दी है।"

"बेटा, व्यर्थ की बातों के लिए मेरे पास समय नहीं है। मेरा हृदय तुम्हारे लिए तरस रहा है। मेरे स्थान की पूर्ति तुम न करोगे, तो कौन करेगा?"

"क्या आप कीर्ति और धन का लालच देकर मुझे लुभा रहे हैं? और यदि आप की बात सत्य हो, यदि मुंजाल मंत्री की बुद्धि से ही पाटन का अत्याचार मेरे पिता जी पर होने वाला हो, तो क्या ऐसे समय मैं आपके पास आकर बैठ जाऊँगा? मुझे आप क्या समझते हैं? जिस मातृहीन बालक को उन्होंने माँ जैसे लाड़-प्यार से पाल-पोस बड़ा किया, आप जैसे अत्याचारी ने उसके लिए राज्य और यश एकत्र कर रखे हैं? पुत्र क्या ऐसा नीच, कृतघ्न हो जायगा कि वह सिंह के समान अपने पिता का साथ छोड़कर ऐसे समय में आप की सुकोमल, सुन्दर गोद में आ छिपेगा? मामा जी, यहाँ आपका मंत्रित्व काम न देगा।"

मुंजाल मौन-मुख सुनता रहा। उसका मुख कठोर हो गया, "जैसी तुम्हारी इच्छा मुझसे तो जो हो सकता था, वह कहा।"

त्रिभुवन ने तिरस्कारपूर्वक कहा और खड़ा हो गया। "हंसा देवी के घातक से उसके पुत्र को और क्या आशा हो सकती है?"

मुंजाल ने कुछ फीका-सा हँसकर कहा, "लड़के! कठोर शब्दों का व्यवहार करना तुझे खूब आता है।"

"शब्द जितने सख्त हैं उतने ही सच्चे भी हैं। मामाजी, आप सुखी नहीं हैं। आपका हृदय भी न जाने क्यों रो रहा है। इसे आप जानें और आपका हृदय। मैं जाता हूँ। परन्तु इस समय आपने मेरी याचना को ठुकराया है, इसके लिए आपको पछताना पड़ेगा।" यह कहकर त्रिभुवन प्रणाम करके चला गया।

मुंजाल बहुत देर तक द्वार की ओर देखता रहा और उसने एक निःश्वास छोड़ दिया। लोग उसे बड़ा मज़बूत और सिरफिरा समझते थे। कई लोग यह भी नहीं मानते थे कि उसके हृदय है या हो सकता है, फिर भी मुंजाल ने अपने खेस के छोर से आँखें पोंछ डालीं और वह वहाँ से उठ खड़ा हुआ।

त्रिभुवन जल्दी से राजमहल की सीढ़ियाँ उतरा और घर जाने के लिए पालकी में पैर रखना ही चाहता था कि एक दासी ने आकर उसे रोक लिया।

''त्रिभुवन पाल, बाण से बेध तो दिया; पर उसका घाव कब मिटाओगे? दासी ने एक बाण भी सामने रख दिया। त्रिभुवन ने उसे देखा, और पहचान लिया कि वह उसी का है। उसे याद आ गया कि वह अपना धनुष-बाण प्रसन्न के ही पास छोड़ आया था। बाण की नोक पर रक्त की एक बूँद थी। उसे प्रसन्न का स्मरण हो आया। सोचा कि जाने वह कैसी होगी। उसके पास जाकर दुःखित हृदय के दो शब्द कहने की इच्छा भी हो आयी। परन्तु फिर उसने अपने हृदय को दृढ़ कर लिया।

''दासी, जाकर कह देना कि घायलों की दवा जगह-जगह मिलती है।'' यह कहकर उसने बाण के दो टुकड़े कर दिये और उसे दासी के हाथ लौटा दिया।

वह फिर पालकी पर चढ़ने लगा। इसी समय राजप्रासाद में घोर रुदन आरम्भ हो गया। चारों ओर कुहराम मच गया। त्रिभुवन अकुलाता हुआ फिर लौटा। राजा कर्णदेव सोलंकी के प्राण निकल गये थे।

कर्णदेव की मृत्यु

त्रिभुवन वहाँ गया जहाँ कर्णदेव को ज़मीन पर रख दिया था। सारे महल के लोग दौड़कर आ पहुँचे थे, और क्षण-क्षण में मनुष्यों की भीड़ बढ़ रही थी। रोना-पीटना आरम्भ हो गया था। आज कई दिनों से साधारण जनता को यह आभास हो रहा था कि पाटन के सिर पर कोई भयंकर संकट आने वाला है। कर्णदेव की मृत्यु ने उस संकट का श्रीगणेश कर दिया। जितने लोग समा सके राजमहल में, घुस आये, बाकी बाहर चौपाल में खड़े हो गये, और जो वहाँ भी न आ सके वे बाहर चौराहे पर एकत्र होने लगे। सभी लोग भिन्न-भिन्न प्रकार की बातें कर रहे थे। 'रानी कैसी मालूम हो रही हैं, मुंजाल के मुख पर क्या भाव है; देवप्रसाद पाटन में आ गया है या नहीं...' इस प्रकार के अनेक प्रश्नों पर चर्चा होने लगी। न जाने कितने लोगों की प्रतिष्ठा की धज्जियाँ उड़ने लगीं। खबर लगते ही मंडलेश्वर भी आ पहुँचे। उन्हें देखकर लोग घबरा गये। आज न जाने कितने वर्षों के बाद वे प्रकट रूप से राजप्रासाद में आये थे।

मंडलेश्वर ने कर्णदेव के शव को प्रणाम किया, फिर त्रिभुवन को खोज निकाला और धीरे से पूछा, ''क्यों, कुछ हुआ?''

त्रिभुवन ने सिर हिला दिया, "नहीं।"

मंडलेश्वर ने पूछा, "जीवित है या नहीं, यह कुछ ज्ञात हुआ?"

"कुछ कहा नहीं जा सकता। मुझे तो कोई रहस्य प्रतीत होता है।"

"अच्छा, फिर विचार करेंगे; पर अब आँखों और कानों को खुला रखना। कल सबेरे उठावने के पहले कुछ न कुछ होगा।"

"चिन्ता नहीं।"

इसी समय क्रिया-कर्म के लिए राजपुरोहित आ गये और कमरे के लोग इधर-उधर हो गये। इतने में एक भयंकर राजपूत गलमुच्छों को चढ़ाता हुआ आ पहुँचा और मंडलेश्वर के पास इस प्रकार खड़ा हो गया जैसे उसे पहचानता ही न हो। वह वीरपुर का सामन्त था।

उसने धीरे से मंडलेश्वर से पूछा, "मंडलेश्वर जी, तैयार हैं?"

"किसलिए?"

"मैंने आपसे कहा न था? मेरे सैनिक तैयार हैं। कहिए, तो कल सबेरे ही इस स्थान की पूर्ति आप कर सकते हैं।" यह कहकर उसने राजा के शव की तरफ़ देखा।

मंडलेश्वर कुछ मुस्कराया, "विजयमल्ल जी, पाटन का राजा अब जयदेव है, और कोई नहीं।"

विजयमल्ल ने होंठ चबा लिये और घूरकर वहाँ से हट गया। कुछ देर में कर्णदेव के शव को सब लोग श्मशान ले गये। सारा नगर लोकप्रिय राजा के साथ था। शोभा के लिए, राजा भला था इसलिए तथा भविष्य के भय के कारण बहुत लोगों ने अश्रु बहाये। पाटन के राजा जलकर भस्मीभूत हो गये और साथ में गये लोग लौट आये। सबसे आगे कुमार जयदेव के साथ देवप्रसाद चल रहा था। अब तक शत्रु रहे इन भाइयों को साथ देखकर लोगों ने भाँति-भाँति के विचार किये। सब लोग राजप्रसाद में पहुँचे। रोये, कलपे, अलग हुए और हारे-थके सब अपने-अपने घर चले गये। मंडलेश्वर और त्रिभुवन भी घर आये थे कि कुछ ही देर में ज़ोरावर आ पहुँचा।

ज़ोरावर ने कहा, "महाराज, पिछले दरवाजे पर राजा मदनपाल आकर खड़े हैं। वे आप से एकान्त में मिलना चाहते हैं।"

"आज इन सबको हो क्या गया है! सभी षड्यन्त्रकारी बन गये हैं। अच्छा, अन्दर बुला लाओ।"

मदनपाल आये। वे साठ वर्ष के मज़बूत, जमाना देखे हुए, राजपूत योद्धा थे। वे कर्णदेव के मामा थे। मुंजाल ने सत्ता क्षीण करने के लिए उन्हें कर्णवती के दुर्गपाल का सम्मानित पद दे दिया था। सब जानते थे कि मदनपाल के मस्तिष्क से कैसे-कैसे षड्यन्त्रों की रचना हुआ करती थी; परन्तु उसकी आकांक्षा को कोई नहीं समझ सका था।

मदनपाल ने ज़रा हँसते हुए पूछा, "कहिए मंडलेश्वर जी, क्या नये समाचार हैं?" अपने बूढ़े पर तीक्ष्ण नेत्रों से वह देवप्रसाद के हृदय की बात को जानने का प्रयत्न कर रहा था।

देवप्रसाद ने उत्तर दिया, "जो आप बतलाएँ।"

"कहिए, अब कुछ करेंगे? इस प्रकार कब तक बैठे रहेंगे?" गद्दी पर बैठकर हाथ में हुक्का लेते हुए मदनपाल ने पूछा।

"क्या किया जाय? कल उठावना है। हमारी रीति के अनुसार नये राजा को जब तिलक किया जायगा, तभी कुछ नया परिवर्तन होगा। उस समय देख लिया जायगा कि क्या करना है। इस समय तो हम पाटन में बैठे हैं।"

कुछ उद्धतता से मदनपाल ने कहा, "मंडलेश्वर, यह क्या कुछ कम मूर्खता कर रहे हो? तुम सामन्तों के मुकुट-मणि हो, फिर भी इतनी बेपरवाही से बैठे हो? लज्जा नहीं आती?"

मदनपाल के हृदय की बात जानने के लिए मंडलेश्वर ने बनावटी लापरवाही से उत्तर दिया, "क्या किया जाय? और कुछ न होगा, तो अपनी देहस्थली तो है ही। वहाँ जाकर चैन से राज करूँगा।"

"मीनलदेवी जाने देंगी? मंडलेश्वर, स्वर्ण का प्रत्येक क्षण बीत रहा है।"

"मुझे देहस्थली जाने से कोई रोक सकता है? कैसी पागलों की सी बातें कर रहे हैं!"

"मंडलेश्वर, तुम भले हो और भोले हो। इस रानी के दाव-पेंचों से तुम पार नहीं पा सकते।"

"तो फिर करूँ क्या?" मंडलेश्वर ने इस प्रकार कहा जैसे वह उलझन में पड़ गया हो।

"मैं वही विचार करने आया हूँ। मेरा मंडल छोटा-सा है, और उन्होंने मुझे कर्णावती में सड़ने के लिए भेज दिया है। मेरे मंडल को सर करने में उन्हें क्या देर लगेगी?"

देवप्रसाद ने देखा कि मदनपाल कोई युक्ति रचकर आया है। उसे जान लेना उन्होंने आवश्यक समझा, "तब आपने क्या रास्ता निकाला है?"

अपनी युक्ति को खोलते हुए बूढ़ा बोला, "यही तो मैं तुमसे पूछने आया हूँ। जब तक मीनलदेवी के हाथ में लगाम है, तब तक मंडल कभी निर्भय नहीं हो सकते।"

"रानी कोई मार्ग का कंकड़ तो हैं नहीं कि उठाकर फेंक दी जायँ?

"नहीं, परन्तु माँ-बेटे तो जुदा किये जा सकते हैं?"

चौंक कर देवप्रसाद ने पूछा, "ऐं! यह तुम क्या कह रहे हो? किस प्रकार?"

"हाँ, तुम्हारी हिम्मत चाहिए। आज रात को यहाँ से कुमार जयदेव को उठा ले जायँ, और परसों कर्णावती में तिलक कर दें।"

देवप्रसाद बूढ़े के साहस पर चकित हो गया। जयदेव को कर्णावती में गद्दी पर बिठाया जाय और वहाँ से राज्य का संचालन किया जाय, यह युक्ति बहुत अच्छी थी। देवप्रसाद ने सोचा कि देखें, ''राज्य की चालें क्या-क्या कराती हैं!''

''परन्तु जयदेव को ले जाना सहज नहीं है?''

''मंडलेश्वर, बिना कोई निश्चय किये मैं कभी कोई बात मुँह से बाहर नहीं निकालता।''

''परन्तु मदनपाल जी, आपने यह कैसे जान लिया कि इस उपद्रव में मैं योग दूँगा।''

''मंडलेश्वर, मेरी अपेक्षा तुम्हारी स्थिति अधिक बुरी है और होगी।''

''परन्तु मामा जी, कष्ट की अपेक्षा टेक मुझे अधिक प्रिय है।''

''राज्य के झगड़ों में टेक की अधिक परवा करोगे तो मारे जाओगे। उधर मीनल और मुंजाल दो कपटी इकट्ठे हो गये हैं। अब तो शठं प्रति साठयं कुर्यात।''

इतने वर्षों में जिन हाथों को अनीति से दूषित नहीं किया, उन्हें अब कर दूँ? मैं तो राजपूत वीरों की शूरता के अतिरिक्त और कोई भी मार्ग नहीं ग्रहण करूँगा।''

मदनपाल ने समझाते हुए कहा, ''परन्तु भइया, यह वह समय नहीं है। अभी और विचार कर लो।''

''इसमें विचार क्या करना है? एक डाकू की भाँति चुपचाप रात को पाटन के मालिक को उठा ले जाऊँ, और उसे अपने कब्जे में रखकर शासन करूँ? इसकी अपेक्षा, अपनी सेना लाकर पाटन को सर क्यों न कर दूँ? मर्दानगी तो इसमें है।''

मदनपाल ने पान का बीड़ा लिया और तब उठते हुए कहा, ''मंडलेश्वर, अपनी मर्दानगी तुम अपने तक ही रखना। किसी से कहना नहीं।''

''अच्छी बात है।''

''तो वचन दो।''

देवप्रसाद ने कहा, ''हाँ, वचन देता हूँ। क्या करूँ, मेरा-हृदय स्वीकार नहीं करता, नहीं तो आपकी योजना में अवश्य योग देता।''

बहुत रात तक मुंजाल राज-तन्त्र को स्थिर रखने के प्रयत्न में लगा रहा। अभी तक किये हुए परिश्रम से यह काम उसे बहुत सरल प्रतीत हुआ। प्रत्येक पक्ष किस-किस हलचल में लगा है, ऐसे कौन-कौन से मंडलेश्वर हैं जो सामना करेंगे, पाटन में किस-किस के गुप्तचर घूम रहे हैं, यह सब समाचार उसने सुन लिये और इस बात की भी जाँच कर ली कि सब स्थानों पर विश्वास-पात्र मनुष्य नियत हैं या नहीं। सारे महल में कड़े पहरे का भी प्रबन्ध कर दिया। इसके बाद वह रनवास की तरफ गया।

दासी ने कहा, ''महारानी जी के माथे में इस समय बड़ी पीड़ा हो रही है। सबेरे नहीं मिल सकेंगे?''

सिर दुखने के बहाने पर मुंजाल हँस दिया। उसे समाचार मिल गया था कि अब तक मीनलदेवी शान्तिचन्द्र और यति के साथ सलाह कर रही थीं। उसे ऐसा प्रतीत हुआ कि कोई नया प्रयोग किया जा रहा है और यह जानने के लिए ही वह इस समय यहाँ आया था।

"नहीं, इस समय बहुत आवश्यक कार्य है।"

दासी अन्दर गयी और लौट आयी, "आइए, महारानी जी बैठी हैं।"

प्रकृतिस्थ होकर मुंजाल भीतर गया। मीनलदेवी की वैधव्य-दशा देखकर उसके हृदय को दुःख हुआ। मीनलदेवी काले वस्त्र पहने थीं और उनकी आँखों में आँसू भरे थे। फिर भी उनमें मुंजाल को एक अद्भुत मोहकता दिखाई पड़ी। हृदय को दबाकर उसने कर्तव्य को आगे किया।

दबे हुए स्वर में मुंजाल ने कहा, "देवी, इस समय आने के लिए मुझे क्षमा करें। कल सवेरे उठावने के समय कुमार को तिलक करना होगा। उस समय क्या किया जायगा? नये पद भी उसी समय दिये जायँगे?"

मीनलदेवी ने ऊबकर ऊपर देखा। मुंजाल ने समझ लिया कि इस समय वह ढोंग कर रही हैं।

"इस समय तो कोई बात नहीं हो सकती। मेरा माथा घूम रहा है। अभी तो जैसा चल रहा है, वैसा ही चलने दो।"

"देवी, अभी-अभी शान्तिचन्द्र और यति के साथ बातें करने में माथा नहीं घूमा?"

रानी ने होंठ चबा लिये।

"देखिए, एक कदम भी उलटा रखेंगी, तो किया-कराया सब मिट्टी हो जायगा।"

"यह सब बातें फिर शान्ति से की जायँगी।"

"मीनलदेवी-राज्य-शासन की बातों से ऊब जायँ, यह इतने वर्षों में आज-ही देखा। ठीक है मुझे कोई परवाह नहीं। परन्तु इतना स्मरण रखिए कि मुंजाल के समान निःस्वार्थ परामर्श कोई नहीं दे सकता।" गर्व से सिर उठाकर मुंजाल ने कहा।

"क्या इसे मैं नहीं जानती?"

अश्रद्धा से मुंजाल ने सिर हिलाया, "तो ठीक है।" कहकर वह बाहर निकल गया और विचारों में मग्न अपने कमरे की ओर घूम पड़ा। इसी समय एक गुप्तचर आया उसने कान में कुछ कहा।

कमरे में आनन्द सूरि बैठे हुए राह देख रहे थे।

उन्हें देखकर मुंजाल ने निराशा को दबाया और सदा का स्वस्थ गाम्भीर्य और रुआब धारण कर लिया। उसने जरा कठोरता से पूछा, "कहिए यति जी, इस समय कैसे?"

''मेहता जी, ज़रा काम है।''

''क्या है, कहिए। परन्तु जो कुछ कहना हो, जल्दी कहिए। आज मैं थक गया हूँ।''

''आप श्रावकश्रेष्ठ हैं, बुद्धिमान हैं, आपसे एक विनय करने आया हूँ।''

''क्या?'' मुंजाल ने ज़रा भौंहें चढ़ाकर पूछा।

''इस समय पाटन की स्थिति बहुत खराब है। उसे सुधारना आपके ही हाथ में है।''

मुंजाल ने तीक्ष्ण दृष्टि से यति की ओर देखते हुए पूछा, ''किस प्रकार?''

यति ने कहा, ''यदि आप दंडनायक बन जायँ, तो वह सुधर सकती है।''

मुंजाल इस प्रकार पकड़ में नहीं आ सकता था। उसने ठंडेपन से उत्तर दिया, ''यह कोई अपने हाथ की बात है?''

''परन्तु क्या महारानीजी से नहीं कहा जा सकता?''

मंत्री ने कृत्रिम लापरवाही से कहा, ''इसकी मुझे कोई परवाह नहीं है। करने-धरने वाली देवी हैं। उनकी आज्ञा मुझे शिरोधार्य है।''

''परन्तु आपकी राजनीति से वे ऊब गयी हैं, थक गयी हैं।''

मुंजाल ने ज़रा कठोरता से पूछा, ''क्या यह कहने के लिए ही देवी ने आपको इस समय यहाँ भेजा है?''

यति ने होंठ चबा लिये। मुंजाल को मात करने की आशा उसने छोड़ दी।

''देखिए मंत्रिवर, आप जैसे राज्य के मित्रों को समझ-बूझकर काम करना चाहिए।''

मुंजाल ने एक तिरस्कारपूर्ण दृष्टिपात किया, उत्तर नहीं दिया।

''आप जैन-सत्ता के प्रतिनिधि बन जायँ तो तुरन्त दंडनायक बन सकते हैं।''

मुंजाल ने बड़ी शान्ति से, हृदय-भेदक भावहीनता से कहा, ''यति जी, इस काल को कोई कैसा ही दिग्गज आये, उससे मुझे यह शिक्षा नहीं लेनी है कि राज्य का संचालन कैसे करना चाहिए। मैं किसी का प्रतिनिधि नहीं, समस्त गुजरात का हूँ। मैं पाटन का चक्र घुमाऊँगा तो वह समस्त प्रजा का होगा; और कुमार जयदेव महाराजा होंगे तो वे सारे देश के होंगे। दलबन्दी के साथ मेरा कोई सम्बन्ध नहीं है।''

''परन्तु यह मैं कब कहता हूँ?''

''कहिए या न कहिए। यति जी, अभी आप बालक हैं। मुंजाल या तो अपने विचारों के अनुसार राज्य चलाएगा, नहीं तो अलग जा बैठेगा, समझे? जिसने आपको भेजा है, उससे कहिए कि मुंजाल पर शासन करने का फिर साहस न करे। जनता के स्नेह और अपनी बुद्धि से ही मैं अपने पद का भोग कर रहा हूँ। और मैं देखूँगा कि कौन उसे छीन लेने का साहस करता है। जैसा मैंने सोचा था, आप भी वैसे ही अल्पबुद्धि निकले। चिन्ता नहीं, अब आप जाइए।''

मुंजाल के नेत्रों से तलवार की धार के समान तीक्ष्ण तेज निकलने लगा। उसके जुड़े हुए होंठों पर अडिगता की मोहर लगी थी। यति निराश हो गया, फिर भी निराशा में भी उसने मंत्री की शक्ति की तारीफ की।

"आपकी मर्जी।" कहकर आनन्द सूरि वहाँ से चल दिये।

"देवी, तुम यह क्या कर बैठी हो?" मुंजाल बुदबुदाया।

विचार में मग्न हुआ मुंजाल न जाने कब तक टहलता रहा।

साम्राज्य स्थापित करने के स्वप्न इस समय उसे समाप्त होते दिखाई पड़े। बचपन से ही वह मंत्री विमलशाह की बुद्धि को औंधी समझता था। मुंजाल को सत्तावान बनने की हौंस उसकी अपेक्षा अधिक थी। भीमदेव की अपेक्षा कर्णदेव अधिक अशक्त और प्रभावहीन था। दूसरी चन्द्रावती बसाते उसे ज़रा भी देर नहीं लगती। फिर भी, उसकी दृष्टि से यह सब ओछी बुद्धि के विचार थे। इसकी अपेक्षा, पाटन की सत्ता को दृढ़ करके सारे देश को प्रभावशाली बनाने की ओर उसकी दृष्टि गयी। और जब वह सौभाग्य से चन्द्रपुर गया, तब मीनल कुमारी की मैत्री प्राप्त कर सका। बड़े परिश्रम से उसने उसे पाटन की रानी बना दिया। अभी तक तो सब कुछ ठीक चलता रहा; पर अब समस्त आशाओं की अट्टालिका ढहने लगी। मुंजाल अभिमानी था, सत्ता का शौकीन था, फिर भी उसकी आकांक्षा यह थी कि सारे भारतवर्ष में वह गुजरात का डंका बजवाए। परन्तु अब यह सब आकांक्षाएँ उसे निरर्थक होती दिखीं, तब उसे सख्त चोट लगी। वर्षों से स्वीकार की हुई दासता, रानी की आज्ञा से वर्षों से सतायी गयी बहन, अकारण तिरस्कृत भानजा–इन सबकी मूर्त्तियाँ मनश्चक्षु के सामने आ खड़ी हुईं। यह सब किसलिए किया? रानी की ईर्ष्या से तड़प-तड़प कर मरी हुई पत्नी, अनेक वर्षों बाद उसे याद आयी। प्रभावशाली मनुष्य की दृढ़ता से उसने इन विचारों को दूर कर दिया। अब क्या किया जाय? एक विचार आया, क्या विद्रोह खड़ा करके पाटन को अपने अधीन कर लूँ और रानी को निकम्मी कर दूँ?–नहीं, नहीं, देवी को देवी ही समझना चाहिए। महत्त्वाकांक्षा तो समाप्त हो गयी, पर इतने वर्षों के स्नेह को ठुकराना उसे अच्छा नहीं लगा। चाहे जो हो, पर इस समय तो चुपचाप देखते रहना चाहिए और समय आने पर ऐसे हाथ दिखलाना चाहिए कि जिससे अपने स्वप्न भी सत्य हो जायँ, और रानी का स्नेह भी बना रहे। वह ठीक-ठीक नहीं जानता था कि प्रातःकाल क्या होगा। अतएव, यह निश्चय करके वह सो गया कि जो कुछ होगा देखा जायगा।

उठावना[1]

पौ फटते ही राजमहल में लोगों की भीड़ जमा होने लगी। कुछ दूर चौराहे पर नगर की स्त्रियों का समूह एकत्र हो गया और उसने रोना आरम्भ कर दिया। प्राचीन काल के राजा सारे नगर के पिता समझे जाते थे और उन पर प्रजा भी पुत्र के समान स्नेह और श्रद्धा रखती थी। राजमहल के बड़े-से चौक में सब लोग आ खड़े हुए। जागीरदार, सामन्त, मंडलेश्वर और सेठ-साहूकार सब आसपास चबूतरे पर बैठ गये। कुछ देर में देवप्रसाद आया और दरवाजे के पास बैठ गया। फिर मुंजाल आया। सूर्योदय होते-होते कुमार जयदेव, आनन्द सूरि, शान्तिचन्द्र और राजपुरोहित आ गये और सब लोग जल-दर्शन के लिए चले।

कान्तिमान् कुमार यति और राजपुरोहित के साथ-साथ आगे चल रहा था और दो व्यक्ति पीछे चल रहे थे—एक सिंह की-सी भयंकर छाती से सुशोभित देवप्रसाद और दूसरा गम्भीर, तेजस्वी सौन्दर्यवान मुंजाल। समस्त पाटनवासी इन दोनों की ओर देखने लगे। मंडलेश्वर से वे डरते थे और महामंत्री को पूजते थे। कुछ भी हो, मुंजाल पर उनका विश्वास अटल था। जहाँ वह होता, वहाँ उन्हें तनिक भी भय नहीं रहता था।

सारी मंडली जल-दर्शन करके चुपचाप लौट आयी और कुमार तथा सामन्त आदि फिर चबूतरे पर आ बैठे। ऐसा लगता था कि ऊपर झरोखे की खिडकियों की जाली से कुछ स्त्रियाँ देख रही हैं। सब लोग दृष्टि लगाकर यह देखने लगे कि देखें अब क्या होता है। सदा से पाटन के राजाओं का प्रथम पट्टाभिषेक इसी प्रकार होता था। और दूसरा, जो शोभा के लिए किया जाता था कुछ दिनों बाद हुआ करता था। बीच में चबूतरे पर गद्दी लगाई गयी थी। उस पर कुमार जयदेव बैठ गये। पास ही राजपुरोहित खड़े हो गये। दूसरी ओर नगरसेठ मुंजाल होंठ दबाये सत्ता के अवतार के समान खड़ा था। उसका मनोहर रूप इस समय और भी अधिक मनोहर प्रतीत हो रहा था। उसके नेत्रों से दुर्जय स्थिर किरणें निकल रही थीं।

राजपुरोहित ने कुमार को तिलक किया और उसके पिता की तलवार उसकी गोद में रख दी। राजपुरोहित लौटे और आनन्द सूरि इस तरह आगे बढ़े जैसे वे भी तिलक करने जा रहे हों। देवप्रसाद ने होंठ चबा लिये। कारण कि यह नयी रीति केवल जैनों के लिए ही सम्मानूपर्ण थी। लोग चौंक पड़े, कारण कि राजपुरोहित के पश्चात् तिलक करने का अधिकार नगरसेठ का था। परन्तु यति के पास पहुँचने से पहले ही मुंजाल

---

1. शोक प्रदर्शित करने के लिए मृतक के घर जाकर बैठने की क्रिया को उठमणुं या उठावना कहते हैं। गुजरात में लोग वहाँ से उठकर किसी जलाशय के पास जाते हैं और थोड़ा सा जल लेकर आचमन करते हैं। इस क्रिया को जल-दर्शन कहते हैं।

बीच में आ गये और स्थिरता से उन्होंने यति के हाथ का चन्दन-पात्र लेकर धीरे से जयदेव को तिलक कर दिया। घबराये हुए यति होंठ चबाकर पीछे हट गये। कई सामन्त खुलकर हँस पड़े। मुंजाल तिलक करके पीछे हटे और बोले, "महाराज जयदेव की जय।" सभी लोगों ने जयघोष किया।

जयघोष के शान्त होते ही एक चारण ने कवित्त पढ़े। फिर जयदेव ने धीरे से कहा, "मैं कुछ, दो-एक परिवर्तन करना चाहता हूँ।" सब लोग शान्त हो गये। हरेक के हृदय में न जाने क्या-क्या विचार उत्पन्न हुए। जयदेव धोखी हुई बातें कहने लगा, "मेरे परमपूज्य पिताजी के स्वर्गवास से राज्य सूना हो गया है। मैं अभी बालक हूँ; इसलिए अनेक नये प्रबन्ध करने की आवश्यकता है। मैं अपने विश्वसनीय और बुद्धिमान मंत्री मुंजाल को अपनी मधुपुर की छावनी और चन्द्रावती की सेना का सेनापति नियत करता हूँ।"

नासमझ लोग यह सुनकर प्रसन्न हुए। मुंजाल इस चाल को समझ गया और ज़रा तिरस्कार-पूर्वक हँसता हुआ खड़ा रहा। उसके शत्रु फूल उठे। यति जी ध्यानपूर्वक मुंजाल की ओर देखने लगे।

"और अपने पुराने मंत्री शान्तिचन्द्र को इस समय पाटन के दुर्गपाल का पद देता हूँ और साथ ही बहुत वर्षों से रिक्त पड़ा दंडनायक का पद भी उन्हें ही सौंपता हूँ।" यह कहकर जयदेव ने अपनी तलवार शान्तिचन्द्र के हाथ में दे दी।

मुंजाल के अतिरिक्त सभी लोग इस प्रकार चौंक पड़े, जैसे बिजली टूट पड़ी हो। चालीस वर्षों के बाद दंडनायक, और वह भी लोकप्रिय मुंजाल नहीं, अपितु श्रावकों का कट्टर नेता शान्तिचन्द्र! पाटन के लोग चन्द्रावती से घृणा करते थे; इसलिए चन्द्रावती की ओर से मंत्री को दंडनायक नियत हुआ देखकर अकुला गये। परन्तु उस समय कोई भी इस बात को सम्पूर्ण रूप से समझ नहीं सका। तुरन्त ही बन्दी-जनों ने स्तुति-गान आरम्भ कर दिया और घबराई हुई भेड़ों की टोली की तरह लोग चले गये। सामन्तगण प्रसन्न हुए। कारण कि मुंजाल से वे डरते थे और उसकी सत्ता के चले जाने से उनकी घबराहट आधी कम हो गयी। देवप्रसाद के अभिमान का पार न रहा। उसके सिर पर कोई दंडनायक हो, यह उसके गर्व को भला न लगा। फिर भी शान्तिचन्द्र का नियुक्त होना उसको अच्छा लगा। कारण, उसने समझ लिया कि मुंजाल के चले जाने से अब वह सरलता से श्रावकों को अपने हाथ दिखा सकेगा।

अपमान मिलने पर भी, वह बड़ी-बड़ी आशाएँ बाँधे अपने महल में आया।

त्रिभुवन उसकी प्रतीक्षा कर रहा था, "कहिए पिताजी, क्या प्रतीत होता है?"

"कुछ नहीं। अपनी सेना की सहायता से शान्तिचन्द्र को सीधा करना खिलवाड़ है और वह बूढ़ा अब कर भी क्या सकता है? हम लोग यहाँ चैन से बैठे हैं। अभी तक तो शत्रुओं ने ही मुँह की खाई है।"

"पिताजी, परन्तु एक बात और सुनी?"

"क्या?"

"आज दोपहर को बारह बजे पाटन के दरवाज़े बन्द होने वाले हैं!"

देवप्रसाद ने आँखें फाड़कर पूछा, "क्या कह रहे हो? कहाँ सुना?"

"मैं जहाँ खड़ा था, मुंजाल मामा वहाँ आये और उन्होंने मेरे कान में कहा कि, दोपहर को पाटन के दरवाज़े बन्द करने की आज्ञा हुई है।"

मंडलेश्वर ने आतुरता से पूछा, "फिर?"

"और फिर वे चले गये; पर उनकी यह सूचना मुझे विशेष रूप से आपके लिए प्रतीत हुई।"

"क्या मुझे पकड़ने की तैयारियाँ हो रही हैं?"

"नहीं, परन्तु यह ज्ञात होता है कि हमारी मेरल वाली सेना से हमें अलग कर देने की तजबीज की जा रही है।"

मंडलेश्वर ने त्रिभुवन के कन्धे पर हाथ मारकर कहा, "पाटन के दरवाजे बन्द करके मुझे यहाँ बन्द कर रखेंगे और मेरी सेना को बहकाकर अपने अधीन कर लेंगे। परामर्श देनेवाला कोई पक्का आदमी है। इसमें मुंजाल का हाथ तो है नहीं। हाँ, यह उस यति की कारस्तानी होगी।"

"क्या वही यति जो हमें मार्ग में मिला था?"

"हाँ, वही।"

त्रिभुवन ने कहा, "तब तो आप जो विचार कर रहे थे, वह नहीं हो सकता। आप तो सेना को मेरल में रखकर चैन से पाटन में रहने का विचार कर रहे थे।"

"हाँ, अब वह नहीं हो सकता। इस प्रकार काकी एक ओर से मुंजाल और दूसरी ओर से मुझे, दोनों को पंगु बना देना चाहती हैं। अवश्य ही यह चाल चन्द्रावती के उस यति की है। मैं अपनी सेना से बिछुड़ जाऊँ और मुंजाल पाटन से बिछुड़ जाय।"

"मामा कुछ न करेंगे?"

देवप्रसाद ने कहा, "तुम्हारे मामा तो काकी के दास बने बैठे हैं। परन्तु उन्हें जो कुछ करना हो, वह करें। चलो, हम भोजन करके तैयार हो जायँ और दोपहर से पहले ही पाटन से बाहर निकल चलें। जब सब ठीक-ठाक हो जायगा, तब लौट आएँगे। बेटा, समय विकट आ रहा है। तुम्हारी भी अब कसौटी होगी।"

"पिताजी, कसौटी के लिए मैं तैयार हूँ।"

त्रिभुवन के साहस पर प्रसन्न होते हुए मंडलेश्वर ने कहा, "देखूँगा। इस समय तो मंडुकेश्वर महादेव की कृपा चाहिए।"

पिता और पुत्र जाने की तैयारी करने लगे।

साले-बहनोई

जब साहसी शिकारी जन्तुओं को लड़ाने की होड़ में खड़ा किया जाता है, तभी पता लगता है कि उनमें कितना पानी है। पहले वे शान्त-सीधे दिखलाई पड़ते हैं; पर ज्यों ही मुकाबले में आते हैं कि बदल जाते हैं। नेत्रों से चिनगारियाँ निकलने लगती हैं, नथुने फूलने लगते हैं और किसी भी प्रकार विजयी होने की ओर ही उनकी दृष्टि जा लगती है। मीनलदेवी का ऐसा ही स्वभाव था। होड़ लग गयी थी। साहस के साथ वह मुंजाल और मंडलेश्वर से भिड़ गयी थी। उसने वर्षों से दबाई हुई शक्तियों को बाहर निकाला, राज्य की लगाम अपने हाथ में ली और राजमहल के पहरेदारों से लेकर मेरल की सेना तक सब ओर अपना ध्यान रखने लगी। अनुभवी मुंजाल की सहायता के बिना ही उसने और यति ने सारे राजकाज को अपने हाथ में ले लिया।

परन्तु, मीनलदेवी आखिर स्त्री थी। इस नई योजना से उसका आशय यह था कि वह मुंजाल को चिढ़ाये और दिखला दे कि मीनलदेवी अकेले हाथों राज्य का संचालन कर सकती है। जिस गुरु की शिक्षा के अनुसार वह अब तक चलती रही, उसी को पाठ पढ़ाने की उसे इच्छा उत्पन्न हो गयी। साथ-साथ कुछ खिन्नता भी आ गयी। मुंजाल के प्रति किया हुआ अन्याय उसे खल रहा था और इस अन्याय को वह किस प्रकार स्वीकार करता है, यह देखने की उसे बड़ी इच्छा हो रही थी। घड़ी दो घड़ी उसने मुंजाल की प्रतीक्षा की : 'अभी वह फड़फड़ाता आएगा, और अभी क्रोध से चमकता हुआ उसका कान्तिवान मुख वह देखेगी।' पर वह नहीं आया। दिन चढ़ने लगा, परन्तु मुंजाल का मुख उसे नहीं दिखा। रानी को चिन्ता हो गयी।

"दासी, देख तो बाहर कौन है?"

"जी, देखती हूँ।" दासी बाहर गयी और आकर बोली, "बाहर चोबदार समरसेन हैं, बुलाऊँ?"

"हाँ, बुलाओ।"

समरसेन आया और हाथ जोड़कर खड़ा हो गया।

"समर, ज़रा देख तो आओ कि मुंजाल मेहता कहाँ हैं। किसी से कहना मत, तुरन्त लौटकर आना।"

"जो आज्ञा।" कहकर वह चला गया।

समरसेन जब तक लौटकर नहीं आया, तब तक बड़े आवेश से वह झूले पर झूलती रही। उसकी आतुरता बढ़ती जा रही थी। इसी समय चोबदार लौट आया।

"क्यों समर?"

"माताजी, मंत्री महाराज ने अभी-अभी हिसाब करके सारी बहियाँ सेठ शान्तिचन्द्र के पास भेजी हैं, और मधुपुर जाने के लिए घोड़ा मँगाया है।"

मीनलदेवी अकुलाई। इस कर्त्तव्य-परायणता की अपेक्षा मुंजाल चिढ़ा होता तो अधिक अच्छा था। क्या मुंजाल उसे उसके किये हुए अन्याय का दंड दे रहा है? क्या अब मुंजाल की स्नेहपूर्ण मुस्कराहट नहीं मिलेगी? मीनलदेवी का हृदय सदा बुद्धि के कवच के भीतर घूमता था, उसमें मुंजाल ही चोट कर सके, इतनी जगह थी। मुंजाल ने चोट करना आरम्भ कर दिया था। मीनलदेवी को कल न पड़ी।

उसने कुछ आतुरता के साथ कहा, "समर, मुंजाल मेहता से कह आओ कि यहाँ होकर जायँ।"

"जी।" कहकर आज्ञाकारी चोबदार फिर गया।

रानी की अधीरता बढ़ती जा रही थी। वह जोर-जोर से झूलने लगी। समरसेन लौट आया।

"माताजी, मुंजाल मेहता कहते हैं कि समय मिला तो आऊँगा। मधुपुर जाने को विलम्ब हो रहा है।"

"मधुपुर गया भाड़ में! कहो कि अभी इसी समय बुला रही हैं।" दाँतों को ज़ोर से दबाकर मीनलदेवी ने कहा। एक-एक क्षण उसे विष के समान प्रतीत हो रहा था। कुछ देर में पैरों की आहट सुनाई पड़ी, उसने पहचान लिया कि मुंजाल आ गया। अपनी प्रकट की हुई सत्ता का स्वाद लेने के लिए उसने स्वस्थता प्राप्त की। उसे ज़रा अभिमान हुआ कि मैंने मुंजाल को भी ठिकाने ला दिया है।

मुंजाल आया। वही रूप, वही गौरवपूर्ण मुख, और वही चाल। फर्क केवल इतना ही था कि आँखें भावहीन और सख्त प्रतीत हो रही थीं। आज्ञा के अधीन होने पर भी वे अपनी शक्ति की साक्षी दे रही थीं। नीचा मुख किये, हाथ से हाथ को थामे वह खड़ा हो गया।

"क्यों मेहताजी, अभी के अभी जाने की क्या आवश्यकता है?"

मुंजाल ने गर्व से कहा, "मुंजाल आज्ञा के अधीन होना सीख रहा है।"

रानी जरा खुश हुई। बहुत दिनों के बाद, आज मुंजाल पर भी शासन करने का सौभाग्य उसे प्राप्त हुआ था।

उसने पूछा, "क्यों, यह तजवीज तुम्हें अच्छी नहीं लगी?"

"नौकर के लिए अच्छी और बुरी क्या? जब आज्ञा हुई, तो उसके अधीन होना ही चाहिए।"

रानी ने ज़रा कृत्रिमता से हँसते हुए पूछा, "तब इतने कठोर क्यों हो गये हो?"

"मुझे तिरस्कार उत्पन्न हो गया है।"

"किस पर?"

"अपने आप पर। मूर्ख मुंजाल बाल्यकाल से अपने को विमलशाह के समान समझ रहा था। परन्तु अब मुझे विश्वास हो गया कि मैं उनके पैर की छोटी अँगुली के समान भी नहीं हूँ।"

रानी ने अपनी सत्ता का प्रदर्शन करने के लिए पूछा, "अच्छा, परन्तु मधुपुर जाकर क्या करोगे?"

"जो दंडनायक की आज्ञा होगी!"

"यह क्या कह रहे हो? ज़रा ठीक से कहो न।"

"क्या कहूँ? सेवकों की भाषा मेरी जिह्वा पर चढ़ना इतना सहज नहीं है। फिर भी यथाशक्ति चढ़ा रहा हूँ।"

"इस समय तुम बिल्कुल निकम्मे हो गये हो।"

मुंजाल मौन हो गया। रानी को भी सुझा नहीं कि क्या बात की जाय।

मुंजाल ने शान्ति से पूछा, "तो अब आज्ञा है?"

रानी ने ज़रा चिढ़कर कहा, "हाँ, पधारिए। मेरा दुर्भाग्य कि ऐसे समय में भी मेरे पास कोई विश्वासपात्र नहीं है।"

मुंजाल ने एक भयंकर तीक्ष्ण सार्थक दृष्टि डाली। वह कुछ अधिक सीधा खड़ा हो गया और धीमे स्वर में बोला, "देवी, आपको विश्वासपात्र मनुष्यों को रखना नहीं आता। अच्छा, एक बात कहूँ। यदि रात को इस महल में रहेंगी तो षड्यन्त्रकारी लोग कुमार जयदेव को उड़ा ले जायँगे।"

रानी इन शब्दों का अर्थ समझे और इनकी भयंकरता को अवधारण करे, इसके पहले ही मुंजाल वहाँ से चला गया। घबराई हुई रानी को सूझा नहीं कि अब क्या किया जाय। सिर को हाथों से थाम कर वह बैठ गयी। इस समय मुंजाल उपस्थित होता, तो मर्यादा त्याग कर वह रो पड़ती। इस समय वह अकेली असहाय उलझन में घिरी विचारों के भँवर में पड़ गयी। झूले पर से उठकर उसने खिड़की खोली, कुछ देर वहाँ खड़ी रही। कुछ सैनिकों के साथ उसने मुंजाल को जाते हुए देखा। यह देखकर उसने निःश्वास छोड़ दिया। उसे अपनी बनाई योजना, जितनी चाहिए उतनी सहज नहीं मालूम हुई।

परन्तु उसे एक विचार आया, अरे हाँ, 'उसे' तो कहीं दूसरी जगह छिपा देना चाहिए। सम्भव है, मुंजाल भी कहीं विरुद्ध हो जाय। वही तो मेरा ब्रह्मास्त्र है। और अब तो उसकी दूनी ज़रूरत होगी। सोचकर मीनलदेवी भीतर के कमरे में चली गयी।

मुंजाल तेजी से मोंढेरी दरवाजे की ओर चला। मध्याह्न होने में अभी दो-तीन घड़ी की देर थी। बाज़ार के लोगों की 'जयगोपाल' स्वीकार करता हुआ, वह चोहट्टे में से जा रहा था। उसके जाने के निश्चय से नगर में भय उत्पन्न हो गया था। जगह-जगह लोगों के टोले खड़े-खड़े बातें कर रहे थे और हड़ताल करने की सलाह हो रही थी। इसी समय निकट की एक गली से एक दूसरी टुकड़ी निकली। देवप्रसाद और त्रिभुवन भी अपने चार-पाँच आदमियों के साथ मोंढेरी दरवाज़े पर जा रहे थे। छोटी-सी गली में दो टुकड़ियों का सामना हो गया, और यह प्रश्न उठ खड़ा हुआ कि पहले कौन

आगे जाए। प्राचीन काल में यह प्रश्न ऐसे समय अक्सर उठ खड़ा होता था और मार-काट होकर रक्तपात तक हो जाता था। देवप्रसाद स्वभाव का उतावला था, और ऐसी बातों में बड़ा हठीला था। उसने मूँछों पर बल दिया, तलवार की मूठ पर हाथ रखा और एड़ लगाकर काठियावाड़ी घोड़ी को आगे बढ़ाया। उसके पीछे तुरन्त त्रिभुवन भी आ गया। मुंजाल पीछे घूमा। उसने भी राजपूतों के इरादे को परख लिया और अपने पीछे आनेवाले सवार से तलवार माँग ली। दुकानों पर लोग तमाशा देखने को जमा हो गये।

"भीमदेव का पौत्र पहले जायगा!" देवप्रसाद ने गर्व से कहा और मूँछों पर ताव दिया। मुंजाल के सैनिक भिड़ने को तैयार हो गये। मुंजाल ने शान्ति से मंडलेश्वर की ओर देखा और कहा, "पाटन में, पाटन का नगरसेठ ही पहले जाता है।"

पल-भर दोनों एक-दूसरे की ओर देखते रहे। ऐसा मालूम हुआ कि वनराज केसरी ने गरुड़राज के तेजस्वी नेत्रों की ओर अपनी विकराल नज़र डाली है। बचपन के कट्टर शत्रुओं का आज परस्पर सामना हो गया। शत्रुता, द्वेष, दबी हुई भावनाएँ उछलने लगीं। वर्षों की न भूली हुई शत्रुता, आज ताजी हो गयी।

देवप्रसाद ने म्यान से तलवार खींच ली, "देखता हूँ, पहले कौन जाता है?"

मुंजाल ने धीरे से पूछा, "मंडलेश्वर, यह समय इस प्रकार कट मरने का है?" वह वीर था, साथ ही बुद्धिमान भी था।

देवप्रसाद ज़रा हँस पड़ा और धीरे से बड़बड़ाया, "वणिक!" मुंजाल ने यह सुन लिया। उसकी आँखों का तेज अधिक तीक्ष्ण हो गया।

"सोलंकी, मुंजाल के साहस को सारा जगत जानता है। परन्तु इस समय..."

त्रिभुवन बीच में आ खड़ा हुआ, "पिताजी, इस बात को बाजू पर रखिए कि सोलंकी आगे जायँ या नगरसेठ।—हाँ, साले-बहनोई साथ-साथ जायँगे।"

इस भूले हुए सम्बन्ध को अचानक इस प्रकार सुनकर दोनों चौंक पड़े। उनके मुख पर ग्लानि छा गयी। दोनों पीछे हट गये। तलवारों से हाथ हटा लिये और त्रिभुवन की ओर देखने लगे। दोनों को उसके मुख पर उसकी माता की सुन्दर रेखायें दिख गयीं। त्रिभुवन दीन मुख से देखता रहा। साले-बहनोई पिघल गये।

देवप्रसाद निकट आया और धीरे-से बोला, "मुंजाल, तुम्हारे अत्याचार ने मेरे सारे जीवन को जलाकर भस्म कर दिया।" उसने दुःख से सिर हिलाया। देवप्रसाद भोला था, ऐसे मौके पर वह शत्रुता को तुरन्त भूल गया।

खेद-पूर्ण स्वर में मुंजाल ने कहा, "मंडलेश्वर, संसार में भूल कौन नही करता? अब देखता हूँ कि मेरे समान हताश कोई नहीं है।" मंत्री का मोह उतर गया था। धीरे-धीरे उसके विचारशील मस्तिष्क में पिछली भूलें स्पष्ट होने लगी थीं। अपने पापों का प्रायश्चित करना उसने आरम्भ कर दिया था। दोनों के नेत्रों के आगे एक ही रम्य मूर्ति खड़ी हो गयी।

देवप्रसाद ने अपनी घोड़ी ज़रा आगे बढ़ा ली। मुंजाल भी साथ हो गया। सबसे अलग ज़रा दूर जाकर मंडलेश्वर ने धीरे से कहा, "तब क्या हंसा सचमुच ही मर गयी?"

मुंजाल का मुख अधिक फीका हो गया। क्षण-भर के लिए उसके होंठ दुःख से काँप उठे। साहसी मुंजाल की आँखों में आँसू आ गये, "एक समय मैंने तुमसे हंसा को ले लिया था, आज उसे फिर लौटाता हूँ—वह जीवित है।"

मंडलेश्वर ने आतुरता से पूछा, "कहाँ है?" और उसका हृदय धड़क उठा।

"राजमहल में, ईशान कोण की ओर पीछे की खिड़की है न, उसके सामने की मंजिल पर।"

"ऐं! तब मैं वहाँ हो आऊँ?" देवप्रसाद ने दृढ़ता से कहा।

"तुम्हें मालूम है कि पाटन के दरवाज़े दोपहर को बन्द होने हैं?"

"हाँ, परन्तु अभी दो घड़ी बाकी हैं, इतने में तो मैं आ जाऊँगा।"

"ठीक, तब मैं तो जाता हूँ।"

"मुंजाल, जिस प्रकार आज हम मिले, उस प्रकार कहीं पहले ही मिल गये होते तो?"

"गुजरात के भाग्य पलट जाते। परन्तु विधि का लेख! और क्या कहा जाय! फिर भी अभी साथ मिलकर बहुत-कुछ किया जा सकता है।"

"हाँ, मुंजाल, मैं तैयार हूँ। तुम्हारी और मेरी दोनों की ग्रह-दशा इस समय ठीक नहीं है; पर कहो, कहाँ मिला जाय?"

"मेरल से दो कोस दूर, बाघेश्वरी माता के मन्दिर में कल सूर्योदय के समय मिलो, तब और बातें होंगी।"

"तब कल सवेरे तक के लिए राम-राम!" देवप्रसाद ने जोर से कहा। उसे भान नहीं रहा कि आस-पास के लोग भी सुन रहे हैं।

मुंजाल वहाँ से तेजी से अपने सैनिकों के साथ नगर से बाहर चला गया।

अभी तक विनयी त्रिभुवन दूर खड़ा हुआ था। मंडलेश्वर उसकी ओर घूमा। "बेटा, अभी मध्याह्न को कुछ विलम्ब है, मैं जरा राजमहल की ओर हो आऊँ।"

त्रिभुवन कुछ समझा। "पिताजी, कहिए तो मैं भी साथ चलूँ। सम्भव है, आवश्यकता पड़ जाय।"

"नहीं बेटा, मैं अभी आता हूँ।" कहकर देवप्रसाद ने घोड़ी को एड़ लगा दी। जब रक्त खौल उठता था, तब उसका साहस सब कुछ करने को समर्थ हो जाता था। पानीदार घोड़ी भी अपने स्वामी के विचार को समझ गयी। वह वायुवेग से राजमहल जा पहुँची। वहाँ सब ओर श्मशान की भाँति शून्य मालूम हो रहा था। राजमहल के ईशान कोण की खिड़की बिलकुल ऊजड़ भाग में थी। देवप्रसाद ने जंजीर खटखटायी। परन्तु किसी ने उत्तर नहीं दिया। अधीर होकर उसने और ज़ोर से खटखटायी। कवच

से सज्जित एक पहरेदार ने आधी खिड़की खोल दी। उसने सिर को खिड़की से बाहर निकालते हुए पूछा, "कौन है?"

"क्यों, यह राजमहल है, या कैदखाना? खोल।"

"इधर से किसी को आने की आज्ञा नहीं है। क्षमा कीजिए मंडलेश्वर, आना चाहें, तो बड़े दरवाजे से होकर आइए।" कहकर पहरेदार खिड़की बन्द करने लगा। परन्तु मंडलेश्वर को समझाना सहज नहीं था। ज्योंही खिड़की आधी बन्द हुई कि उसने जोर से लात मारी। समस्त गुजरात के महाबाहु के अद्वितीय बल ने खिड़की खोल डाली। पीछे का पहरेदार धड़ाम से गिर पड़ा और मंडलेश्वर खिड़की में से घुस गया। वह अन्दर के महल की ओर दौड़ा। उसे याद आया कि परसों रात को इसी जगह उसने हंसा को अन्तर्धान होते देखा था। क्षण-भर में वह सीढ़ियों पर चढ़ गया। पीछे धूल झाड़ता हुआ पहरेदार भी दौड़ आया।

"प्रभु! अन्नदाता! महारानी का सख्त हुकुम..."

"फिर स्वाद चखना चाहते हो?" कहकर देवप्रसाद ने तलवार खींच ली। वह डर के मारे चुप खड़ा रहा। देवप्रसाद तेज़ी से सँकरी सीढ़ियाँ चढ़ गया। उसकी भँवें चढ़ी हुई थीं, आँखें चमक रही थीं।

"हंसा! हंसा!"– शान्त कमरे से कोई उत्तर नहीं मिला। कमरे में एक ही द्वार था, देवप्रसाद ने उसे हिलाया। किसी ने भीतर से बन्द कर रखा था! देवप्रसाद ने उसे खट्खटाया; परन्तु कोई उत्तर नहीं मिला। तब उसने एक लात मारी। तीसरी लात से ज़ंजीर टूट गयी और द्वार खुल गया। वह भीतर घुसा। भीतर कोई नहीं था। इधर- उधर दो-एक सफेद वस्त्र और एक माला भूमि पर पड़ी थी। ऐसा ज्ञात हुआ जैसे कोई स्त्री इसमें रहती हो। 'हंसा! हंसा!' उस निर्जन शान्ति में से उठी हुई प्रतिध्वनि ने ही केवल उत्तर दिया। वह तेजी से भीतर की ओर दौ[illegible] सब ओर निर्जनता थी। दो-तीन कमरों को पार किया; परन्तु किसी का नाम-निशान भी उसे दिखाई नहीं पड़ा। देवप्रसाद की आतुरता का पार न रह गया, क्योंकि उधर क्षण-क्षण में मध्याह्न पास आ रहा था। "हंसा! हंसा!" उसने ज़ोर से पुकारा।

"कौन है?" एक परिचित स्वर ने उत्तर दिया। देवप्रसाद चौंककर खड़ा हो गया। दूसरे ही क्षण मीनलदेवी आ खड़ी हुई। मंडलेश्वर लज्जित हो गया।

रानी ने ज़रा कठोरता से पूछा, "कौन, मंडलेश्वर? क्यों, क्या हुआ है कि इतने आवेश से दौड़े आये हो?"

"काकीजी, मेरी हंसा मुझे दे दो।" मंडलेश्वर का श्वास फूल आया था, उसने किसी प्रकार गिड़गिड़ाते हुए कहा।

"अभी तुम्हारा पागलपन दूर नहीं हुआ?"

"पागलपन नहीं है। काकीजी, मुझे क्यों तड़पा-तड़पा कर मार रही हो? मेरी

प्रियतमा मुझे दे दो। मुझे और कुछ नहीं चाहिए। तुम्हें जो चाहिए ले लो, मेरी प्राणेश्वरी मुझे लौटा दो।''

मीनल ने शान्ति से पूछा, ''कहीं मृतक भी जीवित हुए हैं? और क्या देने को तैयार हो?''

''क्या चाहिए?''

मीनल ने शान्ति से कहा, ''देहस्थली का मंडल और मेरल के पास पड़ी हुई सेना, दोनों मेरे अधीन कर दो और अभी महल में नज़रबन्द रहो।''

देवप्रसाद ने शर्तें सुनीं। उसके खौलते हुए मस्तिष्क में अधिक आग लग गयी। हंसा को प्राप्त करने की उसे प्रबल इच्छा थी। बड़ी कठिनता से शान्त होकर उसने कहा, ''काकीजी, तुम्हारी हठ अभी तक वही बनी है? अच्छा, लो, मंडल देता हूँ, मुझे दंडनायक बना दो। तुम्हारी पहले वाली शर्त मुझे स्वीकार है।''

''वह वक्त चला गया। अब अगर पत्नी चाहते हो, तो यही रास्ता है।''

''तब अपनी और हंसा की प्रतिष्ठा खोने की अपेक्षा, यह वियोग ही मुझे अधिक प्रिय है।'' मंडलेश्वर ने होंठ दबाकर भयंकर नेत्रों का प्रकाश मीनलदेवी पर स्थिर करके कहा, ''काकी! राक्षसी काकी! अब तुम मेरा भी हाथ देखना। अभी तक मैं पाटन के लिए मरने को तैयार था। अब देखना कि पाटन का दुर्ग कब तक खड़ा रहता है?''

मीनलदेवी चुपचाप खड़ी रही। इतने में महल का चौघड़िया बजने लगा। मंडलेश्वर को ध्यान हुआ कि मध्याह्न का समय होने आया है और मध्याह्न होते ही वह बन्दी हो जायगा।

''काकीजी, अब जाता हूँ। फिर मिलूँगा, यमराज के दरबार में।'' कहकर मंडलेश्वर लौट पड़ा और तेजी से पिछली सीढ़ियाँ उतरकर राजमहल में जा निकला। मध्याह्न का चौघड़िया बज रहा था। बिना कुछ उलटा-सीधा देखे देवप्रसाद ने अपनी घोड़ी एड़ लगाकर दौड़ा दी।

बाज़ी पलटी

मीनलदेवी ने मुंजाल की शिक्षा को त्याग कर यति का दिखाया हुआ मार्ग ग्रहण किया, इसके अनेक कारण थे। एक तो मीनलदेवी प्रतीक्षा कर-करके हार गयी थी। उसे ज्ञान नहीं था कि राजसत्ता को एकदम जमाना कितना कठिन है। इसके सिवा एक दूसरा भी कारण था, जिसे स्पष्ट शब्दों में वह स्वयं अपने आप से भी कहते लज्जित होती। बाल्य-काल से ही उसे मुंजाल के प्रति बहुत स्नेह और सम्मान था। फिर भी उसकी बुद्धिमत्ता, उसकी राजनीति-पटुता, उसकी लोकप्रियता उसे अखरती थी। अभी तक

राज्यों में मीनल का अस्तित्व मुंजाल के कारण था, इस परतंत्रता से मुक्त होकर, अपनी होशियारी से जो काम मुंजाल ने नहीं किया, कुछ ही दिनों में उसे कर दिखलाने और मुंजाल पर अपनी महत्ता की छाप बिठा देने की हवस—यह एक कारण था और यति की शिक्षा और धार्मिक जोश उसे इतने अच्छे लगे कि उसकी सहायता से अपना मतलब पूरा करने के लिए उसने यह मार्ग ग्रहण कर लिया।

मुंजाल इस प्रकार मधुपुर भेजे जाने से खीजेगा, सामना करेगा और तब वह रिझायगी, मनायेगी—इस तरह की कुछ आशाएँ उसके हृदय में थीं। परन्तु गौरव का जो पट दोनों के बीच में मुंजाल ने डाला, उससे वह अकुला गयी। तेरह वर्षों के बाद उसकी बगल से मुंजाल का हट जाना उसके लिए नया ही प्रसंग था। उसके हृदय में यह विचार उठा कि 'मुंजाल पाटन क्यों छोड़ गया?' परन्तु जिस प्रकार संकट में पड़ने से बहादुर योद्धा अधिक शौर्य दिखलाता है, उसी प्रकार मीनल अपनी परिस्थिति पर अधिक गहन विचार करने लगी। परिस्थिति इस समय बहुत अच्छी मालूम हुई। देवप्रसाद पाटन में बन्दी हो जायगा और उसकी सेना मेरल में पड़ी रहेगी। अतएव, उसकी ओर से वह निश्चिन्त थी। मुंजाल मधुपुर जाकर कुछ करेगा नहीं; फिर भी मेरल की सेना पर उसकी धाक रहेगी। मुंजाल को कुछ दिन इस तरह रखकर दोनों सेनाएँ लेकर मालवराज पर चढ़ाई करने और पाटन में पड़े हुए मंडलेश्वर को अपने कला-कौशल से वश में करने की बात वह सोच रही थी। चन्द्रावती से भी उसने कुछ और सेना बुलवाई थी। वह देहस्थली में जाकर छावनी डालेगी; अतएव देवप्रसाद भी ठिकाने आ जाएगा, नहीं तो उसे पाटन में बन्दी करने के लिए तनिक भी विलम्ब न होगा।

रानी को यह युक्ति इतनी सरल प्रतीत हुई और सत्ता का स्वाद ऐसा मीठा लगा कि उसे अपने स्वप्नों के सत्य हो जाने का विश्वास हो गया। परन्तु मुंजाल ने जाते-जाते क्या कहा था?

"महारानी जी, सेठ शान्तिचन्द्र आये हैं।" दासी ने विचार-माला को भंग कर दिया।

"हाँ, आओ शान्तु मेहता जी," शान्तिचन्द्र के मुख पर चिन्ता के चिन्ह देखकर रानी ने पूछा, "क्यों?"

शान्तिचन्द्र बूढ़े, विश्वासपात्र, भले और धर्मनिष्ठ मंत्री थे। अथाह धन कमाया था और पाटन के महाराजाओं के खजाने की रक्षा की थी। अपनी जिन्दगी में शायद ही कभी इसके अतिरिक्त और किसी ओर उन्होंने दृष्टि डाली हो, फिर भी वे पाटन के वंशानुगत मंत्री थे और चन्द्रावती में वे देवता का अवतार समझे जाते थे।

"कुछ नहीं, महारानी जी, कुछ नहीं; पाटन के दरवाजे अब बन्द हो गये होंगे। प्रत्येक द्वार पर हमारे विश्वासपात्र मनुष्य नियत हो गये हैं।"

मीनलदेवी ने कहा, "अच्छा हुआ, चिन्ता दूर हो गयी।"

"चैन तो तब मिले जब देवप्रसाद यहाँ फँस जाय।"

"वह तो फँस गया होगा।"

"हाँ अवश्य; खबर आती ही होगी।"

"क्यों, आपको भय है कि भाग जायगा? इस तरह डरते-डरते क्यों कह रहे हैं?"

"नहीं, नहीं, डर काहे का, पर मंडलेश्वर बहुत होशियार है।"

जरा अकुलाकर मीनल ने कहा, "यह तो हुआ। आप कुछ कहना चाहते हैं? क्या कहना है, कह डालिए।"

दंडनायक ने जरा क्षोभ से कहा, "नहीं, नहीं, कोई विशेष बात नहीं है।"

मीनलदेवी ने ज़रा भँवें तानकर कहा, "जो विशेष न हो, वह भी कहिए।"

"जी हाँ, जी हाँ, और कुछ नहीं। केवल यही कि मुंजाल मेहता और देवप्रसाद मोती चौक में मिले थे। और तो कुछ नहीं; परन्तु महारानी जी, वहाँ झगड़ा खड़ा हो गया कि पहले कौन जाय!"

मीनलदेवी ने चिन्तातुर होकर पूछा, "फिर क्या हुआ?"

"फिर झगड़ा शान्त हो गया और कल सबेरे मिलने की कुछ सलाह हुई है।"

मीनलदेवी कुछ घबड़ाई और उसकी चिन्ता बढ़ गयी। रानी ने अधीरता से कहा, "तो अब तक कहते क्यों न थे? कहाँ मिलने वाले हैं? क्या बातचीत हुई? फिर लड़े या नहीं?"

"लड़े तो बिल्कुल नहीं, मेल हो गया। और कुछ नहीं हुआ। फिर तुरन्त ही मंडलेश्वर यहाँ आये।"

रानी समझ गयी कि मुंजाल ने ही कहा होगा और इसी से देवप्रसाद यहाँ आया होगा। वह जल्दी-जल्दी चला गया; अतएव उसे यह भी ज्ञात होगा कि दोपहर को दरवाज़े बन्द हो जायँगे। ये सब मुंजाल की ही कारस्तानी है।

"फिर आपने क्या किया?"

"और क्या करता? तीरन्दाज़ों से कह आया हूँ कि देवप्रसाद को किसी भी प्रकार बाहर न जाने दिया जाय। मंडलेश्वर क्या करता है, इसका समाचार अभी आया जाता है।"

"यह तो ठीक है, वह जायगा कहाँ? परन्तु क्या हमें यहाँ और किसी प्रकार का भय नहीं है?"

"और किसी प्रकार का भय कैसा? महारानी जी, हमारे विश्वस्त सैनिक राजमहल में आठों पहर पहरा दे रहे हैं।"

"मैंने सुना है कि कोई षड्यन्त्र रचा जा रहा है।"

कुछ घबराते हुए शान्तिचन्द्र ने कहा, "नहीं, नहीं, यह किसकी सामर्थ्य है?"

बाहर से एक आवाज आयी, "महारानी जी, मैं जाऊँ?"

"कौन? वैद्य जी, आइए। कहिए, इस समय कैसे पधारे? इतने हाँफते हुए?"

वैद्य जी आये और दुपट्टे से मुख का पसीना पोंछने लगे। ''महारानीजी, मेरे जामाता वाचस्पति एक बहुत ही आवश्यक समाचार लाये हैं—मानने को जी तो नहीं चाहता; पर आपसे कहने के लिए आया हूँ।'' अपने मोटे शरीर को स्वस्थ करते हुए लीलाधर वैद्य ने कहा। ऐसा प्रतीत हो रहा था, जैसे इस शान्त ब्राह्मण ने कोई बहुत अनोखी बात सुनी है। ''सेठजी के रहते कहने में कोई हर्ज तो नहीं है?''

''नहीं, कहिए।''

''महारानीजी, कुछ मंडलेश्वर, कुमार जयदेव को कर्णावती उड़ा ले जाना चाहते हैं।''

सेठ शान्तिचन्द्र ने घबराकर कहा, ''ऐं!''

''हाँ, मैं जानती हूँ।'' रानी ने शान्तिपूर्वक कहा। उसे ऐसा प्रतीत हुआ कि इस समय साहस छोड़ने में सार नहीं है। स्वस्थता में ही सत्ता है।

शान्तिचन्द्र ने पूछा, ''महारानीजी, आप भी जानती हैं?''

''हाँ, और दंडनायक होकर आप नहीं जानते? परन्तु किस प्रकार, कहाँ, यह भी कोई जानता है?''

लीलाधर ने कहा, ''नहीं महारानीजी, यह कुछ खबर नहीं। इस समय मुंजाल मेहता होते, तो सब खबर लग जाती।''

रानी को ज़रा क्रोध आ गया। जो उसके हृदय में था, वही लीलाधर ने कह दिया। अपने हृदय की बात कोई जान जाय, यह किसे अच्छा लगेगा?

''तो सब लोग यहाँ क्या करते रहते हैं?''

''महारानी जी, मैं बूढ़ा हूँ, दवाइयाँ कूटते-पीसते मेरा सारा जीवन बीता है; अतएव मैं क्या जानूँ? परन्तु पट्टनी लोग इतना अवश्य कहते हैं मुंजाल मेहता को यहाँ से अलग कर दिया, यह ठीक नहीं हुआ।''

''पट्टनियों से कहो कि तुम अपना काम किये जाओ, मुझे क्या करना चाहिए, इसका मुझे ज्ञान है।''

''इसे कौन 'नहीं' कहता है; परन्तु महारानी जी, कोई भयंकर परिस्थिति उपस्थित हो जायगी, तो?''

रानी ने गर्व से कहा, ''हो जायगी, तो तुम्हारी रानी को तुम्हारी चिन्ता है।''

''महारानीजी, तीन पीढ़ियो से सोलंकियों का सेवक हूँ; इसलिए मेरे मुख से कहीं कुछ अनुचित निकल जाय, तो क्षमा करें। परन्तु इन सब बातों का परिणाम अच्छा न होगा।'' बड़ा साहस करके वैद्य ने कहा और वह पसीना पोंछने लगा।

''बहुत ठीक! ज़रा देखते तो जाओ, सब अच्छा होगा।''

''महारानी जी, आनन्द सूरि पधारे हैं।'' दासी ने कहा।''

रानी ने आतुरता से कहा, ''भेज दे, उन्हीं की आवश्यकता है।''

बख्तर पहने हुए एक आदमी राजपूत वेष में अन्दर आया। उसका मुख साफे से इस प्रकार बँधा था कि वह एकाएक पहचाना नहीं गया।

रानी ने आश्चर्य से पूछा, "कौन? आनन्द सूरिजी!"

मुख पर से साफे का छोर अलग करते हुए आनन्द सूरि ने कहा, "जी हाँ माताजी, मैं ही हूँ। कुछ ऐसी ही आवश्यकता आ पड़ी कि मुझे वेष बदलना पड़ा।"

शांतिचन्द्र और लीलाधर वैद्य यति को इस वेष में देखकर कुछ चकित हुए।

यति ने शीघ्रता से कहना शुरू किया, "परन्तु माताजी! हमारी घड़ी आ पहुँची।"

तीनों बोल उठे, "क्यों, क्या हुआ?"

"मंडलेश्वर जब यहाँ राजमहल में आये तो तुरन्त मैंने सुना कि उन्होंने और मुंजाल ने कुछ तजवीज की है; इसलिए मैं यह वेश पहनकर तैयार हुआ और ज्यों ही मंडलेश्वर नीचे उतरे कि मैं उनके पीछे हो गया। उन्होंने घोड़ी को दौड़ा दिया। पीछे मैंने भी अपना घोड़ा लगा दिया। मोंढेरी दरवाज़े पर जाते हुए, पहले चाँपानेरी दरवाजा आया। उसे बन्द देखकर मंडलेश्वर चौंक पड़े और मोंढेरी दरवाज़े पर जाने का विचार बदल दिया। आगे एक टीला सा था, उस पर पहुँचे और वहाँ से घोड़ी को कुदाकर नगरकोट को लाँघ गये।"

तीनों एक साथ बोल उठे, "क्या! क्या! क्या!"

"क्या, क्या? हम लोग बातचीत करते रहे और मंडलेश्वर निकल गये।"

चारों जनों ने एक-दूसरे की ओर देखा।

रानी ने यति की ओर देखते हुए कहा, "अब वे और मुंजाल अवश्य मिलेंगे।"

वैद्य ने कहा, "मैंने कहा न था महारानी जी!"

"अब कहे हुए की याद दिलाने की आवश्यकता नहीं है।"

रानी, "अब क्या किया जाय? कल वे दोनों मिल जायँ, और मेरल और मधुपुर की सेना एक हो जाय, तो फिर मरे!"

शांतिचन्द्रः "और त्रिभुवनपाल का क्या हुआ?"

यति, "वह तो बहुत करके पाटन में ही है।"

शांतिचन्द्र ने कहा, "तब उसे हाथ में लेना चाहिए।"

सबको यह प्रतीत हुआ, 'यह उपदेश ठीक है।'

रानी, "हाँ, परन्तु किसी भी प्रकार वे दोनों मिलने न पाएँ।"

शांतिचन्द्र, "यह कैसे हो सकता है?"

यति, "एक उपाय है। यदि आप और जयदेव मधुपुर जाएँ, तो मुंजाल रुक जायगा।"

शांतिचन्द्र, "परन्तु महारानी जी को भरोसा कैसे हो?"

यति, "मैं हूँ न, डर क्या है? चन्द्रावती की सेना मेरे साथ है। और फिर अभी

तीन दिन हुए, मैंने चन्द्रावती पत्र लिखा है। दूसरी सेना भी तैयार हो रही है, वह हमसे आ मिलेगी।''

वैद्य, ''यह ठीक है; पर पट्टनी जान जायँ तो? नगर में तो इस समय घबराहट मची हुई है।''

शांति, ''यह तो तभी हो सकता है, जब हम आज संध्या होने के बाद ही रवाना हो जायँ।''

रानी, ''आनन्द सूरि जी, आपकी बात ठीक है। इस समय हमने दो आदमियों को हाथ से खो दिया। ये दोनों यदि मिल गये, तो हमारा सारा खेल खत्म हो जाएगा; और इसके लिए मार्ग भी एक यही है। इससे एक और भी लाभ है।''

शांतिचन्द्र, ''क्या?''

''जैसा कि वैद्यराज ने कहा है, यदि वह षड्यंत्र हो, तो उससे भी बचा जा सकता है। परन्तु पाटन का क्या होगा?''

यति, ''पाटन में सेठ शांतिचन्द्र तो हैं?''

वैद्य, ''महारानीजी, सावधान रहिए। पट्टनियों पर अधिक विश्वास नहीं किया जा सकता।''

रानी ने अपनी विद्युत-प्रवाही आँखों से कहा, ''पट्टनी क्या करेंगे? वैद्यजी, ऐसा लगता है, तुम्हें लोगों का बड़ा भय है!''

''होगा, परन्तु समझ लीजिए, यदि मंडलेश्वर मेरल की सेना को लेकर यहाँ आ पहुँचे तो?''

यति, ''तो क्या? शांतिचन्द्र जी क्या दो दिन भी पाटन की रक्षा नहीं कर सकते?''

शांतिचन्द्र, ''यह आप भूल रहे हैं यतिजी, यदि सोलंकी चढ़ आये, तो पट्टनी दो घड़ी भी दरवाज़े बन्द नहीं रहने देंगे।''

''अच्छा, मैं विचार करूँगी। शांतु मेहता, आप जाकर त्रिभुवनपाल को समझाकर ले आइए।''

''जो आज्ञा।''

''वैद्य जी, आप घर न जाइए। सम्भव है, आपकी भी आवश्यकता पड़ जाए।''

वैद्य, ''कोई हर्ज नहीं, मैं बैठा हूँ।''

तीनों व्यक्ति विदा हो गये। रानी अकेली रह गयी। उसका मस्तिष्क उलझन में पड़ गया था। 'क्षण-भर में चारों ओर से उपद्रव उठ खड़ा हुआ। इस समय मुंजाल होता, तो कितना अच्छा था? दूसरे ही क्षण विचार आया कि 'क्या मुंजाल की सहायता के बिना काम नहीं चल सकता?' हथेली पर सिर टेककर बहुत देर तक मीनलदेवी ने विचार किया। अभी तक शांति से सब कुछ चल रहा था। चक्रवर्ती बनने के लिए उसी ने होली सुलगाई थी। ऐसा प्रतीत होने लगा जैसे होली की आग उसके अपने ही घर

में आ पहुँची है। कहाँ जाए? किससे पूछें? धीरे-धीरे विचारों की उलझन में से कारण स्पष्ट हो गया। किसी प्रकार मंडलेश्वर के दो-तीन दिन शान्त रखना चाहिए और किसी प्रकार उसका पाटन की ओर आना या मुंजाल से मिलना रोकना चाहिए। क्या किया जाए? अचानक इस प्रकार ध्यान आ गया, जैसे अन्धकार में बिजली चमक पड़ी हो, घनघोर घटाओं में सूर्य की प्रथम किरण ने प्रवेश किया हो। मीनलदेवी के नेत्र चमक उठे, होंठ दब गये, मुख पर एक भयंकर क्रूर हास्य खेलने लगा।

"हाँ, मैं अपने ब्रह्मास्त्र को तो भूल ही गयी।" कहकर मीनल उठी और भीतर गयी। उसके पूजा के कमरे के पीछे की ओर एक कमरा था। उसके बन्द द्वार को ज़रा खटखटाया। भीतर से कोई आता हुआ ज्ञात हुआ। उसने कुंडी खोली, मीनलदेवी भीतर घुसी।

शिकारी और शिकार

जिसने कुंडी खोली वह कोई तीस वर्ष की स्त्री थी। उसके वस्त्र सफेद थे। उसका मुख बिल्कुल फीका और शुष्क था। उसकी बड़ी-बड़ी आँखें स्थिर और भावहीन दिखलाई पड़ रही थीं। वह बिल्कुल शव-सी प्रतीत हो रही थी। फिर भी सफेद वस्त्रों में अत्यन्त क्षीणता के कारण बाहर से दिखती हुई हड्डियों में और मुर्दे के जैसी भावहीनता में अद्भुत लालित्य दिखलाई पड़ रहा था। चलने में, आँखों के आकार में, हाथों के हिलने में कुछ ऐसी अद्भुत छटा और काव्यमयता प्रतीत होती थी कि देखकर आँखों को आह्लाद होता था। देखने वाले को ऐसा भास होता था, जैसे यह मानवी छवि दैवी आकाश तत्व से बनी है। यह सन्देह हो जाता था कि यह सजीव है, या प्रेतलोक में भूल से जाकर लौट आयी कोई देवांगना है। और तुरन्त यह विचार उठता कि यदि इस रमणी में क्षीणता और भावहीनता न होती, तो यह रमणी कैसी लगती?

मीनलदेवी ने जरा मधुरता से हँसते हुए कहा, "क्यों हंसा?"

हंसा के बड़े-बड़े नेत्र भावहीन स्थिरता से मीनल की ओर देखने लगे। ऐसा प्रतीत हुआ जैसे वह पगली हो।

"बोलती क्यों नहीं, क्या मुझ पर बहुत क्रोधित है?"

"मेरी क्या आवश्यकता पड़ गयी?" यह स्वर किसी समय मधुर रहा होगा; परन्तु इस समय, हमेशा चुप रहने की आदत के कारण, जरा कठिनाई से बाहर आया।

"आवश्यकता! क्या आवश्यकता होने पर ही आती?"

"नहीं तो किसलिए कोई मेरे पास आएगा?" ज़रा कठोरता से हँसते हुए हंसा ने कहा, "कितने वर्ष बीत गये, कभी किसी ने मेरी ओर देखा है?"

"हंसा, तुम्हें एक बधाई देने आयी हूँ। अब तुम छोड़ दी जाओगी।"

हंसा ने तिरस्कार से कहा, "मेरे हाथों अपना कोई स्वार्थ सिद्ध करना होगा।"

"मुझे तुम इतनी स्वार्थी समझती हो? यह तुम्हारी भूल है।"

"स्वार्थी! क्यों मुझसे कुछ कहलवाती हो? कहने में सार नहीं है। परन्तु तुम आती हो, तो किसी दिन मेरे भाई को भी साथ ले आतीं!"

मीनलदेवी ने ज़रा कड़वेपन से कहा, "तुम्हारे भाई चले गये। वे भी मुझसे रूठ गये।"

हंसा के भावहीन मुख पर कुछ अधिक कठोरता दीख पड़ी, "यह कौन नयी बात है? मैं पहले से ही जानती थी। जब से तुम आयीं, मेरा सगा माँ-जना भाई मुंजाल, जो मुझे पल-भर के लिए भी दृष्टि से दूर नहीं करता था, मुझे यहाँ सड़ते छोड़कर चला गया। तुमने उसे छीन लिया। परन्तु तुम्हारे स्वार्थों के आगे वह भी हार गया होगा।"

"तुम मुझे बहुत खराब समझती हो! अच्छा। मैंने तो तुम्हें तुम्हारे भाई से लेकर मोक्ष के मार्ग पर लगा दिया, और तुम यह कहती हो?"

हंसा इस प्रकार बोली जैसे थकी जाती हो। "कैसा मोक्ष? किसका मोक्ष? बरसों-बरस इस प्रकार तड़पते, अकुलाते और कोई रास्ता न होने के कारण ही प्रभु जिनराज की भक्ति करने से मुझे मोक्ष मिलेगा? एकान्त में विचार करने का मुझे बहुत समय मिला है। मीनल देवी, तुम्हारे स्वार्थ के ही कारण आज मैं यहाँ पड़ी सड़ रही हूँ। परमात्मा मौत भी नहीं देता कि छूट जाऊँ।" हंसा के नेत्रों में आँसू लाने की शक्ति भी प्रतीत नहीं होती थी।

"हंसा, यह सब तुम क्या कह रही हो? अभी तो, तुम जैसी परमार्थ-परायणा स्त्री को न जाने क्या-क्या करना है!"

"परमार्थ-परायणा! किसने कहा?"

"मैं कहती हूँ।"

हंसा फिर कठोरता से—कृत्रिमता से हँसी।

"हम सबकी अपेक्षा तुम में दैवी-अंश अधिक है।" मीनलदेवी ने मीठे ढंग से कहा और स्नेह से हंसा के हाथ पर अपना हाथ रख दिया।

हंसा इस प्रकार चौंक पड़ी, जैसे अग्नि-स्पर्श हो गया हो, और अलग जाकर खड़ी हो गयी। "रानी, यह खुशामद क्यों कर रही हो? अपना कोई काम सिद्ध करने के लिए क्यों मेरी व्यर्थ प्रशंसा कर रही हो?"

"व्यर्थ प्रशंसा कर रही हूँ?" मीनल ने इस तरह बनकर कहा जैसे उस पर झूठा दोषारोपण किया गया हो। उसका मस्तिष्क इस निराश स्त्री को वश में करने के उपाय सोच रहा था।

"तब और क्या? मैं दैवी अंश की थी, इसीलिए मुझे मेरे भाई ने पन्द्रह वर्ष तक जीते जलाया? मुझमें दैवी अंश है; इसीलिए आज पन्द्रह वर्षों का समय बीत गया; परन्तु अमृत-भरे स्नेह की एक बूँद भी प्राप्त करके हृदय को शीतल नहीं कर सकी?"

हंसा ने चोट करनेवाली आवाज में कहना शुरू किया। उसकी आँखों में तेज आने लगा। खौलते हुए भावों के वेग से उसके होंठ और हाथ थर-थर काँपने लगे।

"इस तरह कलपने की क्या जरूरत है? ज़रा धीरज रखो।" मीनलदेवी ने इस प्रकार कहा जैसे आश्वासन दे रही हो।

"धीरज! धीरज! कैसी क्रूरता से कह रही हो! जरा भी लज्जा नहीं आती? तुम स्वतंत्र हो, पति था, लड़का है, मेरा भाई जैसा तुम्हारा दास है। तुमने कितना धीरज रखा? धीरज! धीरज! पन्द्रह वर्ष की कोमल अवस्था में प्रभु के समान पति को तुमने खोया होता, फूल के समान सुकुमार लाडले पुत्र को तड़पते हुए तुम्हारी गोद से किसी ने छीन लिया होता, दिनों के बाद दिन अकेले, बिना किसी के साहस बँधाये, हृदय को चीर डालनेवाला रुदन करते हुए बिताये होते, तो तुम्हें खबर पड़ती कि धीरज कैसे रखा जाता है?" हंसा ने काँपते हुए स्वर में एक-एक शब्द निकालते हुए कहा।

रानी ने होंठ चबा लिये। "बहन, गयी-गुजरी भूल जाओ।" रानी के शान्त हृदय में दूसरों के लिए कोई अधिक भावनाएँ नहीं थीं। "अब तुम्हारी शरण में आयी हूँ।" ज़रा नम्र होकर उसने कहा।

हंसा ने फिर तिरस्कारपूर्ण स्वर में कहा, "हाँ, कहो। मैं पहले से ही जानती हूँ कि किसलिए तुम पुरानी बातों पर मुझे ले जा रही हो। बोलो, कहो, क्या आज्ञा है?"

"बहन, जरा तुम शान्त हो जाओ। देखो, राजा चले गये, जयदेव अभी बालक है, और सोलंकियों का राज्य जाने की अनी पर है। उसे बनाये रखना अब तुम्हारे हाथ है।"

"मेरे हाथ कैसे?"

"तुम्हारा भाई रूठकर मधुपुर चला गया है, और देवप्रसाद..."

हंसा चौंक पड़ी। उसने होंठ चबा लिये। उसके मुर्दे जैसे सफ़ेद गालों की पतली चमड़ी पर ज़रा लाली आती दिखलाई पड़ी। उसका शरीर अधिक काँपने लगा।

मीनल ने चिन्तातुर स्वर में कहा, "देवप्रसाद मेरल की सेना लेकर पाटन को उजाड़ बनाने आ रहे हैं। कल सवेरे आ जायँगे। इस राज्य का—गुजरात का फिर क्या होगा?"

कठोर स्वर में हंसा ने कहा, "आ रहे हैं? तो आने दो। रानी, तुम्हारे दिन अब पूरे हो चुके हैं।"

"तुम भी यह कहती हो? जिस राज्य के नगर सेठ की तुम बहन हो, जिसकी छत्रछाया में तुम्हारी अनेक पीढ़ियों ने सुख-चैन से जीवन बिताया, उस राज्य के लिए ऐसा कहती हो?"

"जिस राज्य ने मेरे मंडलेश्वर को इतना कष्ट दिया, जिस राज्य ने उनकी स्त्री को कैद किया, पुत्र को तड़पा मारा, उस राज्य के लिए इससे अधिक और अच्छा क्या

हो सकता है? मैं उनके साथ होऊँ, तो फिर तुम्हें खबर पड़े। सौ दिन सास के तो एक दिन बहू का भी आता है।"

"हंसा! बहन! जिसने तुम्हें इतने दिनों तक सड़ने दिया, जिसने तुम्हारी ज़रा भी खोज नहीं की और जो आज अनेक स्त्रियों के साथ आनन्द-विलास कर रहा है, उसके लिए भी अब तक तुम्हारा यह प्रेम अटल है?"

हंसा गर्व से कठोर होकर सीधी खड़ी हो गयी। उसकी तेज होती हुई बुझी आँखें ज़रा फैल गयीं। "रानी, सती के एक ही स्वामी होता है और वह एक जन्म में नहीं, चौरासी लाख जन्म लेने पर भी। तुमने कैसे जाना कि उन्होंने मुझे यहाँ सड़ने दिया? कैसे जाना कि उन्होंने खोज नहीं की? और यदि यह सत्य हो, तो भी क्या हुआ? वे स्वामी हैं, मैं उनके चरणों की रज हूँ।"

"हाँ, परन्तु सेना लेकर वे यहाँ आ रहे हैं।" मीनलदेवी ने जब देख लिया कि ऐसी बातों से कुछ बनेगा नहीं, तो उसने बात को बदल दिया।

हंसा ने उपेक्षा से कहा। "भले आएँ! इसमें मैं क्या करूँ?"

"तुम जाओ, और किसी प्रकार उन्हें इधर आने से रोको।"

भौंहें भयंकर करके हंसा ने पूछा, "क्यों रोकूँ? मुझे क्या पड़ी है? जिसे पड़ी हो, वह भोगे।"

"तुम्हें क्या पड़ी है? हंसा, तुम जैसी ही जब यों पूछेगी, तब क्या होगा? राज्य के लिए इतनी-सी सेवा न करोगी?"

"अब और क्यों कहलवाना चाहती हो? राज्य ने मेरे लिए क्या किया है? पति के पास से मुझे उड़ा लिया, बिना अपराध मुझे बन्दी कर रखा! अब मुझसे तुम्हारे राज्य का क्या सम्बन्ध?"

"प्रत्येक मनुष्य यदि यही कहने लगे, तो राज्य की क्या दशा हो?"

"जहाँ थोड़े से लोगों के मौज-शौक के लिए ही राज्य चल रहा हो, वहाँ मुझे और क्या करना है?"

"नगरसेठ धनपाल की पुत्री के मुख से यह शोभा नहीं देता!"

"तुमने न जाने अपने किस मतलब से मुझे इस समय खोज निकाला है। यह तुम्हें शोभा देता है? जाओ, इस समय अपने खुशामदियों के पास, खिला-पिलाकर जिनकी पीठ सहलाई हो, उनके पास। मैं अपने मंडलेश्वर की हूँ, और उनकी इच्छा मेरे लिए ब्रह्मवाक्य है। समझीं?"

"हंसा, तुम इतना काम न करोगी?" मीनल ने दयनीय मुख से कहा। अन्दर ही अन्दर वह हंसा पर जली जा रही थी। उसका ब्रह्मास्त्र इस समय व्यर्थ सिद्ध हो रहा था। "देखो, यदि इतना काम कर दोगी, तो कितना आशीर्वाद पाओगी! पाटन के लोग तुम्हें देवी समझेंगे, तुम्हारी कीर्ति अमर हो जायगी, तुम सारे गुजरात की माता बन जाओगी।"

हंसा ने कठोरता से हँसते हुए कहा, "हाः! हाः! हाः! रानी, हंसा ने एकान्त में बहुत-कुछ सीखा है। वह अब तुमसे ठगी जानेवाली नहीं। मेरे मंडलेश्वर यदि यहाँ आवेंगे, तो इसमें लोगों की क्या हानि है? तुम्हारी जगह उन्हें तो एक प्रेम-पूर्ण हृदय का वीर नर मिलेगा, पाटन के लोग पुष्पमालाएँ लेकर उनका स्वागत करने को पहुँचेंगे। यह कहो कि केवल तुम्हारी सत्ता, तुम्हारा आनन्द विलास छूट जायगा।"

रानी ने होंठ चबा लिये। "तुम्हें पता नहीं कि मैं गुजरात के लिए अपना देश छोड़ कर यहाँ आयी और महाराज के साथ ब्याही गयी?"

"यह क्यों नहीं कहती कि चन्द्रपुर में किसी साधारण सामन्त से ब्याही जातीं, उसकी अपेक्षा गुर्जर देश की स्वामिनी बनकर एकचक्र राज कर रही हो।"

"हंसा, तुम बहुत बोल रही हो?" ज़रा भँवें तानकर रानी ने कहा। उसे यह बहुत अखर रहा था कि उसे हंसा की खुशामद करनी पड़ रही है।

"मुझे किसकी परवाह है? तुमसे जो हो सका, तुमने कर लिया, तब मैं क्यों न बोलूँ? मेरे पूर्वजों की बाप-दादों की मेहनत से यह तुम्हारा राज्य खड़ा हुआ है। मेरे पति के बाहुबल से आज तुम्हारी आन बरत रही है। मेरे भाई की बुद्धि से तुम्हारी सत्ता स्थिर है, तब मैं क्यों न बोलूँ? मुफ्त में इन सबकी मेहनत के फल चखने वाली तुम उलटे किस मुँह से मुझ से यह कह रही हो?"

मीनल की आँखों के आगे अँधेरा छा गया। कई ऐसी बातें, जिन्हें कहने की किसी में सामर्थ्य नहीं थी और जो शायद ही उसके स्वार्थी हृदय में स्फुरित होतीं, आज हंसा ने भयंकर शब्दों में स्पष्ट कह दी थी। उसकी स्वार्थपरता उसकी दृष्टि के सामने खड़ी थी; इस कुटुंब को उपकार के बदले में उसने क्या-क्या दुःख दिये थे, इसका ख्याल आया। साथ ही उसे ज्ञात हो गया कि हंसा उसकी बात न मानेगी। दूसरा कोई मार्ग उसे दिखलाई नहीं पड़ा। तब क्या किया जाय? उधर मंडलेश्वर मेरल की ओर बराबर बढ़ता जा रहा होगा। बड़े प्रयत्न से उसने इन दुःख के विचारों को दूर किया। वह इसी ओर दृष्टि लगाये रही कि इस संकट में से कैसे बचा जाय।

"हंसा, अपने मंडलेश्वर के साथ फिर से रहने की इच्छा भी तुम्हें नहीं होती?" लालच देते हुए रानी ने कहा।

"होती है, क्यों न होगी? इस भव में नहीं तो दूसरे भव में। परन्तु, इस समय कौन-सा काम निकालने के लिए तुम मुझे भेज रही हो, यह मेरी समझ में नहीं आता। जब तक मेरी समझ में न आ जायेगा, तब तक मैं कुछ भी न करूँगी। तुम्हारी भलमनसाहत के बहुत फल चख चुकी हूँ।" कहते-कहते हंसा की साँस फूल आयी। आँखों में अँधेरा छा गया। उसने अपने हाथ कनपटी से लगा लिये। इतना बोलने में ही उसके असक्त शरीर को बड़ा कष्ट हुआ।

इसी समय एकाएक नीचे राजमहल के पिछले चौक में बड़ा भारी कोलाहल सुना पड़ा। मीनल को वह अपरिचित जान पड़ा। जिस कमरे में वह खड़ी थी, उसकी सब

खिड़कियाँ बन्द थीं। केवल लकड़ी की दो जालियाँ चौक की ओर पड़ती थीं। मीनल एक जाली के पास गयी। नीचे चौक के पास चबूतरे पर जयदेव खुले सिर खड़ा था। उसके हाथ से रुधिर बह रहा था। एक सैनिक उस पर पट्टी बाँधने की तैयारी कर रहा था। ऐसा प्रतीत होता था कि जयदेव के हाथ पर एक तीर का घाव लगा है। उसकी छोटी-सी तलवार उसके पैरों के पास पड़ी हुई थी। सामने चौक में दानेश्वर कर्ण का भव्य सौन्दर्य और वीरत्व प्रदर्शित करता हुआ एक नवयुवक हाथ में नंगी तलवार लिये खड़ा था। उसकी आँखों में उन्माद था। उसके सीने पर सत्ता थी। दस बारह सैनिक उसकी ओर बढ़ने का प्रयत्न कर रहे थे। अपने अकेले हाथों अभिमन्यु की याद दिलाता हुआ वह सबको भयभीत कर रहा था। रानी ने उसे तुरन्त पहचान लिया। हंसा के मुख की एक-एक रेखा उस नवयुवक पर भली-भाँति चित्रित थी। वह त्रिभुवनपाल था।

त्रिभुवन को देखकर रानी की भँवें तन गयीं। तुरन्त एक विचार आया। चिन्तातुर हृदय में हर्ष के अंकुर फूट आये और इस समय की भयंकर विडम्बना से मुक्त होने को तत्पर हुई उसकी स्वार्थ-बुद्धि ने मार्ग खोज लिया। सारी अनुभूतियों को उसने दबा दिया; राक्षसी हृदय की शक्ति उसकी सहायता को आ पहुँची। वह हंसा की ओर लौटी।

तुम कौन हो?

अब यह देखना चाहिए कि रानी ने जो देखा, वह कैसे घटित हुआ।

त्रिभुवनपाल मोंढेरी दरवाज़े के मार्ग पर अपने रिसाले के साथ मंडलेश्वर की प्रतीक्षा में खड़ा रहा। यह जानने के लिए वह उत्कंठित हो रहा था कि मंडलेश्वर राजप्रासाद में फिर क्यों गये और मुंजाल से उन्होंने क्या-क्या बातचीत की। परन्तु बाल्य-काल से ही उसे आज्ञा-पालन करने की बान पड़ी हुई थी; अतएव दरवाजे बन्द होने तक वह वहीं खड़ा रहा, फिर धीरे-धीरे राजप्रासाद की ओर जाने लगा। चौहट्टे में धमाचौकड़ी मची हुई थी। दुकानदार लोग एकत्र होकर विचार कर रहे थे कि दुकानें बन्द की जायँ, या नहीं। कई लोग राज्य की परिस्थिति पर ज़ोर-ज़ोर से वार्तालाप कर रहे थे। त्रिभुवनपाल ने अपने दो-एक आदमियों से पता लगवाया, तो ज्ञात हुआ कि मंडलेश्वर राजमहल से लौट कर, घोड़ी को कोट कुदाकर बाहर निकल गये हैं। वह घोड़े को दौड़ाकर तुरन्त वहाँ पहुँचा। वहाँ पर दो-चार सौ मनुष्य एकत्र होकर वार्तालाप कर रहे थे और किस स्थान से देवप्रसाद ने घोड़ी को कुदाया था, यह एक दूसरे को दिखा रहे थे। त्रिभुवन को देखकर अधिकांश लोग शान्त हो गये, और अँगुली के संकेत से उसका परिचय देने लगे। त्रिभुवन चाँपानेरी दरवाज़े पर पहुँचा और

दरबान से उसे खोल देने को कहा। द्वारपाल ने इनकार कर दिया। निराश होकर त्रिभुवन ने कोट की ऊँचाई देखी अपने घोड़े की ओर देखा और निःश्वास छोड़ा। पाटन के कोट को उसका पिता ही कुदा सकता था। वहाँ से वेगपूर्वक वह राजप्रासाद में पहुँचा और पिछला रास्ता खुला देख, भीतर जा पहुँचा। पहरेदारों ने उसे रोक दिया।

"मैं महारानी जी से मिलना चाहता हूँ। मुझे नहीं पहचानते? मैं मंडलेश्वर का पुत्र त्रिभुवनपाल हूँ। जाओ, मैं खड़ा हूँ। जाकर कोई कह आओ।"

एक पहरेदार मीनलदेवी से सन्देश कहने को गया। त्रिभुवन घोड़े पर से उतरकर खड़ा हो गया। 'बाहर निकलकर अपने पिता से मिलना चाहिए', यह एक ही वस्तु इस समय उसकी दृष्टि में थी। यह कार्य बल से तो नहीं हो सकता था; अतएव उसने कल से करने का निश्चय किया।

आनन्द सूरि नीचे उतरा, "महारानीजी नहीं मिल सकतीं। क्या काम है?"

"इससे आपको प्रयोजन? मिलेंगी क्यों नहीं? मुझे बहुत आवश्यक कार्य है। मैं ठहर नहीं सकता।" त्रिभुवन ने उतावले होकर कहा।

"मिलना है, तो ठहरना होगा।" कहकर यति चला गया। अधीरता से अकुलाता हुआ त्रिभुवन खड़ा रहा। उसे ऊपर जाने की इच्छा हुई। प्रत्येक क्षण बड़ा मूल्यवान बीत रहा था। इसी समय सामने के चबूतरे पर उसने जयदेव को जाते देखा। त्रिभुवन एकदम उस ओर दौड़ा।

"काकाजी—कुमार जयदेव—महाराज!"

गुजरात का बाल-राजा गौरव के साथ जा रहा था, वह खड़ा हो गया। ज़रा भँवें तानकर उसने त्रिभुवन की ओर देखा।

"काकाजी, मुझे पाटन से बाहर जाने की आज्ञा दीजिए। दरवाजे बन्द हो गये हैं, और महारानी जी किसी काम में हैं, किसी से मिलती नहीं हैं।"

त्रिभुवन ने इतने वर्ष पाटन से बाहर बिताये थे, इसलिए जयदेव त्रिभुवन के संसर्ग में बहुत ही कम आये थे। उसके विषय में जयदेव को ज्ञान भी बहुत कम था। हाँ, परसों रात्रि के समय बारहट के यहाँ इस लड़के को यह कहते ज़रूर सुना था कि मीनलदेवी की क्या सामर्थ्य है? इसके सिवा उसे पक्का पता नहीं था कि वह कौन है और काका कहने का साहस क्यों कर रहा है?

"तुम कौन हो?" इस उमर में भी सत्ता-प्रदर्शक स्वर में जयदेव ने पूछा।

"मुझे पहचानते नहीं हैं? इसे भाग्य-लीला की खूबी ही कहना चाहिए। मैं मंडलेश्वर का पुत्र त्रिभुवनपाल हूँ। जयदेव, मुझे अपने पिताजी के साथ जाना है। आज्ञा कर दो कि मुझे दरवाज़े से बाहर जाने दें।"

जयदेव ने अपनी माता से शिक्षा पाई थी; पर मीनलदेवी जितनी साहसी थीं, जयदेव अन्दर से उतना ही डरपोक था। उसने त्रिभुवन के रूप को और उसकी शौर्य-प्रदर्शक छटा को देखा तो उसके हृदय में कुछ द्वेष उत्पन्न हो गया। देवप्रसाद के

प्रति जो विष मीनल के हृदय में था, वह कुछ इसमें भी आ गया। सामल बारहट के यहाँ कहे हुए शब्द उसे याद आये। वह लाड़-प्यार से उद्दंड हो गया था, लोगों की खुशामद ने उसे सत्ता का शौकीन बना दिया था।

''तुम परसों कह रहे थे कि मीनलदेवी की क्या सामर्थ्य है? अब चखते जाओ उसका मजा।'' जयदेव ने तिरस्कार से कहा।

''जयदेव, यह आपको शोभा देता है? मैं भी भीमदेव का वंशज हूँ और याचना कर रहा हूँ।'' त्रिभुवन ने समझाने का प्रयत्न करते हुए कहा।

गुजरात के बाल राजा ने मज़ाक करते हुए कहा, ''तुम्हारा बाप तो अपने को बड़ा भारी बलवान कहलवाता है और तुम याचना करते हो?''

त्रिभुवन ने बड़े प्रयत्न से अपने क्रोध को शान्त किया। उसके नेत्र कुछ सख्त हो गये।

''महाराज, बड़ों की बात बड़े जाने, मैं केवल पाटन से बाहर जाना चाहता हूँ।''

अविचारी कुमार ने ज़रा हँसते हुए पूछा, ''क्यों, क्या 'बहारवटिया' बनना है?''

''महाराज जयदेव, सोलंकियों को 'बहारवटिया' बनने में अभी देर है। मैं प्रार्थना करता हूँ, कारण कि आप राजा हैं और मैं सामन्त। पर ऐसा नहीं समझ लेना कि यहाँ तुम्हारे ताने बर्दाश्त करने आया हूँ।''

''यह प्रार्थना करने आये हो! अच्छा, ठहरो। माताजी क्या कहेंगी यह पीछे देखा जाएगा; कल्याणमल्ल, इसे अभी पकड़ लो।''

त्रिभुवन की आँखें चमक उठीं। उसका शौर्य ज्वलन्त हो गया। उसने कठोरता से कहा, ''देखता हूँ कि मुझे जीवित पकड़ने का कौन साहस करता है?'' और तलवार की मूठ पर हाथ रखा तथा इस प्रतीक्षा में खड़ा हो गया कि कौन आगे बढ़ता है। वह जान-बूझकर शान्त रहा। उसे विश्वास था कि राजा के सामने तलवार खींचने से उसका कार्य न होगा।

कल्याणमल्ल कुछ दूरी पर स-सम्मान खड़ा रहा। जो सैनिक थे, वे भी आ पहुँचे। भीमदेव के प्रपौत्र को पकड़ने का किसी ने साहस नहीं किया।

''अच्छा! इतनी डींग मार रहे हो? ठहरो, मैं ही पकड़ता हूँ।'' कहकर जयदेव ने अपनी तलवार खींच ली। वह अभिमानी था। खुशामदी सामन्तों के कथनानुसार वह अपने को महारथी समझने लगा था। अपने कट्टर शत्रु के पुत्र को अपने हाथों बन्दी करना, उसे बड़ा सन्तोषदायक प्रतीत हुआ। एक पग आगे बढ़कर उसने तलवार तान ली।

''कल्याणमल्ल!'' परन्तु मुख से पूरा शब्द निकलने के पहले ही ऊपर से, बिलकुल अज्ञात रूप से, एक तीर आया और वह जयदेव के दाहिने हाथ में बिंध गया। किसी ने भी अच्छी तरह से नहीं देख पाया कि यह तीर कहाँ से आया है। सबने

पीछे की ओर देखा। त्रिभुवन भी पीछे देखने लगा। जयदेव के हाथ से तलवार गिर पड़ी। हाथ से रक्त की धारा बह निकली। राजा का क्रोध बढ़ गया। इधर-उधर देखे बिना वह चिल्लाया। "इस हरामखोर को पकड़ते हो या नहीं? पकड़ो, मारो।"

सैनिक खड़े-खड़े अभी तक देख रहे थे; पर अब उन्हें भी मीनलदेवी का भय लगा। अपने राजा को उन्होंने घायल हो जाने दिया! वे आगे बढ़े। त्रिभुवन ने देखा कि बाज़ी पलट गयी। तुरन्त तलवार खींच ली, और घिरे हुए सिंह की भाँति चारों ओर देखने लगा। एक सैनिक जयदेव के हाथ पर पट्टी बाँधने लगा।

कल्याणमल्ल ने त्रिभुवन से कहा, "भैया, इस समय अधीन हो जाएँ। महारानी जी को फिर समझा लिया जायगा।"

"अधीन हो जाऊँ? मल्लराज, सोलंकी अधीन नहीं होते, दूसरों को पटखनी देते हैं। देखता हूँ, मुझे कौन पकड़ने आता है।"

घाव से पीड़ित जयदेव फिर चिल्लाया "पकड़ो! पकड़ो! देख क्या रहे हो?" सैनिक अधिक देर न ठहर सके। वे आगे बढ़े।

इसी समय मीनल ने ऊपर से यह दृश्य देखा और उसे पिछले परिच्छेद में बतलाई हुई दैवी या राक्षसी प्रेरणा हुई।

"हंसा, यहाँ आओ, कुछ दिखलाऊँ।" रानी के स्वर में विजय का कम्पन था, "इधर आओ।"

हंसा जाली के पास आ गयी। "क्या देखूँ?"

"देखो, देखो, उस लड़के को पहचानती हो? यह नहीं वह, जो हाथ में तलवार लेकर खड़ा है, जिसे सैनिक पकड़ने को बढ़ रहे हैं।"

हंसा ने कुछ क्षण देखा। निद्रा से जागी हुई-सी दशा में उसने पूछा, "कौन है? उससे मतलब?" हंसा ने उपेक्षा से पूछा।

"क्या, क्या? तुम नहीं पहचानतीं?"

"नहीं, कौन है वह?" हंसा ने लालच-भरी निगाह से ताक कर कहा।

"कौन क्या, तुम्हारा लड़का।"

"ऐं!" आँखें फाड़कर पागलों की भाँति हंसा ने कहा, "मेरा त्रिभुवन! तुम तो कहती थीं कि वह बचपन में ही मर गया।" वह घबरा-सी गयी, उसकी समझ में कुछ भी नहीं आया।

"नहीं मरा, वह जीवित है। तुम्हारे पति के साथ था। देखो, वह सैनिकों के साथ लड़ रहा है। हंसा, अपने पुत्र को जीवित रखना चाहती हो? अभी वे सैनिक उसे मार डालेंगे। देखो, दो-एक घाव भी लग चुके हैं। अभी मर जायगा। बचाना चाहती हो, तो वचन दो। मंडलेश्वर के पास तुम जाओ और उन्हें पाटन की ओर आने से रोको। सिर्फ दो दिन ही रोक रखो। क्यों? क्या कहती हो?"

हंसा की आँखों से आँसुओं की धारा बह निकली। वह उलझन में पड़ गयी।

"मेरा बेटा! देव जैसा मेरा त्रिभुवन! पन्द्रह वर्षों पर मिला और मरता देखने के लिए! मीनलदेवी, उसे बचाओ, यहीं से पुकार कर रोक दो।"

रानी ने क्रूरता से कहा, "किसलिए? पहले वचन दो। समय नहीं है, अभी समाप्त हो जायगा।"

छाती को हाथों से दबाते हुए हंसा ने कहा, "कैसा सिंह के समान लड़ रहा है! मेरा त्रिभुवन!"

"देखो, वह गया तुम्हारा त्रिभुवन। अभी कुछ ही क्षणों में वह भूमि पर गिर जायगा। देखो, और भी सैनिक आ गये। मान जाओ, वचन दे दो।"

हंसा ने पागलों की भाँति इधर-उधर देखा। उसकी आँखों से आँसू बहने लगे, उछलती हुई छाती को उसने हाथों से दबा लिया और त्रिभुवन की ओर देखा। उसका दैवी मुखारविन्द वीरता की सुनहली किरणों से छाता हुआ दिखा। वह सिंह की भाँति सैनिकों पर टूटता था और तब सैनिकों को भी अपने बचाव के लिए शस्त्रों का उपयोग किये बिना निस्तार नहीं था।

"बोलो, कहो, हंसा! दो-चार क्षण भी अब वह जीवित न रहेगा।"

"राक्षसी! चांडालिनी! ले, मेरे प्राण ले ले और मेरे पुत्र को बचा। मेरे वंश को नष्ट करने बैठी है!"

"वचन दे रही हो? अपने पति की शपथ खाओ।"

हंसा चिल्ला उठी, "हाँ, हाँ, अरेरे! देखो, बेचारे को हाय! हाय! रानी! उसे बचाओ।"

रानी ने वचन ले लिया और दौड़ती हुई अगले कमरे में आयी। वहाँ की खिड़कियाँ खुली हुई थीं, एक खिड़की से उसने नीचे देखा और पुकार कर कहा, "कल्याण! कल्याण! ठहरो, खड़े रहो, रुक जाओ।" मीनलदेवी की आवाज गूँज उठी। उस शोरगुल में भी वह आवाज़ सुन ली गयी। रानी को सबने देखा और वे रुक गये। त्रिभुवन घायल हो गया था, उसकी शक्ति क्षीण होती जा रही थी, आँखों में अँधेरा छाने लगा था, वह केवल जोश से लड़ रहा था। इसी समय सब रुक गये। सबने ऊपर की ओर देखा। उसने भी तलवार रोक ली और कुछ क्षण के लिए खड़ा रह गया।

उसे ऐसा प्रतीत हुआ, जैसे उसकी आँखों के आगे परदा पड़ गया हो। अचानक एक स्त्री आयी, उसने उसे कुछ पहचाना। "मीनल काकी!" उसने पुकारने की चेष्टा की, पर गला सूख गया था।

पीछे दूसरी स्त्री आयी। त्रिभुवन ने उसे कभी नहीं देखा था, फिर भी वह परिचित-सी प्रतीत हुई। वह इतनी अधिक सूखी हुई क्यों है? वह जीवित है या मृत?

वह इस पर विचार करने जा रहा था, पर उसे चारों ओर की भूमि घूमती सी मालूम हुई। वह स्त्री निकट आयी और एकदम त्रिभुवन से लिपट गयी।

त्रिभुवन का जोश उतरने लगा। अंग-अंग टूटने लगा। यह स्त्री कौन है? उसे कुछ शांति का अनुभव हुआ। इस नयी स्त्री ने उसका चुम्बन किया, उसके बाल हटा दिये।

त्रिभुवन को हँसी आ गयी। उसे तो अभी लड़ना है, फिर यह दुलार किसलिए? इतने में एक लड़की आयी। यह कौन? पहचानता है, कहीं देखी है। दूसरी स्त्री की ओर वह घूमा। वह उसका हाथ अपने कंधे पर रखकर चला रही थी। त्रिभुवनपाल सोलंकी को स्त्री की सहायता की आवश्यकता पड़े? त्रिभुवन हँस पड़ा। यह सब घूम क्यों रहे हैं? अन्धकार-सा क्यों प्रतीत हो रहा है? यह स्त्री क्या कह रही है, ''मेरे बेटे!''

त्रिभुवन ज़रा फिर हँसा। मेरी माँ तो मर गयी थी। मुंजाल मामा ने मार डाली थी। ''तुम कौन हो?'' त्रिभुवन ने पूछने का प्रयत्न किया।

''मैं—हंसा—'' ऐसा कुछ सुनाई पड़ा। त्रिभुवन के मस्तिष्क में अन्धकार बढ़ने लगा। इतना अधिक अन्धकार क्यों है? उसने नयी स्त्री के कन्धे पर हाथ टेक दिये उसे ऐसा मालूम हुआ कि ज़मीन खिसक रही है, खिसक गयी, अन्धकार हो गया।

त्रिभुवन ने जब आँखें खोलकर देखा, तब उसे एक कमरा सा मालूम हुआ। वह बिछौने पर सोया हुआ था। उसके पीड़ित हृदय पर हाथ रखकर वह नयी, पर परिचिता-सी प्रतीत होने वाली स्त्री बैठी थी। त्रिभुवन को ऐसा ज्ञात हुआ कि इस स्त्री को उसने पहले स्वप्न में देखा था। धीरे से त्रिभुवन ने कहा, ''माँ!'' स्त्री चौंक पड़ी, उसने त्रिभुवन की ओर देखा। उसकी आँखों से सतत अश्रु-धाराएँ बह रही थीं। वह त्रिभुवन से लिपट गयी। त्रिभुवन फिर अचेत हो गया।

पीछे मीनल देवी आकर खड़ी हो-गयी और निश्चल स्वर में बोली, ''हंसा! इस प्रकार तो तुम यहीं पड़ी रहोगी। समय जा रहा है। अब तुम जाओ।''

हंसा ने अकुलाकर कहा, ''पास में बेशुमार दौलत है, फिर भी मुझ गरीबिनी की कौड़ी भी थोड़ी देर पास नहीं रहने देती?''

कठोर शान्ति से मीनलदेवी देखती रही, ''यह कैसे होगा? मंडलेश्वर मेरल पहुँच भी गये होंगे। सब तैयारी करानी है। यति आनन्द सूरि तुम्हारे साथ जायँगे। चलो, उठो!''

''पल-भर, रानी, पल-भर।'' यह कहकर हंसा ने रानी की ओर ऐसी दयनीय दृष्टि से देखा कि उससे उसका हृदय भी पिघल गया।

''अच्छा, मैं पालकी तैयार कराती हूँ, तुम तैयार हो जाओ।'' कहकर ईश्वरीय सत्ता की अचल भाव-हीनता से मीनलदेवी चली गयी।

हंसा के मस्तिष्क की स्थिति कल्पना से बाहर थी। पन्द्रह वर्ष हो गये, उसके जीवन का एक-एक झरना शुष्क हो गया था। पति और पुत्र से बिछुड़कर कोमल हृदया हंसा ने अपने महँगे मनोरथों पर एकान्त में आँसुओं की तिलांजलि अर्पित की थी। जो सदा बाहर घूमते-फिरते हैं, जो अपने स्नेही सम्बन्धियों के साथ रहते हैं, वे शायद ही समझें कि कारागार का एकान्तवास कितना भयंकर होता है। दिन पर दिन बीतते चले जाते हैं; पर वही एकान्त, वही अकेलापन, उन्हीं विचारों का कष्टदायक साथ। बाहरी जगत किसी दूसरे ग्रह के समान दूर और संसार के अनुभव किसी दूसरे जन्म के समान अस्पर्श्य रहते हैं। इसी दुःख और वियोग में हंसा ने इतने वर्ष बिताये। मन की अनुभूतियों को मार कर आशाओं का संहार कर दिया। आज पल भर में ही पति से मिलने की आशा आकर सामने खड़ी हो गयी। मरे हुए मन ने उसे स्वीकार नहीं किया। दूसरे ही क्षण जिस पुत्र को मरा हुआ समझ रखा था, उसे देखा, उसे बचाने के लिए अस्वीकार की हुई पति से मिलने की बात को फिर स्वीकार कर लिया। हंसा में विचार करने की शक्ति नहीं रह गयी थी, वह अनुभूति की एक-एक लहर के वश होकर सब कुछ कर रही थी। उसने पुत्र को देखा और उसके रूप और शौर्य को देख कर हृदय शीतल किया। उसे भी छोड़ देना उसे हृदय विदारक प्रतीत हुआ। मीनलदेवी भाग्य के समान निश्चल थी, और हंसा बाल्यकाल से ही कोमल और दूसरों की इच्छा के अधीन हो जाने वाली थी। ज़रा कठोर अवसर आते ही वह कोमल लता की भाँति माथा झुकाकर झोंके सहन कर लेती थी। फिर भी इस समय अधीन हो जाना कठिन प्रतीत हुआ। त्रिभुवन अचेत होकर पड़ा हुआ था, उसका कोमल मुख मुरझा गया था। उसे छोड़ जाय? बार-बार उसने उसका मुख चूमा।

पीछे की ओर एक परछाईं दिखलाई पड़ी। हंसा ने चौंककर देखा। पन्द्रह-सोलह वर्ष की एक लड़की सामने खड़ी है।

"आप त्रिभुवनपाल की माता हैं?"

"हाँ बेटी, तुम कौन हो?"

"मैं मीनलदेवी की भतीजी हूँ।"

"अच्छा?" कहकर हंसा ज़रा काँप उठी और त्रिभुवन की ओर देखने लगी।

"आप ज़रा भी न घबराइए, बुआजी की अपेक्षा त्रिभुवनपाल की मैं अधिक अपनी हूँ।"

हंसा ने सिर उठाकर ऊपर देखा। लड़की के मुख पर निर्दोषिता स्पष्ट दिखलाई पड़ रही थी।

"तुम्हारा नाम?"

"प्रसन्न।"

"बेटी, मुझ पर तो दैव का कोप है, मैं जा रही हूँ; पर इसे यहाँ कौन देखे-सँभालेगा?"

"आप तनिक भी न घबराइए। जब तक मैं हूँ, तब तक त्रिभुवनपाल पर ज़रा भी आँच न आने दूँगी।"

हंसा की आँखों में आँसू आ गये। "अच्छा, मैं कुछ निश्चिन्त रहूँगी। बे माँ के बच्चे की इच्छाएँ पूर्ण करना बेटी!"

प्रसन्न ने आँचल से आँसू पोंछ लिये, "आपका आशीर्वाद चाहिए।"

"बेटी, जितना मुझे दुःख मिला है, उतना ही तुम्हें सुख मिले।" कहकर हंसा ने बलैयाँ ले लीं और फिर से त्रिभुवन को चूम लिया।

बाहर से मीनलदेवी की आवाज़ आयी, "हंसा, चलती है कि नहीं?"

"हाँ, आ रही हूँ।" कहकर फिर हृदय को दबाकर, निराशा के अवतार की भाँति हंसा वहाँ से चली गयी। उसका मृत हृदय फिर से सजीव होकर अग्नि-दाह की-सी भयंकर वेदना का अनुभव कर रहा था।

प्रसन्न का दुःख

मीनलदेवी ने कहा, "देखो हंसा, यह आनन्द सूरिजी आधी दूर तक तुम्हारे साथ जायँगे। परन्तु देखो, तुम अपना वचन पालना।"

"रानी, हंसा ने अभी वचन नहीं तोड़ा है, घबराओ मत। अपने वंश का अपने हाथों ही नाश करने के लिए मैं उत्पन्न हुई हूँ।" कहकर हंसा आगे बढ़ गयी। यति पीछे रह गया। उसने साधु का वेष त्याग कर राजपूत का वेष धारण कर रखा था।

"देखिए यति जी, सन्ध्या-समय तक लौट आइए और चाँपानेरी दरवाजे के बाहर रहिए, मैं वहीं मिलूँगी।"

"निश्चिन्त रहिए, मैं अभी आया।" यति ने उत्तर दिया और वहाँ से चला गया।

हारा हुआ जुआरी दूने आवेश से खेलता है। रानी की भी ऐसी ही दशा हो गयी थी। वह इसी प्रयत्न में थी कि किसी प्रकार मुंजाल और मंडलेश्वर न मिलने पाएँ। घड़ी-भर के लिए वह और सब बातें भूल गयी। इसी समय उसे त्रिभुवन की याद हो आयी और जहाँ वह सो रहा था, उस कमरे की ओर वह घूम पड़ी। भीतर गयी तो उसका मिज़ाज बिगड़ गया। पलंग की बगल में जमीन पर प्रसन्न बैठी थी। सोये हुए त्रिभुवन का एक हाथ उसके हाथ में था और वह बार-बार उसे अपनी छाती से लगा रही थी।

"प्रसन्न, क्या कर रही है?"

प्रसन्न ने देखा, लज्जित हुई और तुरन्त खड़ी हो गयी। "कुछ तो नहीं।"

"तू भी अब बेहाथ हुई जा रही है! चल, अब तैयार हो जा। सम्भव है, आज रात को तुझे यात्रा करनी पड़े।"

जरा घबराकर प्रसन्न ने पूछा, ''मुझे! मैं कहाँ जाऊँगी?''

''तुझे इससे मतलब? तेरा धर्म है मेरी आज्ञाओं का पालन करना।''

त्रिभुवन की ओर संकेत करके प्रसन्न ने कहा, ''परन्तु बुआजी, मेरा धर्म इनके पास रहना है। इनकी माँ इन्हें मुझे सौंप गयी हैं।''

मीनलदेवी ने सख्ती से कहा, ''यह नहीं हो सकता। तेरा तो अभी बहुत काम है। कुछ दिनों पहले मैंने तुझसे क्या कहा था?''

प्रसन्न ने ज़रा साहस से सिर उठाकर कहा, ''वह मुझे नहीं चाहिए। भाड़ में जाय अवन्ति।''

मीनल ने भँवें तानकर कहा, ''तू तो बहुत बढ़-बढ़ कर बातें करने लगी है!''

''नहीं, जब तक ये अच्छे नहीं हो जाते, तब तक मैं यहीं रहूँगी।'' प्रसन्न ने देखा कि अब दृढ़ता दिखाये बिना निस्तार नहीं है।

सच्ची बात की कुछ शंका होने पर मीनल ने पूछा, ''परन्तु इससे तेरा क्या सम्बन्ध?''

प्रसन्न ने साहस के साथ कहा, ''इनके साथ सब कुछ है, यह तो मेरे माथे के मुकुट हैं।''

''ऐसा! मालवा अच्छा नहीं लगा कि इस पर मोहित हो गयी?''

''बुआजी, क्यों अधिक कहलवाती हैं? मुझे आपका मालवा नहीं चाहिए।''

''इसका अर्थ यह कि मेरी सारी योजनाएँ मिट्टी में मिल जायँ, क्यों? लड़की, तुझ जैसी को ठीक करने में मुझे ज़रा भी देर नहीं लगेगी, समझी? संध्या होने से पहले तैयार हो जा, न होगी तो ज़ोर-जुलम से काम लिया जायगा। चाहे इस कान से सुन चाहे उससे।''

कहकर क्रोध में भरी मीनलदेवी वहाँ से चली गयी।

प्रसन्न पर मीनलदेवी की बहुत धाक थी। उसे सूझा नहीं कि क्या करे। उसने त्रिभुवन की ओर देखा। इन्हें इस दशा में छोड़कर कैसे जा सकती हूँ? परन्तु बुआजी ने निश्चय कर लिया हो, तो वे बलपूर्वक भी भेज देंगी, यह उसे विश्वास था। वह उठी, उतावली से ऊपर गयी और सामल बारहट से मिली। बारहट से उसने सब बातें कह दीं और नीचे आकर त्रिभुवन के पास बैठने का आग्रह किया। बूढ़े ने स्वीकार कर लिया।

''परन्तु बेटी, बिना आँखों के मैं क्या करूँगा? किसी को मेरे साथ रख दे।''

''किसे बुलाऊँ? हाँ, मात्रा के पति को बुला दूँ?''

''कौन? वाचस्पति? हाँ, है तो वह ठीक, तब चल, मुझे पहुँचा आ और पंडित जी से भी कह आ।''

''बारहटजी, मुझे चाहे जो हो जाय, परन्तु देखिए, त्रिभुवन की सेवा-शुश्रूषा भली भाँति हो।'' प्रसन्न ने ज़रा काँपते स्वर में कहा।

"अकुला क्यों रही है बिटिया? कल ही त्रिभुवन अच्छा हो जायगा। मैं भी ज़रा वैद्य हूँ। घावों पर लीलाधर वैद्य कुछ नहीं कर सकता। देख, उस भंडरिया में एक डिब्बा है, उसे उठा ला।"

प्रसन्न ने डिब्बा लाकर दे दिया। उसे अपने हाथ में लेकर सामल बारहट नीचे उतरा। प्रसन्न वाचस्पति को बुलाने चली गयी।

वाचस्पति खाली बैठे हुए किसी संस्कृत पुस्तक को पढ़ रहे थे। प्रसन्न ने उन्हें वहाँ से उठाकर त्रिभुवन का उपचार-कार्य सौंप दिया। पंडितजी दौड़ते हुए त्रिभुवन के पास पहुँचे और बारहट के कथनानुसार उपचार करने लगे।

सायंकाल होने तक प्रसन्न की खबर किसी ने नहीं पूछी। संध्या होने पर एक नौकर उसे भोजन के लिए बुलाने आया। मीनलदेवी के कमरे में तीन जनों के लिए जल्दी से भोजन तैयार किया गया था। जयदेव एक थाली पर बैठा था और दाहिना हाथ घायल होने के कारण मुँह बिगाड़े बायें हाथ से खा रहा था। रानी दूसरी थाली पर बैठने की तैयारी कर रही थी। क्रोध में भरी हुई मीनल ने तीसरी थाली प्रसन्न को दिखलाई, "खा ले।"

इस साधारण-सी बात में किसी को न चिढ़ाने के विचार से प्रसन्न ने स्वीकार कर लिया और खाया। आज इतनी जल्दी भोजन क्यों किया जा रहा था, कुछ समझ में न आया। प्रसन्न ने थोड़ा ही भोजन किया; परन्तु वह बहुत भारी मालूम हुआ। प्यास भी अधिक मालूम हुई। खाकर वह उठी और त्रिभुवन के पास हो आयी। परन्तु कुछ बेचैनी-सी मालूम होने लगी। आँख में नशा आने लगा। बहुत देर तक उसने यही समझा कि 'थकावट से नींद आ रही होगी।' वह झूले पर बैठी, फिर लेट गयी; अर्द्धनिद्रित अवस्था में उसे ध्यान आया कि 'उसे कोई नशा तो नहीं चढ़ रहा है?' परन्तु इस प्रश्न का निराकरण होने से पहले ही उसकी आँखें मुँद गयीं। वह खर्राटे भरने लगी।

राजमहल में रात

रात हुई। राजप्रासाद सब ओर से शान्त हो गया। नगर में अभी अधिक शान्ति नहीं फैली थी, क्योंकि चन्द्रमा के प्रकाश में किसी चबूतरे पर लोग टोलियाँ बनाकर गप्पें लड़ा रहे थे। सबको ऐसा ज्ञात होता था, जैसे सारे वातावरण में कोई भय समाया हुआ हो। किस बात का भय था, यह कोई मुख से नहीं निकालता था; परन्तु सब लोग अपने-अपने गहने और रुपयों को यथास्थान छिपाकर घर के शस्त्रों को तेज़ करने में लग गये थे।

जब आधी रात हुई तब राजमहल के पीछे की ओर तीन ऊँचे आदमी मज़बूत ढाटे बाँधे हुए चुपचाप खड़े थे। कुछ दूरी पर चार मज़बूत घोड़े एक वृक्ष से बँधे हुए थे। ऐसा प्रतीत हो रहा था जैसे तीनों व्यक्ति किसी की राह देख रहे हों। कुछ देर में एक चौथा आदमी घोड़े पर बैठकर आ पहुँचा। वह शस्त्रों से सज्जित था, और दो नेत्रों के अतिरिक्त उसका सारा मुख ढका हुआ था। वह घोड़े से उतर कर तीनों व्यक्तियों के निकट आ गया। उन्होंने उसकी ओर आतुरता से देखा। नवागन्तुक कुछ हँस पड़ा।

"हो गया। ज्यों ही हम पहुँचेंगे त्योंही वह खिड़की खोल देगा।"

"तब चलिए महाराज! व्यर्थ किसलिए देर की जाय?" एक व्यक्ति ने कहा।

"किसलिए? रायमल्लजी, आप घोड़ों के पास रहें, हम तीनों जाएँगे।" नवागन्तुक ने कहा।

"अच्छी बात है। परन्तु मुझे भी ले चलते, तो अच्छा था।" पीछे रह जाने से अकुलाकर रायमल्ल ने कहा।

"चिन्ता की कोई बात नहीं, अभी बहुत समय है।" यह कहकर नया व्यक्ति वृक्ष की छाया में होकर महल की दीवार के पास गया और निकट की एक छोटी-सी खिड़की को खोलने का प्रयत्न करने लगा। परन्तु खिड़की न खुली।

"रत्नसिंह, कोई गड़बड़ी मालूम होती है।" बूढ़े ने कहा।

"क्यों?"

"इस खिड़की को खुली रखने के लिए कहा था, फिर भी यह बन्द है। अब क्या किया जाय?" निराश स्वर में दाँत पीसकर बूढ़े ने कहा।

"चलो, तो लौट चलें।"

बूढ़ा विकराल होकर उसकी ओर घूमा, "किसलिए लौट चलें? तुझे अपने प्राण प्यारे हों, तो चला जा। या तो हम लोग अपनी चाही चीज़ उठा ले जाएँगे या मर मिटेंगे। इतना नामर्द है? साहस के काम इस तरह होते होंगे?" बूढ़े ने सर्प की भाँति फुफकार मारते हुए कहा। गरीब बेचारा रत्नसिंह लज्जित होकर पीछे हट गया।

तीसरे ने पूछा, "तब क्या किया जाय?"

"इतना बड़ा महल है, कहीं से तो कोई द्वार-खिड़की खुली होगी।" कहकर दृष्टि ऊपर किये बूढ़ा कोट के आसपास घूमने लगा। बहुत देर तक कोई खिड़की या द्वार खुला हुआ नहीं दिखलाई पड़ा। कई जगह झरोखे बाहर निकले दिखलाई पड़ रहे थे, पर उन पर चढ़ना नामुमकिन था और खिड़कियाँ बन्द थीं। परन्तु बूढ़ा दृढ़ता से आगे बढ़ा। कुछ दूर जाने पर रत्नसिंह ने बूढ़े का हाथ खींचा और एक झरोखे में लटकती हुई रस्सी दिखाई। तीन दिन पहले जिस रस्सी से त्रिभुवन ऊपर चढ़ा था, राजा के मर जाने की गड़बड़ी में प्रसन्न उसे खोलना भूल गयी थी। बूढ़े के नेत्रों में हर्ष छा गया। उसने ऊपर देखा, सिर के साफ़े को भली भाँति दबाया और छलाँग मारकर रस्सी पकड़ ली। सरसराता हुआ वह ऊपर झरोखे में जा खड़ा हुआ। पीछे उसके दोनों साथी भी

चढ़ गये। उनके पास सेंध मारने के सब औज़ार थे, जिनसे उन्होंने जल्दी-जल्दी किवाड़ में छिद्र करके अन्दर की कुण्डी खोलकर द्वार खोल लिया। चुपचाप तीनों तेज़ी से अन्दर गये और जिस ओर मीनलदेवी का कमरा था, उस ओर चले। ऐसा ज्ञात हुआ, जैसे सारे महल के लोग चैन से सो रहे हैं।

बूढ़ा सबसे आगे इस प्रकार चल रहा था, जैसे उसे सब बातों का ज्ञान हो। कुछ देर में वे लोग वहाँ जा पहुँचे जहाँ रानी का शयनागार था। बाहर एक दासी बिछौने पर पड़ी सो रही थी। द्वार आधा खुला था। बूढ़े ने उसे धकेला। हर्ष के आवेश से उसका हृदय उछल रहा था। कमरे में घुसते ही पहला पलंग कुमार जयदेव का था, वह उसी ओर बढ़ा। मशहरी अलग की और वह चौंक पड़ा। पलंग पर कोई नहीं था। अँधेरे में उसकी आँखों से चिंगारियाँ निकलने लगीं। उसने आसपास देखा; पर सब कुछ बिलकुल शान्त था। कुछ देर वह खड़ा रहा। उसे कमरे में अद्भुत शान्ति मालूम हुई। धीमे पैरों वह दूसरे कोने की ओर गया। दूसरे पलंग के पास जाकर खड़ा रहा, कान लगाये, नीचे झुककर देखा और मशहरी उठाई। उसमें भी कोई नहीं था! बूढ़ा लौट पड़ा। दोनों साथी पीछे की ओर खड़े थे।

''रतन, दोनों भाग गये!''

''एँ!''

उसने धीरे से कहा, ''हाँ, हमारी बात प्रकट हो गयी। अब यहाँ से भाग निकलने के सिवा कोई चारा नहीं, चलो।'' यह कहकर उसने दोनों साथियों को द्वार की ओर धकेला। वे द्वार के पास पहुँचे, तो किवाड बन्द थे। ज़रा ज़ोर लगाने पर बाहर से बन्द मालूम हुए। बूढ़ा बड़बड़ाया, ''मारे गये!'' वह कुछ देर सोचता खड़ा रहा। उसे पीछे के दोनों साथियों के हृदय की धड़कन सुनाई पड़ रही थी। वह पीछे लौटा और तेज़ी से दूसरे द्वार की ओर गया और उसे धकेला। वह भी बाहर से बन्द था।

''बेटा रतन, फँस गये!''

''खिड़की से होकर भी नहीं निकला जा सकता?''

''जिसने द्वार बन्द किये, उसने खिड़की खुली रखी होगी?''

बूढ़ा खिड़की की ओर गया। कोट के बाहर पड़नेवाली खिड़कियाँ इतनी ऊँची थीं कि वहाँ से किसी भी प्रकार बाहर होना असम्भव था। दूसरी ओर की खिड़कियाँ अन्दर के चौक में पड़ती थीं। नीचे पाँच-सात सिपाही नंगी तलवारों से पहरा दे रहे थे। एक के हाथ में धनुष-बाण भी थे।

''सब ओर से फँस गये महाराज! अब क्या होगा?''

कृत्रिम साहस से बूढ़े ने कहा, ''देखना चाहिए, सारी रात विचार करने को पड़ी है, कोई तो रास्ता मिलेगा। रतन, जाओ, इन सब दरवाज़ों को अन्दर से भी बन्द कर लो।''

रत्नसिंह ने दरवाज़ों को अन्दर से बन्द कर लिया। कुछ देर सब मौन रहे।

“देखो, एक रास्ता है। इस झुले की छड़ें छत तक गयी हैं, इन पर चढ़कर कुछ पट्टियाँ तोड़ डाली जायँ, तो ऊपर जाने का मार्ग अवश्य मिल सकता है।” कहकर बूढ़ा उठा परन्तु, झूले के पास जाने से पहले ज़रा ठहर गया। उसे इस तरह की स्पष्ट आवाज़ सुनाई पड़ी जैसे छत पर कुछ आदमी चल-फिर रहे हों।

बूढ़े ने कहा, “चलो, यह भी निबट गया।”

दोनों साथी सामने आ गये। रत्नसिंह ने पूछा, “तो मदनपालजी, अब क्या किया जायगा?”

बाहर की चाँदनी के आभास में भयानक दिखते हुए मदनपाल ने कहा, “मैं भी यही विचार कर रहा हूँ। देखो, अगर पकड़े गये तो मीनलदेवी हाथी के पैरों तले कुचलवा देंगी। बचने के नहीं। अब दो ही मार्ग हैं।”

दूसरे दोनों बोल उठे, “कौन-से?”

“एक तो यह कि इस खिड़की से कूद पड़ें और नीचे वालों को छकाकर उस खिड़की तक जा पहुँचें और या सवेरे जो लोग कैद करने आयें, उनके साथ लड़कर मार्ग निकालें।”

“परन्तु काकाजी, ये दोनों तो मृत्यु के मार्ग हैं। इसकी अपेक्षा तो मैं एक अच्छा मार्ग बताऊँ। कल सवेरे जब वे लोग हमें पकड़ने आयें, अब मीनलदेवी के पैर पकड़कर क्षमा माँग लें। संभव है, इससे बच भी जायँ। भले ही हमारी जागीर जब्त हो जाय, पर अगर हम नत हो जाएँगे, तो प्राण अवश्य बच जाएँगे।”

“लड़के! मदनपाल चावड़ा झुक जाएगा, तू पागल हुआ है?”

“तो महाराज, हम इस कच्ची उमर में इस तरह मर जायँ? आपका तो तीसरापन चल रहा है।”

ऊबकर दाँत किटकिटाते हुए मदनपाल ने कहा, “अब बक-बक न करो। तुम्हारा मार्ग मुझे नहीं चाहिए। अब तो केसरिया ही करेंगे। ज़रा भी डिगे, तो पहले मैं तुम्हें ही खत्म करूँगा। याद रखना।”

दोनों युवक जरा चौंके। बूढ़े की आँखों में भयंकर दृढ़ता दिखलाई पड़ रही थी। इसमें ज़रा भी सन्देह नहीं मालूम हुआ कि बूढ़ा उन्हें मार डालेगा, अतएव वे चुप हो गये।

खोखली आवाज़ से मदनपाल बड़बड़ाया, “मैं मीनलदेवी से क्षमा माँगूँ? मैं, मैं, महाराज भीमदेव का साला! वह है कौन? ठीक, अब यही मार्ग है। लड़को, अब कल अपने हाथ दिखलाऊँगा और रानी से भी कहूँगा कि देख ले।” कहकर मदनपाल घूम पड़ा और घूमते ही उसने देखा, तो मालूम हुआ दोनों सो गये हैं। असल में दोनों ढोंग करके पड़े हुए थे, क्योंकि नहीं कहा जा सकता था कि मदनपाल ऐसी दशा में क्या कर डालेगा। सारी रात वे इसी विचार में जागते हुए-से पड़े रहे कि देखें सवेरे क्या होता है और सारी रात मदनपाल इधर से उधर और उधर से इधर घूमकर न जाने क्या

बक-झक करता रहा। अरुणोदय हुआ और बाहर के कमरे में कुछ खड़बड़ाहठ-सी मालूम हुई। मदनपाल ने आकर दोनों युवकों को एक-एक ठोकर जमाई।

"उठो रे लड़को! सोते लज्जा नहीं आती? अब सच्चा क्षत्रियत्व दिखलाने का समय आ गया है।"

दोनों युवक उठ खड़े हुए।

भतीजे ने गिड़गिड़ाते हुए कहा, "काका, अब भी मान जाओ। हमें क्षमा मिल जायगी। ऐसी मूर्खता न करो।"

"चांडाल! कुत्ते! तेरी माँ ने तेरी अपेक्षा पत्थर जना होता तो अच्छा था। चल उठ, नहीं तो अभी पहले तुझे यमराज के घर पहुँचाता हूँ।" कहकर बूढ़े ने तलवार खींच ली। काँपते हाथों दोनों युवकों ने भी तलवारें निकाल लीं और काँपते हुए हृदय से दरवाज़े के पास खड़े हो गये। मदनपाल विकराल दृढ़ता की परिसीमा पर पहुँच गया था। आवेश से उसका शरीर काँप रहा था। बाघ जैसी एकाग्रता से वह द्वार खुलते ही टूट पड़ने को तैयार खड़ा था।

बाहर से कुंडी खुली, किसी ने दरवाज़े को हिलाया, अन्दर से बन्द देखकर बाहर से किवाड़ उतारने की तजवीज़ होने लगी। मदनपाल की अधीरता बढ़ गयी। वह मरने-मारने को तड़प रहा था। उसने कुंडी एकदम खोल दी। बाहर के दबाव से दरवाज़ा एकदम खुल गया। मदनपाल यह देखने के लिए भी न ठहरा कि बाहर कौन है, कितने आदमी हैं? उसने कुछ मशालें देखीं, कुछ तलवारें देखीं और वह बाघ की भाँति टूट पड़ा। 'जय सोमनाथ!' कहकर वह चिल्ला उठा।

बीस-पच्चीस सैनिकों की नंगी तलवारों के सामने मदनपाल अकेले हाथों जूझता रहा। दोनों युवक कायरों की भाँति पीछे खड़े थे। मदनपाल में राक्षसी जोश था, उसे रोकना या घायल करना असम्भव था। वह तलवार से रास्ता बनाता गया। उसके शरीर से रक्त की धाराएँ बह चलीं। उसकी आँखों में अँधेरा छाने लगा। वह जीने तक पहुँचा। जीने से उतरा। नीचे और भी सैनिक उसका स्वागत करने लगे। विष्णु के सुदर्शन की तरह से उसकी तलवार उसके सिर के चारों ओर घूम रही थी। कोलाहल सुनकर कुछ और लोग जमा हो गये। चारों ओर मसालें जल उठीं। मदनपाल खिड़की की ओर दौड़ा, कि दैवयोग से पैर फिसल गया। वह गिर पड़ा। पन्द्रहों तलवारों की नोकों ने उसके शरीर को वेध डाला। वह समाप्त हो गया।

सब लोग घबरा गये—रानी क्या कहेंगी? चबूतरे पर शान्तिचन्द्र हाथ में तलवार लिये खड़ा था। सैनिकों में घबराहट बढ़ गयी। चुपचाप सब काँपने लगे। अब क्या होगा।

शान्तिचन्द्र ने राजमहल के दरवाजों पर फिर से कड़ा पहरा बैठा दिया।

मुरारपाल

प्रसन्न को आँखें खोलने में बड़ी कठिनाई हुई। सिर में पीड़ा-सी मालूम हुई। यह भी आभास हुआ जैसे वह किसी झूलते हुए बिछौने पर सो रही हो। उसने आँखें खोलीं, सब ओर अन्धकार दिखलाई पड़ा। धीरे-धीरे उसे ज्ञात हुआ कि उसे एक बन्द पालकी में अकेले सुलाया गया है। वह समझ गयी कि मीनलदवी ने उसे कोई मादक वस्तु खिलाकर और अचेत करके कहीं भेज दिया है। कहाँ? मालवराज के पास तो नहीं? कान लगाकर सुनने पर उसे यह भी ज्ञात हुआ कि उसके आसपास कुछ घोड़े भी चल रहे हैं। उसने करवट लेकर पालकी का पर्दा उठाने का प्रयत्न किया; फिर डरकर लेट रही कि कहीं पालकी उठानेवाले न जान जायँ।

इतने में सब रुक गये। प्रसन्न की पालकी भूमि पर रख दी गयी। अब क्या होता है, इस प्रतीक्षा में वह पड़ी रही। उसे ऐसा प्रतीत हुआ कि एक मशाल को साथ लिये कोई उसकी ओर आ रहा है। 'कौन आ रहा है? क्या बात है?, यह जानने के लिए वह इस प्रकार पड़ रही जैसे सो रही हो। कोई आया, परदा उठाया और नीचे झुककर प्रसन्न की ओर देखने लगा। प्रसन्न ने अधखुली आँखों से देखा। वह एकदम आँखें खोल देना चाहती थी कि रुक गयी। 'कौन? बुआजी इस समय? ऐसे समय? शोक या मर्यादा का विचार न करके गुजरात की रानी यहाँ?' प्रसन्न ज़रा भी न हिली-डुली। परदा डालकर मीनलदेवी चली गयी और सब ओर फिर अँधेरा हो गया। अब उसने आँखें खोलीं और विचार करने लगी, 'पाटन से बाहर कहीं भागे जा रहे हैं—कहाँ?' तुरन्त त्रिभुवन का स्मरण हो आया। त्रिभुवन वहीं पड़ा होगा, तड़पता होगा, या बुआ उसे अपने साथ ले जा रही हैं, अब क्या किया जाय? उसके हृदय में केवल एक ही विचार आया, लौटकर पाटन किस प्रकार पहुँचा जाय? इस समय वह पाटन से कितनी दूर आ पड़ी है, इसका भी उसे पता न था। साहस करके उसने परदे को जरा हटाकर बाहर की ओर देखा। पालकी उठानेवाले कहार कुछ दूरी पर बैठे हुए पान खा रहे थे और बातें कर रहे थे। वह उठी और बाहर निकलकर एक वृक्ष की आड़ में खड़ी हो गयी। उसने इसका विचार भी नहीं किया कि अब क्या होगा?

इसी समय उसने दूर से मीनलदेवी को आते देखा। साथ में आनन्द सूरि और सामन्त मुरारपाल थे। वे लोग सैनिकों और पालकी उठानेवालों के पास होकर प्रसन्न की ओर बढ़े। उसे बड़ा भय हुआ, छाती धड़कने लगी, 'यदि पकड़ी गयी, तो क्या होगा?' परन्तु वे तीनों किसी बड़े गम्भीर वार्त्तालाप में उलझे हुए थे, इसलिए किसी ने इधर-उधर नहीं देखा।

मुरारपाल कह रहा था, "परन्तु महारानीजी! पाटन में उपद्रव हुए बिना न रहेगा। ज्योंही आपके निकल आने की खबर लगेगी, त्योंही पट्टनी लोग कुछ-न-कुछ कर गुजरेंगे।"

मीनल ने क्रोध से कहा, "लीलाधर वैद्य कहता था, मुंजाल मेहता कहता था, और तुम भी यही कह रहे हो। परन्तु मैंने तो पन्द्रह वर्षों में कुछ नहीं देखा। क्या रानी जरा परकोटे से बाहर भी न जाय?"

"महारानीजी! अगर मैं कुछ ज्यादा बोलूँ, तो मुझे क्षमा करना; परन्तु महाराज कर्णदेव के नाम पर सारा पाटन जो कहिए, करने को राजी था, आपके नाम से भी करने को राजी है। परन्तु ज्योंही उन्हें ऐसा लगेगा कि आप पाटन के गौरव पर आघात करने वाली कोई बात करने जा रही हैं..."

रानी ने कठोरता से कहा, "तुम सब लोगों को यही कहने की बान पड़ी हुई है!"

"क्षमा करें, अब न कहूँगा।"

मीनलदेवी ने कुछ नम्रता से कहा, "नहीं, नहीं, यह बात नहीं है मुरारपाल, परन्तु हम ऐसी बात नहीं करेंगे, जिससे पाटन में उपद्रव खड़ा हो जाय। मधुपुर की सेना को हस्तगत करके मैं लौट आऊँगी।"

यति ने कहा, "मुरारपालजी, आप खबर देने के लिए पाटन वापस तो जायँगे ही, अतएव परसों तक आप वहीं रहें; तब तक देवी मुंजाल को वश में कर लेंगी और चन्द्रावती की सेना को देवप्रसाद का सामना करने के लिए भेजकर कुछ सैनिकों के साथ पाटन आ पहुँचेंगी।"

"परन्तु मैं वहाँ क्या करूँगा?"

"क्या करोगे? तुम चाँपानेरी दरवाज़े की खिड़की की यह कुंजी ले जाओ। ईश्वर न करे, यदि कोई उपद्रव खड़ा हो गया तो यह बड़ा काम देगी। परसों सन्ध्या समय हमारी प्रतीक्षा करना, साथ में कुछ सैनिक भी मैं लाऊँगी कि कुछ अड़चन न पड़े।"

"जो आज्ञा, भगवान शंकर की कृपा से सब सुगमता से हो जाय, तो निश्चिन्तता हो।"

"अच्छा, तो अब हम लोग जाते हैं। और हो सका, तो मधुपुर की कुछ सेना पाटन की ओर रवाना कर दी जायगी कि समय पर काम आये। वह मधुपुर में पड़ी हुई क्या करेगी?" यह कहकर रानी घूम पड़ी और दूसरे दो जने पीछे-पीछे चलने लगे।

प्रसन्न को अब फिर भय मालूम हुआ। यदि कहीं मीनलदेवी उसकी पालकी को देखने जायगी, तो प्रकट हो जायगा कि वह भाग गयी है, और सम्भव है, खोजने पर वह पकड़ी भी जाय; परन्तु उसके सौभाग्य से यह कुछ भी नहीं हुआ। मीनलदेवी बहुत ही विचारग्रस्त थी; अतएव प्रसन्न का उसे ध्यान ही न आया। रानी अपनी पालकी में बैठी, उठाने वाले उठे, घुड़सवारों ने घोड़ों को ऐंड़ लगाई और सब लोग वहाँ से चल दिये। धीरे-धीरे मशालें अदृश्य हो गयीं।

चन्द्रमा के प्रकाश में अकेला मुरारपाल घोड़े पर हाथ फेरता हुआ खड़ा रह गया। उसे युद्ध का बड़ा शौक था। अभी तक उसने धांड जैसे उपद्रवी प्रान्त में सरदारी

करके अपनी वीरता और बुद्धिमत्ता का अच्छा परिचय दिया था; अतएव युद्ध का स्थान छोड़कर पाटन जाना उसे भला नहीं प्रतीत हुआ। विवश होकर मीनलदेवी की आज्ञा स्वीकार करनी पड़ी थी।

अचानक उसकी विचार-माला टूट गयी। सामने एक देवांगना के समान सुन्दरी बाला आ खड़ी हुई। मुरारपाल ने आँखें मलीं, वह स्वप्न तो नहीं देख रहा है?

"राजपूत राज, इस उमर में अधिक विचार न करना चाहिए।" मुरारपाल घबड़ाकर इधर-उधर देखने लगा। उसे डाइन या चुड़ैल का वहम हुआ, उसने तलवार पर भी हाथ रखा। वह धांड से नया ही आया था; अतएव रानी की लावण्यवती भतीजी को न पहचान सका, "कौन?"

"भला कहीं इस प्रकार अशिष्टता से पूछा जाता है? धांड के भीलों को वश में करते-करते क्या क्षत्रियत्व को भी खो दिया?" कहकर प्रसन्न खिलखिला उठी।

मुरारपाल का भय दूर हो गया, "कौन हो बहन! इस समय यहाँ अकेली कैसे?"

प्रसन्न ने ज़रा हँसते हुए कहा, "आपके साथ पाटन चलने के लिए। चलिए, अब घोड़े का तंग खींचिए। बात ही बात में रात बीत जायगी—आपके साथ बात करते-करते यह भी न ज्ञात होगा कि प्रातःकाल कब हो गया।"

"पर तुम हो कौन?"

"एक निराधार बाला।"

"यह तो बिना कहे ही दिखाई पड़ रहा है।"

"तो चलिए, ले चलिए।"

मुरारपाल ने हँसते हुए कहा, "जब तक मुझ पर विश्वास करके सब हाल न बताओगी, तब तक मैं कुछ न करूँगा। अभी घोड़े पर बिठाऊँ और तुम उसे लेकर लोप हो जाओ तो और कष्ट में पड़ जाऊँगा।"

इस रूपगर्विता बाला को देखकर उसका मन लुभा गया था। एकान्त स्थान रमणीय ज्योत्स्ना का आह्लादजनक नशा, प्रसन्न के तेजस्वी मुख का आकर्षण—यह सब भुलाकर मुरारपाल साधु बन जानेवाला विरागी नहीं था।

"राजपूत राज, मैं इस समय अकेली चलने के लिए राज़ी हूँ, क्या यह विश्वास कम है?"

मुरारपाल ने मज़ाक में कहा, "नहीं तो क्या करोगी? मेरे साथ चले बिना कोई चारा नहीं, अतएव यह कहना व्यर्थ है। अच्छी बात है, न कहना हो तो न कहो, पर तुम्हें पाटन में जाना कहाँ है?"

"आप बुरा न मानें, समय आने पर सब बतला दूँगी। इस समय पाटन ले चलिए तो आपकी मेहरबानी।"

घोड़े की तंग खींचते हुए मुरारपाल ने कहा, "अच्छी बात है तो आओ, बिठा दूँ।" प्रसन्न को उठाने का अवसर आता देख, मुरारपाल का हृदय धड़क उठा।

"इसकी आवश्यकता नहीं है, मुझे बैठना आता है।" कहकर प्रसन्न घोड़े पर चढ़ गयी। बाद में मुरारपाल भी आगे जा बैठा और घोड़े को पाटन की ओर दौड़ा दिया।

मुरारपाल ने पूछा, "तुम क्षत्रिय हो?"

"जी हाँ, क्यों?"

"ब्याही हो?"

"जी नहीं।" कहकर प्रसन्न खिलखिला पड़ी।

जो कुछ होना हो, वह हो

देवप्रसाद जब उठा तो उसमें एक छोटे बालक के जैसा उत्साह और प्रसन्नता आ गयी थी। जब तक केवल राजनीतिक दाव-पेंचों की बातें उसके सामने थीं, जब तक मुंजाल की अस्पर्श्य राजनीति उसे सब ओर से जकड़ रही थी, तब तक उसे मार्ग खुला हुआ नहीं दिखलाई पड़ता था। परन्तु अब रणसिंगा बज उठा था, आमने-सामने लड़ने का मौका आ गया था और यह देवप्रसाद को बहुत रुचा। उसके हाथों में हज़ार गुना बल आ गया। अपने दुःखों और अपने पर किये गये अत्याचारों को वह भूल गया।

वह अँधेरे-अँधेरे उठा। मंडुकेश्वर के रुद्रमहालय (मन्दिर) में वह ठहरा हुआ था; अतएव महादेव के पास जाकर उसने बिल्व-पत्र चढ़ाये, पूजा की और शस्त्रों से सजक तैयार हो गया। सूर्योदय के समय वह मुंजाल से बातचीत करने के लिए जाने वाला था, और इसके लिए सब तरह तैयार था। नीचे घोड़ों की हिनहिनाहट सुनाई पड़ने लगी और साथ जाने वाले सामन्त भी घोड़ों पर सवार होकर नीचे जमा होने लगे।

देवप्रसाद चाहते थे कि मुंजाल के साथ सलाह करके, सम्भव हो तो, दोनों सेनाओं को मिलाकर पाटन के पास पड़ाव डाल दिया जाय। जब तक चन्द्रावती की सेना डेरा डाले पड़ी हुई थी, तब तक सुलह-शान्ति से काम हो सकता था। उसकी धारणा थी कि मुंजाल की सहायता से या तो चन्द्रावती की सेना उसके साथ हो जायगी या लौट जायगी; फिर पाटन के निकट जाकर डेरा डालना सरल हो जायगा; और मीनलदेवी तंग आकर, थककर कोई समाधान कर लेगी। इस तरह बिना रक्तपात के उसकी इच्छित आकांक्षा पूर्ण हो जाएगी। मुंजाल अब उसके पक्ष में हो गया था, इससे वह कुछ निश्चिन्त था। मुंजाल सब कुछ करता रहेगा और उसे कोई कष्ट न उठाना पड़ेगा।

मंडलेश्वर तैयार होकर नीचे आया। द्वार के पास दस-बारह सामन्त अपने रिसालों के साथ उसकी राह देख रहे थे।

मूँछों पर हाथ फेरते हुए मंडलेश्वर ने पूछा, ''गम्भीरमल्लजी, कहिए, पाटन की ओर कूच कब होगा?'' गम्भीरमल्ल देवप्रसाद का सहायक सामन्त था।

''महाराज, वल्लभसेन मेरल से रवाना होने की तैयारी कर रहे हैं। आप जाकर मुंजाल से मिल लीजिए, तो कल सवेरे कूच कर दी जाय।''

''परन्तु देखिए, कहीं वल्लभसेन चन्द्रावती की सेना से लड़ न मरे।''

''नहीं जी, लीजिए आपकी घोड़ी आ गयी। उजेला होने लगा है, चलिए, नहीं तो पिछड़ जायँगे।''

देवप्रसाद की घोड़ी सामने आ गयी और मालिक को देखकर हिनहिनाई। वह सफेद रंग की बहुत सुन्दर घोड़ी थी।

''क्यों बेटी रूपा!'' कहकर हर्ष के आवेश में देवप्रसाद ने पास जाकर उसे थपथपाया। दुलार से स्वामिभक्त घोड़ी कुछ नाच उठी। देवप्रसाद उसकी अयाल में अँगुलियाँ डालकर फिराने लगा। बैठने के लिए उसने घोड़ी की गरदन पर हाथ रखा। पौ फट रही थी कि सामने से पाँच-सात सवार मशालों के साथ आते दिखाई दिये। उनके साथ एक पालकी थी। सामन्तों के घोड़े हिनहिना उठे। देवप्रसाद आश्चर्य से घोड़ी के पास से हट गये। उनमें से एक आगे आया। देवप्रसाद भी जरा आगे बढ़े।

''कौन हो? कौन? वस्तुचन्द्र?'' ज़रा कठोरता से मंडलेश्वर ने पूछा, ''क्यों, क्या बात है?''

''प्रभु, महारानी जी ने आशीर्वाद कहलाया है।''

''बहुत अच्छा, और?'' देवप्रसाद ने अधीरता से पूछा।

''साथ में यह भेंट भेजी है।''

''क्या?''

देवप्रसाद पालकी की ओर देखता रह गया और यह जानने के लिए आतुर हो गया कि मीनलदेवी ने क्या मज़ाक किया है। पालकी सामने आयी। इन्तज़ार करने वाले सामन्तों के व्यूह ने उसे घेर लिया। मशालची निकट आ गये। एक शान्त, भयंकर क्षण व्यतीत हो गया। वस्तुचन्द्र ने पालकी का पर्दा हटा दिया। उसमें से हंसा निकलकर बाहर आ खड़ी हुई। देवप्रसाद ने उसे देखा। इतने शूरवीरों के विकराल मुखों के सामने मुर्झाई हुई रमणी का अविस्मृत मुख देखा। उसके सारे शरीर में कँपकँपी आ गयी, सिर घूमने लगा। भाव के आवेग में उसने आँखें मूँद लीं, और अपने हाथों को छाती से लगा लिया।

उसने फिर ऊपर देखा। थोड़े ही कदमों की दूरी पर उसकी प्रियतमा खड़ी थी। पन्द्रह वर्षों के बाद उसने उसे देखा। वह अपने कंठ से एक भी शब्द बाहर न निकाल सका।

हंसा मानो पन्द्रह वर्षों की मुग्धा ही हो, इस तरह पैर के नखों को देखने लगी। उसका शरीर थरथर काँप रहा था। उसकी आँखों से आँसुओं की धारा बह रही थी।

आसपास खड़े लोग दिग्मूढ़ होकर देख रहे थे। अन्त में मंडलेश्वर को वाचा आयी, ''कौन? हंसा!''

हंसा ने ऊपर देखा। उसके बड़े-बड़े नेत्रों से कल्पनातीत प्रेम का तेज फूट पड़ा। उसने बोलना चाहा, अचानक उसके हाथ ऊपर उठ गये। वह अचेत हो गयी और गिर पड़ी। मंलेश्वर ने दौड़कर उसे उठा लिया, अपने प्यासे हाथों में उसे सँभाल लिया और चबूतरे पर खड़े पुजारी से पुकारकर कहा, ''महाराज! जाओ, अपनी पत्नी को बुला लाओ, जल्दी!''

मंडलेश्वर ने कहा और वह उसे उठाकर अन्दर ले गया। रुद्र-मन्दिर में हलचल मच गयी। कौन है, क्या है, इसका किसी ने विचार नहीं किया। सब दौड़ने लगे। देवप्रसाद चिल्लाने लगा, और बहुत-से लोग हंसा को चेत में लाने का प्रयत्न करने लगे।

उगते हूए सूर्यनारायण की किरणें आकाश में फैल गयीं। गम्भीरमल्ल ऊपर आ गया और मंडलेश्वर से बोला, ''महाराज! समय जा रहा है।''

''कैसा समय।''

''मुंजाल राह देख रहे होंगे! सूर्योदय हो गया।''

अकुलाकर मंडलेश्वर ने कहा, ''हो जाने दो, क्या किया जाय? इस समय उसके प्राण तो अचेत हंसा में थे।

''परन्तु महाराज, आपकी और मुंजाल की भेंट पर ही तो हम सबका भविष्य निर्भर है। हंसादेवी अभी चेत में आ जाएँगी। आप चलिए।''

देवप्रसाद ने क्रोध से पैर पटककर कहा, ''गम्भीर! हम सबका भाग्य भले ही फूट जाय, तुम्हारा राज-पाट मुझे नहीं चाहिए। मेरी हंसा ही मेरे लिए बहुत है। जाए, जिसे जहाँ जाना हो।''

''महाराज, इतनी अधीरता से कैसे काम होगा? मंत्री मुंजाल से कह आऊँ, कि वे यहाँ आ जायँ?''

''वे आना चाहें तो उनका घर है।'' कहकर देवप्रसाद उसे छोड़कर चला गया।

गम्भीरमल्ल ने देखा कि बाज़ी बिगड़ गयी है। मंडलेश्वर अब यहाँ से खिसकने वाला नहीं। नीचे खड़े सामन्त खीज उठेंगे और मेरल की सेना बिना सेनापति के निर्वीर्य हो जायगी। मन मारकर नीचे उतरा और खड़े हुए सामन्तों से बोला, ''देवप्रसाद जी ने मुंजाल को बुला लाने के लिए कहा है।''

गम्भीर की जो धारणा थी, वही हुआ। सब निराश हो गये।

इतने अधिक लोगों का हंसा की परिचर्या करना मंडलेश्वर को भला न लगा। उसने सबको विदा कर दिया। अगले कमरे का द्वार बन्द करके हंसा के पास वह अकेला रह गया और उसका उपचार करने लगा।

धीरे-धीरे हंसा को चेत आया। उसने आँखें खोलीं। अपरिचित कमरे में वह पड़ी थी, अपरिचित मस्तक खटिया के पैंताने टिकाकर नीचे एक मनुष्य बैठा हुआ था। उसे सब कुछ याद आ गया। अपरिचित मस्तक की एक-एक रेख़ा हृदय के पुराने पटों पर अंकित मिलीं। वह मंद स्वर में बोली, "नाथ!"

मंडलेश्वर उछलकर निकट आ गया। हंसा से लिपट गया। चुम्बनों से हंसा को व्याकुल कर दिया, "हंसा! मेरी हंसा! प्रिये!" सुख में क्षण भर के लिए सब कुछ भूलकर निर्बलता की असहाय अवस्था में हंसा मंडलेश्वर के सिंह के समान मस्तक पर हाथ फेरने लगी। घड़ी भर प्रेम की प्यास छिपाते हुए दोनों में से कोई कुछ भी न बोला। फिर देवप्रसाद को स्मरण आया, "तुम्हें मीनल काकी ने भेजा है? सचमुच? ओह, इतना उपकार! आख़िर काकी इतनी भली तो निकली!"

"महाराज, यह तो कहिए ही नहीं। न जाने कौन-सा प्रपंच रचने के लिए उसने मुझे यहाँ भेजा है।"

"क्यों, प्रपंच कैसा?"

"नाथ, इस समय आप क्या करते थे? मेरे भोले राजा, अब भी आप ज्यों-के-त्यों बने हुए हैं?" कहकर हंसा मंडलेश्वर के गालों पर हाथ फेरने लगी।

"मैं? मैं तुम्हारे भाई से मिलने जा रहा था।"

"हाय-हाय!"

"क्यों?"

"अवश्य उसने कोई षड्यन्त्र रचा होगा। मुझसे उसने कहा था कि तुम्हारा भाई मुझसे रूठा हुआ है। अब मैं समझी, आप दोनों मिल न पायें, इसीलिए उसने मुझे भेजा है। अब मीनल की चढ़ बनेगी।"

देवप्रसाद भी कुछ समझे, "पर करेगी क्या? अधिक से अधिक दो दिनों का विलम्ब हो जायगा, और क्या? मैंने गम्भीरमल्ल को भेजा है, वह अभी मुंजाल को लेकर आयगा; तुम तो सदा डरती ही रहीं।"

"क्या करूँ? आपकी छत्रछाया में रात-दिन रहती, तो साहस रखती। परन्तु यह ध्यान रखना कि मेरे लिए अपनी टेक न छोड़ना, मेरे लिए कुछ गँवाना नहीं।"

"पागल हुई हो! अब तुम्हें छोड़ सकता हूँ? हंसा, इस छोटे-से जीवन में हम-तुम बहुत बिछुड़े रहे हैं! अब जिसका जो होना हो, हो जाय। हम तो साथ ही जियेंगे, और साथ ही मरेंगे।" देवप्रसाद ने हंसा का हाथ दबाते हुए कहा।

"परन्तु हमारा बच्चा, हमारी देहस्थली—मुझे तो कुछ भी पता नहीं है। मेरे लिए कुछ बुरा न हो। उस राक्षसी का मुझे बड़ा भय है।"

"हंसा, घबरा क्यों रही हो? सबको ठिकाने ले आऊँगा। हमारा त्रिभुवन भी सिंह का बच्चा है।

"मैंने अपनी आँखों उसे लड़ते हुए देखा है। नाथ, हूबहू आप जैसी सूरत है।"

"कहाँ देखा? प्रसन्न तो है?"

हंसा ने त्रिभुवन के घायल होने की सारी कथा कह सुनाई।

"परवाह नहीं। भले ही अपने बल पर वह वहाँ चैन से रहे, और यह लड़की कौन है? मुझे ऐसा लगता तो था कि त्रिभुवन नित्य चुपचाप पाटन जाया करता है, इसका कोई कारण अवश्य होगा। हो! बाप भी कहाँ भला था?" देवप्रसाद हँस दिया।

"आपको याद है, हम दोनों पहले पहल भीमनाथ महादेव के मन्दिर में मिले थे?"

"क्यों नहीं?" कहकर मंडलेश्वर ने नीचे झुककर हंसा को चूम लिया। "हंसा, तेरे पुत्र के घर भी पुत्र देखने का समय आयेगा।"

"जिन भगवान की इच्छा! परन्तु आप इसी प्रकार बैठे रहेंगे तो कुछ उलट-पलट हो जायगा।"

"प्रिये, जिसका जो होना हो, होने दो।"

"तो कैसे चलेगा?"

"अवश्य चलेगा। पाटन का, गुजरात का—मेरी अपनी टेक का चाहे जो हो जाय, तुम कह चुकीं? पन्द्रह वर्षों से तुम्हारे लिए तरस रहा था, अब मुझे किसी की परवाह नहीं है।"

"नाथ, ये बातें आपको शोभा देती हैं? दुनिया क्या कहेगी?"

"हंसा! इस बात को छोड़ दो। दुनिया की मुझे क्या दरकार है? तुम्हारी गोद ही मेरी दुनिया है।" कहकर देवप्रसाद ने हंसा की गोद में अपना सिर रख दिया।

सुख के सागर में डूबते हुए हंसा ने हृदय की भयंकर चेतावनी को अलग कर दिया। उसने अश्रुप्लावित नेत्रों से मंडलेश्वर की ओर देखा। उसकी सुन्दर आँखों में इतने वर्षों से दबा हुआ प्रेम दिखलाई पड़ रहा था। दोनों बालप्रेमी उमंग से एक दूसरे से लिपट गये।

कठोर सूर्यनारायण आगे बढ़े। सृष्टिक्रम की नियमितता तेज़ी से चलती रही। युगल प्रणयी एक दूसरे की बाँहों में लिपटे पड़े रहे।

रात्रि हुई। चन्द्रमा धीरे-धीरे आकाश में आया और दो पागल प्रेमियों को देखकर हँस पड़ा। अपनी अमृतमयी ज्योत्स्ना के भीतर ज्वाला भरकर उसने उन्हें और भी अधिक पागल बना दिया।

"नाथ, सारा दिन बीत गया, परन्तु भैया नहीं आये, सेना का क्या होगा?"

"जिसका जो होना हो सो हो। प्रिये, हमारा प्रेम अमर रहे!"

अत्याचारी चन्द्रमा सृष्टि में अपने साम्राज्य की अचलता देखकर फिर हँसा।

सत्ता का मद

यति की होशियारी अब सोलहों कलाओं में प्रकट होने लगी। चन्द्रावती की नयी सेना की टुकड़ियाँ जगह-जगह मिलती गयीं, और रानी को ऐसा प्रतीत हुआ कि अब वह वास्तव में सत्तावान बन गयी। आनन्द सूरि जो-जो तजवीजें करता, जब तब रानी से आकर कहता रहता था। मधुपुर की सेना को कुछ सन्देश भेज दिया गया था, नयी सेना का कुछ भाग कुछ दूरी पर आकर पड़ा हुआ था और मुंजाल पर भी पहरा बिठा दिया था। दूत लोग थोड़ी-थोड़ी देर में आकर सब समाचार दे जाते थे।

ब्राह्ममुहूर्त होते ही पहली टुकड़ी मिली, उसने उसे सब समाचार दिये। सारी सेना यति की प्रतीक्षा कर रही थी। और जो मुंजाल के पक्ष में थे, उन पर कड़ा, परन्तु गुप्त पहरा रखा गया था। रानी की आतुरता मुंजाल की हलचलें जानने के लिए थी। इसी समय खबर मिली कि सवेरे ही मुंजाल कुछ सैनिकों को साथ लेकर बाघेश्वरी माता के मन्दिर की ओर जानेवाला है। वहाँ वह देवप्रसाद से अवश्य मिलेगा, ऐसा जान पड़ा। रानी के हृदय पर आघात हुआ। उसका मुंजाल यों बिफर जाय? इतने वर्ष उसकी गुलामी की, फिर भी आखिर में वह शत्रु से जा मिला?—अपने किए हुए अन्याय को मीनलदेवी भूल गयी।

'क्या किया जाय? इस छोटी-सी टुकड़ी को लेकर बाघेश्वरी के मार्ग से मधुपुर जाना हो सके, तो मार्ग में मुंजाल को रोकूँ। मुंजाल कैसा दिखता होगा? इस प्रकार पकड़ा जायगा तो क्या कहेगा?' रानी को फिर अधिकार का, सत्ता का गर्व आ गया। 'उसे पकड़कर अपने अधीन कर लूँ और उसे भी दिखा दूँ कि मीनलदेवी अपने अकेले हाथों सत्ता प्राप्त कर सकती है।'

"यति जी, बाघेश्वरी के मार्ग से मधुपुर चलें, तो कैसा रहे?"

"महारानी जी, उस मार्ग से बहुत विलम्ब होगा।"

"परवाह नहीं।"

यति समझ गया। धर्म-युद्ध में लोग अपनी व्यक्तिगत इच्छाओं को क्यों ले आते हैं। यह देखकर उसके हृदय में तिरस्कार उत्पन्न हुआ। उसने समझ लिया कि इस विषय में रानी से वाद-विवाद नहीं किया जा सकता। उसने स्वीकार कर लिया और कहा, "परन्तु अब कुमार जयदेव को पालकी से निकालकर घोड़े पर बिठाना चाहिए। इसके बिना लोगों में जोश नहीं आने का।"

"ठीक है।" कहकर रानी ने जयदेव को उठाया और घोड़े पर बिठा दिया। जयदेव को सेना के साथ चलना बहुत पसन्द था; इसलिए वह भी प्रसन्नता से आगे हो गया। डंके और झंडे की शोभा के साथ वे आगे चले।

अरुणोदय हुआ। कुछ-कुछ उजेला होने लगा और मधुपुर बिलकुल समीप आ

गया। इसी समय दूर से दौड़ते हुए घोड़ों की टापें सुनाई पड़ीं। रानी का हृदय धड़क उठा। वह होंठ दबाये पालकी में बैठी रही; कुछ देर में यति को बुलाया।

"यतिजी, यह किसके घोड़ों की टापें सुनाई पड़ रही हैं?"

"मंत्री मुंजाल मंडलेश्वर से मिलने जा रहे होंगे। क्या किया जाय?"

"यहीं पर रोक दो, और क्या किया जाय?"

"अच्छी बात है।"

सत्तावाही स्वर में रानी ने कहा, "परन्तु देखिए, मुंजाल का बाल बाँका न हो!"

अदृष्ट तिरस्कार के स्वर में यति ने कहा, "जैसी आज्ञा।"

सामने से आते हुए घोड़े कुछ-कुछ दिखाई पड़ने लगे। उनकी तीव्र गति के कारण धूल के बादल उड़ रहे थे। प्रातःकाल के उजाले में मन्द पड़ रही मशालों का प्रकाश धूल के बादलों में से दिखलाई पड़ रहा था। वह प्रकाश निकट आ गया। रानी ने सबसे आगे सफ़ेद घोड़े पर बैठे और चमकते हुए कवच से सुशोभित मुंजाल को देखा। वह काँप उठी, उसका यह विजयी मुंजाल आज उसके विरुद्ध!

यति ने अपने सैनिकों को सारे रास्ते पर फैला दिया था। मुंजाल ने यह देखकर घोड़ा रोक लिया और कठोर स्वर में कहा, "रास्ता दो, रास्ता रोककर क्यों खड़े हो?"

एक नायक ने उत्तर दिया, "यहाँ से कोई भी नहीं जा सकता!"

मुंजाल ने तीक्ष्ण दृष्टि से अपनी और आगे खड़े सैनिकों की शक्ति का माप किया। उसके पास लगभग बीस सैनिक थे और सामने पचास-साठ। उसने तिरस्कार से नायक की ओर देखा, "क्यों नहीं जा सकते? तुम कौन हो?"

"मैं चन्द्रावती का नायक हूँ।"

"तुम मुझे पहचानते हो?"

"नहीं।"

"मैं चन्द्रावती की सेना का सेनापति हूँ। हटो, मार्ग छोड़ दो।"

नायक हँस पड़ा और उसने अपने हाथ की नंगी तलवार हिलाई। मुंजाल के नेत्रों से अग्नि निकल पड़ी। उसने अपने हाथ का भाला तानकर विद्युतगति से नायक की छाती को बेध डाला, पीछे घूमकर अपने सैनिकों की ओर देखा और उच्च स्वर से चिल्ला उठा, "जय! जय! सोमनाथ!"

जवाब में उसके सैनिकों ने भाले हाथ में ले लिये और सामने की टुकड़ी पर हमला करने की तैयारी की। यति यह खेल देख रहा था। उसे इस समय धर्म के जोश ने अन्धा कर दिया था। उसकी दृष्टि में धर्म की विजय के दो विरोधी दिखलाई पड़े। मुंजाल और देवप्रसाद। उसका वश होता, तो वह अभी मुंजाल को एक ही बाण से समाप्त कर देता। परन्तु, वह रानी को पहचान गया था। उसे विश्वास था कि मुंजाल

को कुछ हो गया तो रानी इस समय सब कुछ छोड़कर उस पर क्रोधित हो जायगी और यह सब खेल समाप्त हो जायगा। अतएव ज्योंही मुंजाल आक्रमण की तैयारी करने लगा त्योंही जयदेव को साथ लेकर वह आगे आ गया।

''जयदेव महाराज की जय!'' यति चिल्लाया और सैनिकों ने उसका साथ दिया।

मुंजाल ने यति को देखा, जयदेव को पहचाना और आगेवाले सैनिक कौन थे, उन पर कुछ सन्देह किया। तुरन्त उसने घोड़ा रोक लिया और भाले की नोक को नीचे झुका दिया। उसके सब सैनिकों ने भी उसका अनुसरण किया।

कुमार जयदेव छोटा था, पर समय पड़ने पर समय के अनुसार काम करने में चतुर था। वह तुरन्त आगे बढ़ा और बोला, ''कौन? मुंजाल मेहता! मेरा सामना कर रहे हो?''

''कुमार, क्षमा करो। मैंने पहचाना नहीं। आप यहाँ कैसे? मुझे समाचार तो दिया होता?'' कहकर मुंजाल ने सशंक होकर राजपूत बने हुए यति की ओर देखा।

यति ने जरा मज़ाक में कहा, ''इतनी जल्दी कहाँ जा रहे हैं?''

मुंजाल ने तिरस्कार से कहा, ''इससे आपको मतलब? आपने अपना जप-तप छोड़कर यह वेष कब से धारण कर लिया?... परन्तु महाराज, मुझे क्षमा कीजिए। आप इस मार्ग से मधुपुर जाइए। मैं अभी दो घड़ी में लौट आता हूँ, मुझे बहुत ही आवश्यक कार्य है।'' यह कहकर और जयदेव को नमस्कार करके मुंजाल ने घोड़े का मुँह फेर दिया।

जयदेव मुंजाल से डरता था, फिर भी उसके प्रति उसके हृदय में बड़ा सम्मान था। परन्तु इसका भी उसे अधिक ज्ञान न था कि क्या-क्या दाव-पेंच चले जा रहे हैं, अतएव, उसे सूझा नहीं कि वह अब क्या करे? परन्तु, यति बहुत काबिल था।

''मंत्री महाराज, महारानीजी भी साथ हैं, बिना उनसे मिले कहाँ जाते हैं?''

मुंजाल ने होंठ चबा लिये, ''मैं फिर मिलूँगा, अभी ही आता हूँ।''

जयदेव ने कहा, ''नहीं, नहीं, माताजी से मिल लीजिए।''

''फिर...फिर...''

इसी समय पीछे के सैनिकों की कतार टूट गयी और मीनलदेवी की पालकी आगे निकल आयी। मुंजाल आ गया है, कुछ लड़ाई भी हो गयी है, जयदेव आगे चला गया है। यह सब जानकर रानी की उत्कंठा बहुत बढ़ गयी कि देखें वहाँ क्या हो रहा है। उसने पालकीवालों को आगे ले चलने की आज्ञा दी। रानी को आते देखकर बड़ी कठिनता से मुंजाल ने अपने क्रोध को दबाया। मुंजाल को योद्धा के वेश में देखकर रानी का हृदय भर आया; परन्तु तुरन्त ही उसने अपने हृदय को वश में कर लिया। उसे देखकर उसके विषय की चिन्ता दूर हो गयी, और उसे अधीन करने का आवेश बढ़ गया। वह हँसती हुई आगे आयी।

''कौन? मन्त्री मुंजाल, तुम इस समय कहाँ से? इधर आओ।''

मुंजाल स्वस्थ होकर अपने घोड़े को पालकी के पास ले गया। और सब लोग सम्मान के साथ दूर खड़े रहे।

रानी ने सत्ता-प्रदर्शक परन्तु धीमे स्वर में कहा, "मुंजाल, मैंने यह नहीं सोचा था कि आखिर तुम ऐसे निकलोगे। इस समय कहाँ जा रहे हो? यहाँ तुम मेरे हित की रक्षा के लिए आये हो, या शत्रुता बढ़ाने के लिए? मुंजाल, तुम किस मुख से मेरी ओर देख रहे हो?"

मुंजाल गम्भीर मुख से देखता रहा। उसे अब तक आशा थी कि किसी भी प्रकार वह रानी को सीधे मार्ग पर ले आएगा; परन्तु इस समय रानी अविचारपूर्वक ऐसा काम कर रही थी कि जिसका परिणाम भयंकर युद्ध हुए बिना नहीं रह सकता था। अकेला पाटन, उसकी अनुपस्थिति से क्रोधित देवप्रसाद, शोक को त्यागकर बाहर निकली हुई रानी के प्रति जनता का तिरस्कार; उसके हृदय में ये सब विचार उत्पन्न हुए। उसे ऐसा प्रतीत हुआ कि विनाशकाल आ गया है और सोलंकियों की अवनति का आरम्भ हो गया है। यह सब विचारकर वह बोला, "देवी! आपको ख्याल नहीं है कि इस समय आप क्या कर रही हैं। यदि अब भी मुझ पर थोड़ा-सा विश्वास हो, तो मुझे इस समय जाने दीजिए। मैं मध्याह्न से पहले लौट आऊँगा।"

रानी ने पूछा, "कहाँ? मेरे भतीजे से मिलने के लिए? मुंजाल, तुम मेरे वंश को नष्ट करना चाहते हो और अपने बहनोई को पाटन के सिंहासन पर बिठाना चाहते हो? क्यों?"

मुंजाल ने बिलकुल धीरे से कहा, "देवी! पाटन के सिंहासन पर या तो जयदेव बैठेंगे, या पाटन का पतन हो जायगा। इसके अतिरिक्त अपने जीते-जी और कुछ नहीं होने दूँगा। परन्तु, आपकी मति विपरीत हो गयी है।"

रानी ने अभिमान से सिर उठाकर ऊपर देखा। उसे इस मनुष्य पर क्रोधोन्माद हो आया। अपने गौरव को अडिग रखने के लिए उसने क्रोध को दबा लिया था; पर इस समय वह ऐसा न कर सकी। वह सब कुछ भूल गयी। अधिकार के नशे में उसे केवल यही याद रह गया कि वह रानी है। उसके नेत्रों में घातकता आ गयी, वह बोली, "मुंजाल! तुम अपनी वणिक जाति पर ही उतर आये! क्यों? मेरे साथ ऐसा व्यवहार कर रहे हो? इतने दिनों इतना अधिक स्वातन्त्र्य दे रखा था, इसलिए? तुम जानते हो, मैं कौन हूँ?"

मुंजाल भयंकर रूप में हँस पड़ा। वह स्वस्थ और शान्त था, "आप? राजमाता हैं! क्षमा कीजिए, मुझे भूलने की टेव नहीं है। आप मेरे सामने बड़ी हुईं, मेरे परिश्रम से चतुर बनीं, चन्द्रपुर की कुमारी हैं; अपनी युक्ति से जिन्हें मैं लाया और अपनी बुद्धि से जिन्हें मानिनी बनाया, आप वही पाटन की रानी हैं! और इस समय--इस समय कहूँ तो, नीचे झुककर मुंजाल ने मीनल के कान में कहा, "सोलंकियों के राज्य को भस्मीभूत करने के लिए उत्पन्न हुई योगमाया हैं! मेरी समझ में कृतघ्न, अविश्वस्त,

भावहीन और स्नेह-रहित... ''मुंजाल अन्तिम शब्द खा गया, ''अब और कुछ कहना है?''

दो-तीन क्षण मीनलदेवी इस प्रकार देखती रही जैसे उसके सिर पर कठोर आघात हुआ हो। उसे ऐसा प्रतीत होने लगा कि कहीं उसका क्रोध उसके सिर को न फाड़ डाले। उसने एक ही विचार किया कि मुंजाल को किसी भी प्रकार दबा दिया जाय। उसने आसपास देखा। यति और अन्य सैनिक शस्त्र-सज्जित खड़े थे। मुंजाल सावधान हो गया। वह किसी भी प्रकार इस संकट से मुक्त होना चाहता था, कारण बिगड़ी बाज़ी अब उसके सुधारे नहीं सुधर सकती थी। उसने अपने हाथ के भाले और कंधे पर लटक रहे धनुष को पृथ्वी पर पटक दिया और कुमार जयदेव की ओर घूमा, ''महाराज! ये मेरे शस्त्र लो, इनका सदुपयोग करोगे तो संसार में अमर हो जाओगे। मुझे अब इनकी आवश्यकता नहीं है। आनन्द सूरिजी, मुझे कैद कर लो।''

सब लोग देखते रहे। किसी को नहीं सूझा कि क्या किया जाय।

मीनलदेवी बोल उठी, ''हाँ, आनन्द सूरिजी, मुंजाल को पकड़ लो। इन सब राजद्रोहियों को मैं पूरी सज़ा दूँगी।''

यति कुछ देर खड़ा रहा, फिर आगे बढ़ा और मुंजाल की छोड़ी हुई घोड़े की लगाम हाथ में ले ली।

रानी ने कहा, ''चलो, अब जल्दी से मधुपुर की ओर। सूर्य कितना चढ़ गया है!''

धीरे-धीरे सब लोग चलने लगे। कुछ देर में रानी ने यति को बुलाया, ''यतिजी, यह काम तो पूरा हो गया, अब दूसरा रहा। आप कुछ सैनिक लेकर मंडुकेश्वर के मार्ग पर रहिए। अब किसी न किसी तरह मंडलेश्वर को वहीं बन्द कर रखना चाहिए कि वह वल्लभसेन से कुछ कहला न सके। तब वह भी हारकर छुप जायगा।''

''ठीक है, तो मैं पचीस-तीस सैनिक लिये जाता हूँ।''

''हो सके तो मंडलेश्वर को दो-एक दिन बाहर न निकलने देना। इतने में, मैं यहाँ से पाटन की ओर प्रयाण शुरू करूँगी।''

''ठीक है। हमारा सेनापति मधुपुर की सीमा पर आपकी राह देख रहा है। उससे कहोगी, तो वह सब कुछ करेगा। पड़ाव तो विखराट के पास ही डालोगी न?''

''हाँ, उस स्थान पर सेना रहेगी तो पाटन से निकट भी पड़ेगी और दूर भी। और इसी बीच यदि वल्लभसेन आ गया, तो फिर कोई चिन्ता नहीं। तो अब जाओ, शीघ्रता करो।'' कहकर रानी मधुपुर की ओर चली।

यति तेजी के साथ मंडुकेश्वर की ओर रवाना हो गया।

उदा मारवाड़ी

उदा मारवाड़ का रहनेवाला था। वह सारी रात अपने घर के छज्जे पर बैठा रहा। उसने गहराई के साथ सोचा कि कल बहुत रात गये उसके घर के सामने वाले चाँपानेरी दरवाज़े से दो-एक पालकियाँ गयी हैं। ऐसे भयंकर समय में, जब पाटन के दरवाज़े से चिड़िया भी बाहर नहीं जा सकती, तब यह कौन गया होगा? उसे ऐसा प्रतीत हुआ कि पाटन के इतिहास में यह एक स्वर्ण अवसर आ गया है और यदि उससे लाभ उठाया जा सके तो भाग्य खुल सकता है। न जाने कितने वर्षों से वह अपने भाग्योदय की प्रतीक्षा कर रहा था। उसे चिन्ता हो गयी कि कहीं असावधानी से यह अवसर हाथ से निकल न जाय।

उसे अपने पर अटल विश्वास था। सत्रह वर्ष की उम्र में दिनों का मारा, बिना माँ-बाप का उदा मारवाड़ के एक ऊजड़ गाँव से कंधे पर लोटा-डोर टाँगकर निकला था। पहने हुए कपड़ों के अतिरिक्त उसके पास केवल एक धोती थी। फिर भी उसमें बड़ा साहस था। उसके मस्तिष्क में तरह-तरह के विचार आया करते। वह सोचता, सारी दुनिया में अकल का टोटा है; कोई परमार्थ में, कोई अभिमान में और कोई उदारता में अपनी ज़िन्दगी बरबाद कर रहा है। किसलिए कीमती ज़िन्दगी बरबाद की जाय? इसकी अपेक्षा खालिस वैराग्य से ही अगर स्वार्थ सेया जाय, तो मनुष्य संसार के शिखर पर पहुँचे बिना न रहे। परन्तु इस तत्व ज्ञान का प्रयोग करने के मौके भूखे-प्यासे उदा को नहीं मिले।

भटकते-भटकते आखिर उदा एक दिन नयी बसी हुई कर्णावती की सीमा पर आ पहुँचा। तीन दिन हो गये थे, उसने अन्न का एक दाना भी दाँतों से नहीं लगाया था। उसे चक्कर आया और बेहोश हो गया। जब चेत हुआ तब वह एक भले घर में सो रहा था। उस उदार धर्मनिष्ठ जैन विधवा लाखी उसे अपने घर ले आयी थी। पास बैठा हुआ एक यति उसकी नाड़ी देख रहा था। उदा का भाग्य पलटा। विधवा लाखी ने उसे अपना बेटा बनाकर रख लिया। उसने देखा कि अब अनेक वर्षों के विचारों को अनुभव-सिद्ध करने का वक्त आ पहुँचा है। वह नम्रता की मूर्ति था, स्वभाव का सीधा-सादा और निःस्वार्थ प्रतीत होता था। परन्तु अक्ल में तेज था; इसलिए वह अपनी परिस्थिति से उचित लाभ उठाने लगा। उसके लिए भविष्यवेत्ताओं ने बड़ा ऊँचा मत दिया था और लाखी का सारा धन उसके हाथ में था, अतएव उसे कोई अप्रसन्न करने का साहस नहीं करता था।

लाखी मर गयी; तब उदा ने कर्णावती में रहना उचित न समझा। उसे यह नहीं दिखलाई पड़ा कि नये नगर में, मदनपाल जैसे व्यक्ति के शासन में, उसके भाग्य के पाँसे सीधे पड़ जायँगे। उसने कर्णावती के मकानों को बेच डाला और पाटन में एक

छोटा-सा घर लेकर व्यवसाय आरम्भ कर दिया। उदा धन का अधिक लोभी नहीं था, वह सत्ता चाहता था और अकसर नगर सेठ मुंजाल या शान्तिचन्द्र के समान प्रतिष्ठित, धनी और सत्तावान श्रावकों को देखकर उसका जी जलकर खाक हो जाता था। पाटन में उसे आत्मज्ञान हुआ। उसकी बुद्धि का निर्मल स्वार्थ भी ऐसा नहीं था कि अधिक काम आये। पाटन के जन-समाज की प्रणालिकाएँ और राज्य-कारबार ऐसा स्थिर था कि उससे अल्पवित्त पनपते हुए और आश्रयहीन मनुष्यों को अचानक कोई लाभ पहुँचना असम्भव था। इस प्रकार चिन्ताओं में उदा अपने दिन और रात बिताने लगा।

बड़े-बड़े कुटुम्बों में भी फैर फैलाना कठिन मालूम हुआ। अतएव, उसने बहुत धीरे-धीरे अपना कार्य आरम्भ किया। वह बड़ा धैर्यवान था। उसने देखा कि इन दिनों पाटन में उपद्रव तो होगा ही, और तब नये आदमियों को अवश्य लाभ होगा। उस अवसर के लिए उदा तैयारी करने लगा। वह गरीब, परन्तु समय पर काम आनेवाले राजपूतों और राजसेवकों को थोड़ा-बहुत ऋण देने लगा। प्रत्येक बड़े व्यक्ति का अथ से इति तक इतिहास पूछताछ कर संग्रह करने लगा। और बन सका उतने महान पुरुषों को प्रसन्न करने के लिए उसने छोटे-मोटे प्रयत्न भी शुरू कर दिये। राजमहल में उसके मित्र थे, यतियों की उस पर कृपा थी, ब्राह्मण भी मिष्टभाषी श्रावकों पर प्रसन्न रहते थे। राजपूत लोग भी उसकी खुशामद से प्रसन्न रहा करते। शान्तिचन्द्र, मुंजाल, मीनलदेवी और कर्णदेव तक धीरे-धीरे यह समझने लगे कि वह अच्छा और विश्वासपात्र ग़रीब व्यापारी है। परन्तु किसी को पता नहीं था कि उसके मस्तिष्क में कौन-कौन विचार चक्कर काट रहे हैं।

कर्णदेव की मृत्यु हो गयी; अतएव उदा ने कान फड़फड़ाये। घर में रखा हुआ चाँदी-सोना पृथ्वी में गाड़ दिया और बुद्धि तीव्र करके तैयार हो बैठा। मुंजाल मधुपुर चला गया और देवप्रसाद घोड़ी को कोट कुदा कर भाग गया; अतएव उसे विश्वास हो गया कि उसका अवसर आ गया है। रात को उसने दो पालकियाँ जाते देखीं, अतएव विचार करने लगा कि यह कौन गया है। इसी सोच में उसकी सारी रात बीत गयी। प्रातःकाल होने वाला था कि चाँपानेरी दरवाज़े की खिड़की खुली, बाहर से किसी ने बात की और दो व्यक्ति अन्दर आये : एक स्त्री और एक पुरुष। अस्तंगत चन्द्रमा के मन्द प्रकाश में वह भली भाँति पहचान न सका कि ये लोग कौन हैं। उसने कनटोपी लगाई, बंडी की तनियों को खींचकर बाँधा, द्वार पर ताला लगाया और नीचे उतरकर उनके पीछे-पीछे जाने लगा।

उसने पुरुष को यह पूछते हुए सुना, "तुम मेरे यहाँ चलोगी?"

"नहीं," शान्ति से मधुर-सा हँसते हुए वह लड़की बोली।

लड़की का स्वर उदा को परिचित-सा प्रतीत हुआ।–यह कहाँ सुना होगा?

दबाई हुई भावनाओं से काँपते स्वर में पुरुष ने पूछा, "तब इस समय अकेली कहाँ जाओगी?"

"पाटन तो मेरा घर है, यहाँ अकेली कैसे? आप राजमहल तक आइए, फिर मैं अपने-आप चली जाऊँगी।"

"फिर कहाँ जाएँगी?"

"यह नहीं कहा जा सकता। जब इतना विश्वास किया है, तो तनिक और नहीं कर सकते?" कहकर वह मस्ती से हँस पड़ी।

उदा चौंक पड़ा। उसने स्वर को पहचान लिया। मीनलदेवी की यह भतीजी इस समय यहाँ? उसने अधिक एकाग्रता से कान लगा दिये।

"तुम तो विश्वास नहीं करती हो और मुझसे विश्वास करने को कह रही हो, अच्छा, एक वचन दोगी? फिर मिलोगी?"

"ओहो। बस यही? स्वीकार है, और कुछ?"

"और बहुत कुछ कहना है, पर फिर किसी दिन कहूँगा।"

प्रसन्न हँस पड़ी। न जाने कब तक वे चुपचाप चलते रहे। पीछे-पीछे उदा भी विचार करता हुआ चलने लगा कि क्या किया जाय? अन्त में राजमहल का चौक आ गया।

"मुरारपालजी, अब आप पधारिए।"

"परन्तु, यदि गढ़ बन्द हुआ तो?"

"भले ही बन्द हो, आप अपने वचन पालिए, वचन! अधिक न लुभाइए।" कहकर प्रसन्न राजमहल के पीछे की ओर अकेली जाने लगी। मुरारपाल न जाने कब तक उसकी ओर देखता रहा; और प्रातःकाल हो रहा था, अतएव निःश्वास छोड़कर घर की ओर घूम पड़ा।

उदा कुछ देर प्रसन्न के पीछे-पीछे चलता रहा। यह क्या रहस्य है? यह लड़की यहाँ कैसे?—उसके मस्तिष्क में कुछ प्रकाश पड़ा। रात को पालकी में बैठकर मीनलदेवी तो पाटन छोड़कर न चली गयी हों? यदि ऐसा हुआ हो, तो अवश्य ही उपद्रव मच जाएगा।

प्रसन्न पिछले दरवाज़े पर गयी। उसने खिड़की बहुत खटखटाया; पर किसी ने उत्तर नहीं दिया। अन्दर से शान्तिचन्द्र सेठ की कड़ी आज्ञा के कारण कोई भी खिड़की न खोल सका। पसन्न घबरा गयी, "अब क्या किया जाय? उसने दूसरी ओर की खिड़की पर जाने के लिए पैर उठाये, वह घबराने लगी। जब तक मुरारपाल था, तब तक उसमें साहस था; परन्तु अब किसी बड़े की सहायता और सम्मति के बिना वह व्याकुल हो गयी।

"क्यों प्रसन्न बहन, कहाँ जा रही हैं इस समय?"

"कौन, उदाजी!" प्रसन्न ने ज़रा हर्ष से कहा, "तुम कहाँ जा रहे हो?"

"मैं दर्शन करने जा रहा था बहन! परन्तु तुम यहाँ कैसे? कोई आदमी भी तो साथ नहीं है!"

"उदा सेठ! इस बात को छोड़ दो। तुम्हारा घर कहाँ है? मुझे वहाँ ले चलोगे? इस समय कोई मुझे देख लेगा, तो फजीहत होगी।"

उदा को यही तो चाहिए था। "अवश्य। मेरें अहोभाग्य कि तुम मेरे घर चलो!मेरा घर पास ही है।" कहकर वह अपने घर की ओर घूम गया और तेजी से चलने लगा।

"परन्तु आप इस समय कहाँ से आ रही हैं? किसी संकट में पड़ी हों तो मुझसे कहिए, सेवक सदा तैयार है, समझीं?"

प्रसन्न उदा को पहचानती थी और यह भी जानती थी कि वह बहुत विश्वासपात्र आदमी है।

"उदा सेठ! मैं इस समय संकट में हूँ। मैं बुआजी के पास से भाग आयी हूँ।"

"परन्तु वे तो पाटन से बाहर गयी हैं न?" पता लगाने के लिए उसने चतुराई से कहा।

"तुमने कैसे जाना?"

"मैं कैसे न जानता? चाँपानेरी दरवाज़े के सामने ही तो रहता हूँ; इसलिए रात को जाते देख लिया था; परन्तु तुम कैसे भाग आयी?"

"भाई, मेरे संकट को तुम क्या जानो?"

"बहन, भाग आयी यह अच्छा हुआ, नहीं तो पाटन की नाक कट जाती।" उदा ने धीरे से कहा। नाक कैसे कटती, इसका उसे ठीक पता तो न था; परन्तु खुश करके किसी के पेट से बात निकालने में वह बड़ा चतुर था।

"हाँ, बुआजी को भी न जाने क्या-क्या सूझा करता है! अवन्ती की अपेक्षा मेरा पाटन क्या बुरा है?"

बात को कुछ समझते हुए उसने कहा, "ठीक है, पाटन तो पाटन ही है, भारत का शिखर है! महारानी जी को यह न जाने क्या सूझा?"

"हाँ, ऐसे समय कहीं पाटन को छोड़ा जा सकता है? उदा सेठ, क्या कहूँ, जैसा कि हमारे सामल बारहट कहते हैं, पाटन का प्रभुत्व तो जा रहा है। बुआजी पाटन को छोड़कर मधुपुर की ओर गयी हैं, कितनी बुरी बात है?" विश्वास के आवेश में प्रसन्न ने कहना शुरू कर दिया।

उदा बिना कही बातों को समझने लगा। उसे राज्य के दाव-पेंचों की बहुत-कुछ खबर थी; अतएव एक शब्द सुनकर ही सारी बात जानते उसे देर न लगी।

"ठीक तो है। पाटन की महारानी पाटन के विरुद्ध जाय? श्रावक तो मैं भी हूँ; परन्तु क्या इससे अपने पाटन को भुलाया जा सकता है? परन्तु किया क्या जाय? 'राजा कालस्य कारणम्।'"

"राजा कालस्य कारणम्? तुम्हारे पाटन के सब लोग चूड़ियाँ पहनकर बैठे हैं, नहीं तो चन्द्रावती की चलती? और आज यहाँ पाटन का दंडनायक शान्तिचन्द्र हो जाता?"

"परन्तु क्या किया जाय बहन? तो चलो, यह मेरा घर आ गया।" कहकर उदा ने द्वार खोला और दीपक जलाकर दोनों ऊपर गये। "बहन, समय बहुत बुरा है। पाटन में कोई ऐसा नहीं रह गया कि इस समय कुछ कर सके। मुंजाल मेहता जो ज़रा सीधे हों, तो पाटन का डंका सारे संसार में बज जाय।"

"मुंजाल मेहता को तो पहले ही दूर कर दिया है। मंडलेश्वर को—अरे हाँ, बातों में मैं मुख्य बात तो भूल ही गयी। उदा सेठ, त्रिभुवनपाल घायल होकर महल में पड़े हैं। प्रातः होने से पहले उनके समाचार ले आओ तो मुझे कल पड़े।"

उदा समझ गया कि यह लड़की त्रिभुवन के विषय में इतनी चिन्तित क्यों है।

"अवश्य, बहन! यह दतौन और पानी रखा है, लो। सूर्योदय होते ही मैं जाता हूँ। पर प्रातःकाल होते ही लोग जान जाएँगे कि मीनलदेवी चली गयी हैं।"

"नहीं जी, शान्तिचन्द्र महल में पहरा रखेंगे; तब कौन जान सकता है? और सम्भव है, कल रात तक तो वे लौट भी आएँ।"

"अजी, ऐसी बातें हवा के साथ उड़ती हैं। अच्छा, मैं अपनी दुकान खोल आऊँ, मन्दिर हो आऊँ और साथ ही त्रिभुवनपाल का समाचार भी लेता आऊँ। कुछ कहलाना है?" उदा ने ज़रा धीरे-से पूछा। किसी की इच्छा को परखने की उसमें अद्भुत शक्ति थी।

"हाँ, लीलाधर वैद्य से कहना कि मैं यहाँ हूँ, और त्रिभुवनपाल पूछें तो वैद्यजी से कहना कि कह दें, मेरी आवश्यकता होगी तो मैं आ जाऊँगी। परन्तु देखो, मैंने जो कुछ कहा है, वह किसी से कहना मत।"

"नहीं जी, यह किसी से कहा जा सकता है? निश्चिन्त रहो।" कहकर उदा नीचे उतर गया।

उदा को भविष्यवेत्ताओं के कथन याद आये। यदि वह इस अवसर से लाभ उठाये, तो अवश्य नगरसेठों का भी सेठ बन जाय? जब चिन्तापुर विश्वासशील प्रसन्न बातें कर रही थी, तब उसका मस्तिष्क काम कर-रहा था। ज्यों-ज्यों उसने विचार किया, त्यों-त्यों उसे प्रतीत हुआ कि ऐसा अवसर सौ वर्षों में एक बार भी नहीं आता। सारे पाटन में उसके सिवा किसी को ज्ञान नहीं था कि मीनलदेवी पाटन छोड़कर चली गयी हैं। इसका क्या उपयोग किया जाय कि जिससे उसका मनचाहा सिद्ध हो?

उदाजी ने बात की कैसी रक्षा की?

उदा बाहर निकला। ज़रा आगे बढ़ते ही मार्ग में सेठ वस्तुपाल दुकान की चाभियाँ हिलाते हुए सामने मिल गये। सेठ वस्तुपाल अजैन साहूकारों के अग्रणी थे।

"कहिए सेठजी, जय गोपाल!"

“कौन, उदा सेठ हैं?”

“जी हाँ, कहिए, क्या मोतीचौक जा रहे हैं? आज दुकान खोलनी है?”

“भाई, बिना दुकान खोले कहीं निस्तार है?”

“दरजी का बेटा जब तक जीये तब तक सीये।”

उदा ने ज़रा नीचे झुककर कहा, “परन्तु सेठ! आप तो मेरे मुरब्बी हैं, अपने तक ही रखो, तो एक बात कहूँ?”

“क्या?”

आजकल लोग इतने घबड़ाये हुए थे कि उन्हें अधिक घबड़ाना एक खिलवाड़ था।

“किसी से कहना नहीं, नहीं तो मेरा सिर न उड़ा दिया जायगा। कुछ भी हो, आप असल पट्टनी हैं; इसलिए आपको जितनी चिन्ता होगी उतनी किसी दूसरे को नहीं हो सकती। पाटन से राज-शासन उठ गया।”

वस्तुपाल ने चौंककर कहा, “ऐं!”

“धीरे-धीरे बोलिए सेठजी! यहाँ से महारानी रात को चन्द्रावती चली गयी।”

“क्या कह रहे हो? तब राज कौन करेगा?”

“चन्द्रावती के आढ़तिया सेठ शान्तु मेहता तो हैं?”

“अजी जाओ भी, कहीं से गप सुन आये होगे! यह भी कहीं हो सकता है?”

“सेठजी, झूठ समझते हो तो लीजिए, मैं अपने घर चला; परन्तु बुद्धिमान हो तो गहना-गाठा ठिकाने से लगा देना। यह तो मित्र समझकर मैंने कह दिया। अच्छा, जयगोपाल!”

“अच्छा भाई, जयगोपाल!” कहकर धड़कते हुए हृदय से सेठ वस्तुपाल मोती चौक की ओर चले। वे बड़ी चिन्ता में पड़ गये थे।

उदा वहाँ से शीघ्रतापूर्वक चावड़ी बाज़ार गया और एक गली में जाकर उसने एक छोटे से मकान की कुंडी खटखटायी।

कुछ देर में एक मोटा और निद्रा के कारण कुछ अस्पष्ट-सा स्वर सुनाई पड़ा, “यह कौन आ मरा इस समय?”

“अरे नायकजी! यह तो मैं हूँ।”

“मैं कौन? कल आना।”

“नायकजी, मैं उदा हूँ! एक आवश्यक बात है, द्वार खोलो।”

“फिर रुपये माँगने आया है, क्यों रे मारवाड़ी!”

“नहीं, डूँगरनायक, नहीं। यह तो और रुपये मिलनेवाली बात है।”

यह सुनते ही डूँगरनायक पुकार उठा, “कुब्जा! सुन नहीं रही है, किवाड़ खोल, नहीं तो चीर के दो कर दूँगा।”

एक स्त्री ने तुरन्त द्वार खोला और हाथ जोड़कर कहा, “उदा सेठ! कहो तो

आपके पैर छू लूँ; पर आज इन्हें यहाँ से ले जाओ। कल रात को फिर मुझे पीट-पीटकर दोहरी कर डाला है। मुझसे कहते हैं कि गाँजा उधार ले आ, पर उधार कौन देता है?''

''घबराओ मत भाभी, मैं अभी सीधा किये देता हूँ।'' कहकर उदा ऊपर चढ़ गया।

डूँगरसिंह बिछौने पर पड़ा-पड़ा चिलम का कश खींच रहा था। उसकी आँखें नशे से लाल और विकराल हो रही थीं। उसे आधा चेत था और आधा धुएँ के गोलों में विचर रहा था। अपनी विशाल भुजा में एक बड़ा-सा तकिया दाबे वह पड़ा हुआ था।

''नायकजी, यों क्या पड़े हुए हो? अब तुम्हारे बाप-दादों की प्रतिष्ठा पर पानी फिरनेवाला है!'' उदा ने देखा कि उसके मस्तिष्क पर हथौड़े के आघात के अतिरिक्त और कोई वस्तु काम नहीं आ सकती।

''देखूँ, देखूँ तो, किसकी माँ ने इतनी सोंठ खाई है?''

''अजी रहो भी, चन्द्रावती की सेना यहाँ सीमा पर आ पड़ी है! यहाँ तो एक राजपूत का जाया नहीं दिखता जो लड़ने को तैयार हो!''

बिछौने में से एकदम उछलकर बैठता हुआ डूँगरसिंह चिल्ला पड़ा, ''ऐं, क्या कह रहे हो?''

उदा ने कृत्रिम घबराहट दिखाते हुए कहा, ''जरा धीरे; परन्तु समय बड़ा विकट आ गया है! मीनलदेवी चन्द्रावती चली गयी हैं। वहाँ से सेना आयी कि दरवाजे खुले! कुछ करोगे, या सोते रहोगे?''

''मेरे जीते जी...मैं...मैं...बैठा हूँ, और पा...पाटन जाय?'' नशे में जिह्वा को दोहरी करते हुए डुँगरनायक ने कहा।

''जाये क्या? गया। कुछ देर पाटन के दरवाज़े शान्तिचन्द्र के हाथ रहे, कि देख लेना। हम सब श्रावक तो मोती चौक में इकट्ठा हो रहे हैं।''

''क्यों?'' अपना अंगरखा पहनते हुए डूँगर ने पूछा।

''क्यों, क्यों क्या? आखिर हम हैं तो पट्टनी ही। बाहर के लोग पाटन में कैसे घुस आयँगे? यह तो आज राजपूत कायर हो रहे हैं, नहीं तो किसी की सामर्थ्य है कि पाटन में पैर रखे?''

''कौन आयगा? कैसी बातें कर रहे हो? अरी, सुन रही है? तेरा बेटा कहाँ मर गया?''

''क्यों?'' नीचे से डूँगरसिंह की धर्मपत्नी की आवाज़ आयी।

''उससे कह तो कि अखाड़े पर जाकर सबसे कहे कि डूँगरनायक बुला रहे हैं। जा जल्दी, नहीं तो धड़ से सिर जुदा कर दूँगा।''

''अच्छा भाई, मैं तो जा रहा हूँ, मुझे बहुत काम है।''

''पाटन पर चन्द्रावती चढ़ आवे! राजपूत बच्चों को श्रावक सतायें! मार डालो! काट डालो! ऐ कुब्जा! तेरा बेटा...''

उदा घर में से निकलकर तेजी से भागा। सबेरा हो गया था, इसलिए समय बहुत कम था। वह विमल सेठ के चौराहे पर पहुँचा और सेठ शान्तिचन्द्र के घर गया। वह बड़े-बड़े घरों में अकसर आया-जाया करता था और घर की स्त्रियों की सेवा-चाकरी करके उन्हें प्रसन्न रखता था। सेठ शान्तिचन्द्र की सेठानी मानकुँअर देवी उदा पर विशेष स्नेह रखती थी, कारण कि पाँच पुत्र और चार पुत्रियों के परिवार पर राज करना उन्हें बड़ा कठिन मालूम होता था, और उदा इस सारे परिवार को समझा-बुझा सकता था। जब उदा पहुँचा, तब मानकुँअर देवी घर की बहू-बेटियों को लेकर सब्जी सँभार रही थीं।

"कहिए सेठानीजी! ठीक तो हैं?"

"कौन उदाजी! इस समय कहाँ से?"

"कहिए, महल में स्यापा मना आयीं?"

"हाँ, आज तो बड़े तड़के गयी थी। मीनलदेवी सिकुड़ी हुई, बिलकुल अँधेरे में बैठी थीं। इतनी जल्दी तो इन ठंड के दिनों में कैसे बने?"

"सेठानीजी, जरा यहाँ तो आओ, एक बात कहनी है।"

"क्या है?" कहकर मानकुँअर उठीं और समीप के कमरे में गयीं। साथ-साथ उदा भी जा पहुँचा।

"सेठानीजी, मैं शपथपूर्वक कहता हूँ, अपने सेठजी कुछ समझ जायँ तो ठीक है, नहीं तो पाटन की नाक कट जायगी।"

"क्यों, बात क्या है? फिर चन्द्रावती की ही कुछ बात होगी। इन पर तो इस बुढ़ापे में पागलपन सवार हो गया है।" कहकर मानकुँअर चौकी पर बैठ गयीं।

उदा ने धीरे से कहा, "मीनलदेवी कल चन्द्रावती चली गयीं, और सेठजी यहाँ रहे।"

"जाओ जी, पागल हो गये हो क्या? अभी तो मैं स्यापे से लौटी हूँ। इस शोक के समय में वे कहीं जा सकती हैं?"

"परन्तु सेठानीजी, आपने ही तो अभी कहा है कि महारानीजी को आपने नहीं देखा? कोई और रहा होगा? मैंने अपनी आँखों जाते देखा और वे प्रसन्न कुमारी को ले गयी थीं, जो लौट आयी हैं, और वह बैठी हैं मेरे घर पर। जाकर पूछ लीजिए।"

"हाय! बाप रे!–विमला, ऐ विमला!" मानकुँअर ने पुकार लगाई।

"क्यों, क्या है? इतनी क्यों चिल्ला रही हो?" दुलार में बिगड़ी हुई सेठानीजी की छोटी लड़की आ खड़ी हुई।

"अरे, तेरी सहेली उदाजी के घर पर अकेली है, बेचारी बड़ी संकट में है। तुम और बहू जाओ और उसे ले आओ यहाँ। कुछ भी हो, पर बेचारी बे-माँ की बच्ची है! जाओ, जल्दी जाओ। ...हाँ, तो उदाजी! अब सेठजी का क्या किया जाय?"

"किया क्या जाय? सारा नगर कह रहा है कि हम दरवाज़े बन्द रखेंगे और शान्तु सेठ खुलवायेंगे, तो मार-काट मच जायगी। डूँगरनायक भी अभी यही कह रहा था। इस समय सेठजी को रोक दो तो ठीक है, नहीं तो रक्त की नदियाँ बह जायँगी।"

"क्या कह रहे हो? हाय-हाय बेटी, कोई है? जा, पालकी तो मँगवा, मैं अभी राजमहल को जाती हूँ। वह मुआ डूँगर तो हत्यारा है, सारे नगर में त्राहि-त्राहि मचा छोड़ता है। वह पीछे पड़ गया तो बस! तुम कहाँ जा रहे हो?" सेठानी ने पूछा।

"मुझे अभी बुहत काम हैं, यह तो, अपना समझकर आपसे कह रहा हूँ। मेरा नाम न लीजिएगा।"

"नहीं! नहीं! परन्तु उदाजी! यह मेरे कर्णफूल देखे, अभी जो नये मोती आये थे, वे इसमें जड़वाये हैं। वह कौन-सा नगर है? अरबी, या ऐसा ही तो कुछ नाम है? भीमदेव महाराज के समय जो मुए यवन आये थे, उन्हीं के नगर से ये नये मोती आये हैं।"

"वाह! बहुत सुन्दर बने हैं; परन्तु अब आप जाइए। मैं जा रहा हूँ।"

"अच्छा बेटा! जाओ।"

मानकुँअर महल में जाने की तैयारी करने लगीं।

जय सोमनाथ!

उदा वहाँ से मोती चौक की ओर मुड़ा तो देखा कि खलबली मची हुई है। सभी व्यापारियों की टोलियाँ हाथ बढ़ा-बढ़ाकर बातें कर रही हैं। किसी ने दुकान नहीं खोली थी। कोई कह रहा था, 'सेठ शान्तिचन्द्र मर गये।' कोई कहता था, 'मुंजाल मारे गये।' कोई कहता, 'मीनलदेवी पृथ्वी में समा गयीं।'

परन्तु सभी कह रहे थे, पाटन में कोई भी राजा या रानी नहीं है, इसलिए अब दुनिया का अन्त आ गया।

एक धनी सेठ दुकान के चबूतरे पर खड़ा-खड़ा कह रहा था, "अरे, भाइयो! यह तो मैं पहले से ही जानता था। मैंने तुमसे क्या कहा था? एक तो मुंजाल मेहता ही चिकने कोमल मिजाज के थे और फिर ये सेठ शान्तिचन्द्र तो सबको यति बनाकर बिठा देनेवाले हैं, अब तुममें पानी ही कहाँ रहा है? पानी हो, तो इनकी ताकत ही क्या थी जो चन्द्रावती का सौभाग्य यहाँ राज करता? मरो, मरो, तुम सब!"

उदाजी ने उस झुंड में प्रवेश करके कहा, "परन्तु तिलकचन्द, इन सब बातों में क्या सार है? यह बतलाओ कि अब किया क्या जाय?"

चारों ओर से सब लोग बोल उठे, ''ठीक कह रहे हैं; उदा सेठ ठीक कह रहे हैं, बातें तो सब कर रहे हैं; परन्तु किया क्या जाय?'' इतने में और भी टोलियाँ इस ओर आ गयीं।

''भाइयो, देखो, मैं तो गरीब आदमी हूँ, और मेरी बात भी छोटी है। यदि आप में बल हो, तो आज पाटन को अपने अधीन कर लो, नहीं तो फिर सेठ शान्तिचन्द्र के हाथ में रहने की अपेक्षा तो यह अच्छा है कि दरवाजे खोलकर बैठ जाओ और फिर जिसे आना हो वह चला आय।''

''चला कैसे आये?'' तिलकचन्द भड़क उठा, ''तू तो कर्णावती का है। हमारे पाटन में पराई सेना आये, क्या बात करता है?''

उदा ने कहा, ''तो फिर करो केसरिया! मैं कब मना करता हूँ? दरवाजे बन्द करके लड़ने को तैयार हो जाओ। बोलो, जय सोमनाथ!''

अनेक लोगों ने सोमनाथ के जयनाद का साथ दिया।

शूर सोलंकियों की इस रण-हाँक में पाटन का गौरव समाविष्ट था। गिरनार के गृहरिपु का उच्छेद करके सोमनाथ पाटन को अधीन करने के लिए मूलराज सोलंकी ने जब पट्टनी लोगों को प्रेरित किया था, तब यही हाँक सारे सोरठ में गूँज उठी थी। तबसे अनहिलवाड़ पाटन और सोमनाथ पाटन एक-दूसरे के हो गये थे।

'जय सोमनाथ' की गर्जना से पट्टनी लोगों ने सोरठ को अधीन किया था; महमूद गज़नी की असंख्य सेना का नाकों में दम करके, अनहिलवाड़ और सोमनाथ की रक्षा करने के निष्फल प्रयत्न किये थे। महमूद के चले जाने पर सोलंकियों को फिर गुजरात का राजा बना दिया था। मालवा, सोरठ, धांड, लाट आदि प्रदेशों को कंपित किया था। यह हाँक पट्टनियों के लिए श्वास और प्राण के समान थी। उसे सुनकर उनका रोआँ-रोआँ खड़ा हो जाता था, हाथों में अथाह बल आ जाता था, मस्तिष्क में वीरता का जोश उमड़ पड़ता था; पुरुष तलवारें लेकर युद्ध के लिए तत्पर हो जाते, कायरों में हिम्मत आ जाती, वीरांगनाएँ अपने स्वामियों को विजय-तिलक करके उनके पश्चात् सती हो जाने का निश्चय किया करतीं।

उदा ने लोगों के उत्साह से लाभ उठाकर उसी उत्साहकारी हाँक की याद को ताज़ा कर दिया।

सबके सब एक साथ कह उठे, ''हाँ, हाँ, अवश्य तैयार हो जाओ, 'जय सोमनाथ!' परन्तु यह सोच लो कि करना क्या है?''

सबके शान्त हो जाने पर उदा ने कहा, ''देखो भाइयो, मुझे सेठ तिलकचन्द की बात ठीक मालूम होती है। अपनी धन-दौलत को तो लगा दो ठिकाने। शान्तिचन्द्र सेठ को करो सीधा, और हो जाओ लड़ने को तैयार! हमारे रहते किसकी सामर्थ्य है कि पाटन में प्रवेश करे?''

चार-छः आदमी बोल उठे, "ठीक कहते हैं, किसकी सामर्थ्य है?"

इतने में एक नया मनुष्य आगे आया और बोला, "हम तो पहले से ही कहते थे। पट्टनी लोगों को अपनी रक्षा करना नहीं आता तो हम क्या करें? हम लोगों में ज़रा भी पानी नहीं रह गया है। जब गज़नी के राक्षस आये, तब हमारे पूर्वजों ने—बाप-दादों ने डेढ़ महीने तक पाटन की रक्षा की, और अब हम यों ही उसे हवाले कर दें? चलो राममहल में। पहले सेठ शान्तिचन्द्र को सीधा करें। मुंजाल मेहता नहीं हैं, नहीं तो शान्तिचन्द्र को जात से निकाल देते। वह समझता क्या है?" इतने में दो-एक वणिक दौड़ते-हाँफते हुए आ पहुँचे और चिल्लाने लगे, "अरे बाप रे! मर गये!"

वहाँ खड़े सभी वणिक घबरा गये। कई के मुख सूख गये; पर जाएँ कहाँ?

उदा ने आगे बढ़कर पूछा, "पर बात क्या है?"

एक वणिक ने हाँफते-घबराते हुए कहा, "हुआ क्या? वह फौज आ पहुँची, भागो, नहीं तो मारे जाओगे?"

अधिकांश लोग चारों ओर भागने का मार्ग खोजने लगे।

"परन्तु किसकी फ़ौज है, यह तो कहो?"

"अजी, वह जो यमराज की-सी गदा घुमाता हुआ आ रहा है, उसकी।" कहकर उस वणिक ने मार्ग की ओर अँगुली से संकेत किया। आगे-आगे डूँगरनायक भीमसेन के अवतार के समान एक लोहे की गदा घुमाता हुआ आता दिखलाई पड़ा। उसके पीछे सौ-दो सौ आदमी और थे। किसी के हाथ में तलवार थी, किसी के हाथ में भाला और कुछ लोगों ने, कुछ न मिलने के कारण लकड़ी के मुगदर ही हाथ में ले रखे थे।

एक-एक करके सभी घबरा गये। उनमें से बहुत-से लोग अच्छे साहसी और कसरतबाज थे; पर हाथ में कोई हथियार न होने के कारण किसी को नहीं सूझा कि इस समय किस प्रकार-अपनी रक्षा की जाय। सब लोग खड़े होकर यही विचार करने लगे कि कहाँ छिपा जाये।

"ठहरो, घबराओ नहीं। यह तो अपने डूँगरनायक हैं। तुम सब खड़े रहो, मैं अकेला जाकर पूछ आता हूँ। सम्भव है, वह भी..." कहकर उदा वहाँ से कुछ आगे बढ़ गया।

अब यह देखना चाहिए कि डूँगरनायक कैसे आया? जब उदा उसके यहाँ गया, तब उसके मस्तिष्क में एक ही विचार रह गया, 'डूँगरनायक के जीते-जी पाटन में श्रावकों का राज्य हो रहा है!' सारा जीवन उसने वणिकों का ऋण चुकाने में बिताया था। इसी कारण अक्सर उसके हृदय में उन्हें सताने की लालसा उठ खड़ी होती थी। देवप्रसाद का अनुयायी होने से श्रावकों के प्रति उसके हृदय में बड़ा तिरस्कार था, परन्तु, फिर

उनकी आवश्यकता प्रतीत होने लगने के कारण वह लालसा पूर्ण नहीं हो पाती थी। इस समय उसका रक्त सचमुच ही खौल उठा।

'पाटन पर चन्द्रावती की सत्ता!' उसके नशे में चूर मस्तिष्क में स्पष्टतया यह समा गया कि इस समय उसी के कारण पाटन खड़ा है, और वह उसकी सहायता को न दौड़ेगा, तो और कौन दौड़ेगा? ज्यों-त्यों करके वह उठा और उसने कुछ दंड खींच डाले और अपनी गदा लेकर घुमा देखी। ज्यों-ज्यों कसरत के शौकीन का रक्त धमनियों में चक्कर काटने लगा, त्यों-त्यों उसका मन भी उलटे मार्ग पर जाने लगा। उसे विश्वास हो गया कि चन्द्रावती की सेना कोट के उस तरफ़ पड़ी हुई है और शान्तिचन्द्र दरवाज़ा खोलने जा रहा है। उसे यह भी प्रतीत हुआ कि प्रत्येक श्रावक को बिना कैद किये पाटन की जय-जयकार हो ही नहीं सकती। अपने शिष्यों के आने के पहले ही वह अपनी गदा सँभालकर नीचे उतरने लगा।

डूँगरसिंह बड़ी सहानुभूति के स्वर में बोला, "सती! सती!!"

'सती' चौंक पड़ी। उसने इतने सम्मान से पुकारनेवाले पति की ओर घबड़ाहट से देखा और उसने सोचा, कहीं पागल तो नहीं हो गये? "क्यों, क्या है?"

"सती! मैं रणक्षेत्र में जा रहा हूँ, पाटन के कंगूर अखंड रखने के लिए। बच्चे को सँभालना।"

सती ने समझा कि कोई नई धुन समा गयी होगी, "अच्छी बात है, जल्दी लौटना।"

"न आया, तो उस भव में मिलूँगा।" कहकर, कहाँ जाना है, इसका विचार किये बिना ही डूँगरनायक बाहर निकल पड़ा। सामने अखाड़े से सात-आठ राजपूत आते हुए मिले।

"नायकजी! कहिए, क्या काम है?"

"कायरो! चूड़ियाँ पहनकर बैठे रहो। अपना घर-द्वार लुटवाने के लिए रख छोड़ा है, क्यों?"

"ऐं, बात क्या है, कुछ कहिए तो?"

"चन्द्रावती की सेना नगर से बाहर पड़ी है, मीनलदेवी चन्द्रावती गयी हैं!"

"क्या कह रहे हैं! पाटन में परायी सेना?"

"शान्तु मेहता शाम को तुम्हें कैद करा देगा। बैठे रहो हरामखोरो! अब श्रावकों के घर पानी भरना, पानी!"

"अजी, कहीं यह भी हो सकता है?"

"हो क्या सकता है? हिम्मत हो, तो चलो मेरे साथ! सारे दरवाजे बन्द कर दें। पाटन पर पराये लोग चढ़ आयें, और एक भी राजपूत बच्चा खड़ा न हो? मैं तो मर जाऊँगा, या मार डालूँगा।" कहकर नायक गदा घुमाने लगा।

"है कोई माँ का लाल मेरे साथ! सारे श्रावकों को पकड़कर, बाँधकर मार डालेंगे, देखें चन्द्रावती कैसे आती है?"

श्रावकों को पकड़कर, बाँधकर मार डालने की योजना, सबको पसन्द आयी। "हाँ, हाँ, चलो, चन्द्रावती कैसे आती है?"

"चलो, चलो, लक्ष्मण रावत, निकलो बाहर!"

"कौन, डूँगर? क्यों, क्या बात है?" एक वृद्ध ने खिड़की से बाहर सिर निकालकर पूछा।

"पाटन में परदेसी घुस रहे हैं, चलो उन्हें निकाल भगायें। दादा भीमदेव का समय आ गया है। बोलो लड़को, जय सोमनाथ!"

"जय सोमनाथ!" कहकर सब आगे बढ़े और जिससे जो हो सका, जिसे जो मिला, हाथ में ले लिया।

रास्ते में आगे बढ़ते हुए कोई हँस पड़ा, किसी ने कहा, "माना कोठारी डूँगरसिंह की हँसी उड़ा रहा है, कहता है कि इस पागल ने क्या करना शुरू किया है?"

डूँगरसिंह यह सुनकर विकराल बाघ की भाँति घूम पड़ा, "कौन कह रहा है मैं पागल हूँ? वह कौन कायर है जो घर में छिपा है?"

नीच दरजे के राजपूतों में माना कोठारी डूँगरसिंह नायक का विरोधी था। डूँगर उस पर जल रहा था; अतएव उसका नाम सुनते ही उबल पड़ा।

"माना कोठारी तो नामर्द है!" डूँगर चिल्ला पड़ा और एकत्र हुई भीड़ के साथ वह बगल की गली में घुसकर कोठारी के घर की ओर बढ़ा। लोगों में कोलाहल मच गया। डूँगरनायक की फ़ौज क्षण-क्षण में बढ़ने लगी।

"माना! माना! पाटन पर बाहरी लोग चढ़ आये हैं, और तू इस प्रकार बैठा है?"

बेचारे माना कोठारी को कुछ भी पता नहीं था। वह चैन से चबूतरे पर बैठा हुआ हुक्का गुड़गुड़ा रहा था। परन्तु डूँगरनायक के यह अशिष्ट शब्द सुनकर उसने हुक्का अलग रख दिया और आँखें निकालकर उपेक्षा भाव से कहा, "जो आ रहा है उसे आने दे, तू क्यों बकवास कर रहा है? बैठ घर में, तेरा क्या जा रहा है?"

डूँगर जोर से चिल्ला पड़ा, "कायर, पट्टनी बना है! थू है तेरे मुँह पर!"

और उसने थूक दिया। उसके साथ-साथ और दस-बारह जनों ने थूका। "कृतघ्न! कुत्ते! चांडाल! गुलाम!" इस प्रकार अनेक विशेषण माना को दे दिये गये।

लोगों पर पानी चढ़ गया। माना उठ खड़ा हुआ और पास पड़ी हुई तलवार उठाने लगा। देखते-देखते चार-छः जनों ने उसे पकड़ लिया। उसका हुक्का न जाने कहाँ से कहाँ चला गया, "पाटन में परदेशी लोगों को बुलायेगा? यह चन्द्रावती का आदमी है, मारो पकड़ो!" कहकर लोगों ने उसे पकड़कर बाँध लिया और साथ ले लिया।

इस हुल्लड़ से लोग भी बहुत जुड़ गये और आवेश भी बढ़ गया। इस प्रकार

हो-हल्ला मचाते हुए डूँगर नायक की फ़ौज मोती चौक में आ पहुँची। सामने उदा आ खड़ा हुआ, "क्यों नायकजी! शाबाश, बहुत ठीक है!"

"उदा सेठ! बैठे क्या हो? पाटन के किनारे तो परदेसी लोग पड़े हुए हैं, और तुम बातें कर रहे हो?" डूँगर ने इस प्रकार कहा जैसे उदा से कोई नयी बात कही हो।

"परन्तु तुम कहाँ जा रहे हो?"

"सब दरवाज़ों पर कब्जा करना है और अधिक कुछ हुआ तो केसरिया। क्यों लड़को, बोलो, जय सोमनाथ!"

लोगों ने उत्तर दिया, "जय सोमनाथ!"

"परन्तु तुम्हारे सेठ क्या कर रहे हैं?"

"सब अपना सिर देने को तैयार हैं। उन्हें भी साथ ले लो।"

"श्रावकों ने विश्वासघात किया तो?"

एक व्यक्ति ने पीछे से सिर उठाकर उत्तर दिया, "बैठ, बैठ, बकवादी!"

डूँगरनायक ने पीछे घूमकर कहा, "तुम क्या जानो? ये लोग चाहे जो हों, पर हैं पट्टनी!"

उदा ने कहा, "ठीक तो है! परन्तु पहले महल में जाकर तो देख लो, वहाँ न जाने क्या खबर मिले।"

"अरे हाँ, वहीं जा रहे हैं।" डूँगरनायक राजमहल के सामने वाले चौक में सारे जीवन में एक ही दो बार गये थे, और वह भी नौकर के रूप में, या एक बार अपराध में पकड़े गये थे तब। इस समय पाटन के रक्षक की भाँति जाना उनके लिए सीधे स्वर्ग में जाने के समान था, "चलो राजमहल में! देखें वह शान्तु मेहता क्या कर रहे हैं? हाँ, क्या तुम्हारे सेठ भी चल रहे हैं?"

"हाँ, हाँ, अवश्य।" कहकर उदा लौट आया और बोला, "भाइयो, डूँगरनायक भी पाटन की टेक रखने के लिए आये हैं। चलो, हम सब भी राजमहल चलें और देखें कि क्या बात है।"

"हाँ, चलो!" कहकर अधिकांश लोग तैयार हो गये और डूँगरसिंह नायक की फ़ौज के साथ सभी पट्टनी लोग राजमहल की ओर चले। धीरे-धीरे लोगों की भीड़ बढ़ती गयी। चारों ओर हल्ला मच गया कि पाटन पर परदेसी लोग चढ़ आये हैं। धीरे-धीरे घोड़ों पर बैठकर, पालकी पर सवार होकर, बड़े-बड़े सामन्त, सेठ-साहूकार और जागीरदार लोग भी आने लगे। कुछ देर में राजमहल के सामने अपार भीड़ जमा हो गयी।

इतनी थोड़ी देर में इस प्रकार खलबली मचने का मूल कारण यह था कि लोगों में अपने शहर का अभिमान था। आपस में चाहे जितने झगड़े हुआ करें, फिर भी पाटन के दुर्ग और पाटन के राजा को लोग दुर्जय समझते थे। यह अभिमान लोगों में संकट के समय गौरव और एकता प्रेरित कर देता था और इस दुर्जयता की रक्षा करने

के लिए पट्टनी लोग अपने प्राण देने से भी न चूकते थे। मूलराज के समय से ही पाटन उनके लिए संसार की राजधानी था। वे लोग नगर को सजीव व्यक्ति समझकर उसकी चरण-सेवा के लिए तत्पर रहते थे और उसके राजा, उसके सेठ, उसके धन—इन सबकी अपेक्षा उसके गौरव की ओर उनका ध्यान सदैव अधिक रहता था। मूलराज, भीमदेव और कर्णदेव उनके लिए पाटन के गौरव की मूर्तियों के समान थे। मुंजाल के प्रति भी लोगों के प्रेम का यही कारण था। उनके गुण-दोष, अभिमान, शक्ति आदि सब कुछ नगर सेठ में अद्भुत प्रकार से व्यक्त होते हुए वे देखते और उसकी बड़ाई देखकर प्रसन्न होते थे। इस समय पट्टनी लोगों का अपमान हुआ था और इसी से वे बिफर गये थे। वे मानते थे कि पाटन की नाक जाने के पहले दुनिया रसातल को चली जाय तो अच्छा।

सोलंकी की खोज में

पाटन के नागरिकों का जलूस हो-हल्ला मचाता हुआ राजमहल की ओर चला। यह किसी को पता नहीं था कि किस असल कारण से यह उपद्रव उठ खड़ा हुआ है। परन्तु यह बात सबके गले उतर गयी कि मीनलदेवी पाटन छोड़कर चली गयी हैं और शान्तिचन्द्र चन्द्रावती का आदमी है, इसलिए विश्वासपात्र नहीं है। नगर के अनेक भटकते हुए बेकार लोग तमाशा देखने को आ गये। कुछ लोग यह जानने को आये कि देखें, क्या हो रहा है। प्रत्येक व्यक्ति एक दूसरे से कह रहा था कि मीनलदेवी रात को चली गयीं और चन्द्रावती की सेना नगर के बाहर पड़ी हुई है। कई लोग कहते कि यह सब उन्होंने अपनी आँखों देखा है। कुछ लोगों को विश्वास था कि गुजरात की राजधानी अब चन्द्रावती बन जाएगी। कई लोगों ने तो भविष्य ही कह डाला कि जब तक मीनलदेवी है तब तक पाटन सुख से नहीं सो सकता। कुछ भी हो, पर आखिर हैं तो वह परदेसी।

पहले स्त्रियाँ ज़रा घबराईं, द्वार बन्द कर लिये, फिर जब कारण समझ में आ गया, तो खिड़कियों में निकल आईं। जब उन्हें पता लगा कि चन्द्रावती की सेना परकोटे के बाहर आ पहुँची है, तो उन्होंने भी अपने पतियों को घर से बाहर किया। इस प्रकार सब लोग राजमहल के बाहर वाले चौराहे पर आ पहुँचे। आसपास रहने वाले धनी सेठ और बड़े-बड़े सामन्त लोग भी बाहर निकल आये। सभी लोग पूछ रहे थे कि क्या बात है? और यह सुनकर कि मीनलदेवी भाग गयी हैं, आश्चर्य करते और उन्हीं में मिल जाते। इस प्रकार अनेक बड़े-बड़े अग्रणी लोग आ पहुँचे। हालार के बूढ़े मंडलेश्वर ने भी यह बात सुनी, और यह जानकर कि चन्द्रावती की सेना आ रही है, उबल पड़े। तुरन्त ही खेंगार घोड़े पर सवार होकर आया और झुंड में मिल गया। वह

पुराने ज़माने का बहादुर और जोशीला राजपूत था। यह देखकर उदा उसके पास पहुँचा।

"महाराज! देखा आपने? अब आप ही जैसों के हाथ पाटन की लाज है।"

"अजी कहते क्या हो? शान्ति मेहता को अभी ठीक किये देता हूँ। देखता हूँ कि कौन पाटन पर चढ़कर आता है? सब लोग कहाँ—राजमहल को जा रहे हैं? चलो!" कहकर वह आगे हो गया।

उदा ने बढ़ते हुए जलूस पर दृष्टिपात किया। उसने देखा कि देखादेखी भले-भले लोग भी बहुत बड़ी संख्या मे एकत्र हो गये हैं। वह जानता था कि डूँगरसिंह जैसों का उत्साह क्षणिक है, अतएव उसने अनुभव किया कि जब तक अच्छे लोगों में जोश उत्पन्न न होगा, तब तक कुछ नहीं हो सकता। उसे एक युक्ति सूझी। लोग इतने अधिक बढ़ गये थे, और उपद्रव इतना बढ़ चला था कि उसकी ओर किसी का ध्यान नहीं था। वह धीरे से वहाँ से खिसका और बगल की गली से होकर राजमहल के दरवाज़े पर पहुँचा। दरवाज़ा और खिड़की बन्द थे। दौड़ते हुए वह पिछले दरवाज़े पहुँचा। वह भी बन्द था। उसने दरवाज़े की दरार से देखा, तो अन्दर पहरेदार दिखलाई पड़ा।

"ऐ भाई! ऐ।" कहकर उसने ज़ोर से पुकार लगाई।

"कौन है?" कहकर पहरेदार ने दरार से देखा।

"मैं हूँ, उदा। ज़रा खिड़की तो खोलो।"

"नहीं खुल सकती, महारानीजी की कड़ी आज्ञा है।"

"अरे पागल! तुझे कुछ मालूम है, खोल, नहीं तो कचूमर बन जायगा।"

"क्यों, उदा सेठ! तुम्हारी बुद्धि कहाँ चली गयी? चले जाओ, अभी कोई जान लेगा तो रानीजी मेरा सिर उड़वा देंगी। बड़ी कठोर आज्ञा है।"

"अरे मूर्ख! रानी तो कभी की पौबारह हो गयी हैं और सारा पाटन उलटकर यहाँ आ रहा है!"

"क्या कह रहे हैं?—महारानी..."

"अरे महारानीजी तो चन्द्रावती पहुँच गयीं! देखो, यदि कुछ रुपये चाहते हो तो कहो, उतने दे दूँ, और कोई पद चाहते हो तो कल सवेरे ही दिला दूँगा। परन्तु इस समय खिड़की खोल दो।"

"परन्तु महारानीजी तो चली गयीं? अब क्या होगा?"

"पागल! त्रिभुवनपाल सोलंकी तो अन्दर महल में हैं? मुझे आने दो तो कल ही तुम्हें नायक बना दूँगा, या कहोगे तो जागीर दिला दूँगा।"

"यह सब फिर होगा, अभी अपने कान की ये बालियाँ दे दो।"

"अच्छी बात है, यह लो!" कहकर उदा ने अपने कान की मोती जड़ी बालियाँ जल्दी-जल्दी निकालीं।

सिपाही ने धीरे से खिड़की खोली, "देखो! हाँ, कल जागीर मिलनी चाहिए।"

"अवश्य।" कहकर उदा ने भीतर प्रवेश किया और वह शीघ्रता से लीलाधर वैद्य के कमरे की ओर गया। कर्णदेव की बीमारी के कारण राजवैद्य जी भी कुछ दिनों से महल के अन्दर ही रहते थे, "लीलाधर काका! ए लीलाधर काका!"

"कौन है?" एक स्त्री का स्वर सुनाई पड़ा और उस युवती ने द्वार खोल दिया।

"कौन, मात्रा बहन हैं? तुम्हारे पिताजी कहाँ हैं? मैं हूँ, उदा।"

"कौन उदाजी? पिताजी तो त्रिभुवनपाल के पास हैं?"

"त्रिभुवनपाल कहाँ हैं?"

"उस ओर, जहाँ वे..." कहकर नवोढ़ा कुछ लजा गयी।

"जहाँ वे पंडितजी खड़े हैं? इतनी बड़ी होकर लजा क्यों रही हो? पंडित गजानन की तुम सिद्धि हो या बुद्धि?" कहकर उदा ने ज़रा विनोद किया और शीघ्रता से उस और चला गया।

"वाचस्पति, तुम्हारे ससुर कहाँ हैं? त्रिभुवनपाल सोलंकी कहाँ हैं?"

"कौन है?" कहकर वैद्य ने अन्दर से उत्तर दिया; उदा वहाँ दौड़कर जा पहुँचा।

लीलाधर वैद्य निश्चिन्त होकर पान चबा रहे थे, सामल बारहट अपनी निस्तेज आँखें आकाश की ओर किए हुक्का गुड़गुड़ा रहे थे। और त्रिभुवनपाल पलंग पर बैठा था। कल के घावों से रक्त बहुत बहा था; पर सामल बारहट की जड़ी-बूटियों से वह तुरन्त बन्द हो गया था और सारी रात चैन से नींद आने के कारण निर्बलता होते हुए भी तबीयत ठीक थी। उसका तेजस्वी मुख रक्तहीन फीकेपन से आकर्षक प्रतीत हो रहा था। उसके बालमुख पर चिन्ता के चिन्ह थे। उसके पिता चले गये थे, उसकी सखी कृतघ्न हो गयी थी, अभी तक दिखी नहीं थी। और वह मीनल काकी के हाथों बन्दी की भाँति पड़ा हुआ था, परन्तु दृढ़ता से विचार कर रहा था।

"नमस्कार महाराज! प्रणाम वैद्यराज! राम-राम बारहटजी!" कहकर उदा ने कमरे में प्रवेश किया। दो जनों ने उसकी ओर देखा और बारहटजी ने उसकी ओर आँखें घुमाईं। त्रिभुवन के कपाल पर बल आ गये।

"महाराज! क्षमा कीजिए। पाटन के नागरिकों का एक निवेदन लेकर आपकी सेवा में आया हूँ।"

"मेरे पास पाटन के लोगों का निवेदन!" त्रिभुवन ने चकित होकर पूछा। लीलाधर वैद्य और बारहट चुपचाप देखते रहे।

"जी हाँ, नगर-जन-प्रतिपालकों में केवल आप रह गये हैं, लोग आपकी शरण में ही आ रहे हैं।"

वैद्य ने कहा, "उदा! पागल हो गया है क्या? क्या बक रहा है?"

"क्या आपको भी खबर नहीं है महाराज? महारानी मीनलदेवी और कुमार

जयदेव पाटन छोड़कर कल रात को चन्द्रावती चले गये। बारहटजी, सुन क्या रहे हैं, चन्द्रावती की सेना पाटन सर करने आ रही है।''

लीलाधर कह उठा, ''अवश्य यह उस षड्यन्त्रकारी यति के दाव-पेंच हैं।''

''क्या कह रहे हो उदा सेठ?'' कहते हुए त्रिभुवन उठ खड़ा हुआ। परन्तु अपनी अशक्ति के कारण वह तुरन्त बैठ गया। ''पाटन पर चन्द्रावती वाले चढ़ आवें?''

लीलाधर वैद्य ने कहा, ''अवश्य आवेंगे भैया! वह यति कभी से वहाँ के लोगों को यहाँ ला रहा था।।''

एकाएक सामल बारहट गरज उठा, ''सोलंकी त्रिभुवनपाल! बैठे क्या हो?'' उसने हाथ के हुक्के को छोड़ दिया और तनकर कहने लगा, ''तुम सब बच्चे हो! प्रसन्न गयी। अवन्ति और चन्द्रावती का यहाँ प्रवेश हो रहा है! है कोई अपनी माँ का लाल कि अब उठकर खड़ा हो? मैं तो कभी से सोचे बैठा था।'' बारहट सिर धुनने लगा।

''महाराज! सारे पाटन में खलबली मची हुई है, और सब लोग महल के बाहर आकर खड़े हैं, सब आपसे मिलने को आतुर हैं। आप वहाँ चलिए।''

''मैं क्या करूँ, मेरे हाथ निर्बल हो गये हैं।''

बारहटजी बोले, ''सोलंकी त्रिभुवन! सावधान! यह न कहो। तुम्हारे निर्बल हाथ सबसे सबल हैं। उठो, खड़े हो जाओ, बोलो, 'जय सोमनाथ!' कहाँ हैं सब लोग? जब यवन आये थे, तब मेरा भीमदेव उछलकर खड़ा हो गया था, यह नहीं सोचा था कि निर्बल हूँ या सबल!''

''बारहटजी! सब लोग बाहर के चौक में होंगे और शान्तु सेठ से मिल रहें होंगे। सब लोगों की धारणा है कि वे भी चन्द्रावती के हैं।''

''बारहटजी! चलिए, हम लोग देखें।''

बारहटजी ने कहा, ''चलो, उठो, वैद्यजी, मेरे वीर के साथ हो जाओ, जीता रहे मेरा सोलंकी! जय सोमनाथ!''

बेचारा दंडनायक

ज्योंही सेठ शान्तिचन्द उठें, त्योंही उन्होंने मदन[1] की लाश को ठिकाने लगाने की व्यवस्था की। कुछ सिपाहियों को एकत्र करके मदनपाल को श्मशान भिजवाया और उसी अँधेरे में अग्निदाह करवा दिया[2]। इसके अनन्तर दंडनायक ने राजमहल के सभी

---

1. कर्णदेव का मामा, अर्थात् उदयामती का भाई।
2. पुराने समय में भी यही होता था और अब भी गाँवों में और नदी तट के नगरों में सूर्योदय होने पर सूर्य नारायण की साक्षी में शव का अग्नि-संस्कार होता है।

दरवाज़ों और खिड़कियों पर कड़ा पहरा बैठा दिया और सबेरे के स्यापे की तैयारी की जिससे कोई जानने न पाये कि मीनलदेवी यहाँ उपस्थित नहीं है। और स्यापे में आयी स्त्रियाँ जब अपने-अपने घर चली गयीं, तब उन्हें कुछ चैन मिला। वे जल्दी-जल्दी नित्य कर्मों से निबटे और अधीर हृदय को साहस बँधाने लगे कि दो दिन इसी प्रकार बीत जायँगे, रानी लौट आयेंगी और सब ठीक-ठाक हो जायगा। अपने को यह साहस बँधाते हुए भी किसी के पैर की आहट उन्हें घबरा डालती थी। अन्त में नित्य कर्म के लिए उतारे हुए वस्त्र उन्होंने फिर पहन लिये और इस प्रकार बैठ गये जैसे सोच रहे हों कि देखें अब क्या होता है।

कुछ देर में द्वारपाल कहने के लिए आया कि मुरारपाल मिलने के लिए आये हैं। शान्तिचन्द्र ने उन्हें तुरन्त बुलाया, "कहिए मुरारपालजी! कहाँ से लौट आये?" कमरे में वे अकेले रह गये अतएव दंडनायक ने पूछा।

"विखराट से कुछ दूर गये होंगे कि मुझे लौटा दिया। यहाँ क्या हाल है?"

"यहाँ? यहाँ सब ठीक है।"

"कल सन्ध्या समय मुझे चाँपानेरी दरवाजे पर आने के लिए कहा है। महारानीजी उसी समय आयेंगी।"

"ठीक है, तब तक तो सब काम शान्ति से चलता रहेगा, कोई बाधा नहीं उपस्थित होगी। परन्तु यहाँ यह ध्यान रखिएगा, कोई जानने न पाये की महारानीजी आनेवाली हैं।"

"जी नहीं, यह कौन जान सकता है?" प्रसन्न का मुख हृदय में रम रहा था, अतएव उसके विषय में कुछ कहने का साहस न करते हुए मुरारपाल ने कहा।

"ठीक है, तब कल सन्ध्या समय दरवाज़े पर भी आप ही जाइए। मैं जाऊँगा तो लोगों में खलबली मचेगी।"

"अच्छी बात है, आप ज़रा भी चिन्ता न कीजिए, कल सन्ध्या समय महारानीजी को सुरक्षित राजमहल में ले आऊँगा। परन्तु दरवाज़े पर चौकी-पहरा..."

"हाँ, उसमें कोई अड़चन नहीं, वह तो है ही। बस, कल तक पाटन शान्त रह जाय, तो फिर कुछ चिन्ता नहीं।"

बाहर से एक चोबदार आया; अतएव शान्तिचन्द्र ने सिर उठाकर ऊपर देखा और ज़रा कठोरता से पूछा, "क्या काम है?"

"काम क्या है? मैं आयी हूँ!" कहकर मानकुँअर देवी ने अन्दर प्रवेश किया और कहने लगीं "चोबदार, बाहर जाओ। आखिर तुम क्या करने बैठे हो? मुझसे कुछ कहते तक नहीं?"

शान्तिचन्द्र ने बड़े प्रयत्न से अपने गौरव की रक्षा की, "मुरारपालजी! अब आप प्रसन्नता से जाइए। वह बात भूल न जाइए।"

"अच्छी बात है, नमस्कार।" कहकर मुरारपाल वहाँ से चला गया। उसने देखा कि अब पति-पत्नी की बातचीत के समय खड़े रहना ठीक नहीं है। वह बाहर निकला और नीचे उतरने लगा। जाते-जाते, बगल के छज्जे पर उसने तीन-चार युवतियों को खड़े देखा। उनमें से एक परिचित-सी प्रतीत हुई, अतएव वह उस ओर घूम पड़ा, पर जिसका मुख कल साथ आयी हुई लड़की के समान प्रतीत हुआ, उसने तो घूँघट काढ़ा हुआ था। निराश होकर मुरारपाल रात के अनुभव का स्मरण करता हुआ अपने घर गया।

सेठ शान्तिचन्द्र मानकुँअर देवी की उग्रता को शान्त करने का प्रयत्न करने लगे, "परन्तु है क्या? इतनी अधिक क्यों आकुल हो रही हो? हुआ क्या है?"

"होगा क्या? सारा नगर उलटकर तुम्हारे प्राण लेने आ रहा है। कुछ खबर है?"

दंडनायक का हृदय धड़क उठा। पूछा, "क्यों, नगर क्यों उलटेगा?"

"चन्द्रावती के उस जती को जो तुम यहाँ बुलाते हो, इस कारण! मीनलदेवी कहाँ हैं? तुम्हीं बताओ न?"

सेठ शान्तिचन्द्र अधिकाधिक घबराते हुए बोले, "अरे, ज़रा धीरे-धीरे बातें करो, कोई सुनेगा?"

"कौन नहीं जानता कि धीरे बोलूँ? और कह क्या रही हूँ? सारा नगर जानता है कि मीनलदेवी कल रात को भाग गयीं और चन्द्रावती की सेना हमारे द्वार पर आकर पड़ी है।"

"कौन कहता है?"

"यह मुझसे छिपाओगे तो कैसे काम चलेगा? मैं सारे नगर का हाल जानती हूँ।"

"देखो, ज़रा मेरी बात तो सुनो।"

कमर पर हाथ रखकर सेठानीजी ने कहा, "हाँ, कहो, देखें क्या कहते हो?"

"तुम्हीं से कहता हूँ, किसी से कहना मत। महारानीजी यहाँ से सबका समाधान करने के लिए गयी हैं, क्या समझी? और कल सन्ध्या समय लौट आयेंगी, इसलिए घबराने का कोई कारण नहीं है।"

"और चन्द्रावती की सेना? वह तो तुम्हारी सगी मालूम होती है, क्यों?"

"परन्तु कहाँ है चन्द्रावती की सेना? किसी ने गप उड़ा दी है।"

"नहीं, नहीं जी, तब सब लोग जो कह रहे हैं वह झूठ है, और तुम ही एक राजा हरिश्चन्द्र हो! अब तुम घर चलो, घर। मुझे तो यह दंडनायकी-वायकी कुछ नहीं चाहिए। अब बुढ़ापे के समय सफ़ेद बालों में धूल डलवाने को बैठे हो?"

शान्तिचन्द्र ने ज़रा कठोर होकर कहा, "सेठानी! मेरा कर्तव्य इस समय पाटन की रक्षा करना है, समझीं? और इस पैंसठ वर्ष की उमर में अब मैं पीठ दिखानेवाला नहीं हूँ। महारानीजी की आज्ञा का अनादर मैं कभी नहीं कर सकता!"

"नहीं, अनादर क्यों करोगे? तुम तो अपने बाप-दादों की आबरू जो जाने दोगे। सारा नगर यहाँ उलटकर आ जायगा, तब क्या करोगे? कोई चन्द्रावती की सेना को घुसने देगा? तुम्हारी अपेक्षा तो एक रास्ते चलते का हृदय उबल पड़ता है। अपने नगर में परदेसी सेना?"

"परन्तु कहा किसने? व्यर्थ ही ऐसी बातें क्यों कर रही हो? और लोग आयेंगे तो मैं जवाब दे लूँगा!"

"दिया, दिया, रहने दो। क्या उत्तर दोगे?"

"कहूँगा कि जो हो सके, कर लो। किसी की सामर्थ्य नहीं कि राजमहल में प्रवेश करे। मुझे अपने कर्त्तव्य का पालन करना है। चोबदार! यहाँ नायक कौन है?" इसी समय लोगों का हो-हल्ला सुनाई पड़ा, "अरे! पर यह आवाज़ कैसी है? सरस्वती में इस समय यह बाढ़ कैसे आ गयी है?" कान लगाते हुए शान्तिचन्द्र ने पूछा।

"नहीं, नहीं, यह तो वे सब लोग हैं!" सेठानीजी ने कहा।"

दूर से आती हुई, बढ़ती हुई, गम्भीर किन्तु भयंकर अस्पष्ट आवाज़ सुन पड़ी। शान्तिचन्द्र घबड़ाया। उसने जान लिया कि यह उद्वेलित सागर जैसी आवाज़ किसकी है? ऐसी हृदयवेधक, गम्भीर गर्जना एक महाशक्ति के दो ही रूप कर सकते हैं : एक सागर और दूसरा समाज। ये रूप अधिकांश में समान प्रतीत होते हैं। उनकी अथाह गहराई में रत्नों की चमक, बड़वानल की भयंकर आग, दुःखदायक मगरमच्छों की रक्त पिपासु रस्साकशी समाविष्ट है—यह मानो कवि लोग लिख गये हैं। गौरवशाली शान्ति के समय आनन्द की तरंगें दोनों पर लहराने लगती हैं, ऐसा मालूम होता है कि आह्लादजनक संगीत की ध्वनि है। क्षण ही भर में हवा का रुख बदलते ही शान्ति नष्ट हो जाती है, और ऐसी भयंकर गर्जना शुरू हो जाती है कि बड़वानल और मगरमच्छों का प्रभाव विस्मृत हो जाय। राक्षसी-क्षुधा की सन्तुष्टि के लिए यह शक्तियाँ आगे बढ़ती हैं। जो उनके निकट पहुँचता है, उसे वे निगल जाती हैं और मनुष्य की अपनी बुद्धि द्वारा खड़े किये हुए रेती के छोटे-मोटे ढेर पल-भर में बह जाते हैं।

पाटन की हवा बदल गयी थी। आनन्द की लहरियों ने प्रचंड रूप धारण कर लिया था। रानी, यति और शान्तिचन्द्र की रची हुई योजनाओं को भूमिसात करने के लिए समाज आगे बढ़ रहा था। उस समाज की प्रलयंकरी तरंगों ने तांडव-नृत्य आरम्भ कर दिया था और उस नृत्य का गान सुनकर शान्तिचन्द्र विचार में पड़ गया था। उसने अपने सीधे-सादे जीवन में ऐसे अवसर अधिक नहीं देखे थे। भीमदेव के यौवन-काल की घटनाएँ और गज़नी के मुहम्मद की चढ़ाई के समय की स्थिति उसने केवल सुनी भर थीं और उसकी धारणा हो गयी थी कि पट्टनी लोग अब बड़े सीधे-सादे हो गये हैं। इस समय यह ध्वनि क्या सूचित करती है? इसका परिणाम क्या होगा? —

इन सब प्रश्नों का रहस्य समझने के योग्य राजनीतिक पटुता शान्तिचन्द्र में नहीं थी।

''चोबदार! चोबदार! कल्याण नायक को बुलाओ।''

''जी, वे यहीं हैं।'' कल्याण नायक अन्दर आ गया।

''कल्याण! यह सब क्या सुनाई पड़ रहा है?''

''महाराज, मैं भी यही विचार कर रहा हूँ। लोगों की चिल्लाहट-सी प्रतीत होती है।''

''नायक, तुम स्वामिभक्त हो। हम सबकी परीक्षा का समय आ गया है। कल रात तुम्हें मालूम तो हो गया होगा, कि महारानीजी कुछ आवश्यक कार्य से पाटन से बाहर गयी हैं। उनके लौट आने तक हमें राज्य की सब प्रकार रक्षा करनी है। इसलिए, जो कुछ हो वह ठीक है; परन्तु तुम राजमहल के अगले दरवाज़े पर रहो, और समय आने पर उसे बन्द करने के लिए भी तैयार रहो! मैं भी तैयार होकर अगले चौक में आता हूँ।''

''परन्तु महाराज! हमारे सैनिकों के विषय में कुछ नहीं कहा जा सकता। कल रात्रि के उपद्रव के अनन्तर सब को शंका हो गयी है कि महारानीजी यहाँ हैं। और इससे सब लोग बदल से गये हैं।''

''कोई हर्ज नहीं, तुम दरवाजे को सँभालो। मैं सबको अभी समझाये देता हूँ। सेठानी! तुम्हें बाहर जाना हो तो जाओ। मैं यहीं रहूँगा।''

मानकुँवर देवी ने अपने वृद्ध पति की दृढ़ता देखी और उसकी प्रशंसा की, ''और क्या! इस उमर में मैं तुम्हें यहाँ छोड़कर चली जाऊँगी, क्यों?''

''तो ठीक है।'' कहकर शान्तिचन्द्र तैयार होने लगे और कल्याण नायक दरवाज़े के पहरे पर चला गया। मानकुँअर देवी चुपचाप बाहर चली गयीं।

धीरे-धीरे आवाज़ अधिक गम्भीर और स्पष्ट होती गयी। 'जय सोमनाथ!' के नाद सुनाई पड़ने लगे। राजमहल की ऊँची खिड़की से शान्तिचन्द्र ने सामने बढ़ा आता हुआ जन-प्रवाह देखा और उसके बल, उसकी दिशा और उसके नायकों को पहचानने का प्रयत्न किया। उसे कुछ ऐसा प्रतीत हुआ जैसे दूर से एक महानदी पर्वत से पहली बार निकलकर सागर से मिलने जा रही हो। दंडनायक कुछ उलझन में पड़ गया और हाथ से सिर टेककर बैठ गया। कोई पहर भर दिन चढ़ा होगा कि कल्याण नायक दौड़ता हुआ आया।

''महाराज, मंडलेश्वर खेंगारजी आये हैं और आपसे तथा महारानीजी से मिलना चाहते हैं।''

मन-ही-मन घबराते हुए पर बड़े प्रयत्न से गम्भीर होकर शान्तिचन्द्र ने पूछा, ''तुमने क्या कहा?''

"मैंने कहा कि महारानीजी शोक के कारण किसी से नहीं मिलतीं और सेठ शान्तिचन्द्र ध्यान में बैठे हैं।"

"तब?"

"तब उन्होंने कहा कि जब तक सेठ खाली हों, तब तक मैं बैठूँगा। अतएव विवश होकर मैं उन्हें अन्दर ले आया हूँ और नीचे सभाभवन में बिठा दिया है।"

"ठीक है, मैं आ रहा हूँ। हमारे पास सैनिक कितने हैं?" विचारमग्न दंडनायक ने पूछा।

"लगभग डेढ़ सौ होंगे।"

"परन्तु उपद्रव होने पर हमारी आज्ञा का पालन करने वाले कितने होंगे?"

"ऐसे तो पचास-साठ निकलेंगे।"

"अच्छी बात है, बाकी सब लोगों को इसी समय किसी बहाने राजमहल से बाहर कर दो। पिछले दरवाज़े से, समझे? हमारे यहाँ और आवश्यक सामग्री तो है?"

"जी हाँ।"

राजमहल केवल महल ही नहीं था। उस समय के राजमहल उपद्रवों के समय राजाओं की रक्षा करनेवाले छोटे-मोटे दुर्ग-से हुआ करते थे और उनमें सब प्रकार की सुविधा रहती थी। अतएव, कभी किसी विपक्षी के द्वारा घेरा भी पड़ जाए तो वह सह लिया जाए, ऐसी शक्ति उनमें रखी जाती थी।

"तब ठीक है, तुम चार-छः विश्वासपात्र सैनिकों को अगले दरवाजे पर रखो और यह प्रबन्ध कर दो कि बिना मेरी आज्ञा के दरवाजे न खुलें।" कहकर शान्तिचन्द्र नीचे उत्तर गये। सभाभवन विशाल, स्वर्णजटित और शानदार था। उसके एक कोने में मंडलेश्वर खेंगार अधीरता से खड़े हुए अपनी सफ़ेद मूँछों पर ताव दे रहे थे।

शान्तिचन्द्र ने पूछा, "कहिए मंडलेश्वरजी! इस समय कैसे पधारे?"

"मैं महारानीजी से मिलना चाहता हूँ।"

"महारानीजी तो शोक में हैं, वे कैसे मिलेंगी?" 'महारानीजी' शब्द पर ज़रा ज़ोर देते हुए दंडनायक ने कहा।

"कोई हर्ज नहीं, अन्दर के कमरे में बैठकर ही बातें कर लेंगी।"

"परन्तु, ऐसी क्या ज़रूरत आ पड़ी है? इस समय वे मिलेंगी, ऐसा तो नहीं जान पड़ता।"

"क्यों?"

"महारानीजी की कड़ी आज्ञा है कि कोई उनसे मिलने न आये।"

"ठीक है, तब कुमार जयदेव तो शोक में नहीं बैठे हैं। वे कहाँ हैं?"

"परन्तु, ऐसा ज़रूरी काम क्या है?"

"देखिए सेठ शान्तिचन्द्रजी, सब लोग कह रहे हैं कि महारानीजी और कुमार जयदेव भाग गये हैं, और इसका मुझे निश्चय कर लेना है।"

"खेंगारसिंह जी, अभी तक आप महाराज कर्णदेव के खास मित्रों में रहे हैं, इस समय आप मित्रता से आये हैं या शत्रुता से?"

"सेठजी, महाराज कर्णदेव का पुत्र मेरे माथे का मुकुट है। परन्तु इससे कहीं मैं अपने पाटन की टेक जाने दूँगा? कुमार जयदेव को यहाँ बुलाइए। मैं उनसे मिलकर तुरन्त चला जाऊँगा।"

"मंडलेश्वरजी, तब ज़रा सुन लीजिए। देवप्रसाद और मुंजाल मिलकर पाटन पर चढ़ाई करनेवाले थे; अतएव उन्हें रोकने के लिए, यह सब मुझे सौंपकर वे मधुपुर गयी हैं।"

"सेठ शान्तिचन्द्र, खेंगार को धोखा देना चाहते हो?"

"नहीं, नहीं।"

"तब आप यह सब क्या कर रहे हैं? ऐसा क्यों नहीं कहते कि आपका वह यति रानी को चन्द्रावती की सेना की ओर ले गया है, और उस सेना को लेकर रानीजी अब पाटन को सर करने आ रही हैं?"

"अजी जाइए भी; ऐसा करने का कारण आखिर क्या हो सकता है?"

मंडलेश्वर खेंगार ने कहा, "और कुछ नहीं, केवल मंडलेश्वरों को धबराहट में डालकर वश में करना। सेठ शान्तिचन्द्र, यह सब दाव-पेंच आप ही के हैं। बाहर सब लोग खड़े हैं, उन्हें आप क्या उत्तर देते हैं?

"बाहर कौन हैं? किसलिए आये हैं?"

"कौन हैं? सभी कोई हैं। यह पूछिए कि कौन नहीं हैं? मेहताजी, मामला विकट है। महारानी ने पाटन की नाक काट ली है, अब पछताना होगा। यह सब लोग प्राण ले लेंगे।"

"खेंगारजी, रानी जो चाहें करें, वे राज्य की स्वामिनी हैं। मैं तो लोगों से कहूँगा कि वे चुपचाप बैठे रहें।"

"सेठजी, पागल तो नहीं हो गये हो? चन्द्रावती की सेना आ खड़ी हो और पट्टनी लोग बैठे रहें! यह तो मुँह से भी मत निकालना। पाटन में परदेसियों का घुस आना कितना कठिन है सो आपको मालूम हो जायगा। कुछ भी हो जाय, हम तो दरवाज़े बन्द करके ही बैठेंगे और आप न मानेंगे, तो संकट में पड़ जाएँगे।"

सेठ शान्तिचन्द्र उलझन में पड़ गये। उन्हें यह समझ में नहीं आता था कि ऐसे मौकों पर क्या करना चाहिए। उनके मन में एक ही बात घूम रही थी कि इस समय लोगों के आगे झुका न जाय, और रानी के आने तक सत्ता कायम रखी जाय। इसलिए वे बोले, "मंडलेश्वरजी, मेरा धर्म इस समय सत्ता कायम रखना है। बहुत होगा, तो मैं गढ़ में बैठा रहूँगा। लोग बाहर जो चाहे, करें।"

''लोग अभी महल में आ जायँगे सेठ शान्तिचन्द्रजी! आप हठ छोड़ दीजिए, लोगों को शान्त कीजिए और पाटन के दरवाज़े हमें सौंप दीजिए, हमें और कुछ नहीं चाहिए।''

''भले ही आप जैसे अनेक मंडलेश्वर आ जायँ, मैं विचलित न हूँगा।''

''देखिए, मेरी सलाह ठीक है, मान जाइए। आप भी पट्टनी हैं। पाटन की आबरू पर पानी मत फेरिए।''

''आप कह चुके? मेरा धर्म, मेरा कर्त्तव्य अपने राजा की आबरू रखना है; और चन्द्रावती के जैन आ जायँगे, तो वे कौन पराये हैं? सब हमारे ही तो हैं?''

पीछे लौटते हुए मंडलेश्वर ने कहा, ''आपके हो सकते हैं, हमारे नहीं। अच्छा, आप नहीं मानना चाहते, तो मैं यह चला। अब मुझे दोष न देना।''

''खेंगारसिंह जी, आप अब बाहर नहीं जा सकते। राजमहल के दरवाज़े बन्द हैं।''

खेंगार गर्व से लौट पड़ा और भयानक स्वर में बोला, ''मुझे कैद करते हो?'' उसने अपनी तलवार पर हाथ रखा।

''मंडलेश्वर, क्षमा करो, इस समय राजमहल के दरवाज़े नहीं खुल सकते।''

''उन सब लोगों का क्या होगा जो बाहर राह देख रहे हैं?''

''भले ही राह देखें और अपने घर चले जायँ। खेंगारसिंह जी, मेरे जीवित रहते, इस समय महल के दरवाज़े नहीं खुल सकते।''

''क्यों?'' एक कोमल, पर सत्तापूर्ण स्वर द्वार की ओर से सुनाई पड़ा। फीका और निर्बल, फिर भी क्रोध से जलता हुआ तेजस्वी त्रिभुवनपाल द्वार पर खड़ा था। पीछे उदा उसकी पीठ पर एक हाथ रखे हुए था। साथ में लीलाधर वैद्य और सामल बारहट भी थे।

शान्तिचन्द्र और खेंगार दोनों ने त्रिभुवन का भव्य रूप देखा और उन्हें ऐसा प्रतीत हुआ जैसे अनचीता कोई देवदूत आ गया हो। वे चौंक पड़े।

सामल बारहट ने ज़ोर से कहा, ''शान्तु मेहता, पाटन की प्रजा बाहर खड़ी चिल्ला रही है, ये दरवाज़े क्यों बन्द कर रखे हैं? गो, ब्राह्मण-प्रतिपाल के द्वार कभी आपने बन्द सुने हैं?''

शान्तिचन्द्र ने क्रोध से कहा, ''बारहटजी, मैं किस-किसको जवाब देने बैठूँ। मुझे राज की रक्षा करना है। किसकी सामर्थ्य है कि दरवाज़े खोल दे? जो खोलने जायगा, उसका सिर धड़ से अलग कर दूँगा।''

त्रिभुवनपाल ने होंठ चबा लिये। उसमें अधिक शक्ति नहीं थी, फिर भी बड़े प्रयत्न से अपने को शान्त रखकर वह बोला, ''मेहताजी, मेरी सामर्थ्य है। कुमार जयदेव नहीं हैं, पिताजी नहीं हैं, अतएव आज पाटन की लाज मुझे रखनी है। मैं दरवाज़े खोलूँगा। क्या इस प्रकार स्त्रियों की भाँति छिपकर बैठा रहूँ?''

शान्तिचन्द्र और खेंगार ने त्रिभुवन को पहचान लिया। एक घबरा गया, दूसरा प्रसन्न हो उठा। खेंगार ने कहा, ''कौन, मेरे मंडलेश्वर के पुत्र त्रिभुवनपाल? जीते रहो मेरे सोलंकी वीर!''

''पर, जरा मेरी बात भी सुनोगे?'' शान्तिचन्द्र ने नरम पड़कर गिड़गिड़ाते हुए कहा।

''नहीं। पाटन की प्रजा बाहर खड़ी हो, और उसके स्वागत में विलम्ब किया जाय? शान्तु सेठ, आपसे जो हो सके, कर लीजिए, मैं दरवाज़े खोलता हूँ। देखता हूँ, मुझे कौन रोकता है?'' कहकर त्रिभुवनपाल चौक में आ गया। चबूतरे से राजमहल का कोट कुछ ही दूर था और दोनों चौक किसी विशेष अवसर पर सेना के काम आते थे। खेंगारसिंह साथ हो गया। शान्तिचन्द्र सेठ की दृढ़ता चली गयी। खेंगार को बन्दी करना सरल था, पर त्रिभुवनपाल का क्या किया जाय?

''कुमार, मैं दंडनायक हूँ। तुम्हें मेरी आज्ञा शिरोधार्य करनी चाहिए।''

त्रिभुवनपाल चुपचाप आगे बढ़ गया। खेंगार से अधिक कहने की आवश्यकता ही न थी। वह तेज़ी से कोट के दरवाज़े के समीप पहुँचा और कल्याण नायक से कुछ बातचीत की। कल्याण नायक उलझन में पड़कर शान्तिचन्द्र की ओर घूमा, तो उसने निराशा से पराजित दंडनायक को नीचा मुख किये खड़े देखा। कुछ दूर चौक के बीच में त्रिभुवनपाल को भी देखा। अवसर बड़ा विकट प्रतीत हुआ। वह भी चुपचाप खड़ा रह गया। खेंगार ने खिड़की खोली और जैसे बड़ी कठिनता से रोका हुआ प्रवाह एक छोटे-से मार्ग से बहने लगता है, उस तरह, छोटी-सी खिड़की से पाँच-पाँच, सात-सात, दस-दस मनुष्य एक साथ अन्दर घुस आये। उन्होंने अरगला हटाकर दरवाज़े को खोल दिया।

खुले हुए दरवाज़े से जन-समाज-सागर की एक बड़ी-सी लहर अन्दर आयी और सारे चौक में फैलने लगी।

निश्चय

धीरे-धीरे लीलाधर का हाथ थामे त्रिभुवन लौट पड़ा और सभा-भवन में आया। यहाँ पहुँचकर उसकी दृष्टि अन्दर के एक द्वार की ओर घूम गयी। वहाँ एक चिन्तातुर, परन्तु रमणीय और परिचित मुखारविन्द उसने देखा और चौंक पड़ा। उसने होंठ दबा लिये, मुट्ठियाँ बाँध लीं और हृदय को कठोर कर लिया। प्रसन्न उमंग से भरी हुई द्वार के बाहर निकलने जा रही थी; उसके आतुर नेत्र त्रिभुवन से स्नेह-स्मित की आशा किये हुए थे; परन्तु सामने कठोर पाषाण-प्रतिमा को देखकर वह झिझक पड़ी और जहाँ की तहाँ खड़ी रह गयी त्रिभुवन सुनहले सिंहासन के पास आ

गया और गद्दी पर लगे तकिये के सहारे नीचे बैठ गया। उससे अधिक देर खड़ा न रहा गया।

नागरिकों का समूह पहले तो एकदम अन्दर घुस आया; पर कुछ बढ़कर ठहर गया। ऐसे लोग जिनकी कोई प्रतिष्ठा न थी, राजमहल में प्रवेश न कर सकते थे। इसलिए आज वे कुछ हिचककर स-सम्मान खड़े हो गये। सारा हो-हल्ला शान्त हो गया। राजमहल बहुत-से लोगों के लिए देवमन्दिर के समान था। अपने विनयहीन बर्ताव से उसकी शान्ति भंग करने का किसी को साहस न हुआ। डूँगरनायक जैसे लोग भी यह प्रयत्न करने लगे कि सब लोग अदब के साथ दूर खड़े रहें। केवल सामन्त, सेठ-साहूकार और अन्य प्रतिष्ठित नागरिक आगे बढ़े और सभा-भवन में पहुँचे। डूँगरनायक आदि लोग द्वार के पास खड़े होकर देखने लगे कि अन्दर क्या होता है। उदा ने त्रिभुवन से अलग होकर, अच्छे-अच्छे नागरिकों को भीतर ले आने का काम अपने सिर ले लिया। कुछ ही समय में सबको विश्वास होने लगा कि उदा मारवाड़ी वास्तव में पाटन की नाक रखनेवालों में हैं। सब आ चुके, तब उदा धीरे से त्रिभुवनपाल के निकट जा पहुँचा और इसके पहले कि उसकी इस बेअदबी पर किसी का ध्यान जाय वह बड़े-बड़े सेठों और प्रतिष्ठित व्यक्तियों से भी आगे जा बैठा और अपने दुपट्टे से त्रिभुवन पर हवा करने लगा। लीलाधर ने सबसे बैठने को कहा; अतएव सब बैठ गये। अब तक शान्तिचन्द्र की आँखों के आगे अँधेरा छा रहा था। त्रिभुवनपाल से कुछ दूर हाथ पर हाथ रखे दंडनायक शोकातुर खड़ा हुआ था। उसके मन में इसके अतिरिक्त और कोई चिन्ता नहीं थी कि रानी को वह क्या उत्तर देगा।

सबके शान्त हो जाने पर खेंगार ने कहना शुरू किया, "त्रिभुवनपालजी, अब हमारे शिरोमणि आप हैं। यह एक ऐसा अवसर उपस्थित हो गया है कि कुछ करना ही होगा।"

"खेंगार काका, आप बड़े हैं, इस अवसर पर अपने पाटन की लाज रखना आपके हाथ है। सेठ शान्तिचन्द्रजी, आप क्या कहते हैं?"

सेठ शान्तिचन्द्र इस तरह ऊपर देखते रह गये जैसे नींद से जागे हों और बड़ी मेहनत से उनके मुँह से शब्द निकले।

"महाराज, कृपा कर मेरी भी सुन लीजिए, अकुला क्यों रहे हैं? इतने वर्षों की मेरी सफ़ेदी पर क्यों धूल डाल रहे हैं? पाटन के हितैषी जैसे आप हैं, वैसा ही मैं भी हूँ। मैं भी जीवन-भर यह प्रयत्न करता रहा हूँ कि सोलंकियों का सूर्य तपता रहे। मेरी भी तो मानिए।

दो-चार अगुए एक साथ बोल उठे, "क्या? क्या? क्या?"

बूढ़े में वृद्धावस्था का गौरव दीप्त हो रहा था।

त्रिभुवन ने कहा, "सेठ शान्तिचन्द्र जी, पहले आप बैठ जाइए, फिर शान्ति से जो कुछ कहना हो कहिए!"

बैठते हुए वृद्ध मंत्री ने धीरे-धीरे कहा, "भाइयो, आप सब लोग क्यों उतावले हो रहे हैं? राज्य में शान्ति स्थापित करने के लिए ही महारानी जी पाटन छोड़कर गयी हैं। एक ओर क्रोधित मुंजाल मधुपुर मे डेरा डाले हैं, दूसरी ओर रोष में भरे मंडलेश्वर की सेना मेरल में पड़ी हुई है। इन दोनों को राज़ी करके, महारानीजी कल सन्ध्या समय यहाँ लौट आनेवाली हैं। आप व्यर्थ शंका कर रहे हैं। तब तक तो राह देख लो, फिर जो कुछ करना, हो करना। परन्तु इसी बीच में फ़िज़ूल धाँधली मचाकर अपने राजतन्त्र को क्यों बिगाड़ रहे हो? आप सब सयाने हो, ज़रा तो विचार करो, एक दिन में क्या खट्टा-मीठा हुआ जाता है?"

सब लोगों ने सुना। कुछ लोग पिघल गये। दंडनायक का कहना ठीक मालूम हुआ।

उदा ने पूछा, "पर हम लोग कहीं धोखा खा गये तो?" उसने सोचा कि यह सब उपद्रव शान्त हो गया, तो उसका सारा परिश्रम व्यर्थ हो जायगा।

एक-दो व्यक्तियों ने अनुमोदन किया, "हाँ, ठीक कहते हो।"

लीलाधर ने पूछा, "यदि हम सब दरवाज़े बन्द कर रक्खें तो कैसे धोखा खा सकते हैं?

दंडनायक ने आजिजी करते हुए कहा, "बेशक, और इसके लिए मैं, आप कहें, उसकी शपथ लेने को तैयार हूँ। किसी शत्रु को न आने दूँगा। और क्या चाहते हैं? मैंने इन्तज़ाम तो सभी दरवाज़ों पर कर रखा है।"

वस्तुपाल सेठ ने कहा, "हाँ, यह बात कुछ झूठ नहीं है, इसमें क्या बुराई है?"

खेंगार, त्रिभुवनपाल वगैरह सबको प्रतीत हुआ कि घबराने का कोई कारण नहीं है। परन्तु उदा ऊँचा-नीचा हो रहा था। उसने धीरे से कहा, "परन्तु चन्द्रावती की सेना कहाँ तक आ पहुँची है, इसका पता लगाया? सम्भव है, सीमा पर ही आ पहुँची हो, तो?"

शान्तु मेहता ने विश्वास दिलाया, "बिलकुल झूठी बात है। मुझ पर विश्वास नहीं है? मधुपुर से ज़रा भी आगे नहीं बढ़ी, और वह वहीं रहेगी।"

"तब कोई हर्ज नहीं।" कहकर दो-चार आदमी उठने की तैयारी करने लगे। उनका जोश नरम पड़ गया था; और यह सब ठीक हो, तो शस्त्र उठाने की किसी को हौंस भी नहीं थी। शान्तु मेहता को कुछ धीरज होने लगा। ऐसा मालूम होता था कि इस हवा से बादल बिखर जायँगे।

इतने में बाहर खड़ा जन-समूह एकदम चिल्ला उठा। बाहर हो-हल्ला मच गया और 'जय सोमनाथ' का नाद होने लगा। खेंगार, त्रिभुवन आदि क्रोधित हो उठे। इस प्रकार मर्यादा लाँघकर साधारण जनता का उपद्रव मचाना किसी को भला न लगा।

त्रिभुवन ने सख्ती से पूछा, "कल्याण नायक, यह क्या धाँधली है?"

कल्याण के उत्तर देने से पहले ही डूँगरनायक बढ़ता हुआ दरवाज़े में घुसा और आगे पहुँच गया। उसके हाथ में एक पत्र था।

दो-तीन आदमी पूछ उठे, "क्या है? क्या है?"

नीचे झुककर डूँगर ने नमस्कार किया और कहा, "महाराज! अन्नदाता। विखराट से दूत आया है, और महारानीजी के नाम यह पत्र लाया है।"

त्रिभुवन ने द्वार में खड़े दूत की ओर देखा, वह बड़ी शीघ्रता से आ रहा प्रतीत होता था और उतावली और आतुरता से हाँफ रहा था।

त्रिभुवनपाल ने कहा, "लाओ देखूँ।"

"लीजिए, अन्नदाता!"

त्रिभुवनपाल ने उसे खोला और पढ़ा। उसके कपाल पर भयंकर बल पड़ गये। जोश में वह खड़ा हो गया। उसने दण्डनायक की ओर क्रोध से देखा, "क्यों शान्तु सेठ, आप किसे पटा रहे हैं? चन्द्रावती की सेना, तो यह सीमा पर आ पहुँची!" त्रिभुवन का स्वर गूँज उठा।

सब लोग एकदम खड़े हो गये और पूछने लगे "क्या? क्या?"

"शान्तु सेठ हमें बहला रहे हैं। देखिए, विखराट का देवजी मुखिया सन्देश भेज रहा है।" कहकर त्रिभुवन पढ़ने लगा, "चन्द्रावती के सैनिकों ने विखराट में पड़ाव डालना शुरू किया है।"

यति ने कुछ टुकड़ियों को रास्ते से ही विखराट की ओर भेज़ दिया था, लौटते हुए रानी वहाँ पड़ाव डालना चाहती थी। परन्तु विखराट के मुखिया को इसकी कुछ भी खबर नहीं थी; अतएव पहली टुकड़ी ज्यों ही गाँव में घुसी त्यों ही घबराकर मुखिया ने रानी के पास यह सन्देश भेजा था। पत्र के शब्द सुनकर सब लोग इस प्रकार स्तब्ध खड़े रह गये, जैसे कड़ककर बिजली गिरी हो।

शान्तिचन्द्र ने आकाश की ओर देखा और ईश्वरीय सहायता की याचना की। उसने समझ लिया कि अब कोई वश में न रहेगा। उसने एक प्रयत्न और किया, "क्या बात है? हम दूत को बुलाकर पूछें।"

उदा ने आगे आकर उच्च स्वर में कहा, "क्या बात है, क्या? मेहताजी, बुढ़ापे के कारण आपकी मति तो नहीं मारी गयी? हमें बातों ही बातों में फुसलाकर समय बिताना चाहते हैं? हमें धोखा देते हैं? महाराज, जो कुछ करना हो, जल्दी करो।"

जीती-जागती सेना बिलकुल निकट आ गयी। सुनकर कई लोगों के पंजर ढीले हो गये। तिलकचन्द बोलने में बड़ा शूर था; परन्तु वास्तविक लड़ाई के समय उसका हृदय ज़रा घबरा जाता था। उसने कहा, "उदा सेठ, ज़रा शान्ति तो रखो।"

"शान्ति, शान्ति, कौन बोल रहा है? मुझे उसका नाम तो बताओ।" सामल बारहट अभी तक घुटनों से दुपट्टा बाँधे बैठे हुए थे और बीच-बीच में झोंके खा रहे थे। जब सब लोग खड़े हो गये, तब वे धीरे-धीरे खड़े हुए, "शान्ति का नाम लेते

इसकी माता का दूध नहीं लजाता? क्या यहाँ ऐसा कोई रानी का जाया नहीं है जो कहने वाले की जीभ खींच ले?"

सेठ शान्तिचन्द्र अपना बचाव करते हुए बोले, "बारहटजी! ज़रा शान्त हो जाइए। मुझे कुछ कहने दीजिए।" वे बेचारे इस उत्तेजित सभा में अकेले थे, और उन्हें सूझ नहीं रहा था कि क्या किया जाय। यद्यपि विखराट से आये हुए दूत ने सब चौपट कर दिया था, परन्तु उन्हें आशा थी कि वे धीरे-धीरे लोगों को समझाकर दो दिन तक शान्त रख सकेंगे। मुरारपाल पर उन्हें पूर्ण विश्वास था और उनकी धारणा थी कि कल संध्या तक वह महारानी जी को नगर में ले आये, तो उनका दायित्व पूर्ण हो जाय। सेठ शान्तिचन्द्र बारहट की जिह्वा से परिचित थे; इसी से वे उन्हें शान्त करने का प्रयत्न करने लगे। परन्तु सामल बारहट इस प्रकार मानने वाले थोड़े ही थे।

"शान्त हो जाऊँ? शान्त हो जाऊँ? बहुत समय शान्त पड़ा रहा और तुम जैसों की चलने दी। शान्तु मेहता, जिस बाप ने चार बेटों को साथ लेकर सोमनाथ के आगे केसरिया किया, उसी बाप के बेटे तुम आज पाटन को बरबाद करने निकले हो? और ये सब लोग देख रहे हैं? ये न जाने कब से व्यर्थ सिर पचा रहे हैं! बनराज देव के पाटन में ऐसे कायर!"

अन्धे बारहट की संस्कार युक्त, बुढ़ापे से टूटी हुई फिर भी बुलन्द आवाज़ गूँज गयी। सामल बारहट की ख्याति से सारा पाटन परिचित था। उसकी यशोगाथाएँ स्त्रियों के गरबों में भी गाई जाती थीं; फिर भी बहुत कम लोगों ने उसे अपनी आँखों देखा था; अतएव सभी चकित होकर देखने लगे। पहले बारहट ने सिर हिलाकर आधा कवित्त और आधा गद्य कहा। मुख से थूक उड़ता था। परन्तु कुछ ही वाक्यों के पश्चात उस वृद्ध का स्वर इस प्रकार प्रभावशाली होता गया, जैसे मरता हुआ योद्धा अतुल पराक्रम दिखला रहा हो। उसकी कँपकँपी दूर हो गयी, झुका हुआ शरीर तन गया, निस्तेज हुए नेत्रों में विचित्र तेज आ गया। जिन शब्दों ने प्रतापी भीमदेव के जीवन को प्रेरित किया था, वे शब्द फिर से गरज उठे, चोट करने वाले हो गये और वीरता के दावानल को सुलगाने लगे।

त्रिभुवन ने बूढ़े को शान्त करने के विचार से कहा, "बारहटजी!" परन्तु सामल का जोश उबल पड़ा था, वह अब शान्त नहीं हो सकता था।

बूढ़ा कहने लगा, "कुमार! मेरे सोलंकी वीर! यह कैसे दिन आ गये हैं? कहाँ हैं मेरे प्रभावशाली पट्टनी? कहाँ हैं मेरे शूरवीर सोलंकी? कुमार, यह दिन देखकर मेरा जी जला जाता है। मैंने तो पाटन में शौर्य की सीमाएँ देखी हैं। मैंने टेक के लिए पिताओं को रण-यज्ञ में बीस-बीस पुत्रों की आहुति देते देखा है। गुजरात के गौरव के लिए कच्चे केले के समान बालकों को केसरिया करते देखा है। प्रेम-पागल प्रेमियों को युद्ध में भेजने के लिए, सतियों को पति के जीवित रहते अग्नि-प्रवेश करते देखा है। मैं भीम

और विमल के साथ घूमा हूँ। डेढ़-डेढ़ महीना इस कोट के पीछे रहकर अफगानों को हैरान किया है। इस समय तो एक ही शब्द का उच्चारण करना चाहिए, एक ही मंत्र का जप करना चाहिए और उसी मंत्र का उच्चारण करते हुए भगवान भीर-भंजन की आराधना करनी चाहिए।"

बारहट के शब्दों का प्रवाह क्षण में धीमा हो जाता, क्षण में तीव्र हो जाता, और क्षण में घन-गर्जन की भाँति गम्भीर मालूम होने लगता। सब सुननेवाले एकाग्र चित्त से खड़े हुए थे, ज़रा साँस भी नहीं ले रहे थे। उनके हृदय इस प्रवाह की तरंगों पर उछलते हुए आगे बढ़े; बारहट की इच्छा के अनुसार रोये, क्रोधित हुए, निराश हुए और अन्त में सब कुछ भूलकर यह जानने को व्याकुल हो गये कि कौन से शब्द से भीर-भंजन होगा। एक सधे हुए वक्त की भाँति बारहट कुछ देर रुक गये, सबकी उत्कंठा क्षण-भर में आतुरता के शिखर पर जा पहुँची। बारहट ने फिर बुलन्द आवाज़ से कहा, "जय सोमनाथ!"

क्षण-भर श्मशान के समान गम्भीर शान्ति रही, दूसरे ही क्षण वहाँ खड़े सब लोगों और बाहर खड़ी भीड़ ने वह शब्द दुहरा दिये, "जय सोमनाथ!"

भयंकर गर्जना गूँज उठी। उत्साह के आवेश में अनेक तलवारें बाहर निकल आयीं जैसे अग्नि में आहुति देते ही ज्वालाएँ निकल पड़ी हों।

त्रिभुवन ने आगे आकर कहा, "पाटन के वीरो, बारहटजी ने आज दूसरी बार पाटन को बचाया है। अब एक ही मार्ग है। दरवाज़े बन्द करके हमें लड़ने के लिए तैयार हो जाना चाहिए। खेंगारसिंह जी, आप पुराने और अनुभवी हैं; अतएव अब इस काम को आप ही पार लगाइए।"

वस्तुपाल ने मौन दंडनायक की ओर घूमकर कहा, "परन्तु शान्तु सेठ का क्या होगा? वे क्यों नहीं बोलते?" शान्तिचन्द्र इस समय दया-पात्र से दिखलाई पड़ रहे थे। सब लोग उनकी ओर तिरस्कार की दृष्टि से देख रहे थे।

उदा ने बीच में ही कहा, "शान्तु सेठ का क्या होना है? अब यह अलग बैठें और भगवान का भजन करें।"

वस्तुपाल को कोषाध्यक्ष बनने की बड़ी इच्छा थी, परन्तु वह अपने मुख से कैसे कह सकता था? उसने उदा की ओर आजिजी से देखा, एक ही दृष्टिपात में जितना सूचित किया जा सकता था, किया और बोला, "परन्तु उदा सेठ, कोष की रक्षा कौन करेगा? इस समय यह बहुत आवश्यक बात है।"

उदा इस तरह हाथ में आयी हुई बाज़ी को जाने देनेवाला नहीं था। वह त्रिभुवन की ओर घूमा, "महाराज, मेरी बात मानिए, ऐसे समय किसी को कोषाध्यक्ष नियत करना व्यर्थ है। घड़ी-भर में क्या हो जायगा, इसका कोई ठिकाना है! इसकी अपेक्षा तो अच्छा है कि कोष पर ताले डाल दिये जायँ और पहरा बैठा दिया जाय कि फिर कोई झंझट ही न रहें।"

खेंगार कहना चाहता था, "परन्तु रुपयों के बिना..."

उदा ने कहा, "रुपया-रुपया क्या कर रहे हैं? जाइए, जब तक यह उपद्रव रहेगा तब तक मैं अपने पास से सारा रुपया दूँगा; बोलिए; अब और क्या चाहिए?"

सारे सेठ लोग देखते रह गये। इस मारवाड़ी की बुद्धि कहाँ चली गयी! सभी राजपूतों को यह बात बहुत पसन्द आयी है। यह बात वे लोग जान गये कि इन सब लोगों की अपेक्षा उदा की उदारता अधिक थी।

परन्तु और कुछ होने के पहले ही सामल बारहट धम्म से भूमि पर गिर पड़े। बोल चुकने के बाद वे अपने सिर को छाती पर झुकाये खड़े-खड़े हिल रहे थे। जोश समाप्त हो जाने पर उनकी अशक्ति और वृद्धता फिर लौट आयी थी, और जीवन-दीप मन्द हो चला था। इस ओर कोई ध्यान नहीं दे रहा था। जब वे भूमि पर गिरे, तो सब लोग उनकी ओर घूम पड़े। लीलाधर वैद्य ने नीचे बैठकर उनकी नाड़ी सँभाली और उनके मुख से निकल गया, "शिव! शिव! शिव!"

सारी सभा शोक में मग्न हो गयी। जिस बारहट ने प्राचीन वीरता को सजीव करके सच्चे जीवन की ज्योति प्रकट की थी, वह स्वर्ग सिधार गया! यवनों की नाकों दम करने वाले पट्टनियों का गुण-गान करनेवाला उनके साहसहीन पुत्रों को पूर्वजों का सन्देश सौंपकर चला गया। सामल ने दो बार पाटन को बचाया था : भीम के साथ लड़ते हुए अपने बाहु-बल से और उसके प्रपौत्र के पास रहकर अपने शब्द-बल से।

त्रिभुवन और प्रसन्न

प्रसन्न को राजतंत्र के अतिरिक्त बहुत-सी बातों पर ध्यान रखना था। उसका हृदय बेचैन था। इतने अधिक लोगों की भीड़ में बारहट के वाग्वाणों को भूलकर, वह द्वार में से त्रिभुवन की ओर देख रही थी। ज्यों ही बारहट जी भूमि पर गिरे त्यों ही वह निकट खड़ी स्त्रियों में से मात्रा के पास पहुँची।

"बहन मात्रा, अपने पिताजी को तो बुलाओ।"

"क्यों, पेट में पीड़ा हो रही है, या किसी की पीड़ा मिटानी है?"

"क्यों, इतनी मुँहज़ोर हो गयी है? ठहर! परन्तु गजानन दादा कहाँ गये? देख तो, ज़रा देख तो, जो लोग बारहटजी को उठाकर ले जा रहे हैं उनके साथ हैं।"

"परन्तु काम क्या है?"

"तेरा सिर, चली जा न बहन। मेरा तो सिर दुखने लगा।"

"पर कह तो सही, काम क्या है?"

"अच्छा, मैं ही जाती हूँ। बिना आप मरे कहीं स्वर्ग देखा जा सकता है!" कहकर

प्रसन्न तेजी के साथ पिछले कमरे में चली गयी और लीलाधर वैद्य को बुलाकर बोली, "वैद्यजी, मरनेवाले तो मर गये, जीते हुओं का भी कुछ ख्याल है?"

"क्यों? क्या हुआ?"

'मुझे तो किसी बाघ ने खाया नहीं, परन्तु कल ही तो त्रिभुवन..." वृद्ध लीलाधर ने जोर से कहा, "अरे, हाँ-हाँ! मुझे भी बुढ़ापे ने घेर लिया है क्या? परन्तु वह सोलंकी वीर तो अब लड़ने को तैयार होगा। अच्छा, मैं उसे ले आता हूँ। बेटी प्रसन्न, तुम उसके बिछौने की व्यवस्था कराओ।"

"अच्छी बात है, आप ले तो आइए।" कहकर प्रसन्न वहाँ पहुँची जहाँ त्रिभुवन को पहले सुलाया गया था और बिछौना ठीक करने लगी।

इतने में मात्रा ने आकर कहा, "क्यों, चोरी पकड़ी गयी न?"

"कैसी चोरी?"

"ठहरो, ज़रा देखूँ तो तेरा मुँह। और फिर इसमें इतने लजाने की बात ही क्या है? प्रसन्न कुमारी को कभी किसी ने बिछौना ठीक करते देखा है!"

"चुप रह, नहीं तो पिटेगी। चल हट। देख तेरे बाप की आवाज़ सुन पड़ती है। इधर से चल, इधर से।" कहकर प्रसन्न और मात्रा दूसरे द्वार से बाहर चली गयीं; पर प्रसन्न अधिक आगे नहीं बढ़ी। मात्रा समझ गयी और मुस्कराकर चली गयी।

प्रसन्न ने सुना, वैद्य कह रहे हैं, "चलो, अब दो-चार घड़ी चुपचाप सो रहो। अब तुम्हारी अधिक आवश्यकता न होगी।"

"परन्तु, परन्तु!" थके हुए त्रिभुवन का स्वर सुनाई पडा।

"परन्तु-वरन्तु कुछ नहीं, तुम सो जाओ। सम्भव है, कल लड़ाई का अवसर आ जाए। तब क्या करोगे? आज ज़रा थकावट मिटा लोगे तो कल के लिए तैयार हो जाओगे।"

"अच्छा भाई, आप राज़ी रहो। मैं सोता तो हूँ; पर यदि नींद न आयी तो?"

"भोलानाथ का नाम लेते रहना। यह दवा पी लो। ठहरो, उस पट्टी को ठीक करने दो—वाह, इससे घाव कितनी जल्दी भरता है!... अच्छा, अब मैं जाता हूँ; पर बिना मुझसे पूछे यहाँ से हटना मत।"

"अच्छी बात है, और कुछ?"

ऐसा प्रतीत हुआ जैसे त्रिभुवन सो गया है और लीलाधर भारी पैरों से कमरे के बाहर जा रहे हैं। प्रसन्न दो-एक क्षण खड़ी रही, फिर उसने कमरे में झाँका। निश्चिन्त-सा होकर त्रिभुवन पलंग पर पड़ा हुआ था, पर उसे नींद नहीं आ रही थी। गत दो दिनों के अनुभव से उसका चित्त चक्कर पर चढ़ा हुआ था। उसने एक गहरा निःश्वास छोड़ा। असहाय होकर इस प्रकार पड़े रहना उसे भला नहीं लग रहा था।

प्रसन्न आयी और सिरहाने के पास खड़ी हो गयी। उसकी छाया पड़ते ही

त्रिभुवन चौंक पड़ा और सिर उठाकर ऊपर देखने लगा। प्रसन्न को देखकर उसके मुख पर उमंग दिख गयी; पर तुरन्त ही सख्ती आ गयी। उसका आर्द्र अकेला हृदय अपनी प्रिय सखी से मिलने को तरसता था; पर कैसे मौके पर दोनों बिछुड़े थे, यह याद आते ही उसका भाव बदल गया। प्रसन्न का हृदय भी दब गया और हिम्मत छोड़ बैठा।

ज़रा हिचकते हुए प्रसन्न ने पूछा, ''त्रिभुवन, तुम्हारी...आप की तबीयत कैसी है?''

त्रिभुवन के मस्तिष्क में एक विचार आया। उसे यह स्मरण नहीं आ रहा था कि उसने प्रसन्न को कहाँ देखा था, स्वप्न में, अचेत अवस्था में, कल लड़ते समय—कहाँ? उसके साथ एक और स्त्री भी देखी थी; उसका लालित्य कैसे याद रह गया? वह कौन थी? उसकी याद आते ही हृदय क्यों द्रवित हो उठा? सबेरे के परिश्रम से थके हुए सोलंकी का मस्तिष्क उलझन में पड़ गया। उसने कोई उत्तर न देकर दोनों हाथ सिर पर रख लिये। प्रसन्न को कहाँ और किसके साथ देखा था? वह एक विचित्र प्रकार से प्रसन्न की ओर देखता रहा।

प्रसन्न ने मिठास से पूछा, ''क्यों, माथा दुखता है? दबा दूँ?'' ज्यों-ज्यों त्रिभुवन चुप रहने की कोशिश करता त्यों-त्यों प्रसन्न का हृदय फटता जाता। किसलिए त्रिभुवन इस प्रकार भावहीन और अन्यमनस्क-सा हो रहा है? पहले की भाँति क्यों नहीं बोलता?'' त्रिभुवन कुछ तिरस्कार से उसकी ओर देखने लगा।

उसने धीरे से कहा, ''माथा? मेरा माथा ठिकाने नहीं है। प्रसन्न, मेरी समझ में नहीं आ रहा है कि मैंने तुझे कहाँ देखा था? मुझे भ्रम क्यों हो रहा है?''

''कैसा भ्रम?''

त्रिभुवन ने फिर आतुरता से पूछा, ''तुझे मैंने कहाँ देखा था? तेरे साथ और कौन था?''

''मेरे साथ? मीनल बुआ, हाँ—''कहकर प्रसन्न रुक गयी।

''क्यों, और क्या कहना चाहती थी?''

''कुछ नहीं त्रिभुवन, क्या तुम मुझ पर गुस्सा हो गये हो? किसलिए इस प्रकार आँखें फाड़ रहे हो?'' प्रसन्न ने दयनीय स्वर में पूछा।

उत्तर में त्रिभुवन कठोर नेत्रों से उसकी ओर देखने लगा।

''त्रिभुन, तुम्हें अवन्ती का वहम हो गया है। मुझे बुआजी ले गयी थीं; परन्तु मैं तुम्हारे लिए भाग आयी। यहाँ आने के लिए रात-भर दौड़ना पड़ा है, फिर भी तुम्हें विश्वास नहीं होता? तुम अनेक बार रूठे, अनेक बार मनाने से माने और इस समय फिर जुदे के जुदे? तुम्हारा हृदय क्या यही कहता है?''

उसकी ये सब बातें फिजूल गयीं।

''प्रसन्न, मेरे प्रश्न का क्या उत्तर है?''

उसका कहना कुछ हिसाब में ही नहीं गिना गया, इससे प्रसन्न ने अपना मान भंग समझा और पूछा, ''कौन-सा प्रश्न?''

''तेरे साथ कौन था?'' भावहीनता और सख्ती सें त्रिभुवन ने पूछा।

''मेरे साथ? सच कहूँ? तुम अधीर तो न हो जाओगे?'' (कुछ ठहरकर) ''मेरे साथ तुम्हारी माताजी थीं—हंसा देवी।''

''ऐं! वे कहाँ से आयीं?'' आँखें फाड़कर त्रिभुवन खड़ा हो गया।

''तुम अकुलाओ मत, तुम्हारी तबीयत खराब है, मैं पीछे सब कह दूँगी। इस समय शान्त होकर सो जाओ। वैद्यजी अभी कह गये हैं?'' आजिजी करती हुई प्रसन्न उसके पास पहुँच गयी।

उमंगों को सख्ती से दबाकर त्रिभुवन ने उसे दूर धकेल दिया, ''नहीं-नहीं, प्रसन्न, तू जो कहे, वही करूँगा; परन्तु इस समय धैर्य रखने का साहस मुझमें नहीं है। तुझे जो चाहिए मुझ से ले ले; पर मुझ से सब कुछ कह दे।''

प्रसन्न का हृदय पागल हो उठा। लज्जा ने उसके हृदय को बेचैन कर दिया। बाल्यकाल की उमंगों के कारण वह दुनियादारी भूल गयी। ''त्रिभुवन, मेरी एक बात मान लो, तो फिर जो कहोगे, करूँगी।''

''क्या है? बोल, बता? मेरे प्राण रुँधे जा रहे हैं।''

''मुझे अपने साथ रहने दो।'' कहकर प्रसन्न प्रेम की उमंगों के भार से दबकर घुटनों के बल बैठ गयी। उसने त्रिभुवन के पैरों पर हाथ रख दिये और वह चातकी की-सी आतुरता से त्रिभुवन के शब्द बिन्दु की आशा करने लगी।

त्रिभुवन का चित्त इस समय किसी और ही तरफ था। वह शीघ्रता से बोला और उसने प्रसन्न को उठा लेने के लिए हाथ बढ़ाया, ''प्रसन्न जो तू कहे, सब स्वीकार है; पर मुझे बता, जल्दी बता कि माताजी कहाँ से आयीं? कहाँ? इस समय क्यों नहीं दिखलाई पड़ रही हैं?''

प्रसन्न ने उसका हाथ पकड़कर छाती से लगा लिया और वह खड़ी हो गयी, ''त्रिभुवन ! प्यारे ! हमें पता नहीं था; पर माताजी महल में ही थीं। जब कल सैनिक तुम पर आक्रमण कर रहे थे, तब तुम्हें उन्होंने देखा और तुम्हें बचाने को बुआजी से प्रार्थना की। बुआजी उस समय उन्हें तुम्हारे पिताजी के पास भेजने का प्रयत्न कर रही थीं, और वे मान नहीं रही थीं। बुआजी ने वचन ले लिया कि वे तम्हारे पिताजी के पास जाना स्वीकार करें, तो बुआजी तुम्हें बचाएँ। उन्होंने स्वीकार कर लिया और तुम बच गये।''

''सच कह रही है?'' त्रिभुवन ने विकरालता से प्रसन्न की ओर देखते हुए पुछा, ''यह सब तुझे कैसे ज्ञात हुआ?''

''मैंने पीछे खड़े-खड़े बुआजी और आनन्द सूरि को बातें करते सुना था और माताजी ने भी मुझसे कहा था।''

"माता, माता, मेरी माता, इस प्रकार आयीं और चली गयीं!" त्रिभुवन ने रोते हुए कहा, "परन्तु इतने वर्षों के पश्चात् मीनल काकी ने उन्हें पिताजी के पास कैसे भेजा? हाँ..." कहकर उसने इस प्रकार फिर माथे से हाथ लगा लिये जैसे कोई नया प्रकाश पड़ा हो।

"क्या बात है?"

"पिताजी और मुंजाल मामा आज प्रातःकाल मिलने वाले थे। मीनल काकी को इसकी खबर थी?"

"जरूर होगी। कारण कि उन्हें ठीक करने के लिए ही तो वे यहाँ से गयी हैं।"

"ठीक है, माताजी को भेजकर पिताजी और मामाजी को जुदा रखना चाहती होंगी। अब मैं समझा। काकी! धन्य है तुम्हारी बुद्धि!" कहकर त्रिभुवन मुट्ठियाँ बाँधकर खड़ा हो गया और इधर-उधर टहलने लगा। प्रसन्न चुप खड़ी रही। उसने देखा कि त्रिभुवन का मस्तिष्क तेजी से विचार कर रहा है।

"तब तो, सेना विखराट में आ गयी, इसलिए मुंजाल को वश में कर ही लिया होगा।" प्रसन्न ने डरते-डरते रौद्र रूप धारण करते हुए त्रिभुवन से कहा।

त्रिभुवन ने इस प्रकार अचानक प्रसन्न की ओर घूमकर कहा, जैसे किसी भयंकर निश्चय पर आ गया हो, "प्रसन्न, तू मेरे साथ विवाह करना चाहती है?"

प्रसन्न ने नीचे देखते हुए कहा, "यह कितनी बार पूछोगे?"

त्रिभुवन कठोरता से दबे हुए जोश से पूछने लगा, "क्या आशा कर रखी है?"

किसलिए यह प्रश्न किया जा रहा है, यह न समझकर प्रसन्न ने कहा," आशा? तुमसे पहले स्वर्ग जाने की।"

"मंडलेश्वर और मीनल काकी के बीच सुलह कराने के लिए मुझसे विवाह करना चाहती है क्या?"

"त्रिभुवन! त्रिभुवन! यह क्या? जहाँ तुम हो, वहाँ मैं। जो तुम्हारी सुलह तो मेरी सुलह, मुझे क्या?"

"अच्छा, मेरे व्रत को तू भी ग्रहण करेगी? तेरी बुआजी के दिन पूरे हो चुके हैं। मैं अपने जीवित रहते मीनल काकी को पाटन में पैर रखने दूँ, तो भगवान सोमनाथ की शपथ है। यह मेरी प्रतिज्ञा है। तैयार है मेरी सहचरी बनने के लिए? "

विचार करके प्रसन्न ने सिर उठाकर ऊपर देखा, "तुम्हारी प्रतिज्ञा मेरी प्रतिज्ञा है। अब तो संतोष है? परन्तु तुम्हारा शरीर–"

"ठीक है। प्रसन्न, मैं निश्चिन्त हुआ। मैं जाता हूँ, मेरे हाथ तड़प रहे हैं। अब देखता हूँ कि मीनल काकी भी कब तक भू-मंडल को अपने भार से मारती हैं? कहकर वीर कुमार त्रिभुवनपाल वहाँ से पैर बढ़ाता हुआ सिंह की-सी गति से इस प्रकार चला गया, जैसे उसके शरीर में तनिक भी निर्बलता न रह गयी हो।

निराश, खिन्न हृदय प्रसन्न खड़ी रह गयी। उसने त्रिभुवन के साथ समझौता किया, पत्नी बनने का वचन दिया; मातृ-पितृ-हीन कन्या का प्रेमवश पालन करनेवाली बुआ को जड़मूल से उखाड़ डालने की शपथ ली; फिर भी उसका हृदय रोता रहा। कुछ देर में वह बैठ गयी, और हाथ पर सिर रखकर रोते-रोते हिचकियाँ लेने लगी।

उत्तरार्ध

यति या यमदूत?

जब आनन्द सूरि रानी से अलग हुआ, तब उसके मस्तिष्क की स्थिति बड़ी विचित्र हो रही थी। सारी रात का जागरण, अनेक दिनों से ग्रहण की हुई वृत्ति, अनेक वर्षों के परिश्रम का निकट दिखाई देनेवाला अन्त। इन सब बातों से उसका हृदय पागलों की भाँति हो गया था। उसे एक ही वस्तु आँखों के आगे दिख रही थी : श्रावकों का उत्कर्ष। पहले तो उसे यह वस्तु बहुत निकट आती हुई दिखाई पड़ी। रानी जैन है, दंडनायक जैन है, वह स्वयं परामर्श देनेवाला है, चन्द्रावती की सेना है, अब गुजरात में जैनों के लिए बाकी क्या रह गया? जहाँ स्थिरता आयी कि जैनमत का डंका सारे भारत में बज जायगा; जैन-मन्दिर दसों दिशाओं में दिखने लगेंगे।

परन्तु, बाद में बाजी पलटी-सी दिखी। रानी को धर्म के जोश की अपेक्षा सत्ता अधिक प्रिय थी। शान्तिचन्द्र में नमक नहीं। मुंजाल और देवप्रसाद सामना कर रहे हैं! यति को ऐसा प्रतीत हुआ कि यदि एक-दो दिन में बाजी न पलटी, तो सब कुछ नष्ट हो जायगा। किसी प्रकार सीधा पाँसा फेंकना चाहिए। किस प्रकार फेंका जाय? सैनिकों को पीछे छोड़कर वह शीघ्रता से बाघेश्वरी माता के मन्दिर पर जा पहुँचा। वहाँ कोई भी दिखलाई नहीं पड़ा। यति प्रसन्न हो गया। हंसा के कारण अवश्य ही सोचा था, वही हुआ। वह मन्दिर के चबूतरे पर बैठ गया, और पीछे आ रहे सैनिकों की वाट देखने लगा। रानी के साथ जो विचार हुआ था, उसके अनुसार मंडुकेश्वर का नाका ही घेर लेने का उसका निश्चय था। पर इतना समय कैसे व्यतीत होगा? उसकी रग-रग में रक्त उछल रहा था।

हाथ में त्रिशूल, कंधे पर चुनरी और परों में खड़ाऊँ पहने माता का पुजारी नारियल की गरी लिये सामने आ खड़ा हुआ और बोला, "महाराज, लीजिए यह प्रसाद।"

आनन्द सूरि ने तिरस्कार से ऊपर देखा और हाथ उठाये। माता और महादेव का आदर करने के लिए वह इस समय तैयार नहीं था। जैन-मत के दिग्विजय में उसे कमी दिखाई पड़ी, पुजारीजी, क्षमा कीजिए। आज मेरा उपवास है।"

पुजारी हँस पड़ा, महाराज, माताजी के प्रसाद के लिए उपवास बाधक नहीं होता। माता जगदम्बा की कृपा-याचना कीजिए कि सब ओर मंगल हो।"

"पुजारीजी, यतियों के साथ वाद-विवाद करके किसी ने कभी कोई सार निकाला है?"

पुजारीजी ने जरा कटाक्ष से कहा, 'आप यति हैं? इस वेश से तो नहीं प्रकट होता। फिर भी वाद-विवाद की क्या बात है? मैं तो अपनी माता का दास हूँ। उसकी पूजा ही मेरा जीवन है। महाराज, और सब कुछ मैंने आप जैसों को सौंप दिया है।"

"धीरे-धीरे यह सब सौंप दोगे। ये मन्दिर भी अब गये, जरा देखो तो। अब कर्णदेव नहीं हैं, मीनलदेवी हैं।"

सिर हिलाते हुए पुजारी ने कहा, "यतिजी, भले ही मीनलदेवी आये या जो चाहे आये, यह भरत-खंड जगज्जननी बाघेश्वरी का है, और रहेगा। उस शक्ति का साम्राज्य अचल है, और अचल ही रहेगा। आप तो विद्वान हैं, अतएव आपको चाहे जो दिख रहा हो, परन्तु मुझे तो सारे पंथ माताजी के चरणों में ही नत होते हुए दिखाई पड़ते हैं।"

यति हँस पड़ा, "यह तो सभी कह सकते हैं; पर सच्ची बात तब मालूम होगी, जब जैनों का डंका पृथ्वी पर बजेगा।"

"सही महाराज! पर मैं तो केवल यह जानता हूँ कि भारत में भोलानाथ और मेरी माँ अम्बा भवानी पुजेंगी, एकरूप में या दूसरे रूप में; एक काल में या अनेक काल में। और सब तो कोरी बातें हैं।"

आनन्द सूरि को यह शब्द बड़े मार्मिक मालूम हुए। फिर भी उसे खूब हँसी आयी, "इस समय तो भोलानाथ गये गजनी और अम्बिका पहुँची हैं पावागढ़।" सोमनाथ की मूर्ति को मुहम्मद गजनी ले गया था, इसका स्मरण कराते हुए यति ने कहा।

"आपके चर्मचक्षुओं से। मुझे अपनी आँखों से तो आपके अन्दर भी उन दोनों का प्रभाव दिखलाई पड़ रहा है।"

"किस-प्रकार?"

"आपको ऐसा अभिमान न हो, तो आप सबका सामना करने के लिए तैयार न हों। आपके गर्व को गलित करने के लिए सारा गुजरात एक हो जायगा। समझे? चलो महाराज! मेरा पाठ का समय हो रहा है।" कहकर पुजारी शान्त भाव से चला गया।

दो ही वाक्य यति के कानों में सुनाई पड़ने लगे : 'भारत में भोलानाथ और मेरी माँ अम्बा भवानी पुजेंगी'; और 'आपके गर्व को गलित करने के लिए सारा गुजरात एक हो जायगा।' उसकी आँखो में कुछ अँधेरा-सा छा गया। क्या यह पुजारी भविष्यवेत्ता था? ऐसी मार्मिक बातें उसने कैसे कहीं? क्या यह सत्य होगा? क्या मेरे स्वप्न असत्य सिद्ध होंगे? यति इस प्रकार भग्न हृदय से उठ खड़ा हुआ, जैसे उसी क्षण उसके सारे हवाई किले गिर गये हों। क्षण-भर के लिए उसे प्रतीत हुआ कि उसकी आकांक्षाएँ सिद्ध न होंगी। जैन-मत को जैसा वह मानता है, क्या वैसा अन्य अनुयायी

भी मानते हैं? जैसे भी हो, विजय प्राप्त करके उसके प्रसार के लिए कितने श्रावक तैयार हैं? बहुत से लोग हिन्दू धर्म और जैन धर्म में अधिक भेद नहीं मानते। बहुत-से जैन लोग ब्राह्मणों की सत्ता को स्वीकार करते हैं और क्रिया-कांड में ब्राह्मणों की ही सहायता लेते हैं। ऐसे लोग, सारे भारत में एक जुदे ही धर्म को कैसे फैला सकेंगे? उनको नये धर्म का साम्राज्य कैसे पसन्द आएगा? क्या वेद-धर्म और जैन-धर्म में सचमुच में अन्तर है?

'भारत में भोलानाथ और मेरी माँ अम्बा भवानी पुजेंगी, क्या यह सच है? यति धीरे-धीरे मन्दिर की ओर गया और उसमें उसने बाघेश्वरी की विशाल मूर्ति देखी। माता के पैरों में पड़े हुए बाघ को देखकर यति काँप उठा। उसे ऐसा प्रतीत हुआ जैसे माता के त्रिशूल की नोकें उसके हृदय को चीर डाल रही हैं। भयंकर नेत्र उसे परास्त कर रहे हैं। उनके प्राबल्य से जैसे वह दब-सा गया। उसे अपने मनोरथ अल्प से, तुच्छ से प्रतीत होने लगे। न जाने कब तक वह इसी प्रकार देखता रहा। जरा भी न हट सका। उसे ऐसा भास हुआ, जैसे सृष्टि पर शासन करनेवाली महाशक्ति की सत्ता उसे भी दबाये दे रही है। निर्भय यति भय से काँप उठा। इतने में किसी ने पास के महादेव मन्दिर का घंटा बजा दिया। यति के कानों में उस नाद ने भयंकर प्रतिध्वनि की। वह नाद किसके विजय-डंके की टंकार था? क्रोध से यति समीप के मन्दिर की ओर घूमा। उसका द्वार भी इसी चबूतरे पर था। मन-ही-मन उसने पूछा, 'क्या यह टंकार इन देवताओं की विजय सूचित कर रही है?' ऐसा लगा, जैसे उसका हृदय बैठा जा रहा हो। यह भवानी, यह भोलानाथ, यह घंटानाद जन्म-जन्मांतर से चले आ रहे हैं और क्या इसी प्रकार चलते रहेंगे? उसके मन के आगे महादेव की मूर्ति खड़ी हो गयी। उसने वैराग्य तथा सत्ता की सम्पूर्णता के पूर्ण अवतार पिनाकपाणि सांब सदाशिव को देखा; मानो ज्ञान की सरिता का प्रपात सिर पर धारण करके जगत के उद्धार के लिए पृथ्वी पर ज्ञान का प्रसार कर रहे हैं। पागल की भाँति यति की आँखों के आगे फिर पार्श्वनाथ की मूर्ति आ गयी; उस कट्टर धर्मनिष्ठ को भी शंका हुई कि भविष्य किसके आगे नत होगा? दुनिया कौन-सा वैराग्य, कौन-सी सत्ता, कौन-सी सम्पूर्णता को स्वीकार करेगी? तटस्थ, शान्त, निश्चल सम्पूर्णता से जगत का उद्धार होगा, या ज्वलन्त विजयी त्रिशूल-पाणि की सम्पूर्णता से? उसकी आँखों के आगे खड़ी पार्श्वनाथ की मूर्ति में परिवर्तन हो गया। उस मूर्ति की बन्द आँखें खुल गयीं, हाथ में खड्ग आ गया, उसके शान्त मुख पर सत्ताप्रदर्शक भव्यता छा गयी। मेरी धारणा के अनुसार यदि जैन-मत विजयी हुआ, तो अर्हन्त क्या यह रूप धारण कर लेंगे? तब महादेव और अर्हन्त में भेद ही क्या रह जायगा? 'नहीं, नहीं, नहीं,' वह इस प्रकार जोर से बोल उठा, जैसे शंकाओं को विदा कर रहा हो। शंकाओं ने भी उतने ही जोर से कहा--

'हाँ, हाँ, हाँ।'

इतने में किसी का स्वर सुनाई पड़ा, ''परन्तु महाराज!''

यति ने जोर से सिर हिलाया, विचार स्थिर करते हुए आसपास देखा, उसकी आँखों के आगे का दृश्य अदृश्य हो गया। सामने माता और महादेव के मन्दिर ज्यों के त्यों खड़े थे। निकट आ पहुँची सेना का एक नायक हाथ जोड़े खड़ा था।

"महाराज!"

"क्यों?" गुस्से में यति ने फिर से कहा।

"जी, और कुछ नहीं; पूछता हूँ कि अब हम लोग कहाँ जायँ? आज्ञा हो, तो यहीं पड़ाव डाल दिया जाय।"

उद्विग्न होकर यति ने कहा, "पागल तो नहीं हो गये हो? चलो, मंडुकेश्वर चलें। इस समय भी हमारा एक कट्टर शत्रु वहाँ मजा कर रहा है।" कहकर यति लौटा और घोड़े पर सवार होकर सैनिकों के साथ आगे बढ़ा।

कुछ दूरी पर गम्भीरमल्ल और अन्य दो-एक जागीरदार मिले, उन्हें पकड़कर साथ ले लिया और यति और उसकी सेना की टुकड़ी मंडुकेश्वर का नाका रोककर ठहर गयी।

दिन चढ़ा! दोपहर हो गयी। सन्ध्या-समय हुआ। पर रूद्रमहालय में कोई हलचल न जान पड़ी। अधीर आनन्द सूरि ऊब गया। रात हो गयी, तो भी पता न चला कि देवप्रसाद क्या कर रहा है। यति की अधीरता का पार न रहा, अतएव अपनी टुकड़ी को आगे कर वह रुद्रमहालय के द्वार तक आ गया। वहाँ पूरी शान्ति छाई हुई थी। मंडुकेश्वर के समीप के गाँवों में यति की टुकड़ी को देखकर घबड़ाहट फैल गयी थी; अतएव कोई दिखाई नहीं पड़ रहा था। रुद्रमहालय के द्वार को जब बहुत खटखटाया, तब एक सैनिक ने आकर जरा खिड़की खोली।

"कौन हो भाई, इस समय द्वार क्यों खटखटा रहे हो?"

"यहाँ मंडलेश्वर देवप्रसाद हैं?"

"उनसे तुम्हें क्या काम है? हाँ, वे हैं।" कहकर सैनिक खिड़की को खोल रहा था, कि इतने में एक उच्चपदस्थ सैनिक आगे बढ़ आया। उसने पहले सैनिक को एकदम पीछे खींच लिया और स्वयं खिड़की से बाहर सिर निकालकर कठोर स्वर में पूछा, "क्यों, क्या काम है?"

"मैं मिलना चाहता हूँ।"

"आनन्द सूरिजी, मंडलेश्वर महाराज से मिलने के पहले मुझे तुम्हारे हाथ-पैर बाँधने पड़ेंगे, समझे?" कहकर सैनिक ने एकदम खिड़की को बन्द कर लिया, भीतर अरगल लग गयी और उसकी आवाज यति के कानों में पड़ी।

यति दाँत पीसते हुए खड़ा रहा। राजपूत वेष में भी वह पहचान लिया गया। उसके क्रोध का पार न रहा। बाघेश्वरी माता के मन्दिर पर देखे हुए जाग्रत स्वप्न से वह सुलगा हुआ तो था ही, उसमें यह और घी पड़ गया। अतएव, उसने अपने सैनिकों को पास के खाली झोपड़ों में पड़ाव डालने को कहा और वह अकेला वृक्ष

के नीच इस प्रकार घूमने लगा जैसे प्रेतविद्या के द्वारा भैरवनाथ की आराधना कर रहा हो।

सयानपन और पागलपन में थोड़ा ही अन्तर होता है। सयानपन में मनुष्य चित्त को एकाग्र करके जरूरत पड़ने पर उसे फिर खींच ले सकता है; पर पागलपन में या तो चित्त एकाग्र ही नहीं हो सकता, और हो जाता है तो फिर खींचा नहीं जा सकता। यति का जोश उसके सयानपन को पागलपन मे रूपान्तरित कर रहा था। जैन धर्म की विजय-कामना करते हुए, जैनों के शत्रुओं के पराजय की कामना करना बहुत सरल था, और जैनों के शत्रुओं के प्रति वैर-भाव रखना भी सरल था। उसके इस शत्रु-भाव की सारी भावनाएँ देवप्रसाद की ओर घूम गयी थीं। इस समय उसकी एकाग्रता भयंकर रूप में अडिग होती जा रही थी—पागलपन का रूप धारण करती जा रही थी। चलते-चलते वह रुद्रमहालय के कोट के पीछे, पूर्व में, सरस्वती नदी के तट की ओर गया।

मध्यरात्रि होने को आयी थी। गम्भीरमल्ल आदि से वह कोई ठीक समाचार मालूम न कर सका था। कहीं देवप्रसाद यहाँ से चला न गया हो? परन्तु जायेगा कहाँ? देहस्थली? तो फिर उस सैनिक ने वैसा क्यों कहा था? विचार करते-करते वह सरस्वती के किनारे पर पहुँच गया। उसका पाट महालय के कोट से लगकर फैल रहा था। चन्द्रमा का प्रकाश उसे रुपहले रंग से रँग रहा था। 'मंडलेश्वर कहाँ होगा?' उसने ऊपर देखा। महालय की सबसे ऊँची छत ठीक कोट के बराबर थी और उसके नीचे पानी लहरा रहा था। कुछ देर वह उसकी ओर देखता रहा और तुरन्त चौंका पड़ा। छत पर एक ऊँचे-से पुरुष की छाया उसने देखी और कुछ शरीर की आकृति से, कुछ उसके खड़े होने के तरीके से उसने पहचान लिया।

मंडलेश्वर के साथ एक जरा छोटी छाया थी। यति हँस पड़ा। आनन्द-विलास में सत्ता को विस्मृत कर देनेवाले देवप्रसाद के प्रति उसे तिरस्कार हो आया। उसका चित्त प्रसन्न हो उठा। गुरुदेव की भविष्यवाणी स्मरण हो आयी, "देवप्रसाद! अब तेरे दिन पूरे हो चुके। तू भी अब आनन्द सूरि के हाथ का मजा चखेगा।" यति ने जोश से कोट के सामने अपनी मुट्ठियाँ हिलाईं।

कुछ देर वहाँ ठहरकर वह धीरे-धीरे लौटा। कुछ दूर आने पर उसे घोड़ों की टापें सुनाई पड़ीं। वह चौंक पड़ा, इस समय कौन आया? शत्रु या मित्र? "उसके सैनिक वहाँ से दूर थे। अकेले मैं कैसे उनका सामना करूँगा? तो भी वह साहस से वहाँ खड़ा रहा। तेजी से चलते हुए घोड़े निकट आ गये। केवल दो ही तीन घुड़सवारों की आहट मालूम पड़ी; अतएव उसमें अधिक साहस आ गया। उसने कई जगह चौकियाँ बैठाई थीं; सम्भव है, उन्हीं में से कोई हो। ज्यों ही घोड़े निकट आये, उसने पूछा, "कौन है?"

अगले घुड़सवार ने कहा, "जयदेव महाराज की जय!"

"कौन? चित्रविजय? इस समय कैसे आया?"

"महाराज, वल्लभसेन मंडलेश्वर इस ओर आ रहा है!"

यति ने घबराहट से पूछा, "अकेला है, या कोई साथ है?"

"उसके साथ कोई पाँच-सात सौ घुड़सवार हैं। ज्योंही मैंने सुना कि आपसे कहने को निकल पड़ा।"

"कितनी दूर होंगे?"

"तीन ही चार घड़ी में वे यहाँ तक आ पहुँचेंगे। यहाँ से जाना हो, तो अभी रवाना हो जाइए।"

"अच्छी बात है; यहाँ से कुछ दूरी पर हमारे सैनिक हैं, वहाँ जाकर ठहरो। मैं अभी आता हूँ।" कहकर यति ने चित्रविजय और उसके साथियों को विदा कर दिया।

यति का पागलपन बढ़ गया। क्या बिल्कुल अन्तिम घड़ी में मंडलेश्वर उसके पंजे से निकल जायगा? नहीं, नहीं। वह विचार करने लगा कि वल्लभसेन के पहले वह अपना कार्य, किस प्रकार सिद्ध कर डाले। कोट के ऊपर बड़ी-बड़ी कीलें गड़ी हुई थीं; अतएव उस पर चढ़ना असम्भव था। वह फिर तेजी से उस जगह पहुँचा जहाँ कोट से सटकर सरस्वती बह रही थी। दृष्टि गड़ाकर बहुत ध्यान से देखने पर कोट में से बहती हुई एक बड़ी-सी मोरी दिखलाई पड़ी। उसने एक क्षण का भी विलम्ब नहीं किया और एक कटार के सिवाय सब शस्त्र अलग फेंककर सरस्वती में कूद पड़ा। तैरते-तैरते वह मोरी की ओर गया। मोरी से गंदा पानी बहकर नदी में आ रहा था; परन्तु यति ने उस पर ध्यान नहीं दिया; उसने देखा, कि वह उसमें से अन्दर घुस सकता है। बड़ी कठिनता से शरीर को सिकोड़ता, कष्ट देता, गंदे पानी की दुर्गन्ध से दम रोके, वह मोरी में से होकर अन्दर जा खड़ा हुआ। पास ही एक कुआँ था। उसके थाले में कुछ पानी भरा हुआ था। उस पानी से उसने मुँह-हाथ धोकर गंदगी को साफ किया और महालय में घूमने लगा। वहाँ सब ओर श्मशान-की भाँति शान्ति छाई हुई थी। पर कुछ देर में ऐसा प्रतीत हुआ जैसे ऊपर कोई हँसा हो। उस हास्य ने यति के जोश को अधिक बढ़ा दिया।

ऊपर पहुँचकर लड़ने में उसे कोई सार नहीं दिखलाई पड़ा। बिना यह जाने कि यहाँ कितने सैनिक हैं, अपने सैनिकों को अन्दर प्रविष्ट कराना मृत्यु के मुख में डालने के समान था। क्षण-क्षण में वल्लभसेन निकट आ रहा था। जो कुछ करना हो, वह करने के लिए गिने-चुने कुछ ही क्षण थे। वह तेजी से इधर-उधर देखने लगा और केवल यही विचार करने लगा कि किस प्रकार मंडलेश्वर का संहार किया जाय। इसी समय दूर से घोड़ों की टापें सुनाई पड़ने लगीं। कान लगाकर उसने सुना, तो प्रतीत हुआ कि वल्लभसेन निकट आ पहुँचा है। अब क्या किया जाय? क्या किया जाय? उसने असपास देखा। सामने रुद्र-महालय की गोशाला देखी; पास ही महल की इमारत

से सटा हुआ घास का बहुत ऊँचा ढेर देखा। उसे एक राक्षसी विचार सूझ पड़ा। वह इधर-उधर दौड़ने लगा। उसका वश चलता, तो वह अग्निदेव का अवाहन करने वहीं बैठ जाता। एक दालान में एक ग्वाला, सुलगता हुआ हुक्का छोड़कर सो गया था, उसकी चिलम की गन्ध यति तक पहुँची। वह उस ओर दौड़ा। उसने झपटकर चिलम को इस प्रकार उठा लिया, जैसे किसी लोभी को मार्ग में पड़ा धन मिल गया हो। चिलम को फूँकता हुआ वह आगे बढ़ा। क्षण ही भर में चिलम की आग उसने घास के ढेर में डाल दी और फूँक मारकर उसे सुलगा दिया।

यति दूर जाकर हर्ष से हाथ मलने लगा। उसने घास के ढेर को सुलगते देखा और वह वहाँ से हट गया। छिपता हुआ वह रुद्र-महालय के एक छोटे-से द्वार तक पहुँचा और अरगला खोलकर बाहर निकल आया। उसके हर्ष का पार नहीं था, उसके जीवन का उद्देश्य पूर्ण हो गया था। अहिंसा परम धर्म है, इसको मानते-मानते, और उसका प्रसार करते-करते, वह नीच से नीच कोटि की हिंसा करने तक पहुँच गया था।

चलते-चलते वह फिर नदी-तट पर आ गया और परिणाम की प्रतीक्षा करने लगा। थोड़ी देर तक कुछ भी दिखलाई नहीं पड़ा। यति को चिन्ता हो गयी कि कहीं आग बुझ तो नहीं गयी? परन्तु इसी समय उसकी चिन्ता दूर हो गयी। महालय के पहले खंड की खिड़की सुलगकर भड़क उठी, दो-एक खिड़कियों से धुआँ निकलने लगा। यति आनन्द-स्वरूप होता गया। उसकी एकाग्रता फलीभूत हो गयी थी।

सरस्वती माता की शरण में

लोगों की चिल्लाहट और जलती हुई लकड़ियों की कड़कड़ाहट से अपनी प्रियतमा के समीप सोया हुआ मंडलेश्वर जाग पड़ा और आसपास देखने लगा। हंसा भी उठकर आँखें मलने लगी। आसपास आग की लपटें निकल रही थीं, गरमी मालूम हो रही थी, चीजों के टूट-टूटकर गिरने की भयंकर आवाज आ रही थी। हंसा का हाथ थामकर मंडलेश्वर एकदम छत पर जा पहुँचा। नीचे की ओर देखने पर चारों ओर भयानक लपटें दिखलाई पड़ीं। उनके हृदय-विदारक प्रतिबिम्ब सरस्वती के जल में दिखलाई पड़ रहे थे। वातावरण एकदम उत्तप्त हो गया था। मंडलेश्वर ने देखा और वह समझ गया, ''हंसा, अब प्राण गये। किसी षड्यन्त्रकारी ने महालय में आग लगा दी है।''

हंसा घबराकर देखती की देखती रह गयी। कुछ भी न समझ सकी कि क्या हो रहा है। देवप्रसाद ऐसे समय हिम्मत हारनेवाला नहीं था। ''चिन्ता नहीं प्रिये, घबराओ मत। वह शाल ओढ़ लो, और मेरा हाथ थाम लो, हम अभी नीचे पहुँचे जाते हैं।'' कहकर वह शीघ्रता से हंसा को खींच ले चला। उसने अगला द्वार खोला और नीचे कदम बढ़ाया। नीचे का कमरा लाल हो रहा था।

"नाथ, मुझसे दौड़ा नहीं जा सकता। आप जाइए, मुझे छोड़ दीजिए।"

"छोड़ कैसे जाऊँ? ठहरो।" कहकर देवप्रसाद ने फूल की भाँति हंसा को उठा लिया। वह आगे बढ़ा और जीने की ओर चल दिया। जीने का द्वार खोलते ही लपटें एकदम ऊपर आयीं, आग बढ़ने लगी, श्वास लेना भी कठिन हो गया। साहस से वह और आगे बढ़ा और जीने से उतरने का प्रयत्न करने लगा। जीना नीचे से जल उठा था; अतएव यह प्रश्न उपस्थित हो गया कि कैसे उतरा जाय? उसने आसपास देखा, परन्तु कोई मार्ग नहीं दिखाई पड़ा।

"नाथ, अब क्या करेंगे?"

"मंडुकेश्वर की कृपा है! घबरा क्यों रही हो?" शब्दों से साहस बँधाता हुआ वह लौट पड़ा। जरा-जरा देर में वह हंसा को हृदय से चिपटा लेता और पिछले पैरों चलने लगता। जीना बेकार हो गया था, अब क्या किया जाय? केवल ऊपर का भाग ही अग्नि से मुक्त था। वह दौड़ता हुआ फिर उसी कमरे में आ गया जहाँ पहले सोया था।

"मेरे प्राणेश, मैंने आपके प्राण ले लिये। नाथ, अब क्या होगा?"

"पगली! कल का दिन तो ऐसा था कि उस अकेले के लिए यदि मेरे दस सिर भी हों, तो उन्हें देने को राजी हूँ। इन कायरों ने औरतों की तरह महालय में आग लगाकर मुझे मार डालने का प्रयत्न किया है। पर कोई हर्ज नहीं हंसा, मेरा और तुम्हारा रक्त तो फिर भी इस पृथ्वी पर मौजूद रहेगा। उसकी गर्जना से सारा गुजरात काँप उठेगा। कुछ लोग जीवित अवस्था में विजय प्राप्त करते हैं, कुछ मरकर। हम और तुम मरकर प्राप्त करेंगे। घबराओ मत, घबराओ मत। चलो, तुम्हें ऊपर छत पर ले चलूँ।" कहकर मंडलेश्वर छत पर पहुँच गया। चारों ओर से अग्नि की लपटें बढ़ रही थीं। उसने देखा, कि अब बचने की अधिक आशा नहीं है। उसने बड़े प्रेम से हंसा को अनेक बार चूमा।

"प्यारे, यह क्या हो गया?"

"देवप्रसाद सोलंकी के योग्य ही यह चिता है। देखो, पूज्य पिताजी का भी इसी स्थान पर अग्नि-दाह हुआ था। —अरे हाँ, कोई हर्ज नहीं। हंसा, हिम्मत है? नीचे, माता सरस्वती बह रही है। तुम कहो तो नीचे कूद पडें।"

"नाथ, मुझे कुछ भी नहीं सूझ रहा है। मरना तो है ही। तो आपकी कीर्ति के योग्य हो वही करो।"

"आओ, तो मेरी कमर से लिपट जाओ।"

हंसा बड़े प्रेम से देवप्रसाद की कमर से लिपट गयी। देवप्रसाद ने अन्य कपड़े उतारकर धोती की लाँग लगाई और उछलकर छत की पाल पर खड़ा हो गया। उसने आसपास देखा, पैरों के नीचे जलती हुई अग्नि की ओर दृष्टिपात किया, मन्दिर के शिखर पर फहराती हुई ध्वजा की ओर देखा, पूर्व की ओर दृष्टि डाली, नीचे नदी और

कोट की ओर देखा और फिर उसका माप किया। देवप्रसाद का साहस जरा भी कम न हुआ था। उसे मृत्यु के साथ खेलने का बड़ा शौक था। बाल्य-काल में वह जिस साहस से पाटन के घाटों पर से नदी में कूदता था, आज भी वह उसमें बना था। उसने हंसा को जकड़ लिया, चूम लिया और वह उस ऊँची छत पर से नदी में कूद पड़ा, बोला, "जय सोमनाथ!"

नदी के किनारे खड़ा हुआ यति हर्षित हो रहा था और अपने कृत कर्म का सुखद स्वाद ले रहा था। उसे प्रतीत हुआ कि अभी घड़ी-दो घड़ी में ही महालय गिर पड़ेगा। इतने में ही महालय की छत पर, लपटों के लोहित प्रकाश में, उसने दो व्यक्तियों को देखा। वह प्रसन्न हो उठा; उसके धर्म का शत्रु जीवित जलकर भस्म हो रहा है। पर दूसरे ही क्षण उसकी प्रसन्नता चली गयी। वह व्याकुल होकर चिल्ला पड़ा और फिर अपने श्वास को रोककर रह गया। ऊँची छत पर से दो व्यक्ति एक दूसरे से लिपटे हुए नदी में कूद पड़े। पानी हाथों ऊपर उछला और एक छाया तेजी से हाथ मारती हुई पानी में आगे बढ़ने लगी। यति ने एकदम पुकार लगाई। उसके सैनिक, मन्दिर को जलता देखकर, उसके आसपास आकर जमा हो गये थे।

"चित्रविजय!"

"जी!"

"घोड़े लेकर सैनिकों को किनारे-किनारे भेजो और वह तैरने वाला बाहर निकले तो उसे समाप्त कर दो।"

"जो आज्ञा।"

यति ने अधिक विचार नहीं किया। उसने आसपास देखा, वह तुरन्त नदी में कूद पड़ा और तेजी से अगले तैराक के पीछे जाने लगा।

स्वामी की सहायता के लिए

प्रातःकाल मेरल के समीप वल्लभसेन दाँत पीसता हुआ अपने स्वामी देवप्रसाद की प्रतीक्षा कर रहा था। वल्लभसेन एक छोटे से मंडल का मंडलेश्वर था और बाल्य-काल से ही देवप्रसाद ने अपने पुत्र की भाँति उसका पालन-पोषण किया था। वल्लभसेन भी उसे पिता से अधिक समझता था। वह गम्भीर, अल्पभाषी, सीधा-सादा और साहसी योद्धा था। एक आज्ञाकारी कुत्ते की भाँति वह उसके संकेत पर चलता और उसकी आज्ञाओं का पालन करता था। उसके जीवन का यह पहला मन्त्र था। देवप्रसाद की आज्ञा के अनुसार सेना लेकर वह मेरल के निकट पड़ा हुआ था और प्रत्येक क्षण

उसकी प्रतीक्षा कर रहा था। ज्यों-ज्यों दिन चढ़ता गया, त्यों-त्यों उसका मुख अधिक गम्भीर होता गया। दोपहर के समय, सामन्त विश्वपाल अपने घुड़सवारों के साथ मधुपुर से आया और वल्लभसेन से मिला।

वल्लभ ने कहा, "मुझे अवकाश नहीं है, आप किसलिए आये हैं?" वह जहाँ तक बन पड़ता, कम बोलता था।

"देख रहे हो, गुजरात में इतनी सेनाएँ! तुम महान योद्धा हो, अतएव समझ सकोगे। अभी तो मालवराज को पराजित करना है। हम इस प्रकार बिखरे रहेंगे, तो कैसे काम चलेगा?" कहकर विश्वपाल जरा रुक गया। तरुण योद्धा चित्रवत् चुपचाप बैठा रहा। विश्वपाल अधिक स्पष्टता से बातें करने लगा। उसने सूचित किया कि वह मीनलदेवी को समझा सकता है। यह भी समझाया कि रानी को प्रसन्न रखने में लाभ है। वल्लभसेन सेना को साथ लेकर क्यों नहीं उनसे जा मिलता?

वल्लभ ने संक्षेप में उत्तर दिया, "मंडलेश्वर महाराज की आज्ञा नहीं है।"

विश्वपाल ने देवप्रसाद की परिस्थिति समझाई। यह विश्वास दिलाया कि वह बन्दी हो गया होगा। यह भी कहा कि देहस्थली का पतन हो जायगा और आखिर वल्लभ को अन्तिम लोभ दिखाया, 'देहस्थली का मंडल चाहते हो? रानी वह भी तुम्हें दे देगी।' वल्लभ के मुख की एक भी रेखा इधर से उधर न हुई। उसमे जरा भी परिवर्तन नहीं दिखाई पड़ा। वह इस प्रकार उठकर खड़ा हो गया, जैसे विश्वपाल की बातों में कोई जान ही न हो। "विश्वपाल जी, मंडलेश्वर महाराज से आज्ञा ले आइए, मैं सब कुछ करूँगा।"

"उनके बिना "

"सब व्यर्थ है।" कहकर वल्लभसेन विश्वपाल को छोड़कर चला गया। हारा-थका सामन्त वहाँ से लौट गया। वल्लभ अटल सिद्ध हुआ।

विश्वपाल के जाने पर वल्लभसेन की चिन्ता बढ़ गयी। ज्यों-ज्यों दिन बीतता गया और मंडलेश्वर का कोई समाचार नहीं आया, त्यों-त्यों उसकी सेना में कुछ असन्तोष फैलने लगा। संध्या समय मधुपुर से समाचार आये कि वहाँ की सेना पाटन की ओर कूच कर रही है और सम्भवतः रानी भी उसके साथ है। वल्लभ को भय हुआ कि क्या मंडलेश्वर की सारी योजना निष्फल हो जायगी? उसे विश्वास था कि बिना किसी असाधारण कारण के मंडलेश्वर सेना से अलग नहीं रह सकते; अतएव, अपने पड़ाव पर अकेला, विचारमग्न वल्लभसेन अधीर-सा उलझन में पड़ा हुआ था। सेना उसके प्रभाव से दबी अवश्य बैठी थी, फिर भी जहाँ-तहाँ बकझख आरम्भ हो गयी थी।

ज़ब रात्रि का अंधकार बढ़ने लगा, तब उसके भेजे हुए गुप्तचर आये और उन्होंने समाचार सुनाया कि मार्ग में कहीं भी मंडलेश्वर का पता नहीं है। अब वल्लभसेन ने अपने स्वामी को खोज के लिए जाने का निश्चय किया। उसने तुरन्त पाँच सौ चुने

हुए सवार तैयार किये और मंडुकेश्वर की ओर प्रयाण करने का आदेश दिया। वह स्वयं और पचीस चुने हुए योद्धा साँढ़नियों पर बैठकर शीघ्रता से आगे जाने को तैयार हो गये, बाकी सेना एक बहुत ही विश्वास-पात्र और योग्य सामन्त के अधीन कर दी गयी। कारण, उसकी धारणा थी कि सम्भवतः मधुपुर की सेना इधर आएगी। कुछ सवार उसने बाघेश्वरी माता मन्दिर की ओर भी भेज दिये कि कहीं मंडलेश्वर वहीं न हों।

यथासम्भव शीघ्रता से साँढ़नियों को दौड़ाते हुए वे मंडलेश्वर के निकट आ गये। चाँदनी रात के प्रकाश में वल्लभसेन ने क्षितिज के एक भाग को एकदम लाल हो जाते हुए देखा। उसने दाँतों को अधिक जोर से पीसा। 'मंडुकेश्वर की ओर यह इतनी भारी आग कैसी? न जाने क्यों, अज्ञात रूप से उसका हृदय धड़क उठा। उसने साँढ़नियों को और भी तेजी से दौड़ाने का आदेश दिया। आग की ओर वल्लभसेन टकटकी लगाये देखता रहा। वृक्षों के समूह से जब साढ़नियाँ बाहर हुईं, तब आग स्पष्ट दिखलाई पड़ने लगी, मालूम हो गया, मंडुकेश्वर का महालय जल रहा है। वल्लभसेन ने दाँतो से होंठ चबा लिये।

इसी समय सामने से तीन-चार घुड़सवार दौड़ कर आते हुए दिखलाई पड़े। वल्लभ ने उस ओर जाकर पुकारा, ''ठहरो, कौन हो?''

घुड़सवारों ने वल्लभसेन की आवाज पहचानकर हर्षनाद किया, ''वल्लभसेन!''

''कौन, गम्भीरमल्ल! क्यों, क्या बात है? महाराज कहाँ हैं?

''महाराज? महाराज तो महालय में जल मरे। अब हम लोगों को भाग चलना चाहिए।''

साँढ़नी को बिठाकर वल्लभ नीचे उतरा और गम्भीर के पास पहुँचा।

उसने सिंह की भाँति गरजकर पूछा, ''महाराज मर गये! फिर तुम कैसे जीवित हो?''

''आपको खबर नहीं है? सवेरे हम मुंजाल से मिलने जा रहे थे कि इतने में हंसादेवी आ पहुँचीं।''

''ऐं!''

''हाँ, वे जीवित थीं और मौका देखकर महारानीजी ने उन्हें भेज दिया था। मंडलेश्वर महाराज ने तुरन्त जाना स्थगित कर दिया और हमें मुंजाल से मिलने के लिए भेजा। रास्ते में हमें यति ने पकड़ लिया और यहाँ भेज दिया। इसी समय महालय जल उठा और यति के सैनिकों में भगदड़ मच गयी, उससे लाभ उठाकर हम भी भाग निकले।''

क्षण-भर वल्लभसेन चुपचाप देखता रहा। उसकी आँखें अधिक गहराई में गयीं— ''गम्भीरमल्ल, पीछे लौट चलो! जरा देखें तो सही। इस साँढ़नी पर आ जाओ।'' कहकर गम्भीर और उसके साथियों को आगे करके वल्लभ साँढ़नी पर जा बैठा! तेजी

से वे महालय की ओर चल दिये। यह अच्छी तरह देखने के लिए कि मन्दिर कितना जल गया है, उन्होंने नदी की ओर का रास्ता पकड़ा।

एक प्रचंड होली की भाँति महालय जल रहा था और नदी किनारे खड़े होकर बहुत-से लोग ऊँचे-नीचे होकर देख रहे थे।

वल्लभसेन और उसके साथी वहीं उतर पडे। उन्हें देखकर वहाँ खड़े हुए मनुष्यों में से कुछ भागने लगे। वल्लभ ने एक को पकड़ लिया और अपने सबल हाथों से झकझोर डाला। पूछा, "बताओ, किसके आदमी हो?"

उस मनुष्य ने हाथ जोड़कर कहा, "कौन, महाराज वल्लभसेन! यह तो मैं हूँ।"

वल्लभ ने ध्यान से देखा, "कौन, रामसिंह?"

"जी हाँ, महाराज!"

"यह क्या है?" कठोर स्वर में वल्लभसेन ने पूछा।

"महाराज, मैं मंडलेश्वर महाराज के साथ महालय में था और ज्योंही आग लगी, त्यों ही मैं और अन्य साथी महाराज को जगाने के लिए ऊपर गये। परन्तु वे जीने का द्वार बन्द करके सोये थे, इसलिए न सुन सके। आखिर हम बाहर निकल आये; परन्तु महाराज, अभी वक्त है। यह सब लोग कह रहे हैं कि महाराज ऊपर कूद पड़े हैं।"

"ये कौन?"

"चन्द्रावती के सैनिक। उनके साथ यति था जो महाराज को बन्दी करने के लिए आया था। वह यहीं खड़ा था। महाराज ने उस छत पर से नदी में छलांग मारी और उनके कूदने के बाद ही यति भी नदी में कूद पड़ा।"

"आनन्द सूरि?"

"हाँ, वही नया यति जो पाटन में आया था। और वह यह कह गया है कि घुड़सवारों को भी किनारे-किनारे आना चाहिए।"

"महाराज के बाहर निकलते ही उन्हें समाप्त कर डालने के लिए, क्यों?"

यति का मतलब समझकर वल्लभ ने कहा, "चलो, साँढ़नियाँ तैयार हैं, हम भी किनारे-किनारे घुड़सवारों के पीछे चलेंग।" कहकर वल्लभ उछलकर साँढ़नी पर बैठ गया, "रामसिंह, कितनी देर हुई?"

"महाराज, दो-तीन घड़ी बीती होंगी।"

"अच्छा चलो।" कहकर वल्लभ ने शीघ्रता से साँढ़नियों को नदी के किनारे-किनारे दौड़ाने का आदेश दिया।

गुरुदेव की आज्ञा

जब देवप्रसाद सरस्वती के जल में कूदा, तब उसे बचने की बहुत-कुछ आशा हो गयी।

महालय नदी के किनारे एक ओर था, अतएव तैरकर वहाँ पहुँच जाना उसके लिए खिलवाड़ था। और, उस तरफ हर एक गाँव में देवप्रसाद के ऐसे आदमी थे जो उसका नाम सुनते ही प्राण देने का तैयार हो जायँ। वहाँ पहुँचकर, दम लेकर, मेरल की ओर चले जाना उसे सरल प्रतीत हुआ। परन्तु ज्यों ही वह पानी में गिरा त्यों ही उसे हंसा में कुछ परिवर्तन दिखलाई पड़ा। या तो इतने ऊँचे पर से गिरने के कारण, या सर्दी से, हंसा अचेत हो गयी और उसके हाथ देवप्रसाद के गले से छूट गये। अब मंडलेश्वर के अद्‍भुत शारीरिक बल की परीक्षा का समय आया। वह अचेत हंसा को अपने बायें हाथ पर रखकर दाहिने हाथ से तैरने लगा। उसका मन मूल प्रकृति के तूफानी तत्त्वों में रुचि रखता था। इसलिए सरस्वती के प्रवाह में तैरना-उतराना उसे बड़ा भला मालूम हुआ। सौभाग्य से जल का प्रवाह भी उसी ओर था। अतएव, आगे बढ़ने में अधिक कष्ट नहीं हुआ।

वह कोई आधी ही घड़ी पानी में रहा होगा कि इसी समय उसने रात्रि की शान्ति में पीछे से किसी के तैरने की आहट सुनी। कुछ दूरी पर कोई बड़े जोश से हाथ मारता उसकी ओर तैरता आ रहा था। कुछ देर में पलटकर पीछे देखने से उसे विश्वास हो गया कि कोई उसका पीछा कर रहा है। देवप्रसाद ने समय का विचार किया, अपने हाथों की अचेत सुन्दरी की स्थिति पर विचार किया, और यह समझकर कि अभी उसे बहुत शारीरिक परिश्रम करना है, वह किनारे की ओर बढ़ा। पीछा करनेवाले का सामना करने का विचार ही उसने नहीं किया। ज्यों ही वह किनारे की ओर मुड़ा और निकट पहुँचा कि उसने चन्द्रमा के प्रकाश में कुछ घुड़सवार देखे। वे मंडलेश्वर की ओर देख रहे थे। वह सोचकर कि मैं और सफेद वस्त्र पहने हुए हंसा पानी में स्पष्ट दिखलाई पड़ती होगी, उसने गति जरा धीमी कर दी। इसी समय ऊपर से कुछ आकर उसके निकट गिरा। वह तीर था! मंडलेश्वर को क्रोध आ गया। तेजी से वह पीछे लौट पड़ा और किनारे से दूर निकल गया। दो-तीन तीर और भी पीछे आकर गिरे। तीर चलानेवाले उसे कुशल नहीं मालूम हुए, क्योंकि सारे तीर निशाना चूककर पानी में जा गिरे थे। सरस्वती का दूसरा तट बहुत दूर था, और उसके उधर न जाने कहाँ तक कीचड़ था। उस ओर जाना बड़ा कठिन कार्य था। इसकी अपेक्षा सीधे पानी में तैरते रहना उसे सरल प्रतीत हुआ, और वह वही करने लगा।

मंडलेश्वर का बायाँ हाथ झूठा पड़ने लगा। अब उसने हंसा को दाहिने हाथ पर डाल लिया। उसका अचेत, शुष्क, निर्मल मुख देखकर देवप्रसाद का हृदय उमड़ आया। उसने चुम्बन ले लिया, उसे हृदय से लगा लिया और बायें हाथ से तैरना शुरू कर दिया। पीछे आने वाले कितने थे, यह ज्ञात न हो सका। यह भी एक प्रश्न था कि उनके साथ लड़ा जा सकेगा, या नहीं। अतएव, उसने बच निकलने के लिए वह और भी तेजी से आगे बढ़ने लगा। कुछ देर में पीछे आनेवाले के तैरने की छपछपाहट कम हो गयी; अतएव देवप्रसाद ने अपनी गति धीमी कर दी। पीछे की ओर महालय

नहीं दिखलाई पड़ रहा था। पर, उसकी लपटें आकाश तक पहुँचती दिख रही थीं। किनारे-किनारे दस-बारह घुड़सवार भी उसे देखते-देखते पीछे आ रहे थे। देवप्रसाद ने उन्हें देखा। मंडलेश्वर बड़बड़ाया 'कोई हर्ज नहीं।' जल में घंटों तैरने की बाल्य-काल की टेव ने उसकी सहायता की।

मन में एक विचार आया और उसकी छाती धड़क उठी। हंसा को उसने अपने समीप खींच लिया, "हंसा! हंसा!" कहकर पुकारा, उसके मुख पर दृष्टि गड़ाकर देखा, और उस पर भयंकर अचलता देखकर वह व्याकुल हो गया। उसने बड़ी कठिनता से उसकी नाक पर हाथ रखा, उसके हृदय पर हाथ रखने का प्रयत्न किया; पर अस्थिर जल में धीमी नाड़ी की गति देखना सहज नहीं था। उसने हंसा के विचित्र हो गये होंठ देखे, बन्द पलकों में काँच की-सी स्थिर आँखें देखीं। उसे चक्कर आ गया। होंठ चबाकर उसने अपनी प्रकृति को स्थिर किया। कारण, कि पीछे आ रहे व्यक्ति के तैरने की छपछपाहट फिर सुनाई दी। देवप्रसाद ने प्रयत्न करके हृदय की खिन्नता को दूर किया। वह जोर से तैरने लगा। पर अब उसका साहस टूट गया था। यह शंका उसका हृदय चीरे डाल रही थी कि हंसा जीवित है या मर गयी। परिणामस्वरूप उसके हाथ-पैर पहले की भाँति अच्छा काम नहीं कर रहे थे।

पूर्व में कुछ-कुछ अरुणोदय होने लगा। देवप्रसाद ने घूमकर देखा, तो पीछे केवल एक ही आदमी दिखलाई पड़ा। वह बिल्कुल समीप आ गया था।

मंडलेश्वर ने उसकी ओर घूमकर कहा, "किसकी मृत्यु निकट आ पहुँची है?"

एक हाथ से मुख पर का पानी पोंछकर आनन्द सूरि ने हर्ष-नाद किया। उसे अपने इकहरे शरीर और जोश के कारण अधिक परिश्रम न करना पड़ा था। उसकी शक्ति ज्यों की त्यों थी। वह दो हाथ मारकर निकट आ पहुँचा।

"तुम्हारी, मंडलेश्वर!"

"यति! आनन्द सूरि! चांडाल! यहाँ तक मेरे पीछे लगा हुआ है? तेरी भी मृत्यु निकट आ पहुँची है।"

यति को इसी समय ध्यान हुआ कि मंडलेश्वर के साथ पानी में द्वन्द्व-युद्ध करना मूर्खता से खाली नहीं। थका हारा देवप्रसाद भी उसे चुटकियों में मसल सकता था। उसने युक्ति से काम लिया, वह घूम पड़ा और मंडलेश्वर को अपने पीछे-पीछे किनारे की ओर लाने लगा।

"देख रहे हो उन सवारों को?"

"बहुत देखा है तुम जैसे कायर हत्यारों को।"

"मैंने कहा न था! भूल गये गुरुदेव की आज्ञा?"

अचानक बैर का उन्माद मन्द पड़ गया और देवप्रसाद को यति का वचन स्मरण हो आया, "हाँ, आनन्द सूरि, तुने मुझे वचन दिया था, स्मरण है?"

"हाँ, स्मरण है। क्या चाहते हो? तुम्हें जीवित नहीं छोड़ूँगा, इसके अतिरिक्त जो कहोगे, करूँगा।"

"अपने प्राणों के लिए भिक्षा नहीं माँगूँगा। मंडलेश्वर मरते-मरते भी सोलंकी रहेगा। तुझे वैद्यक आता है? देख, हंसा जीवित है?"

"मुझे भुलाकर विश्वासघात करना चाहते हो?"

"अरे कुत्ते! मंडलेश्वर ने कभी किसी के साथ विश्वासघात किया है? देख, यह है।" कहकर मंडलेश्वर ने हंसा का शरीर उसकी ओर कर दिया ।

यति निकट आ गया। हंसा की नाक पर हाथ रखा और वह तुच्छता से हँस पड़ा, "मंडलेश्वर, अब इसमें क्या रह गया है? "

"मर गयी?" देवप्रसाद मरते हुए सिंह की भाँति दहाड़ पड़ा। पल-भर उसने हंसा कि ओर देखा। इस समय तक बातें करते-करते यति उसे किनारे के निकट ले आया था। यति ने हाथ उठाकर किनारे खड़े सवारों को पुकारा। तुरन्त तीन-चार तीर छूटे, पर सब पानी में जा गिरे। केवल एक तीर आया मंडेलेश्वर की गरदन में आधा घुस गया। वह पानी में उछला और यति की ओर झपटा, "नीच! दगाबाज!"

यति को भागने से पहले ही देवप्रसाद ने पकड़ लिया। दाँत पीसते हुए मंडलेश्वर ने उसका दम घोंट देने का प्रयत्न किया। यति छूटने के लिए तड़फड़ाने लगा और उसने किनारे पर खड़े सिपाहियों को पानी में आने के लिए पुकारा।

उस समय किनारे पर कोलाहल मच गया। अचानक साँढ़नियों पर वल्लभ अपने दल-सहित आ पहुँचा और चिल्ला उठा, 'जय सोमनाथ'! एक हाथ से यति के साथ गुत्थमगुत्था करते और दूसरे हाथ से हंसा के शव को ऊपर रखते हुए मंडलेश्वर ने उक्त रण-गर्जना का उत्तर दिया।

वल्लभ ने पानी की इस लड़ाई को देखा, मंडलेश्वर को पहचाना और उसकी गरदन में लगे हुए तीर पर दृष्टिपात किया। उसी क्षण उसने साँढ़नी को बिठाया और उस पर से कूद कर वह जल की ओर दौड़ा, अपने भारी शस्त्रों को अलग फेंककर वह कूद पड़ा।

इतनी देर में देवप्रसाद ने यति की गरदन अपने हाथ में पकड़ ली थी और अपने हाथ से खिसकते हुए शव को समीप ले लिया था। उसका माथा फटा जा रहा था, पैर, ऐंठ रहे थे, हाथों में थकावट मालूम हो रही थी; तीर के प्राणघातक घाव से बहुत अधिक रक्त बह गया; और उसके शरीर में आसन्न मृत्यु की शिथिलता मालूम हो रही थी। उसे ऐसा प्रतीत हुआ कि कोई उसकी ओर आ रहा है।

वल्लभ ने पुकार लगाई, "महाराज! मैं यह आया।"

देवप्रसाद ने सुना, स्वर को पहचाना, "वल्लभ! अब आवश्यकता नहीं है।"

देवप्रसाद को गहरा घाव लगा था; उसे प्रतीत हुआ, जैसे क्षण-क्षण में उसका

जीवन-दीप बुझ रहा है। पलक मारते ही उसने एक निश्चय कर लिया, "वल्लभ, यहाँ आवश्यकता नहीं है। त्रिभुवन के पास जाओ, उसे देखना।"

"परन्तु महाराज!"

"अब हंसा के बिना जीवित नहीं रहा जा सकता। वह गयी, मैं भी जाता हूँ।" कहकर मंडलेश्वर ने गौरव से, अभिमान से, पूर्व दिशा में उगती सूर्य-रश्मियों की ओर देखा और नाद किया, "जय सोमनाथ!" दूसरे क्षण एक हाथ में तड़फड़ाते हुए यति और दूसरे में हंसा के शव को लेकर मंडलेश्वर ने डुबकी लगा दी।

वल्लभ 'महाराज! महाराज!" कहते हुए ऊपर रह गया। उसके उस स्थान पर पहुँचने से पहले ही मंडलेश्वर पानी के नीचे चला गया। गुजरात का सर्वश्रेष्ठ महारथी कपटी शत्रुओं के विश्वासघात और प्रेम के पागलपन का भोग बनकर संसार से ऊबकर माता सरस्वती की गोद में जा बैठा। वल्लभसेन ने कई डुबकियाँ लगाईं, परन्तु कुछ भी हाथ न लगा; अतएव निराश होकर वह लौट आया। उसकी भँवें चढ़ी हुई थीं। एक भी अक्षर बोले बिना एक सैनिक से उसने धनुष और बाणों का तरकश ले लिया और वहाँ पकड़े गये यति के एक-एक सैनिक को बिना क्षण-भर विचार किये, अपने अचूक बाणों से बेध डाला।

"जाओ, दौड़ो, निकट के किसी गाँव से मल्लाहों को बुलाकर लाओ और इसी समय नदी में जाल डलवाओ। तीनों शव मिलने चाहिए।"

"महाराज, देखिए तो वह क्या है? कोई पानी में डुबकियाँ ले रहा है!"

वल्लभ घूम पड़ा। पानी में कोई डुबकियाँ ले रहा था। तुरन्त ही वह और उसके दो-तीन साथी जल में कूद पड़े और डुबकियाँ खाते आन्नद सूरि को बाहर घसीट लाये। जब उसे मंडलेश्वर ने पकड़ लिया और उसने समझ लिया कि मृत्यु निकट आ गयी है, तब श्वास रुद्ध करके प्राणायाम आरम्भ कर दिया; और ज्योंही मंडलेश्वर ने डुबकी लगाई और उसके हाथ शिथिल हुए कि वह छूट गया। प्राणायाम पूर्ण होने पर उसे भान हुआ कि वह छूट गया है। हाथ मारकर वह पानी की सतह पर आ गया।

जब बाहर निकाला गया, तब वह थककर लोथ हो गया था। फिर भी उसने नदी की ओर देखकर कहा, "जिन प्रभु का शत्रु समाप्त हो गया। चलो, गुरुदेव का वचन पूर्ण हुआ।" हाथ के एक ही झटके से वल्लभ ने यति को भूमि पर पटक दिया और उत्तर में यति मूढ़ की भाँति हँस पड़ा। अपने क्रोध को शान्त करके वल्लभ ने उसे साथ ले चलने का आदेश किया और अपने दल के साथ वह मेरल की ओर लौट पड़ा।

कुछ लोग, मल्लाहों से जाल डलवाकर, नदी में लाशों का पता लगाने के लिए रह गये।

त्रिभुवनपाल महाराज की जय!

वल्लभ जब रुद्रमहालय के निकट आया, तब उसे अपने घुड़सवारों में निराशा और भगदड़ मची दिखी। मंडलेश्वर का नाम गुजरात के गाँवों में जादू का सा असर रखता था, और इस समय दो हजार आदमियों की सेना उसकी आज्ञा से ही खड़ी हो सकी थी। परन्तु अब वह जादू न रहा। उस वीर के लिए लड़ना समाप्त हो गया। उसके बाहु-बल का प्रताप गया। उसके हृदयों में उत्साह प्रेरित करने वाला, देवांशी समझा जानेवाला महारथी अदृष्ट हो गया। इतने वर्षों से आशा लगाये हुए सब लोग निराशा में डूब गये। वल्लभ को ऐसा प्रतीत हुआ कि अब इन लोगों को वश में रखना कठिन है, फिर भी उसने साहस करके मेरल की ओर कूच करने का हुक्म दे दिया। लौटते समय पाँच सौ सैनिकों ने मंडुकेश्वर के उस पवित्र धाम की ओर दृष्टिपात किया, जहाँ क्षेमराजदेव ने अपना संन्यस्त जीवन व्यतीत किया था और जहाँ उसके प्रभावशाली पुत्र की ऐसी अद्भुत मृत्यु हुई थी। सभी लोगों के नेत्रों में जल भर आया। भूख, प्यास, गर्मी, जाड़ा और युद्ध के अनेक कष्टों को साहस से सहनेवाले योद्धाओं के हृदय, अपने नायक की मृत्यु से रो उठे। वज्रहृदय अल्पभाषी वल्लभसेन साढ़नी पर चुपचाप बैठा रहा। जब वहाँ से चलने का समय हुआ तब उसने माथे को छाती पर झुका दिया और एक हिचकी ली। उसके हाथ थर-थर काँप रहे थे। उन्हीं काँपते हाथों से उसने अपने पास बैठे हुए गम्भीरमल्ल का हाथ जोर से पकड़ लिया। गम्भीर ने ऊपर देखा और वल्लभ में इतनी भावुकता देखकर वह चकित हो गया।

"मेरे तो पिता चले गये!" वल्लभ ने ऐसे स्वर में कहा, जैसे उसकी छाती फटी जा रही हो।

"आपके ही नहीं महाराज, सारे गुजरात के। परन्तु, अब हमें देखना यह है कि पिता के मरने पर पुत्र की देहस्थली न चली जाय। अब सभी शत्रुओं की चढ़ बनेगी, और मंडलों का पतन हो जायगा। कहिए क्या किया जाय? वहाँ पहुँचते ही सब कहने लगेंगे, सेना को भंग कर दो, या मीनलदेवी की शरण में चलो।"

"त्रिभुवनपाल सोलंकी अभी जीवित है।"

"हाँ, जीवित है; परन्तु उस पर न जाने क्या बीती होगी। परसों, जब मंडुकेश्वर में महाराज मुझे मिले थे, जब कहा था कि त्रिभुवनपाल पाटन में कैद है।"

"परन्तु रानी मधुपुर में है, और बहुत करके चन्द्रावती की सेना को पाटन की ओर ले जा रही है।"

"अब तो दो ही बातें करने की हैं। एक तो हमें यहाँ देहस्थली को तैयार करना चाहिए; कारण, कि रानी के हाथों में अधिकार आया तो वह पहले मंडलों को कब्जे में लेगी, और दूसरी बात यह कि पाटन की ओर जाना भी आवश्यक है। वहाँ का रंग

भी देखना चाहिए। वहाँ हमारे बहुत-से मित्र हैं। त्रिभुवनपाल को वहाँ से लाने में कठिनाई न होगी।''

''गम्भीरमल्ल, पाटन की गद्दी पर त्रिभुवनपाल बैठें, तो कैसा हो?

''वल्लभसेन जी, मुझे तब से पता है जब आप महाराज को यह सलाह दिया करते थे और यह बहुत उत्तम और सहज भी है; परन्तु जब पिता ने नहीं माना, तो पुत्र मानेगा? सोलंकी इस बात में अडिग हैं कि वे परायी गद्दी को हजम नहीं करेंगे।''

''मैं जानता हूँ। अच्छा, तुम इन सैनिकों को लेकर देहस्थली जाओ। मैं मेरल को सँभालता हूँ, और पाटन जाता हूँ।''

''ठीक है, जो इच्छा।''

जरा आगे बढ़ने पर खुला मैदान आ गया, वहाँ वल्लभसेन ने साँढ़नियों को रुकवा दिया। चारों ओर सब सैनिक इकट्ठे हो गये। वल्लभ ने उच्च स्वर में कहा :

''बहादुर सैनिको, शत्रु ने अभी-अभी हमारे पिता को कपट से मार डाला है। अब उसकी देहस्थली का कोट तोड़ना शुरू होगा। उसके पुत्र को पाटन में बन्द कर रखा है। हमें अभी अपने-अपने घर नहीं जाना है, महाराज की हत्या का बदला लेना है, उनकी देहस्थली को खड़ी रखना है और त्रिभुवनपाल को छुड़ाना है। आप सब लोग तैयार हैं?''

सभी के हृदयों में सहानुभूति थी। निराश होते हुए भी उन्होंने कहा, ''हाँ, हम सब, सब तैयार हैं।''

''गम्भीरमल्ल जी, आप इन बहादुरों को लेकर देहस्थली सँभालिए। मैं त्रिभुवनपाल को छुड़ाकर लाता हूँ।''

साँढ़नी को बिठाकर गम्भीरमल्ल उतर गया और दूसरी साँढ़नी पर जा बैठा। एक सैनिक ने समय बदला हुआ देखकर खुशामद के ढ़ंग पर पुकार लगाई, ''वल्लभसेन महाराज की जय!'' और लोग इस जयकार में शामिल होने जा रहे थे कि वल्लभसेन ने साँढ़नी पर से ही चिल्लाकर कहा, ''चुप रहो! क्यों, क्या महाराज के वंश में कोई नहीं रहा? बोलो, महाराज त्रिभुवनपाल की जय!''

प्रत्येक सैनिक ने दोहरा दिया, ''त्रिभुवनपाल महाराज की जय!'' गम्भीरमल्ल के साथ वे सब देहस्थली की ओर चले गये। कुछ सैनिकों और हाथ-पैर बाँधे हुए यति को साथ लेकर वल्लभसेन मेरल की ओर रवाना हो गया।

मध्याह्न के समय वह मेरल की सीमा पर पहुँचा। उसकी धारणा थी कि वहाँ भी निराशा और खिन्नता व्याप्त हो रही होगी; परन्तु इसके बदले वहाँ उत्साह और जोश दिखलाई पड़े। समस्त सैनिक पाटन की ओर कूच करने को तैयार हो रहे थे। वल्लभसेन की गैरहाजिरी में मधुपुर से, विखराट से और पाटन से भी त्रिभुवन के भेजे हुए लोग आये थे और रानी की प्रवृत्ति से मुंजाल के बन्दी होने और पाटन के विद्रोह के समाचार लाये थे। त्रिभुवनपाल ने वल्लभसेन के पास सन्देश भेजा था कि वह

जल्दी से पिताजी को लेकर पाटन की ओर आये। इस सन्देश से भी उत्साह बढ़ गया था।

वल्लभ को आया देखकर सब आतुरता से उसके आसपास जमा हो गये और उसका शोक-ग्रस्त मुख देखकर समाचार पूछने लगे।

"महाराज मर गये। इस चांडाल ने उन्हें मार डाला।" कहकर उसने यति की ओर संकेत किया। यति आत्म-संतोष से हँस रहा था। आसपास खड़े सैनिकों में क्रोध की एक भयंकर चीख उठी। परन्तु उनकी रक्त की गति बढ़ने से पहले ही वल्लभसेन ने यति को वहाँ से हटा ले जाने का हुक्म दे दिया।

एक सामन्त ने पूछा, "अब हमें क्या करना चाहिए?"

"त्रिभुवनपाल महाराज के हुक्म को माथे चढ़ाना चाहिए। गम्भीरमल्ल जी देहस्थली की रक्षा के लिए वहाँ गये हैं और हम लोग यहाँ से पाटन जाकर अपने स्वामी के वैर का बदला लेंगे।" वल्लभसेन की यह बात सबको पसन्द आयी। प्रत्येक सैनिक तैयारी करने लगा और कुछ ही समय में सेना ने विखराट की ओर प्रयाण किया।

अविश्वास

जिस समय मंडलेश्वर की सेना, मेरल में, उनकी मृत्यु के लिए शोक और क्रोध का अनुभव कर रही थी, उस समय पाटन के राजमहल में म्लानमुख प्रसन्नकुमारी पीपल-पूजा कर रही थी। एक ही दिन में उसके नेत्रों का तूफानी तेज, रसीली चाल, हँसता हुआ चेहरा और आशावान स्वभाव, सब अदृष्ट हो गये थे। कल सवेरे जो बातचीत हुई थी, उसके बाद त्रिभुवन भी बदल गया था। होंठों को दबाए, उन्माद-पूर्ण आँखों से सबकी ओर देखते हुए, कपाल पर भयंकर बल डालकर वह इधर से उधर घूमता था, सबको हुक्म देता था और पाटन पर अपनी सत्ता जमा रहा था। वह इने-गिने ही शब्द बोलता। उसे थकावट मिटाने की भी फुरसत नहीं थी। प्रसन्न सारे दिन वैद्यजी गिड़गिड़ाये, फिर भी घावों के पुरने की उसने परवाह नहीं की। सारे दिन, जहाँ तक हो सका, उसके पीछे-पीछे घूमती रही, उसके लिए आवश्यक वस्तुओं की व्यवस्था करती रही; परन्तु त्रिभुवन ने एक शब्द या एक हास्य से भी उसे सम्बोधित नहीं किया। वह समझ गयी कि त्रिभुवन के क्रोध ने उसके हृदय को रोक रखा है और उसमें दूसरी किसी भी अनुभूति के लिए स्थान नहीं है। त्रिभुवन का ऐसा भयंकर व्यवहार उसने आज देखा, और वह इस प्रकार मुर्झाने लगी जैसे सूर्य के प्रखर उत्ताप से कोई लता मुर्झा रही हो। पीपल की पूजा करते-करते प्रसन्न की आँखों में आँसू भर आये। 'सुख के दिन कब आएँगे? इसके लिए क्या करना होगा? त्रिभुवन इसी प्रकार

रहा, तो उसकी क्या दशा होगी?, प्रसन्न अकुलाई हुई-सी लौट पड़ी। त्रिभुवन की प्रतिज्ञा को पूर्ण करने के लिए वह सब कुछ करने को तैयार थी। परन्तु त्रिभुवन का इस प्रकार अलग-थलग रहना, कैसे सहा जाय? इसी समय लीलाधर वैद्य दिखलाई पड़े।

"वैद्यजी! ए वैद्यजी! कहाँ जा रहे हैं? सोलंकी कहाँ है।"

"मैं तो हार गया बेटी, उसके माथे पर भूत सवार हो गया है। न जाने कितना समझाया है तब कहीं आने के लिए राजी हुआ है। तुम खाने-पीने की कुछ तैयारी कराओ।"

"अच्छी बात है।" कहकर हर्ष प्रकट करती हुई-सी प्रसन्न वहाँ से चली गयी। उसने अपने हाथों सब तैयारी की और राह देखती खड़ी रही। कुछ देर में वैर की अग्नि से निरंतर जलता हुआ त्रिभुवनपाल आ पहुँचा और बिना कुछ बोले चौकी पर बैठ गया। थोड़ा-सा खाया और उठ गया। भोजन के पश्चात् वैद्यजी उसे पट्टी बाँधने के लिए ले गये। प्रसन्न भी उसके पीछे-पीछे गयी। कुछ देर में, चतुर वैद्य कोई दवा लाने के लिए वहाँ से चल दिये। हाथ पर सिर टेककर त्रिभुवन बैठा रहा। जब प्रसन्न ने निकट आकर कन्धे पर हाथ रखा, तब उसने सिर उठाकर देखा, "क्यों?"

प्रसन्न ने कुछ प्रयत्न करके आवाज में आयी हुई कँपकँपी को दूर किया, इस तरह कब तक चलेगा?"

"क्या?"

"इस प्रकार कष्ट उठाओगे, तो अपने व्रत का पालन कैसे कर सकोगे? दो ही तीन दिनों में फिर बिस्तर पकड़ लोगे।" कहते-कहते प्रसन्न की आँखें डबडबा आयीं।

"मेरा व्रत पूर्ण हो जाय, बस, फिर मुझे और किसी बात की परवा नहीं है।"

कुछ दुखी मन के साथ हँसते हुए प्रसन्न कुमारी ने कहा, "यह मैं जानती हूँ, परन्तु बिस्तर पर पड़े-पड़े क्या कर सकोगे? अब तो जरा विश्राम कर लो। कल सब कुछ तो ठीक हो गया, पाटन में घुसनेवाला कौन है?"

"ऐसा? आज शान्तु मेहता से मेरी जो बातचीत हुई, उससे तो कुछ दाल में काला प्रतीत होता है। मैंने उदा से पता लगाने को कहा अवश्य है; पर मेरी समझ में कुछ आ नहीं रहा है। बारह दरवाजे हैं, उनमें से कब कौन आ जाए, इसका क्या पता?"

त्रिभुवन के साथ यह साधारण-सी बात करने से प्रसन्न का हृदय हर्षित हो गया। 'चुप्पी से कलह भी अच्छी।' और फिर इस बात में वह पूरी दिलचस्पी भी ले सकती थी।

"परन्तु सभी दरवाजे बन्द कर दिये गये हैं।"

"बन्द करने से क्या होता है? न दरवाजों का ठिकाना है, न खिड़कियों का। काकाजी (कर्णदेव) तो यह समझते थे कि इस संसार में खा-पीकर खुश रहने के सिवाय और कुछ भी नहीं रह गया है; परन्तु किसी के पास एक कुंजी हो, या किसी

ने दरबान को मिला लिया हो, तो बस, सब समाप्त हो जाय।" कहकर त्रिभुवन ने तीक्ष्ण दृष्टि से प्रसन्न की ओर देखा।

"परन्तु, कोई ऐसे ही थोड़े घुस आ सकता है और फिर उसे बन्दी करते क्या देर लगेगी? इसमें इतना घबराने की क्या आवश्यकता है?"

त्रिभुवन की दृष्टि और अधिक तीक्ष्ण हो गयी। "मुंजाल मामा या कुमार जयदेव में से कोई एक भी नगर में आ जाए, तो यहाँ सभी बदल जायँगे। फिर मेरी प्रतिज्ञा कैसे टिकी रहेगी? अब तो यह निश्चय है कि त्रिभुवन के गिरने पर ही मीनल काकी यहाँ आ सकती हैं।"

प्रसन्न कुछ समझी। क्या त्रिभुवन इस समय उससे भेद की बातें जानना चाहता है? क्या उसे कुछ संदेह हो गया है? "अजी, ऐसे कहीं जयदेव आ सकता है?"

"कोई ले आवे तो?"

"परन्तु यहाँ ऐसा कौन है?"

"सेठ शान्तिचन्द्र और दूसरे बहुत हैं। आजकल तो रास्ता चलने वाला भी पाटन बेचने को तैयार हो सकता है।"

"नहीं, नहीं, पट्टनी कहीं ऐसे बिलकुल बिना टेक के हो सकते हैं!" प्रसन्न ने यह जानने के इरादे से कि त्रिभुवन क्या विचार कर रहा है; बात को लम्बी करना शुरू किया।

"परन्तु, यहाँ सभी पट्टनी थोड़े हैं? मीनलदेवी ने बहुत से भाड़े के टट्टुओं से नगर भर दिया है।" अकुलाते हुए, स्पष्ट तिरस्कार के साथ उसने कहा।

प्रसन्न निकट आ गयी, उसने कंधे पर फिर हाथ रख दिया और अपने नेत्रों का तेज उँड़ेलते हुए, स्नेहार्द्र, दयनीय स्वर में कहा, "त्रिभुवन, मुझ पर अभी तक अविश्वास है, क्यों?"

त्रिभुवन जरा पिघला। "सच कहूँ? हाँ, मुझे सन्देह है।"

"मुझ पर? मुझ पर? क्यों?-इतने वर्ष बीत जाने पर भी?"

"प्रथम तो यह कि तुम पाटन की नहीं हो।"

प्रसन्न ने तनिक चिढ़कर कहा, "हाँ, हाँ, मैं चन्द्रपुर की हूँ, जैन हूँ, और मीनलदेवी की भतीजी हूँ, उनकी पुत्री के समान हूँ। धन्य हो त्रिभुवनपाल! धन्य! यह भूल गये कि मैंने अपना सारा जीवन पाटन में व्यतीत किया है, यह भूल गये कि सामल बारहट के शब्दों ने हमें साथ-साथ वीरता की शिक्षा दी है और यह भी भूल गये, कि कल ही मैंने सोलंकी वीर की पत्नी बनना स्वीकार किया है। मैंने नहीं समझा था कि इतने वर्षों के बाद भी त्रिभुवनपाल सोलंकी याद दिलाएगा, कि मैं परदेसी हूँ!"

प्रसन्न का दबा हुआ क्रोध बाहर आने लगा। उसके नेत्र क्रोध से चमक उठे, उसके म्लान मुख पर क्रोध का तीक्ष्ण प्रकाश छा गया। त्रिभुवन का मन चिन्ता से,

क्रोध से, अशक्ति से दबा हुआ था, फिर भी वह प्रसन्न के लावण्य को निहारने लगा।

"तुम्हें मैं पति मान बैठी हूँ; फिर भी तुम मुझे ऐसी शंकाओं से जला रहे हो, क्यों?"

जरा नरम होकर त्रिभुवन ने कहा, "नहीं, परन्तु अपनी मूर्खता से अपना व्रत भंग कैसे होने दूँ? तेरा ढंग बिलकुल जुदा हो गया है। तू पहले जैसी निष्कपट कहाँ है? पहले की सी स्नेहालु कहाँ रह गयी है?"

मैं त्रिभुवन के साथ भी निष्कपट नहीं! मैं अपना स्नेह किस पर उँड़ेलूँ? तुम्हे कहाँ फुरसत है कि उसे स्वीकार करने का कष्ट उठाओ? कल मैं तरसती रही, तड़पती रही कि पल-भर के लिए ही तुमसे भेंट हो जाय; परन्तु तुमने तनिक भी यह सोचा कि प्रसन्न कहाँ है?"

"मैं पागल हो गया हूँ, प्रसन्न! परन्तु तुम सच कहती हो कि तुम कुछ भी नहीं जानती? और पहले जैसे थीं वैसी ही हो?"

"अभी पाँच बार और पूछो, तो तुम्हें अधिक शान्ति मिलेगी। तुम्हारे लिए पाटन कौन दौड़ता आया? बार-बार कहते तो मुझे लाज आती है।"

"तब कल कहाँ गयी थीं?"

प्रसन्न को क्रोध में ही हँसी आ गयी। उसके हँसमुख स्वभाव ने प्रधानता ग्रहण कर ली, "ओहो! यह सारा झगड़ा इसी पर है! तो तब से क्यों न कहा?।"

"सच कहना, किसलिए गयी थीं?"

"हाँ, हाँ, सच कहूँगी। तुम्हारी धारणा ठीक है। मीनलदेवी आज सन्ध्या समय चुपचाप यहाँ आना चाहती हैं और बहुत करके चाँपानेरी दरवाजे से आएँगी।"

सुनते ही त्रिभुवन ने आतुरता से कहा, "ऐं!"

"हाँ, एक आदमी उन्हें लाने को सन्ध्या समय जानेवाला है।"

"वह कौन?"

"अभी किसी से कहना मत, क्योंकि यदि बात मालूम हो गयी तो मामला बिगड़ जायगा। मुरारपाल..."

"ऐं! और इसीलिए वह पाजी आगे होकर दरवाजे पर रहा है। मैं अभी..."

"नहीं, इस समय कुछ नहीं करना। मैं इसकी तजवीज करती हूँ।"

"तुम क्या कर सकोगी?"

"इसे जानने की चिन्ता तुम्हें कहाँ है? परन्तु मुरारपाल एक बड़ा सामन्त है, इस समय लोग उसे बहुत मानते हैं, उसे कुछ होगा, तो जनता में व्यर्थ ही असन्तोष बढ़ जायगा। जो लोग आज तुम्हारी पूजा करते हैं, वे ही कल तुम्हें पूरा करने को तैयार हो जाएँगे। इस समय यहाँ जरा भी हो-हल्ले का काम नहीं है।"

त्रिभुवन ने उससे अलग पड़कर और शंकित होकर पूछा, "परन्तु तुम बात को उड़ा रही हो, क्यों? न बताना हो तो तुम्हारी इच्छा।"

"फिर सनक गये? जरा दम तो ले लो। कल सन्ध्या समय, मैं मुरारपाल के पास गयी थी।"

"किसलिए? मुझसे बिना पूछे?"

"जी हाँ, अभी मैं तुम्हारी पत्नी नहीं बनी। मेरी और मुरारपाल की कुछ जान-पहचान हो गयी है। परसों रात को हम लोग साथ ही पाटन आये हैं।"

"ऐं!"

"हाँ-आँ-आँ! तुम अपनी तरफ से ईर्ष्या किया करो। मैं उसे रिझाने गयी थी।"

"तुम!" त्रिभुवन गम्भीरता और कठोरता के अतिरिक्त और किसी भी भाव का अनुभव करने में असमर्थ हो गया।

"हाँ, अकल से काम होता हो, तो बल से क्यों किया जाय? बन सका तो उसे समझा लेती हूँ। आगे जो हो।"

"सचमुच?"

"तुम्हारी जो प्रतिज्ञा है, वह मेरी भी तो है। मैं क्या तुमसे अलग हूँ? अब सन्तोष हुआ कि नहीं?"

"शाबाश प्रसन्न! मैं इधर बड़ा अविश्वासी हो गया हूँ। क्षमा करना। मैं आज-कल अस्वस्थ हूँ।"

"इसी से तो सोते भी नहीं, और पट्टियाँ भी नहीं बाँधने देते, ठीक कहती हूँ न?"

त्रिभुवन का हृदय कुछ प्रफुल्लित हो गया था। वह उठा और प्रसन्न के दोनों हाथ अपने हाथ में लेकर बोला, "प्रसन्न, एक दूसरे कारण से मैं अपने-आप में नहीं रहा हूँ।"

"भला वह और क्या है।?"

"तुम 'सोलंकी' क्यों कहने लगीं?" त्रिभुवन ने बड़ी मुश्किल से, केवल प्रसन्न को रिझाने के लिए, कृत्रिमता से हँसते हुए यह मजाक खोज निकाला।

नेत्रों से हृदय-भेदी बाण फेंकते हुए प्रसन्न ने कहा, "तब क्या कहूँ? 'त्रिभुवन' क्या बुरा है? 'सोलंकी' पराये जैसा प्रतीत होता है।"

"ठीक है, अब न कहूँगी। आज शाम को मैं मुरारपाल को रिझाने के लिए जाऊँगी, साथ चलोगे? नहीं तो तुम घबरा जाओगे कि मैं कहीं भाग गयी!"

"अवश्य। सम्भव है, तुम्हें कुछ हो जाय।"

"अहा! सम्भव है, मुझे कोई ले जाय! त्रिभुवन, अब जरा शान्त होकर सो जाओ।"

"नहीं, जरा बातचीत करें। तुम मेरे पास यहाँ बैठो। आज कितने दिनों में..." कहकर त्रिभुवन ने प्रसन्न का हाथ दबाया।

कुछ देर में वैद्य लीलाधर जी ने आकर दोनों को निश्चिन्त होकर वार्त्तालाप करते देखा। सोलंकियों की तीन पीढ़ियाँ उन्होंने देखी थीं और उनके कुटुम्ब को वे अपना

ही समझते आ रहे थे। उसी वंश के वीर-रत्न और उसके योग्य जोड़ी को देखकर उनका हृदय फूल उठा। कुछ देर विगलित नेत्रों से वे उनको देखते रहे। वे दोनों गम्भीर रूप में आवेश के साथ पाटन के गौरव की बातें कर रहे थे और ऐसी युक्ति खोज रहे थे कि किस प्रकार मीनलदेवी को तंग किया जाय। बात ही बात में प्रसन्न ने त्रिभुवन के हाथ को अपने नेत्रों से लगा लिया। बूढ़े वैद्य लजाकर वहाँ से चले गये।

मोहिनी

दोपहर बीत गया और सन्ध्या होने लगी। पाटन में थोड़ी-बहुत शान्ति का प्रसार हो गया था। धन्धा-व्यापार, आनन्द-विलास पहले के समान अभी सरलता से चालू नहीं हुए थे, फिर भी लोगों को विश्वास हो गया था कि उनके गौरव की रक्षा योग्य व्यक्ति कर रहे हैं। सारे लड़वैये कोट की रक्षा करने और बाहरी सेना के घेरा डालने पर उससे बचाव करने को तत्पर हो रहे थे। मोंढेरी दरवाजे पर मंडलेश्वर खेंगार ने अपना मोर्चा खड़ा किया था और केवल उसी दरवाजे की खिड़की खुली रखी गयी थी। खेंगार ही इस पर दृष्टि रखते थे कि उस दरवाजे से कौन आता है कौन जाता है। और, कोई आवश्यक समाचार होता था तो उसे वे त्रिभुवन तक पहुँचा देते थे। यह समाचार सारे नगर में फैल गया था कि मीनलदेवी बिखराट में चन्द्रावती की सेना लिये पड़ी है; और इससे लोग उस पर बहुत ही नाराज हो रहे थे।

सन्ध्या होने को आयी। राजमहल के पिछले द्वार से तीन व्यक्ति बाहर निकले। आगे शाल में लिपटी हुई एक लड़की, फिर ढाटे से मुँह बाँधे हुए एक राजपूत जो कपड़ों से नीचे दर्जे का मालूम होता था और कुछ दूरी पर मूँछों पर बल देता हुआ डूँगर नायक। तीनों वेगपूर्वक चाँपानेरी दरवाजे की ओर चले और उदा का घर आने पर रुक गये। लड़की राजपूत की ओर घूमकर बोली, "देखो, तुम खड़े रहो। मैं आती हूँ। आज मेरा राज है।" लड़की की आँखें हँस रही थीं।

ऐसा प्रतीत हुआ, जैसे यह मजाक राजपूत को भला न लगा। वह जरा कठोरता से देखता रहा, "तुम्हारी बात यदि उसने न मानी, तो? न मानेगा, तो मैं बल-प्रयोग करूँगा।"

"तुम्हें अपना काम करना है, या बल-प्रयोग? अप्सराएँ कभी किसी से परास्त हुई हैं?"

"ठीक है, मैं जरा दूर खड़ा रहूँगा। वह अभी आएगा।" कहकर राजपूत वहाँ से दूर हट गया।

इस प्रकार अभिसारिका बनकर बाहर निकलने में प्रसन्न की संस्कारशील आत्मा

को दुःख तो अवश्य हुआ; फिर भी उसने अपने निश्चय के आगे अन्य विचारों को दूर कर दिया और वह सामनेवाले शिवालय में घुस गयी। संध्या हो जाने के कुछ देर बाद ही मुरारपाल ने आने के लिए कहा था।

धाँड़ के इस सेनापति ने चाँपानेरी दरवाजे की रखवाली करने का काम अपने ऊपर ले लिया था और किस कारण से उसने वह लिया था, यह न जानने से खेंगार और त्रिभुवन ने उसे लेने दिया था। इतने में जिस बाला के पीछे वह पागल हो गया था और जिसके स्मरण उसके मन में रम रहे थे, उसने भी अनायास इसी शिवालय में मिलने का संकेत किया; अतएव मुरारपाल के हर्ष का पार न रहा। रानी के लिए दरवाजा खोलने में अभी विलम्ब था; अतएव इस बाला के साथ घड़ी-दो घड़ी विनोद में बिताने का उसे अच्छा अवसर मिल गया। प्रसन्न को अन्दर गये अभी कुछ ही देर हुई थी कि वह आया और शिवालय में प्रविष्ट हुआ। उसे अपनी वीरता का जितना गर्व था, अपने रूप का भी उससे कम न था! इस अवसर के लिए उसने अपने सशस्त्र और सुन्दर शरीर पर सादे और स्वच्छ वस्त्र धारण किये थे और अपने को धन्य-भाग्य समझकर वह मन-ही-मन मुस्करा रहा था।

वह भीतर गया, आसपास देखने लगा, दर्शन किये, घंटा बजाया और भगवान शिव के समक्ष चौकी पर बैठकर बोला, ''जय शम्भो! भोलानाथ!''

शिवालय के पीछे प्रदक्षिणा के बरामदे से निकलते हुए प्रसन्न ने कहा, ''माँगो, माँगो, जो माँगोगे, वही दूँगा।''

''ओहो! आप आ गयीं?''

''वचन का पालन आप जैसे व्यक्ति ही नहीं करते। मैंने मना कर दिया था, फिर भी आपने यह पता लगाया न कि मैं कौन हूँ?''

''मेरा मन न माना, तो मैं क्या करता?''

कल प्रसन्न ने मुरारपाल से महल में भेंट करके इस समय मिलने के लिए कहा था। परन्तु उसे यह जानने की बड़ी आतुरता थी कि यह सुन्दरी कौन है; अतएव उसने उदा से पूछ लिया और उदा ने वह बात प्रसन्न से कह दी।

''इसी तरह से क्या आप भले लोगों की इज्जत रखते हैं? यह तो ठीक हुआ कि मैंने कुछ किया नहीं है।''

प्रसन्न को शान्त करने के विचार से उसने कहा, ''मैंने यह किसी से नहीं कहा कि हम लोग साथ आये हैं।''

उतावली का ढोंग करती हुई प्रसन्न बोली, ''बड़ा अनुग्रह हुआ। अच्छा, अब मैं जाती हूँ।'' मुरारपाल ने बाहर आकाश की ओर देखा। अभी पूरा अन्धकार नहीं हुआ था; अतएव उसे समय था।

''नहीं, नहीं, अभी आयीं और अभी चली जाओगी? इतने के लिए ही मुझे बुलाया था?''

“मैंने आपको क्या वचन दिया था? दूसरी बार मिलने का। सो, मैं मिल ली। रात्रि के समय मुझे कोई लौटते हुए देख ले, तो क्या कहे?”

“कुछ देर तो बैठो। इन उपद्रव के दिनों में कौन देखने बैठा है? और फिर तुम्हारी बुआ तो हैं नहीं।”

“अच्छा, लीजिए, कुछ देर बैठ जाती हूँ।” कहकर वह दो खम्भों के बीच जड़ी हुई लकड़ी पर चढ़कर बैठ गयी, “कहिए, अब क्या कहते हैं?”

“उस दिन महारानीजी को छोड़कर तुम भाग क्यों आयीं?”

“वह निजी बात है, किसी से कहने जैसी नहीं है।”

“परन्तु मैंने एक बात सुनी है, वह क्या ठीक है? तुम्हारा विवाह वे अवन्ती में करना चाहती हैं।”

महात्वाकांक्षी मुरारपाल मन-ही-मन कुछ स्वप्न देख रहा था। जब से उसने यह जाना कि उसके साथ आनेवाली बाला मीनलदेवी की दुलारी भतीजी है, तब से उसकी आशाओं का पार नहीं रहा था। यदि मीनलदेवी समस्त राजसत्ता को अपने हाथ में ले ले, और देवप्रसाद की शक्ति क्षीण हो जाय, तो मालवा के साथ युद्ध आरम्भ हो सकता है। और तब मुझ जैसे होशियार और अनुभवी योद्धा को अग्रस्थान प्राप्त हो सकता है, यह स्वाभाविक है। और प्रसन्न का विवाह यदि मालवा में न हो, तो फिर इस नये उत्साही योद्धा से वह सुन्दरी क्यों न विवाह करेगी? पूछताछ से उसने यह भी सुना कि 'देवप्रसाद के पुत्र से उसके विवाह की बात चल अवश्य रही थी, परन्तु मीनलदेवी के कारण रुक गयी।' इस समय भगवान की कृपा से मीनलदेवी पर उपकार का भार चढ़ाने का अच्छा अवसर मिला है। यदि वह रानी को नगर में लाकर राजमहल में छोड़ आये, तो दूसरे ही क्षण नगर की अशान्ति दूर हो जाय, सत्ता पुनः ज्यों-की-त्यों स्थापित हो जाय; सत्ता के तेज की रक्षा करनेवाला मुरारपाल गुर्जरेश्वरी का दाहिना हाथ बन जाय और फिर प्रसन्न से विवाह-करना एक सरल कार्य हो जाय। इन स्वप्नों का समर्थन करने के लिए वह प्रसन्नकुमारी को रिझाने लगा। धीरे-धीरे यह जानने का प्रयत्न करने लगा कि वह मालवराज से विवाह करने को राजी है या नहीं। परन्तु प्रसन्नकुमारी यों ठगी जाने वाली न थी, वह भी मुरारपाल को आकाश के तारे दिखलाने लगी!

कुछ देर में शिवालय का रक्षक दीपक जलाने को आया और मुरारपाल उठ खड़ा हुआ, “चलो, अब तुम्हें विलम्ब हो रहा होगा।”

“वाह खूब! गरज सधी कि वैद्य वैरी।' अब क्या करूँगी? राजमहल के द्वार तो बन्द हो गये होंगे, और जिससे खिड़की खोल रखने को कहा था, वह भोजन करने चला गया होगा।”

“मुझे जरा काम है, जहाँ आप कहें, वहाँ पहुँचा आऊँ।”

“इस समय कहाँ जाओगे? तुम्हारा पहरा तो सारी रात के लिए चाँपानेरी दरवाजे पर है। सामने उदा के घर पर ही तो सोते हैं न?”

मुरारपाल ने उलझन में पड़कर कहा, “हाँ, परन्तु इस समय मुझे जरूरी काम है।” अँधेरा अधिकाधिक होता जा रहा था।

“तब मैं यहीं रहती हूँ। तुम अपना काम निपटा आओ, मुझे फिर पहुँचा आना।”

“मैं तुरन्त नहीं लौट सकूँगा।”

प्रसन्न ने जरा चिढ़कर कहा, “तो क्या एक दिन को भी वह काम नहीं टाला जा सकता ?”

“नहीं।”

गुस्से का डौल करते हुए प्रसन्न ने कहा, “अच्छा, जाओ। मैं यहीं बैठूँगी और जब मेरी इच्छा होगी तब जाऊँगी। तुम अपना काम करो।”

“नहीं, नहीं, परन्तु...”

“परन्तु-वरन्तु कुछ नहीं, मुझे स्वार्थी आदमी का मुँह नहीं रुचता।”

“ऐसा कहती हो?”

“जाओ या न जाओ। मैं पहले ही जानती थी कि पाटन की सभ्यता धाँड़ में पड़े-पड़े जंग खा गयी है।”

“मैं एक ऐसे आवश्यक कार्य से जा रहा हूँ कि यदि तुम उसे जानो, तो तुरन्त मुझे जाने को कह दो।”

ज़रा आजिजी करते हुए प्रसन्न ने कहा, “मुझे बताओ न, ऐसा कौन-सा काम है?” उसके हाव-भाव क्षण-क्षण में इस प्रकार बदल रहे थे कि देखकर किसी का भी हृदय पिघल जाता, फिर यह तो पिघल जाने के लिए तैयार हुआ मुरारपाल था। “मुझे क्षमा करो, वह कहने लायक नहीं है। कल सवेरे बताऊँगा। जब जानोगी तब समझ जाओगी, कि मैं ठीक कह रहा था। मुझे जाने दो, समय हो रहा है।”

“ये खुले हैं दरवाजे। मुझ पर विश्वास न हो, तो मुझे सुनने की भी कहाँ परवा है!”

“यह तुम क्या कर रही हो प्रसन्नमुखी? तुम चतुर हो, सयानी हो और इतनी-सी बात नहीं समझ सकतीं?”

“मेरी अकल मारी गयी है। जाओ, देख क्या रहे हो ?”

“मेरे हृदय को चीरे डाल रही हो, जानती हो?”

“मेरा हृदय भी तो चिर-चिरकर कभी से टुकड़े हो गया है, समझे?” कहकर प्रसन्न नीचे कूद पड़ी। पैंजनियों की झंकार ने योद्धा के हृदय को जीत लिया।

“प्रसन्नमुखी, तुम मुझे बड़ी उलझन में डाल रही हो। देखो, बाहर आओ, मैं तुम्हें बता देता हूँ, परन्तु गुप्त रखना।”

''मुझे कुछ सुनना ही नहीं।'' कहकर प्रसन्न शिवालय के अन्दर के कमरे की ओर जाने लगी।

मुरारपाल ने निराश होते हुए कहा, ''प्रसन्नमुखी!''

तिरस्कार से गरदन मरोड़ते हुए प्रसन्न ने पूछा, ''कहो क्या है?''

''इधर आओ, मैं कहता हूँ।''

''क्या कहते हो?''

''चलो, बाहर चलो, मैं कहता हूँ।'' कहकर वह प्रसन्न के साथ-साथ शिवालय के द्वार तक आया। वह रोब से नथुने फुलाये चुप खड़ी रही। ''प्रसन्नमुखी, मुझे तुम्हारी बुआजी ने एक आवश्यक कार्य सौंपा है।''

लापरवाही से प्रसन्न ने पूछा, ''क्या?''

''उन्हें मुझे नगर में ले आना है। वे इसी समय इस दरवाजे पर आएँगी?

प्रसन्न ने इस प्रकार पूछा, जैसे कुछ जानती ही न हो, ''पर अन्दर कैसे आएँगी? दरवाजे तो सब बन्द हैं, और कुंजियाँ त्रिभुवनपाल के पास हैं।''

''मेरे पास भी एक कुंजी है। किसी से कहना मत।''

''तुम कहाँ से लाये?''

''रानी ने दी है। चलो, दरवाजे के पास, इसी समय कोई बाहर से खटखटाएगा। दरवाजे के पहरेदारों को मैंने छुट्टी दे दी है; अतएव वहाँ कोई न होगा।''

''परन्तु खेंगारसिंह, त्रिभुवनपाल और सब लोग क्रोधित होंगे, तो?''

''तुम क्या बात करती हो? यह सारा उपद्रव तो इस कारण है कि चन्द्रावती की सेना पड़ाव डाले है। जहाँ रानी अन्दर आयीं और लोगों ने जाना कि तुरन्त शान्ति हो जायगी। फिर त्रिभुवनपाल से कहा जायगा कि अब तुम हवा खाओ।''

अन्तिम शब्दों को सुनकर प्रसन्न की इच्छा हुई कि मुरारपाल की नाक पकड़कर खींच ले, ''परन्तु तुम तो पट्टनी हो?''

''हाँ, पट्टनी तो सात पीढ़ियों से हूँ। क्यों, इससे क्या हुआ?

''तुम ऐसे मौके पर अपने नगरवासियों की नाक काटोगे?''

''लोगों के भला नाक क्या? और हो, तो भी मीनलदेवी के शब्द मेरे लिए शिरसा वन्द्य हैं। पर तुम ऐसा क्यों कहती हो? रानी का यहाँ आना तुम्हें पसन्द नहीं है?''

''यहाँ से गयी न होतीं तो पसन्द होता, परन्तु, शोक छोड़कर, सूतक को त्यागकर, पाटन से बाहर होकर चन्द्रावती के दल में जा मिलीं; इससे वे मेरे मन से उतर गयी। पाटन की रानी पाटन के प्रभाव की मूर्ति होनी चाहिए या उसे पराधीन बनानेवाली?''

''प्रसन्नमुखी, तुम्हारा कहने का ढंग तो सामल बारहट के ढंग से टक्कर ले रहा है!''

"बारहटजी के चरणों की रज के समान भी अभिमान तुममें होता तो अच्छा था। पर तुम यह क्या करते हो?"

"खिड़की के पास खड़ा होता हूँ कि कोई बाहर से आये, तो पता चल जाए!"

इस समय चाँपानेरी दरवाजे के पास लोगों का आना-जाना बन्द था, इसलिए वे निश्चिन्त होकर बातचीत कर सके।

"मुरारपालजी, तुम किसके हो? पाटन के या उसकी रानी के?"

"पाटन की रानी मेरी स्वामिनी हैं।"

"तुम्हारा नगर बिक रहा है और तुम यह देखते रहोगे? रानी या राजा तो आज आये और कल चले गये, परन्तु गयी हुई टेक फिर आ सकती है? तुम्हारी नजर में तो पृथ्वी में पाटन ही पहले होना चाहिए।"

"सो तो है ही। परन्तु, इससे कहीं रानी की आज्ञा का अनादर किया जा सकता है?

"परन्तु एक निर्जीव आज्ञा के अनादर के लिए तुम अपने जीवित पट्टनियों को बेच डालोगे?" उनके गौरव पर—उनकी स्वतन्त्रता पर पानी फेर दोगे?"

"तुम व्यर्थ नाराज होती हो। स्वामी की आज्ञा का पालन ही राजपूत के लिए शोभा देता है।"

"तुम्हारे पूर्वजों की भी यही धारणा होती, तो इस समय पाटन पर गजनी के सामन्त राज करते होते। मुरारपाल, तुम शूरवीर हो और ईमानदार हो। मैं कोई रास्ता चलने वाली नहीं हूँ, राजाओं की कन्या हूँ। मैं आँचल पसारकर भीख माँगती हूँ कि तुम लौट चलो और जिस रानी ने पाटन को छोड़ दिया, मुंजाल और मंडलेश्वर के साथ दगा किया, उस रानी को भटकती रहने दो। अपने नगर की नाक काटकर उसे संसार में तिरस्कार का पात्र न बनाओ।"

"मैंने नहीं जाना था कि तुम बुआ-भतीजी में इतनी शत्रुता है।"

"मैंने भी न जाना था कि धाँड़ का सेनापति इतना खुशामदी है।"

"प्रसन्नमुखी, मैं किसकी प्रशंसा करूँ? तुम्हारे शब्दों की या तुम्हारे जोश की? मुझे ऐसा लगता है कि जीवन-भर तुम्हारे वचन और तुम्हारे नयनों की विद्युत को सहा करूँ; परन्तु तुम्हारा यह सब कथन पत्थर पर पानी ढोलने के समान है।"

इसी सगय खिड़की को किसी ने बाहर से खटखटाया। मुरारपाल तुरन्त घूम पड़ा, कान लगाकर सुनने लगा और कुंजी निकालने के लिए उसने अपनी जेब में हाथ डाल दिया। प्रसन्न ने उसका हाथ थाम लिया।

"मुरारपालजी, तुम टेकवाले राजपूत होकर यह क्या कर रहे हो?"

"मुझे रोको मत, मैं अडिग हूँ।" कहकर मुरारपाल ने कुंजी निकाली, खिड़की पर ठोकी और फिर अर्गला खोलने के लिए उस पर हाथ रखा।

प्रसन्न ने उतावली से कहा, "तुम ऐसा अधम काम करोगे? तनिक सुनो तो।"

मुरारपाल ने अर्गला खोली; अतएव खिड़की का दरवाजा केवल साँकल से ही बन्द रहा और उसके और बड़े दरवाजे के बीच दरार दिखलाई पड़ी, अतएव बाहर के मनुष्य ने दरार में से पूछा, "कौन, मुरारपालजी?"

साँकल पर हाथ रखकर मुरारपाल ने कहा, "हाँ, महारानी जी आयी हैं?"

"हाँ, कुछ दूर हैं, मैं ले आता हूँ।"

"जाओ, जल्दी करो।" कहकर मुरारपाल ने ताला खोलना स्थगित कर दिया। प्रसन्न को धीरज बँधा।–अभी कुछ समय है।

"मुरारपाल, तुम न मानोगे?"

"नहीं।"

"क्यों? रानी को प्रसन्न करने से क्या लाभ है? मुझसे कहो, मैं तुम्हें जो कहो, वही दिलवा दूँ।"

"लाभ?" बेचारा मुरारपाल प्रसन्न को नाराज करके अलग नहीं कर सकता था; अतएव वह उत्तर में कहने लगा, "अपना धर्म..."

प्रसन्न ने तिरस्कार के साथ कहा, "नगर खोना, टेक छोड़ना, आबरू और स्वतन्त्रता गँवाना, यही तुम्हारा धर्म है कि और कुछ?"

प्रसन्न के तेजस्वी मदमाते सौन्दर्य की ओर निहारते हुए मुरारपाल ने कुछ हँसते हुए कहा, "तुम मुझे क्या लाभ पहुँचाओगी?" प्रसन्न ने उस दृष्टि को देखा और उसे ऐसा लगा कि यह जितना सोचा था, उससे भी अधिक स्वार्थी और तुच्छ है। अतएव उसने जैसे बने तैसे उसे परास्त करने का निश्चय कर लिया।

"तुम्हें क्या चाहिए? मुझसे जो बनेगा सब कुछ दूँगी। मैं पाटन-निवासियों की ओर हूँ। इस समय तुम रानी को नगर में ले आओगे, तो फिर मैं तुमसे बात भी न करूँगी। कायर, खुशामदी तथा नगरद्रोहियों का मैं नाम लेना भी पसन्द नहीं करती मुरारपाल!" नेत्रों से अद्भुत काम-बाण छोड़ते हुए प्रसन्न ने कहा, "रानी को खुश करके क्या पाओगे? पदवी? वह तो है। सत्ता? वह भी है। कीर्त्ति? वह द्रोहियों को नहीं मिलती। तब और क्या मिलेगा?"

"सुन्दरी, लाभ कहो, धर्म कहो, जो चाहे कहो; परन्तु तुम मुझे सीधे मार्ग से क्यों खींचे लिये जा रही हो? तुम्हें क्या फायदा होगा?"

"मुझे?" प्रसन्न ने निकट आकर कहा, "तुम जैसा शूरवीर योद्धा द्रोही न बन जाय, यही मुरारपालजी! रानी सब कुछ दे देंगी, परन्तु जो कुछ मैं दे सकती हूँ, वह वे नहीं देंगी।"

प्रसन्न के नेत्रों के तेज के समक्ष नीचे देखते हुए उसने पूछा, "वह क्या?"

प्रसन्न ने मगरूरी से कहा, "पद्मिनी का हाथ।" उसके सुन्दर मुख पर मद भरे नयनों में अभिमान प्रकाशित हो उठा। मुरारपाल इस तरह चौंककर पीछे हट गया, जैसे उसके मस्तक पर घाव लगा हो।

"तुम्हारा?"

"हाँ, मेरा, प्रसन्नमुखी का! पद्मिनी बिना सारा संसार सूना है, समझे? संसार बनाओगे, या बिगाड़ोगे?" कहकर प्रसन्न ने अपने दोनों हाथ मुरारपाल के कन्धे पर रख दिये। साहसी प्रसन्न अपना अन्तिम पासा फेंक रही थी। उसके विशाल नेत्रों की चमक मुरारपाल के हृदय में ज्वाला उत्पन्न कर रही थी। प्रसन्न के स्पर्श से वह काँप उठा। उसकी सुध-बुध जाने लगी।

"प्रसन्नमुखी, तुम मुझे कहाँ घसीट ले जाओगी? सच कह रही हो?"

"अपनी कुंजी मुझे दे दो, फिर जो कहोगे, मुझे सब स्वीकार होगा।"

प्रसन्न के हाथ थामकर बड़ी उमंग से वह बोला, "सचमुच?"

"हाँ, लाओ।" मुरारपाल शिथिल हाथों से प्रसन्नकुमारी ने कुंजी ले ली। "वह अर्गला लगा दो।"

काँपते हाथों मुरारपाल ने अर्गला लगा दी। तनिक हँसते हुए प्रसन्न ने कहा, "मुरारपालजी, आज आपने पाटन को जीवन-दान दिया है।"

"और अब तुम मुझे जीवन-दान कब दोगी?"

प्रसन्न ने अचानक अपने स्वरूप को बदलकर धिक्कार से कहा, "मुरारपाल, मेरा वश हो, तो चौरासी जन्मों में भी नहीं।"

"ऐं!"

"ऐं क्या?" जो कार्य तुमने पाटन के लिए नहीं किया, उसके गौरव, उसके स्वातन्त्र्य तथा अपने पूर्वजों की टेक के लिए नहीं किया, वह इस मिट्टी की पुतली के लिए किया! और अब मैं तुमसे विवाह करूँ? अजी, तुम्हारा स्पर्श भी मैं न करूँगी। यहाँ सब धाँड़ की भिल्लनियाँ नहीं हैं।" कहकर प्रसन्न साहस से कमर पर हाथ रखकर खड़ी हो गयी और मुरार की ओर देखने लगी।

लज्जा से, क्रोध से, निराशा से मुरार दिग्मूढ़ होकर देखने लगा, "क्या तुम सच कह रही हो?"

"हाँ, सच कह रही हूँ; एक बार नहीं, हजार बार। तुम्हारा मुख देखकर मेरी आँखें लजा रही हैं। तुम जैसे द्रोहियों को कोल्हू में पिरवाकर समाप्त कर देना चाहिए। तुमने मेरी बात मान ली होती और पाटन की प्रतिष्ठा के लिए, टेक के लिए कुंजी दी होती, तो मैं तुम्हें अपने भाई से भी अधिक समझती। परन्तु अब? अब मैं तुम्हारी छाया से भी अपवित्र हो रही हूँ।"

"विश्वासघातिनी! मेरी सज्जनता का यह परिणाम? तुझे खबर है कि तेरे हाथ से कुंजी छीन लेना कितना सहज है?"

"सामर्थ्य हो तो ले लो, देखूँ! अब चुपचाप चले जाओ, नहीं तो लोगों के सामने तुम्हारी फजीहत होगी।"

"ऐसा!" कहकर मुरारपाल एकदम प्रसन्न की ओर झपटा।

प्रसन्न जानती थी कि दरवाजे की आड़ में त्रिभुवनपाल और डूँगर नायक धीरे से आकर खड़े हो गये हैं। इससे वह पीछे खिसक गयी और बीच में त्रिभुवन की तलवार खिंच गयी।

त्रिभुवन का शान्त और सत्तापूर्ण स्वर सुनाई पड़ा, "मुरारपाल, एक राजपूत वीर की यही शिष्टता है? यह क्यों नहीं कहते कि प्रसन्न ने आज तुम्हें पाप करने से बचा लिया?"

मुरारपाल ने सारा खेल देखा और उसे अपनी मूर्खता का पूरा-पूरा खयाल हो आया। वह समझ न सका कि अब क्या करे, किस प्रकार के व्यवहार से काम ले। उसे ऐसा लगा कि अब चारों ओर से कृतघ्नता, द्रोही के रूप में लज्जा और फजीहत मिलेगी। वह ज्यों-का-त्यों खड़ा रहा।

"त्रिभुवानपाल, मुझे नगर से बाहर चले जाने दो, अब मैं यहाँ नहीं रहना चाहता।"

"सवेरे मोंढेरी दरवाजे से चले जाना। आज्ञा दे दूँगा। इस समय घर जाओ। प्रसन्न, मुरारपाल से अब कुछ काम है?"

दूर खड़े-खड़े अपनी साड़ी ठीक करते हुए प्रसन्न ने कहा, "नहीं, जाइए!"

"डुँगरनायक, तुम इस दरवाजे की रक्षा पर रहो, सम्भव है, कोई उत्पात खड़ा हो जाय।"

प्रसन्न ने कहा, "त्रिभुवन, यह डूँगरनायक तुम्हारी बड़ी अच्छी सेवा कर रहे हैं। यह सब निपट जाय तो इन्हें एक छोटी-सी जागीर दे देना।"

हर्षित होते हुए डूँगर ने कहा, "आपको अखंड सौभाग्य प्राप्त हो बहनजी!" उसका हृदय फूल उठा।

प्रसन्न और त्रिभुवन एक ओर चले गये और मुरारपाल सिर झुकाकर धीरे-धीरे दूसरी ओर चला गया।

कुछ देर में बाहर से किसी ने दरवाजा खटखटाया। दूसरी बार खटखटाया। तीसरी बार खटखटाया। इस ओर मुख पर हाथ रखे डूँगरनायक हँसता रहा। आखिर थककर उसने दरवाजा खटखटाना बन्द कर दिया।

पट्टनियों का क्रोध

जब प्रसन्न और त्रिभुवनपाल राजमहल की ओर गये, तब उनके चित्त कुछ प्रफुल्लित हो रहे थे और प्रसन्न के मजाक सुनकर त्रिभुवन इतना पिघल गया था कि हँस सके। जब वे महल में लौट आये तब कल्याणमल्ल ने सूचित किया कि दो-तीन आदमी कुछ समाचार लेकर आये हैं। त्रिभुवन ने उन्हें अपने पास बुलवाया। पहला सैनिक पाटन

की एक टुकड़ी का था और यह कहने आया था कि कल सन्ध्या समय विखराट की सेना के कुछ सैनिकों के साथ मार-पीट हो गयी है। दूसरा सैनिक मालवराज के गुजरात में प्रवेश करने का समाचार लेकर आया था। तीसरा सैनिक ऐसा प्रतीत हो रहा था, जैसे बड़ी मुश्किल से आ पाया है।

"महाराज, क्या आप मुझे नहीं पहचानते? मैं..."

"कौन, रामसिंह!" कहकर त्रिभुवनपाल आगे बढ़ आया, "क्यों, क्या बात है? क्या नये समाचार हैं? पिताजी, वल्लभ..."

"मुझे वल्लभसेन महाराज ने भेजा है।"

"वे कहाँ हैं?"

"अन्नदाता, वे मेरल की सेना लेकर विखराट के समीप आ पहुँचे होंगे। मुझे समाचार देने आगे भेज दिया है।"

प्रसन्न की ओर घूमकर त्रिभुवन ने कहा, "शाबाश! अब तुम्हारी बुआजी से कहा जाय, कि चखो मजा। पिताजी का पुण्य-प्रताप अभी तप रहा है। हाँ, पिताजी..."

घबराते हुए रामसिंह ने कहा, "परन्तु मुझे एक बात और कहनी है।"

त्रिभुवन को एक धक्का-सा लगा, उसने उसकी ओर घूमकर कहा, "क्या?"

रामसिंह अधिक घबरा गया। उसकी समझ में न आया कि वह क्या कहे।

"मैं गम्भीरमल्लजी के साथ था।"

"हाँ, मंडुकेश्वर में, पिताजी तो वहाँ समय पर पहुँच गये होंगे, वे कहाँ हैं? घबरा क्यों रहे हो? तुम्हारी आँखों में आँसू क्यों आ रहे हैं? बताओ।" रामसिंह को ज्यों-ज्यों घबराते देखा, त्रिभुवन ने त्यों-त्यों अधिक अकुलाकर पूछा।

रामसिंह रो पड़ा, "अन्नदाता, क्षमा करो। मुझसे नहीं रहा जाता। मंडलेश्वर महाराज... स्वर्ग... सिधार गये।"

त्रिभुवन के मुख पर कल जो कठोरता, उग्रता थी, वह फिर लौट आयी। अपनी समस्त अनुभूतियों को वश में रखकर उसने पूछा, "कहाँ, कब?"

"कल रात्रि के समय, सरस्वती में!"

"सरस्वती में! और माताजी?"

रामसिंह ने मंडलेश्वर के उनसे मिलने तथा निराश वल्लभ के मेरल लौट आने तक का इतिहास संक्षेप में कह सुनाया। त्रिभुवन ने सुना। इसी समय महल में रहनेवाले लीलाधर, उदा आदि लोग भी आ पहुँचे। सभी शोक से व्याकुल हो उठे। प्रसन्न ने लीलाधर को त्रिभुवन के साथ रहने के लिए कहा। बात सुनकर त्रिभुवन कुछ देर मौन रहा। उसके नेत्रों में आँसू नहीं थे, उसके मुख पर शोक नहीं था, उसका मुख शव के समान जड़ हो गया था। उसके नेत्र केवल दो अंगारों की भाँति चमक रहे थे।

कठोर स्वर में उसने कहा, "उदा सेठ, नगर में ढिंढोरा पिटवाकर यह खबर करा दो, और पंडितों, शास्त्रियों, सामन्तों और महाजन-संघ के सेठों को तुरन्त बुलवाओ।"

कहकर त्रिभुवन वहाँ से चला गया। किसी ने उसके पीछे जाने का साहस नहीं किया, केवल प्रसन्न ही गयी। इस समय उसे भी त्रिभुवन के क्रोध का बड़ा भय हो रहा था; फिर भी त्रिभुवन के आश्वासन देना उसे आवश्यक प्रतीत हुआ। त्रिभुवन अन्दर के कमरे में पहुँकर, बिना किसी ओर देखे, गद्दे पर जाकर पड़ गया।

प्रसन्न क्षण-भर के लिए उलझन में पड़ गयी और खड़ी रही। इन दोनों निर्दोष साथियों ने इतने वर्ष एक साथ उठते, बैठते, ऊधम करते व्यतीत किये थे। पिछले दो दिनों से इनके पारस्परिक सम्बन्ध में कुछ परिवर्तन आ गया था। उन्हें इसका ज्ञान हो गया था कि अब आगे क्या सम्बन्ध, क्या सम्पर्क होगा। इस ज्ञान ने प्रसन्न की मानसिक स्थिति में बड़ा परिवर्तन कर दिया था। त्रिभुवन को र्स्पश करना, उर्मियों में बहकर उसके हाथ को अपने हाथ में लेकर दबाना, ऐसा प्रतीत होने लगा जैसे यह कोई भगीरथ कार्य हो, बड़े से बड़ा सुख या लाभ हो! इसके लिए आज वह विचित्र रूप से लजा गयी। ऐसी परिस्थिति में उसके साथ पहले की भाँति स्वतंत्रता से व्यवहार करना उसे असम्भव लगा। ऐसे समय, स्त्रियों को जो सहज ज्ञान होता है उससे उसे ऐसा लगा कि त्रिभुवन भड़क गया है। उसकी अनुभूतियाँ इतनी उत्तेजित हो गयी हैं कि साधारण मार्ग से उनका प्रवाह बाहर नहीं निकल सकता, एक स्थान पर इकट्ठा होकर उसे सूम और विकराल बनाये दे रहा है। यह अवस्था बहुत बुरी है, और इससे त्रिभुवन को बचाने का कार्य वही कर सकती है। उससे लज्जा, मर्यादा आदि सबको दूर कर दिया और वह त्रिभुवन के निकट बैठ गयी तथा उसके हाथ अपने हाथ में लेने का प्रयत्न करने लगी। त्रिभुवन ने उसके हाथों को झटक दिया और अपने विकराल नेत्रों से प्रसन्न की ओर देखा। प्रसन्न जरा भी न डरी और बोली, "त्रिभुवन!"

"तुम यहाँ से चली जाओ, मुझे किसी की आवश्यकता नहीं है।" कहकर वह उठ बैठा। प्रसन्न अधिक समीप आ गयी और उसका हाथ थामकर दूसरे हाथ से उसका सिर अपनी गोद में लेने का प्रयत्न करने लगी।

"जाती हो या नहीं?" कहकर त्रिभुवन ने धक्का देकर प्रसन्न को वहाँ से दूर ढकेल दिया, "इस समय भी मजाक!"

प्रसन्न को चोट लगी, फिर भी वह निकट आ बैठी और त्रिभुवन के कंधे पर हाथ रखकर बोली, "तुम क्या करना चाहते हो, यह तो कहो?"

त्रिभुवन अधिक उबल पड़ा और उसने आवेश से हाथ की मुट्ठी बाँधकर ऊपर तान दी! परन्तु प्रेमालु प्रसन्न की सुधापूर्ण, अश्रुपूर्ण आँखें देखकर हाथ को फिर नीचे डाल दिया।

उसने कहा, "प्रसन्न, मुझे क्यों इस समय चिढ़ा रही हो? तुम देखती नहीं कि पिता गये, माता गयीं और संसार में अब मैं अकेला हूँ!" रुकी हुई उर्मियों का प्रवाह एकदम बह निकला, त्रिभुवन की सख्ती चली गयी, वह जोर से रो पड़ा। हिचकियों ने उसके सारे शरीर को हिला डाला, "पिताजी! हाय पिताजी!"

बिना एक शब्द उच्चारण किये प्रसन्न ने उसे अपने हाथों में ले लिया और इस प्रकार उसके माथे और कपाल पर हाथ फेरने लगी जैसे वह कोई छोटा-सा बालक हो। दुःख के प्रबल भार से दबा हुआ त्रिभुवन उसके अधीन हो गया। स्त्री-जाति में हर उम्र में मातृत्व का अंश रहता है; और वही अंश उनमें सहिष्णुता, क्षमा और स्नेह प्रेरित करता है, दुःख को कम करने की शक्ति लाता है, और इसी से उनका दिग्विजय इतना सरल हो जाता है।

ज्यों ही नगर में समाचार फैला कि यति ने रुद्र-महालय को जलाकर मंडलेश्वर को जला देने का प्रयत्न किया और जब वह सरस्वती में कूदकर, तैरकर बच निकले तो भी यति के विश्वासघात से मारे गये, त्यों ही लोगों में खलबली मच गयी। चारों दिशाओं से विलाप के स्वर सुनाई पड़ने लगे। बहादुर पट्टनी शौर्य के भक्त थे; और मंडलेश्वर और चाहे जैसा हो, पर शौर्य की तो मूर्ति था ही। उसका स्वभाव, उसकी कीर्ति, उसका बाहुबल, उसके विवाह और मृत्यु की घटनाएँ बिलकुल नीरस व्यक्ति के हृदय को भी उसकी प्रशंसा से—भक्ति से भर-पूर कर देने वाली थीं। सारे नगर में ऐसी ग्लानि फैल गयी जैसे आज ही सबके पूज्य पिता की मृत्यु हो गयी हो। सभी के हृदय में रानी तथा चन्द्रावती से बदला लेने के संकल्प उठने लगे। उदा ने सवेरे निमंत्रण भेजकर प्रत्येक जाति के अग्रणी मुखियाओं, प्रतिष्ठित सेठ-साहूकारों और सामन्तों को बुलाया था। सभी शोकग्रस्त और क्रोध से भरे हुए दरबार में आये। जब सब आ गये तब मंडलेश्वर खेंगार त्रिभुवनपाल को बुला लाये। त्रिभुवन बहुत ही नरम हुआ जान पड़ता था। केवल उसके नेत्रों में ही रक्त का प्यासा तेज चमक रहा था। जब वह पहुँचा, तब सबने खड़े होकर स्वागत किया। उनके बैठ जाने पर त्रिभुवनपाल कहने लगा। उसका स्वर शान्त और धीमा था।

"बन्धुओ, आप सबको यह ज्ञात हो गया होगा कि गुजरात के सिंहासन को किस प्रकार कलंकित किया गया है। मैंने जो आप सबको बुलाया है, उसका एक ही कारण है। मेरी माता और मेरे पिता को मार डालनेवाले के लिए पुत्र के रूप में मेरा एक ही धर्म है और उस धर्म का मेरी तलवार पालन करेगी। क्या आप सब लोग इसे पसन्द करेंगे? अभी तक हम लोग इसलिए लड़ने के लिए तत्पर थे कि यहाँ परदेसी न घुस पाएँ। पर अब मैं राजद्रोही बन गया हूँ। क्या आप लोग भी बनने के लिए राजी हैं? मेरे विचार से, मीनलदेवी के लिए एक ही मार्ग रह गया है, और वह यह कि वे अब फिर चन्द्रपुर लौट जायँ। उनके चले जाने पर ही कुमार जयदेव सोलंकियों के सिंहासन पर बैठ सकेंगे; अन्यथा मैं अपने जीते जी मीनलदेवी को पाटन में प्रवेश न करने दूँगा। यदि आप लोगों का विचार इसके विपरीत होगा, तो मैं यहाँ से चला जाऊँगा। मेरी सेना पड़ी हुई है, वह मेरी प्रतीक्षा कर रही है और अपने स्वामी की मृत्यु का बदला लेने को तड़प रही है। आप सब लोग नगर के बड़े-बूढ़े हैं, विचार कर देखिए। अपने मंडलेश्वर के वैर का बदला लेंगे या चुप होकर बैठे रहेंगे?"

सब लोग एक-दूसरे की ओर देखने लगे। त्रिभुवनपाल समझ गया।

"मैं जाता हूँ। मुझे आप लोग विचार करके कहला देना। मैं फिर आ जाऊँगा।" यह कहकर वह अन्दर के खंड में चला गया।

वहाँ राजकुल की कुछ स्त्रियाँ और महाराज कर्णदेव की दो पुरानी रानियाँ खड़ी थीं कि जिनका काम चैन से खा-पीकर राज्य के झगड़े-झंझटों का तमाशा देखते रहना था। कोई भी सोलंकी आये, वे निश्चिन्त थीं। उनमें प्रसन्न नहीं दिखलाई दी, अतएव त्रिभुवनपाल वहाँ से आगे चला गया। देखा कि प्रसन्न बड़ी शीघ्रता से अपने वस्त्रों और आभूषणों को इकट्ठा कर रही है!

"क्या कर रही हो इस समय?"

"पाटन से बाहर जाने की तैयारी।"

त्रिभुवन निकट आ गया। उसकी कठोरता कुछ पिघल गयी। उसने प्रसन्न का हाथ पकड़कर कृतज्ञता से दबा दिया। प्रसन्न का हाथ अज्ञात रूप से त्रिभुवन की कमर से लिपट गया। कुछ देर दोनों इसी तरह चुपचाप खड़े रहे।

वहाँ सभी अग्रणी लोगों में कुछ देर बड़ी सख्त बातचीत होती रही। वे सब दो-एक बातों में बिलकुल एकमत थे। एक तो यह कि देवप्रसाद की मृत्यु बहुत ही करुण हुई, पाटन के गौरव के लिए बड़ी अपमानजनक हुई, और इसके लिए कुछ करना चाहिए। दूसरे, मीनलदेवी के प्रति किसी का कोई सद्भाव नहीं दिखलाई पड़ा। पंडित-मंडली में पंडित लीलाधर और गजानन के अतिरिक्त सभी रानी के विरुद्ध थे। सामन्तों में भी अधिकांश या तो मंडलेश्वर के कारण, या चन्द्रावती की सत्ता से अप्रसन्न रहने के कारण, रानी के विरोधी थे। सेठ लोगों में पहले तो कुछ मतभेद मालूम हुआ, परन्तु कुछ देर के वार्त्तालाप से सबको ज्ञात हो गया कि जब तक मीनलदेवी हैं, तब तक पाटन को क्षण-भर के लिए भी शान्ति न मिलेगी। इन सब कारणों से वे लोग एक निर्णय पर आ गये और खेंगार और लीलाधर त्रिभुवन के पास पहुँचे।

खेंगार ने कहा, "महाराज, चलिए हमने निर्णय कर लिया है।"

"क्या?"

"सारा पाटन आपके पक्ष में है, आपके साथ है। जहाँ आप हैं, वहाँ हम सब हैं, चलिए।"

त्रिभुवन की चिन्ता मिटी, वह वहाँ से बाहर आया। प्रसन्न भी वस्त्राभूषणों को इकट्ठा करना छोड़कर उसके पीछे हो गयी।

कुछ देर में सब लोग अपने-अपने घर चले गये। त्रिभुवन ने सारा अधिकार अपने हाथ में ले लिया और उदा को मुरारपाल के पास भेजा कि वह उसे रानी के पास जाने

के लिए समझाए। मुरारपाल ने त्रिभुवन का सन्देश ले जाना स्वीकार कर लिया; कारण कि पाटन में रहना अब उसे बहुत खल रहा था।

त्रिभुवन ने दूसरा सन्देश वल्लभ के पास भेजा कि पाटन अब मेरे अधीन है, अतएव सेना को तैयार रखकर वल्लभ को वहीं पड़ाव डाले रहना चाहिए।

रानी की निराशा

जब मीनलदेवी को चाँपेनेरी दरवाजे से कोई उत्तर न मिला, तब उसके क्रोध और अकुलाहट का पार न रहा। उसने कभी सोचा भी न था कि मुरारपाल इस प्रकार फँसा देगा। वह समझ न सकी कि किस पर क्रोध प्रकट किया जाय, अतएव उसका क्रोध अधिकाधिक भड़कता गया। सन्ध्या के अन्धकार में वापस लौटकर निराश हुआ रिसाला अधिक रात बीतने पर, जहाँ डेरे-तम्बू खड़े करके लश्कर ने पड़ाव डाला था, वहाँ पहुँचा। रानी अपने डेरे पर चली गयी। सौभाग्य से सेनापति के अतिरिक्त कोई नहीं जानता था कि रानी पाटन जाने के लिए बाहर निकली थी।

इस समय किसकी सलाह ली जाय? आनन्द सूरि अभी तक आया नहीं था। घबराहट में रानी उसे कोसने लगी। अन्य लोगों में कोई ऐसा नहीं था, जिससे वह सहायता ले। एक मुंजाल था; पर रानी नाक नीची करके उससे कैसे पूछने जाय? कैदी बना मुंजाल, पहरेदारों के साथ घूमा करता और एक शब्द भी बोलता न था। उसकी सलाह इस समय सोने से भी कीमती होती, परन्तु अपना अभिमान त्यागकर वह उससे पूछने जाए? रानी ने इस विचार को मस्तिष्क से अलग कर दिया। इस समय उसे अपनी परिस्थिति का कुछ ज्ञान हुआ। मुंजाल जब कहा करता था कि मेरी ही बुद्धि से तुम्हारी सत्ता टिकी है, तब रानी उसकी बातों पर हँस दिया करती, और विचारती कि जान-बूझकर ही मुंजाल उसकी सत्ता को जल्दी स्थापित नहीं होने देता है। इस समय उसे उसकी राजनीति की महत्ता का कुछ ख्याल आया। सामने पाटन दरवाजे बन्द किये बैठा है, पीछे की ओर मंडलेश्वर अपनी सेना लिये जमा होगा। केवल चन्द्रावती का आश्रय लेकर, परदेसी रानी की भाँति, परायी सेना के सहारे वह यहाँ पर राज लेने के लिए पड़ी है। ज्यों-ज्यों वह अधिक विचार करती गयी, त्यों-त्यों उसकी उलझन बढ़ती गयी। अपनी असहाय अवस्था का चित्र अधिकाधिक स्पष्ट रूप में उसके मनश्चक्षुओं के समक्ष खड़ा हो गया।

"माताजी, एक दूत कुछ समाचार लेकर आया है। सेनापति जी ने उसे भेजा है।"

रानी ने ऊपर देखा! अपने चोबदार को देखकर उसके नेत्रों में आँसू भर आये। यह स्वामिभक्त चोबदार सदा रानी के पीछे-पीछे घूमा करता था। "अन्दर बुलाओ।"

"जो आज्ञा।" कहकर वह उस दूत को अन्दर बुला लाया।

"माताजी, यहाँ से दो योजन की दूरी पर वल्लभसेन की सेना आ पहुँची है।"

"ऐं! तब मंडलेश्वर भी साथ होगा?"

"नहीं माताजी, मंडलेश्वर तो सरस्वती में डूबकर मर गये और यह भी समाचार है कि मंडुकेश्वर के शिवालय को यतिजी ने जला डाला।"

रानी चौंक पड़ी, "तुमने कैसे जाना! क्या यह सत्य है?"

"माताजी, मैं तो समाचार सुनकर ही यहाँ आया हूँ।"

"अच्छा, और कुछ कहना चाहते हो? नहीं तो जाओ।"

"नहीं माताजी, पता लगाने के लिए विजयपाल जी ने सैनिक भेजे हैं।"

"ठीक है।" कहकर रानी ने उसे विदा कर दिया।

रानी और भी विचारों के चक्कर में पड़ गयी। मंडलेश्वर मर गया और वल्लभसेन सेना लेकर यहाँ आया है। विश्वपाल ने अटल वल्लभसेन की सारी कथा रानी से कही थी। विचारों में मग्न सोये हुए जयदेव की ओर जब-तब देखते और अश्रुपात करते हुए रानी ने सारी रात बिता दी। उसके विचार से एक-एक क्षण अधिकाधिक भयंकर होता जा रहा था। प्रातःकाल अधिक प्रामाणिक समाचार मिला। 'वल्लभ अपनी सेना लेकर शान्ति के साथ दो योजन दूर ही रहने का विचार रखता है और बन्दी के रूप में आनन्द सूरि भी उसके साथ है।' गुप्तचरों ने जो समाचार दिये थे, उनसे प्रकट होता था कि मंडलेश्वर के मर जाने पर भी उसकी सेना टूटना नहीं चाहती और चन्द्रवती की सेना बहुत बड़ी है, इस कारण वल्लभसेन ने इस प्रकार बैठे रहने का मार्ग ग्रहण किया है।

कुमार जयदेव ने कहा, "माताजी, हम कल लौट क्यों आये? पाटन चलो न!"

मीनलदेवी ने सान्त्वना देते हुए कहा, "चलेंगे बेटा, चलेंगे। अभी जरा विलम्ब है।" परन्तु जयदेव को इन परदेसियों में चैन न पड़ती थी और उसे भी ऐसा लगा कि इस समय परिस्थिति अधिक गम्भीर हो गयी है। बह अधिक कुछ न बोलकर चुप रहा।

जब दिन चढ़ आया, तब मीनलदेवी ने विश्वपाल और अन्य दो-तीन विश्वस्त सामन्तों और सेठ शान्तिचन्द्र के पुत्र विनयचन्द्र तथा चन्द्रावती के सेनापति विजयपाल को अपने पास बुला भेजा। मंडलेश्वर की मृत्यु के समाचार से सेना में कुछ हर्ष छा गया था और कल के रानी के अनुभव से अपरिचित होने के कारण विजय प्राप्त करना सबको एक साधारण-सी बात मालूम हो रही थी। यह समाचार यहाँ पहुँच चुका था कि 'पाटन के लोग बिगड़ खड़े हुए हैं।'

परन्तु सभी की यह धारणा थी कि अब वहाँ कोई बुद्धिमान व्यक्ति नहीं रह गया है और लोगों का आवेश भी क्षणभंगुर होता है। अतएव, कुछ न होगा। इसलिए जब बुलाये हुए योद्धा आये, तब वे आशा के पूर में बह रहे थे।

सब लोग बैठ गये और विचार करने लगे कि 'अब क्या किया जाय?'

रात की बात रानी ने किसी से नहीं कही थी। विनयचन्द्र और विश्वपाल साथ थे; अतएव केवल वे ही जानते थे। और किसी ने उस बात को नहीं उठाया।

विजयपाल अनुभवी योद्धा था। उसने विचार करके कहा, "महारानीजी, और सब बातें ठीक हैं। हमारे सैनिक विश्वासपात्र हैं और उनकी संख्या भी अधिक है; परन्तु इस समय हम दो ओर से फँसे हुए हैं। एक ओर पाटन है, और दूसरी ओर वल्लभ। अतएव, जिस प्रकार भी हो, शीघ्रता से दो में से एक भय को दूर करना चाहिए। आपकी यह धारणा हो कि पाटन हमारे पक्ष में है, तो उसे प्रसन्न कीजिए। खेंगार या किसी अन्य व्यक्ति के द्वारा हमें पाटन का भय दूर करना चाहिए या फिर पाटन पर घेरा डालिए। इस प्रकार बैठे रहने से सैनिकों का उत्साह भंग होता जा रहा है।"

रानी, विश्वपाल और विनयचन्द्र ने एक-दूसरे की ओर देखा। पाटन के प्रति उनका विश्वास क्षण-क्षण घटता जा रहा था; परन्तु इस समय कहा किससे जाय? वार्त्तालाप करते हुए कुछ समय बीतने पर समाचार मिला कि पाटन से एक सामन्त सन्देश लेकर आया है। सबने आतुरता से बुलाने का आदेश दिया और सब लोग चुपचाप द्वार की ओर टकटकी लगाये देखते रहे। कुछ देर में शरम से गड़ा हुआ, अपनी बेवफाई से क्षुभित और पाटन में मिले हुए अनुभवों से काँपता हुआ मुरारपाल आ खड़ा हुआ।

उसे देखकर रानी हर्ष से पुकार उठी। ऐसे अनी के मौके पर अपने बहादुर स्वामिभक्त सामन्त को देखकर उसे बड़ा आनन्द हुआ, "मुरारपाल, आओ, आओ, बोलो क्या समाचार है?"

"महारानीजी, केवल दुःख के समाचार लाया हूँ।"

"चिन्ता नहीं, बैठो!" कहकर रानी ने अपने आसन के समीप ही उसे बैठने को सूचित किया और केवल नेत्रों से ही संकेत कर दिया कि कल सन्ध्या समय की बात को इस समय प्रकट करने की आवश्यकता नहीं है। मुरारपाल यह समझ गया।

"महारानीजी, मैं पाटन से सन्देश लेकर आया हूँ।"

विनयचन्द्र ने पूछा, "पाटन से! पाटन से महारानी को सन्देश भेजने वाला कौन है?"

"और कौन होगा? इस समय जो पाटन का मालिक बैठा है वह त्रिभुवनपाल सोलंकी।"

"ऐं! ऐं! ऐं!" सब एक साथ बोल उठे।

विश्वपाल ने कहा, "वह लौंडा क्या करेगा?"

"महारानीजी, अब वह लौंडा नहीं है। आपको, मुंजाल मेहता को या और किसी

को क्या राज करना आता है? वह तो आज सचमुच एकचक्र राज कर रहा है और आपको सन्देश भेजता है। कह सुनाऊँ?'' कहकर मुरारपाल ने सेनापति विजयपाल की ओर देखा।

''हाँ, कहो! यहाँ कोई पराया नहीं है।''

''त्रिभुवनपाल ने कहलाया है कि जब तक मीनलदेवी रहेंगी, तब तक कुमार जयदेव पाटन में पैर नहीं रख सकते। या तो मीनलदेवी नहीं रहेंगी या पाटन न रहेगा।''

क्षण-भर के लिए सब एक-दूसरे की ओर देखने लगे। रानी ने बड़ा प्रयत्न करके अपने को प्रकृतिस्थ किया और पूछा, ''क्यों, क्या सभी की बुद्धि भ्रष्ट हो गयी?''

''महारानीजी, यदि सत्य कहूँ, तो क्षमा कीजिएगा; परन्तु पिछले तीन दिनों में मुझे न जाने कितने नये-नये अनुभव प्राप्त हुए हैं। ऐसा प्रसंग किसी काल में भी नहीं आया होगा।'' कहकर उसने सारी कथा कह सुनाई। सुननेवाले सब चकित हो गये। रानी अधिकाधिक निराश होती गयी। स्वप्न में भी न सोची हुई विपत्तियाँ उसके समक्ष आ रही थीं। जब सब लोग पाटन के गौरव और पाटन की जनता के नगर-प्रेम की बातें करते थे, तब रानी हँसा करती थी। अपनी सत्ता, अपने अधिकार के आगे पाटन के बुद्धि-चातुर्य का उसकी दृष्टि में कोई मूल्य नहीं था। परन्तु इस समय पाटन का बुद्धि-चातुर्य उसकी सत्ता से अधिक शक्तिशाली सिद्ध हो गया। बात करते-करते मुरारपाल ने प्रसन्नकुमारी की भी कुछ चर्चा की। रानी चौंक पड़ी, ''कौन? मेरी भतीजी प्रसन्न?''

मुरारपाल ने मन-ही-मन लजाते हुए कहा, ''हाँ, महारानीजी, वह भी बड़ी वीरांगना हो गयी हैं।''

रानी को बड़ा विस्मय हुआ। जब बातें हो चुकीं, तब सब लोग फिर से विचार करने लगे कि 'अब क्या किया जाय?' मुरारपाल को सब कुछ असम्भव प्रतीत हुआ। अन्त में कोई निश्चय न होने पर भी सब लोगों को ऐसा तो लगा कि किसी प्रकार पाटनवालों को प्रसन्न करके वशीभूत करना चाहिए।

जब सब लोग चले गये तब रानी मुरारपाल को बुलाकर पूछने लगी कि कल दरवाजा क्यों नहीं खोला। मुरारपाल ने अपने पकड़े जाने का कुछ बहाना बनाकर बात को उड़ा दिया।

''मुरारपाल, त्रिभुवन और प्रसन्न में परस्पर बड़ा स्नेह था, आज-कल क्या हाल है?''

''मुझे ज्ञात नहीं, पर वैसा ही होगा।'' कुछ न सूझने पर मुरारपाल ने कहा। बेचारे की कल की चाबुक की चोट ताजी हो गयी।

''यदि प्रसन्न के द्वारा कोई प्रयत्न किया जाय, तो त्रिभुवन मान जायगा?''

मुरारपाल ने निराशा से सिर हिला दिया। कारण तो वह स्पष्ट रूप से नहीं बतला सकता था, नहीं तो रानी की सब आशाएँ उसी समय नष्ट हो जातीं।

"मुरारपाल, तुम घबरा गये हो; परन्तु मैं अभी विनयचन्द्र को भेजकर पाटन से कुछ दूरी पर प्रसन्न को मिलने के लिए बुलाती हूँ।"

"यह आपकी इच्छा; पर मुझे इसमें कोई सार नहीं दिखलाई पड़ता।"

"अच्छा, देखा जायगा।" कहकर कुछ आशा होने से रानी जरा खुश हो उठी। परिस्थिति भयंकर थी। जिस प्रकार डूबता हुआ मनुष्य पल-पल में बचने की आशा रखता है, उसी प्रकार आशा रखकर वह अपना कार्य कर रही थी।

दोपहर के बाद विनयचन्द्र पचीस सवार अपने साथ लेकर पाटन की ओर रवाना हुआ और मोंढेरी दरवाजे पर जा पहुँचा। वहाँ कुछ देर में मंडलेश्वर खेंगारसिंह से मिला। 'मीनलदेवी प्रसन्नमुखी से वार्त्तालाप करना चाहती हैं।' बहुत देर प्रतीक्षा करने पर त्रिभुवनपाल आया और उसने विनयचन्द्र का आमंत्रण स्वीकार कर लिया। यह निश्चय हुआ कि दोनों ओर से पचीस-पचीस शस्त्र-हीन सैनिकों को साथ लेकर, बिलकुल मध्य स्थान पर, क्षेमराज देव की बावड़ी के पास मीनलदेवी और प्रसन्नमुखी भेंट करेंगी।

मीनलदेवी के हृदय में यह निश्चय दृढ़ होता गया कि पाटन के साथ लड़ाई कभी न की जाय। उसे दबाकर, फुसलाकर वशीभूत करना ही उत्तम है। इसका कारण यह था कि सारे गुजरात में उसके पक्ष के यदि कोई नगर थे, तो वे केवल दो थे : पाटन और कर्णावती। मोंढेरा की ओर उसने अनेक दूत भेजे थे; पर वहाँ से कोई स्पष्ट उत्तर नहीं आया था; ऐसी स्थिति में यदि वह एक बार पाटन पर घेरा डाल दे, तो फिर देश-भर में उसके लिए नाममात्र भी कुछ न रह जाय। और यदि कहीं वह परास्त हो जाय, तब तो चन्द्रपुर लौट जाने के अतिरिक्त और कोई मार्ग ही न रहेगा। दूसरा कारण यह था कि चन्द्रावती के अग्रणी पाटन के साथ शत्रुता करने को तैयार हैं या नहीं, इसका रानी को ठीक पता न था। इस समय चन्द्रावती का सेनापति विजयपाल घेरा डालने को अवश्य तैयार था, पर कल किसी भी समय कुछ करने से इनकार कर सकता था। और, आखिर घेरा डालने से पाटन परास्त हो जायगा, यह भी कैसे कहा जा सकता है?

फिर भी यह निश्चय बनाये रखना सहज नहीं था। रानी ने यह कभी न सोचा था कि पाटन में विद्रोह उठ खड़ा होगा। अब इस विद्रोह के कारण पाटन ने यह स्पष्ट दिखला दिया कि या तो रानी को घेरा डालना होगा, या अपना गौरव खोना पड़ेगा। परन्तु रानी घेरा न डालकर भी अपने गौरव की रक्षा करना चाहती थी।

पुरानी आँखों नया तमाशा

दूसरे दिन प्रातःकाल पाटन और विखराट के बीचवाली क्षेमराजदेव की बावड़ी के पास एक मन्दिर में पाटन की पदभ्रष्ट रानी बैठी थी। उसके बुद्धिदर्शक कपाल पर चिन्ता की हलकी रेखाएँ खिंची थीं। उसकी छोटी आँखें और भी गहरी हो गयी थीं। चारों ओर से कठिनाइयों का आक्रमण होने पर भी, उसकी गर्दन अभिमान से तनी हुई थी और उसके होंठ भिंचे हुए थे। कर्णदेव की मृत्यु के अनन्तर ही उसने अपने संकल्पों को दृढ़ कर लिया था, फिर भी उसमें परिवर्तन हो जाने के भय से उसे अधिक दृढ़ता धारण करनी पड़ी थी। धीरे-धीरे उसका मान भंग होता चला आ रहा था; और इस समय जिसे वह तुच्छ समझती थी, उस भतीजी की राह देखना उसे बहुत अखर रहा था। पर चाहे जिस तरह हो उसे काबू में करना था।

मुरारपाल से सुने यह शब्द उसके कानों में भयंकर नाद कर रहे थे कि या तो मीनलदेवी नहीं या फिर पाटन नहीं। क्या इतने वर्षों के पश्चात् मीनलदेवी पाटन से चली जाय? रानी के मन में विचारों का झंझावात चल रहा था।

इसी समय समर चोबदार ने अपने आने की सूचना दी। राजभक्त समर रानी का आज भी वही सम्मान करता था जैसा कि राजमहल में होता था, "माताजी, ऐसा दिखता है कि पाटन के लोग आ पहुँचे हैं।"

"ठीक है। आते ही प्रसन्न को अन्दर भेज देना।"

"जो आज्ञा।" कहकर समर चला गया।

कुछ देर में, घोड़ों की टापें सुनाई पड़ीं। उन्हें ठहरते सुना, पैंजनियों की झंकार भी कानों में पहुँची, और समर प्रसन्न को लेकर अन्दर आया। मीनलदेवी ने प्रयत्न करके अपने मुख पर से चिन्ता के चिह्न दूर किये और सत्ता-सूचक गम्भीरता धारण कर ली। वह रोब के साथ प्रसन्न की ओर मुड़ी, पर उसे देखते ही जरा फीकी पड़ गयी। उसने सोच रखा था कि इस समय उसे वह निर्दोष बाला दिखलाई पड़ेगी जो कुछ दिन पहले उसके शब्दों से काँपती थी, उसकी आँखों के इशारे से ही बात मान लेती थी। पर, इसके बदले उसे प्रसन्न के नेत्रों में, उसके मुख पर, उसके पद-पद में गर्व और अधिकार दिखलाई पड़ रहा था। रानी का हृदय पहले से ही हारने लगा।

प्रसन्न आयी और मीनलदेवी के पैरों लगी। "बुआजी, कैसी हो? आपकी तबीयत तो ठीक नहीं दिखाई देती!"

"नहीं, यात्रा से थकावट-सी आ गयी।"

ऐसे ढंग से बोलने वाले को पहले मीनलदेवी बिना बन्दी किये न छोड़ती। आज उसे ही नर्म शब्दों का प्रयोग करके प्रसन्न को रिझाने का प्रयन्न करना पड़ा, "तुम कैसी हो? बैठो।" रानी ने समर की ओर दृष्टिपात किया; अतएव वह वहाँ से चला गया।

"जी, मजे में हूँ। कहिए, इस समय मुझे किसलिए बुलाया?"

प्रसन्न बाहर साहसी दिखलाई पड़ रही थी, फिर भी मीनलदेवी के साथ बात करते भीतर से घबरा रही थी। मीनलदेवी उसे किस समय धर दबाएँगी, इसका उसे भरोसा न था; इसलिए उसने एकदम काम की बात आरम्भ कर दी।

"बेटी, मैंने तुझे इस समय अपनी समझकर बुलवाया है। पाटनवालों ने यह क्या नया प्रपंच खड़ा कर दिया है? मेरे लिए तो वे मेरे पुत्र के समान हैं। किसलिए वे इस प्रकार कपूत बनना चाहते हैं? मुझे खिजाकर क्या लेंगे?"

प्रसन्न ने रानी की चतुराई की सराहना की, "बुआजी, इसके लिए मुझसे आप क्यों कह रही हैं?" मुझसे कहने से क्या होगा?"

"प्रसन्न, मैं जानना चाहती हूँ कि वहाँ क्या हो रहा है? मुझे बता कि किसलिए लोग वहाँ व्यर्थ ही उत्तेजित हो गये हैं? अपने पाटनवासियों का तनिक भी रक्तपात होने से पहले, मैं समझ तो लूँ कि वे चाहते क्या हैं?" मीनलदेवी ने धीरे-धीरे एक-एक शब्द उच्चारण करते हुए कहा।

प्रसन्न ने कोई उत्तर नहीं दिया और रानी ने नीचे झुककर फिर कहना आरम्भ किया, "कोई कुछ कहता नहीं, कहलाता नहीं, फिर भी इस प्रकार पागलों का-सा व्यवहार किया जा रहा है। यह तो अच्छा हुआ कि अभी तक कोई जानता नहीं है, अन्यथा पाटन की कितनी हँसी होती?"

प्रसन्न प्रयत्न करके धीरे-धीरे मीनलदेवी के शब्दों का जादू दूर करने लगी। परन्तु उनके भयंकर तीक्ष्ण नेत्र, और मधुर गौरवपूर्ण शब्द, प्रसन्न की बुद्धि के आसपास घिरने लगे। उसने देखा कि मीनलदेवी का प्रभाव कितना अप्रतिम है। वह प्रभाव कहीं मुझ पर असर न कर जाय; इसलिए उसने कुछ तुच्छता से उत्तर देना आरम्भ किया, "बुआजी, मुझसे यह सब क्यों कहती हैं, आपने ही तो यह सारा उपद्रव खड़ा किया है।"

"क्या? कोई बताए? तुम्हारे राज्य के लिए, तुम्हारे देश की शान्ति के लिए अपना शोक-सूतक त्यागकर मैं बाहर निकली। यह किसी को खबर है कि मैं न गयी होती तो मुंजाल और मंडलेश्वर लड़ मरते, और इस पर किसी ने विचार किया है कि मैं न गयी होती, तो मंडलेश्वर की सेना इस सनय यहाँ पड़ी होती?"

"बुआजी, यह कोई नहीं मानता। सब लोग तो कहते हैं कि आपने परदेसियों को बुलवाया, और मंडलेश्वर महाराज को मरवा डाला।"

रानी ने 'महाराज' शब्द का नया प्रयोग देखा और कुछ अकुलाकर कहा, "चन्द्रावती के लोग तुम्हारे लिए पराये हैं, क्यों? देवप्रसाद को मैं क्यों मरवा डालती? मैंने तो सुना है कि रुद्रमहालय जल उठा और वह जल मरा।"

"बुआजी, आपके साथ बात करने में, मैं पेश नहीं पा सकती। आपने मुझे

किसलिए बुलाया है, सो कहिए न?" प्रसन्न ने सोचा कि इस प्रकार सुनते-सुनते तो बात समाप्त ही न होगी।

"बेटी, मैंने तो तुझे इसीलिए बुलाया है कि देश का यह विरोध-भाव मुझसे नहीं देखा, सहा जाता। मेरे और पट्टनियों के बीच न जाने किस कारण यह दुर्भाव उत्पन्न हो गया है? तू बीच में पड़कर इस विरोध को मिटा दे।"

"मैं कैसे मिटा दूँ? यह कोई मेरे हाथ की बात है?"

"हाँ, है। जैसा मैंने सुना है, त्रिभुवनपाल सारी सत्ता अपने हाथ में ले बैठा है।"

प्रसन्न ने सुधारकर कहा, "वह सत्ता समस्त पाटन-निवासियों ने सौंपी है।"

होंठ चबाकर मीनलदेवी ने कहा, "ठीक यही सही। और त्रिभुवन को वश में करना तेरे हाथ में है।"

प्रसन्न हँसी और अब उसे उत्तर देना सूझा, "यह कैसे जाना कि वे मेरी बात मानेंगे? उनकी माता को कैद करके जीवन-भर आपने पति से जुदा रखा। अपनी माता का सुख उन्हें भोगने नहीं दिया और आखिर उनके पिता और माता को आपने जलवा डाला। अब वे क्यों कर मानेंगे?"

"लड़की, एक बात सारी दुनिया मानती है।"

"क्या?"

रानी ने धीरे से कहा, "अपनी प्रियतमा का कहा हुआ!"

प्रसन्न चौंक पड़ी। अब वह सब कुछ समझ गयी, "बुआजी, सच्ची प्रियतमा पति-प्रतिज्ञा के आड़े नहीं आती।"

"यह प्रतिज्ञा के आड़े आना कैसे है? त्रिभुवन को क्या चाहिए? जा, मैं अपनी राजी-खुशी से तुझे उसके साथ ब्याह दूँगी। फिर और क्या बाकी रह जाता है?"

प्रसन्न ठठाकर हँस पड़ी, "बुआजी, गये तीन दिनों में तो तीन भव बदल गये, इसका भी कुछ विचार किया है?"

"क्या?"

"अब पहले जैसी प्रसन्न नहीं रही। जब से आप मुझे अनजान में नशा खिलाकर अपने साथ ले गयीं, तब से मैं बदल गयी हूँ, समझीं? आप राजी हों या न हों, मैं त्रिभुवनपाल को तो ब्याहूँगी ही, बल्कि ब्याह चुकी हूँ।" यह कहकर प्रसन्न फिर हँसी। अन्तिम शब्दों का उच्चारण करते-करते उसके गालों पर ललाई आ गयी।

मीनलदेवी की भँवें तन गयीं। दूसरे ही क्षण उसने भी कृत्रिमता से हँसकर कहा, "प्रसन्न, अब तो मेरा काम तुझे पहले करना चाहिए। बेटी, जो तू कहेगी, वही त्रिभुवन को दूँगी, फिर क्या रहा?"

"बुआजी, इस समय, इस अवस्था में मुझे कुछ कहना न चाहिए; फिर भी आप मुझे उत्तेजित करती हैं तो कहती हूँ कि इस समय त्रिभुवनपाल को देने योग्य आपके पास कुछ नहीं रह गया है। उलटे वे ही आपको कुछ दे सकते हैं।"

रानी ने बड़ा प्रयत्न करके क्रोध को दबा दिया, "यह बात है! तो फिर क्या चाहिए? परन्तु तू भी तो कुछ कर, जिससे सारे देश में नाम हो जाय।"

सिर हिलाकर प्रसन्न ने कहा, "मुझे नाम नहीं चाहिए। परन्तु, आप जो चाहती हैं, वह हो नहीं सकता।"

निराशा छिपाने का व्यर्थ प्रयत्न करते हुए रानी ने पूछा, "क्यों?"

"त्रिभुवनपाल ने प्रतिज्ञा की है।"

"क्या?"

"पाटन में या तो आप नहीं, या वे नहीं।"

रानी को कँपकँपी आ गयी, "और तूने..."

"जहाँ मेरे स्वामी, वहाँ में।"

मीनलदेवी ने होंठ दबाकर स्वस्थता प्राप्त की, अपना सत्तादर्शक सीना फिर तान लिया और गुस्से से पूछा, "लड़की, तुझे इस प्रतिज्ञा के अर्थ का ज्ञान है?"

"हाँ, प्रतिज्ञा करनेवाले ने ही मुझे समझाया है।"

"जहाँ बड़े मंडलेश्वर का पता न लगा, वहाँ तू समझती है कि तेरे त्रिभुवन का लगेगा?"

"बाप से बेटा सवाया निकला हुआ, क्या नहीं सुना?"

"लड़की, तू भी पछताएगी। तू समझती होगी कि मीनलदेवी के हाथ पीछे पड़ गये हैं; परन्तु तू भूलती है। यह विखराट में पड़ी हुई सेना देखी? लाट से भी कुछ दिनों में सेना आएगी। पन्द्रह दिनों में पाटन के कोट की एक ईंट का भी पता न लगेगा।"

प्रसन्न भय से काँप उठी, फिर भी बाहर से साहस दिखाकर बोली, "बुआजी, यवनों की सेना तारों जितनी थी, फिर भी पाटन का कोट खड़ा है।"

"अच्छी बात है, देखना, अभी विचार करने का समय है। कल सवेरे तक विचार हो जाय, तो कहला भेजना।"

"बुआजी, उत्तर तो वही आयगा जो मैंने दिया है।"

मीनलदेवी ने क्रोध से कहा, "तब अपने किये को भोगना।"

"ठीक है, तब मैं जा रही हूँ। कुमार जयदेव से याद करना कहना।"

"जयदेव तो कभी से तुझे याद कर रहा है।"

एक ख्याल आ जाने से प्रसन्न घूम पड़ी और विनीत स्वर में बोली, "बुआजी, मेरी एक बात मानोगी?"

"क्या कहती है?"

"कुमार जयदेव को मेरे साथ भेज दीजिए और आप रेवा-तट पर जाकर रहिए। कल प्रातःकाल ही जयदेव का पट्टाभिषेक करा दूँगी।"

मीनलदेवी ने घमण्ड से जवाब दिया, "लड़की, जरा विचार कर बोलना सीख।

मीनलदेवी रहेगी तो पाटन की राजमाता बनकर; नहीं तो मैं नष्ट हो जाऊँ या पाटन मिट जाय, इसकी मुझे परवाह नहीं।''

''ठीक है, तो फिर आपकी इच्छा।'' कहकर प्रसन्न वहाँ से सगौरव चली गयी।

उसके जाने पर, न जाने कब तक रानी द्वार की ओर देखती रही और बड़बड़ाई, 'हे भगवान! यह क्या होने जा रहा है? बित्ते-बित्ते भर के बालक किस प्रकार ऐसे हो गये? आज तेरी ओर कोई देखता भी नहीं है।' उसकी आँखों में अँधेरा छाने लगा। उसने हथेली से आँखें ढँक लीं। यह सोचने का साहस उसमें नहीं था कि भविष्य में क्या होगा? किससे कहा जाय? किससे सलाह ली जाय? क्या किया जाय? मैं कौन-सा मुँह लेकर विखराट जाऊँ?

बड़ी मुश्किल से साहस इकट्ठा करके वह उठी, फिर समसरेन को बुलाया और लौट चलने की आज्ञा दे दी।

हृदय का पुनर्जन्म

जब रानी विखराट को लौटी, तब उसकी अकुलाहट का पार नहीं था। प्रसन्न के आगे भी उसकी कुछ नहीं चली। अब क्या किया जाय? अब और कौन-से अपमान, कौन-सी अधमता का स्वाद चखना बाकी है? लौटते हुए उसने बड़े प्रयत्न से शान्ति रखी और विजयपाल आदि के प्रश्नों का उत्तर दिया, ''मैंने प्रसन्न को समझाया है, दो-एक दिन में कोई उत्तर आयगा।'' दिन बीत गये और उत्तर जैसा चाहिए, वैसा नहीं आया। रानी ज्यों ही एकान्त में पहुँची कि सिर पर हाथ रखकर रोने लगी। उसका हृदय भर आया।

इतने में कुमार जयदेव आया और बोला, ''माताजी, वहाँ जाकर क्या कर आयीं? अब हम पाटन कब चलेंगे?''

मीनलदेवी के नेत्रों में पुनः आँसू भर आये। पुत्र को स्नेहपूर्वक हृदय से लागते हुए असहाय रानी ने कहा, ''चलेंगे, चलेंगे बेटा, अकुलाओ मत। अभी कुछ देर है। जाओ तुम चैन से सो जाओ। सवेरे घोड़े पर घूम आये हो, थक गये होगे।''

''हाँ।'' कहकर जयदेव चला गया।

रानी फिर विचार में, चिन्ता में, मग्न हो गयी। चारों ओर से दिशाएँ टूटी पड़ रही थीं, उसे कुचल देना चाहती थीं। अभी तक उसने साहस नहीं छोड़ा था; पर अब साहस कहाँ से लाये? जब से उसने पाटन का नाम सुना था, तब से अब तक के सारे दृश्य उसकी दृष्टि के आगे आ खड़े हुए। यह परिस्थिति क्यों उत्पन्न हो गयी? जब वह आयी थी, तब सारा देश राजी हुआ था और जब जयदेव का जन्म हुआ था तब

तो सारा देश पागल हो गया था; फिर भी यह परिस्थिति क्यों उत्पन्न हो गयी? प्रश्न हृदयविदारक था। स्वाभिमान और महत्ता को ठेलकर रानी विचार करने लगी। किसलिए? कौन से पाप बाधक हो रहे हैं? वह अधिकार के लिए, सत्ता के लिए, महत्त्वाकांक्षा को पूर्ण करने के लिए, चन्द्रपुर छोड़कर, इतनी दूर पाटन के नरेश से विवाह करने आयी थी। उसे इतिहास में कीर्ति प्राप्त करनी थी, अपना नाम मनुष्य-हृदय के अमर शिलालेखों में उत्कीर्ण करा छोड़ना था; उसे नाम-मात्र की नहीं, परन्तु वास्तविक विजयिनी रानी बनने की आशा थी। इस तृष्णा के कारण उसने बहुत-बहुत सहन किया, फिर भी इस समय उसे उनमें से कुछ न मिला। किसलिए? मुंजाल के जैसा बुद्धिशाली और प्रबन्धक मंत्री उसकी में सेवा सर्वदा उपस्थित रहता था और फिर भी यह परिणाम आया? क्या इसलिए कि वह किसी का विश्वास नहीं करती थी? क्या इसलिए कि वह जैन धर्म को प्राधान्य देने का प्रयत्न कर रही थी? क्या इसलिए कि नगर में भिन्न-भिन्न पक्ष थे? क्या इसलिए कि देवप्रसाद शत्रु था? इतना दूर होने पर भी लोग उस महारथी का इतना सम्मान क्यों करते थे? और इस समय उसके पुत्र को ईश्वर समझकर क्यों वे उसकी आज्ञा का पालन करने को तत्पर हो रहे हैं? देवप्रसाद में जो शक्ति थी, क्या वह उसमें थी? इसका कारण क्या है? रानी अधिक गहरे विचारों में उतर गयी। मुंजाल इतना घमंडी था, फिर भी लोग इतना स्नेह क्यों रखते थे? विचार ही विचार में रानी की दशा पागलों की-सी हो गयी; और जब सन्ध्या समय मुरारपाल आया, तब कहीं उसकी सुधबुध ठिकाने आयी।

"क्यों माताजी, क्या हुआ? कुछ सफलता मिली?"

रानी ने सिर हिला दिया।

"मैंने क्या कहा था? आपकी भतीजी बड़ी विकट है।"

"यह तो ठीक। बैठो, मुरारपाल, अब मुझे कुछ सलाह दो। मैं तो उलझन में पड़ गयी हूँ। मुझे कुछ सूझ नहीं रहा है।"

"मैं क्या सलाह दूँगा माताजी, मैं तो पाटन के उपद्रव को देखकर दिग्विमूढ़ हो गया हूँ। अब मैं समझा कि गुजरात में पाटन, सारे नगरों पर क्यों सरदारी कर रहा है?"

"क्यों कर रहा है?"

"कारण कि प्रत्येक पाटननिवासी के हृदय में बड़े-बड़े योद्धाओं जैसा साहस, गौरव और स्वातन्त्र्य समाविष्ट है। मैंने अनेक नगर देखे, पर यह तो अनुपम है।"

"मुरारपाल, तुम भी कटे पर नमक छिड़क रहे हो? पाटन जब मेरा था, तब तो किसी ने कुछ नहीं कहा, और अब सब बुद्धिमान बन गये हैं!"

"नहीं माताजी, मैं इसलिए नहीं कहता। मैं तो यह बतलाता हूँ कि कठिनाइयाँ क्या-क्या हैं।"

''किस प्रकार? स्पष्ट कहो। मेरा तो मस्तिष्क उलझन में पड़ गया है।''

''पाटनवालों को समझाना हो, तो किसी ऐसे आदमी को भेजना चाहिए जिसे वे चाहते हों, तब कुछ काम बने।''

खीजकर रानी ने कहा, ''पर वह लाया कहाँ से जाय? जो कुछ हो तुम्हीं तुम हो।''

''दो दिन पहले तो मैं काम आ सकता था, पर आज मैं निकम्मा हूँ। विश्वपाल किसी गिनती में नहीं है, और शान्तु सेठ को भी कोई नहीं पूछता। फिर विनयचन्द्र की बात कौन मानेगा?''

''यह सब तो मैं जानती हूँ। कोई नयी बात न कहनी हो, तो बस करो।''

''माताजी, और मैं क्या कह सकता हूँ? आप आज्ञा दें, तो मैं पाटन पर घेरा डाल दूँ।''

''नहीं, नहीं, इससे तो बात बढ़ जायगी और यदि थोड़ी-सी भी हार खाई, तो फिर कहाँ जायँगे?''

मुरारपाल ने सिर हिलाते हुए कहा, ''इन सब बातों का मैंने विचार किया है, और माताजी, मुझे एक और भी भय है।''

''वह क्या?''

''इस चन्द्रावती की सेना का कोई भरोसा नहीं है। मालूम होता है, कुछ लोगों में घबराहट उत्पन्न हो गयी है और यदि इस प्रकार दस-पन्द्रह दिन हम पड़े रहे, तो बहुत-से लोग भाग भी जाएँगे। यों पड़े-पड़े उनका उत्साह बिलकुल कम हो गया है। वह यति होता, तो इस समय बड़ा काम आता।''

रानी और भी ज्यादा घबराई। ''यह तो आखिरी बाजी भी हाथ से जाना चाहती है!''

मुरारपाल ने रानी का उतरा हुआ मुख देखकर कहा, ''महारानीजो, घबराइए नहीं। विजयपाल होशियार है; अतएव अभी समय है। परन्तु, मंडलेश्वर गया कि जैनों को तो ऐसा लग रहा है कि अब तो तीनों लोक जीत लिये किन्तु...''

''किन्तु क्या?''

''किन्तु, उनका पुत्र उनसे भी जबरदस्त है। मंडलेश्वर तो केवल योद्धा ही था; परन्तु इसमें तो अपने मामा के गुण भी उतरे हैं।''

मुंजाल का नाम सुनकर रानी के सारे शरीर में सनसनी फैल गयी। उसके कपाल पर बल पड़ गये। मुरारपाल कुछ समझा और बोला, ''जी, आपको बुरा लगे तो माफ करना; परन्तु आप सलाह माँग रही हैं, इसलिए कह रहा हूँ। भानजे को समझाने के लिए मामा को क्यों नहीं भेजतीं?''

गौरव का डौल करते हुए रानी ने कहा, ''मुरारपाल, इस बात को जाने दो। जिऊँगी तो रानी की भाँति, नहीं तो मर जाऊँगी; परन्तु द्रोहियों का मुख न देखूँगी।''

"जैसी आपकी मर्जी।" कहकर मुरारपाल चुप हो गया।

कुछ देर रानी चुपचाप बैठी रही। वह फिर से निराश हो गयी। मुरारपाल ने फिर एक नयी बात कही थी, और एक नयी चिन्ता खड़ी कर दी थी। क्या यह सारा लश्कर बिखर जाएगा? फिर क्या होगा? उसे एक विचार आया, "मुरारपाल, तब सच पूछो तो कोई भी मंडलेश्वर या कोई नगर हमारे साथ नहीं है।"

"चन्द्रावती को छोड़कर..."

"हाँ, हाँ। मुरारपाल, मैं तुम पर पूरा-पूरा विश्वास रखूँ? तुम दगा तो न दोगे?"

"माताजी, जो कुछ कहना हो, निश्चिन्त होकर कहिए।"

रानी ने धीरे से पूछा, "मालवराज यहाँ से कितनी दूरी पर हैं?"

"घोड़े पर चार दिनों में पहुँचा जा सकता है।"

"ठीक है, जरूरत पर वह भी काम आयेंगे।" मुरारपाल कितने पानी में है, इसका माप निकालने के लिए रानी ने कहा। परन्तु इस बात का तात्पर्य समझकर मुरारपाल की भँवें चढ़ गयीं, वह तनकर खड़ा हो गया।

"माताजी, आपकी सेवा में जीना और उसमें ही मरना चाहता हूँ; परन्तु मैं गुर्जर हूँ। मालवा के साथ किसी अयुक्त सम्बन्ध की बात होगी, तो मैं यहाँ खड़ा न रहूँगा।"

रानी ने अकुलाकर होंठ चबा लिए। प्रत्येक सामन्त अपनी टेक रखने वाला और देशाभिमानी था।

बात उड़ाते हुए उसने कहा, "नहीं, नहीं, यह बात मैं कब कह रही हूँ। अच्छा, अब कल देखा जायगा।"

मुरारपाल ने आज्ञा ली। रानी को सारी रात नदीं न आयी। उसे प्रत्येक योजना व्यर्थ-सी प्रतीत हुई। यदि चन्द्रावती की सेना छिन्न-भिन्न हो गयी और त्रिभुवन ने पाटन को बन्द कर रखा, तो क्या होगा? मुरारपाल की बात से यह भी प्रकट हुआ कि यदि वह मालवा की सेना से सहायता लेने को प्रस्तुत हो गयी, तो एक भी गुजराती उसकी सहायता के लिए खड़ा न रहेगा। हाथों से राज्य निकल जाय, यह तो सहन न होगा; पर यह तो हलका दिखेगा और राज्य भी जायगा। रानी को बिछौने पर करवटें बदलते-बदलते अपने पर तिरस्कार हो आया। राज्य था, मन्त्री थे, थोड़ी-बहुत सत्ता भी थी, तब उसे छोड़कर अधिक सत्ता का लोभ क्यों किया? लोगों के प्रति विश्वास रखने के बदले अविश्वास क्यों किया? मंडलेश्वर को रिझाने के बदले, छेड़कर क्यों खिजाया? क्या मरकर भी अब मंडलेश्वर अपने वैर का बदला ले रहा है?"

विचारों में उलझे हुए रानी के हृदय में एक मूर्ति खड़ी हो गयी। जो रूप में, बुद्धि में, इच्छा शक्ति में, ईश्वर जैसी दिखती थी। वह पिछले पन्द्रह वर्षों की पीड़ा के परदे में से उसे उलहना देती थी, नेत्रों का अकल्प्य तेज उसे मूर्खता करने से रोकता था; उसका अद्वितीय वाक्चातुर्य, प्रेम के, उपदेश के, उलहने के, क्रोध के शब्द कहकर उसे

नाच नचाता था। उस मूर्ति को निहारकर रानी उसमें तल्लीन हो गयी। उसके हास्य, उसके शब्दों को वह फिर से अनुभव करने लगी। ऐसा लगा जैसे उस क्षण की पीड़ाओं को भूलकर मीनलदेवी रानी से स्त्री बन गयी है। उसके हृदय पर उस मूर्ति का अटल अधिकार प्रतीत होने लगा।

वह मन-ही-मन कहने लगी, 'यह मूर्खता है। यह मूर्ति एक नगण्य मंत्री की है, वह द्रोही है और उस द्राही को मैंने कैद कर रखा है।' पर हृदय ने इन शब्दों की कोई परवाह न की। वर्षों पहले पूरे हुए नाटक के पर्दों को उठाकर, हृदय उस मूर्ति को प्रभु समझने लगा और समझता था, यह कहने लगा। सोलह वर्षों के समय को नष्ट करके, हृदय चन्द्रपुर के निर्दोष आनन्द का अनुभव करने लगा। पिता के दरबार में भोगे हुए सुखों को फिर भोगने लगा। वह स्वच्छंद, आकांक्षपूरित हृदय कौमार्यावस्था में था और किसी स्वामी के लिए तरस रहा था। उसने दरबार में उपस्थित दूर देश से व्यापार के लिए आये एक नररत्न को देखा; नयी मोहक उमंग के वश होकर उसके चरणों में प्रणिपात किया। उस क्षण के आह्लाद, और फिर अनुभव किये हुए प्रसंगों के अवर्णनीय सुख हरे हो गये। उस नररत्न की विदा से हृदय रो उठा। उससे मिलने के लिए उसने इन्द्रधनुष के रंग से रंगी हुई सुदूर भूमि की ओर प्रयाण किया। उस भूमि के नरेश से विवाह करके उस नररत्न के समीप रहना स्वीकार किया। हृदय ने पूर्व आह्लादों को हरा करते हुए एक अविस्मृत क्षण के अनुभवों का फिर से अनुभव करा दिया। उसके हृदय के चारों ओर कुछ लिपट गया; उसका मुख...

रानी चौंककर जाग पड़ी और बैठ गयी। उसका शरीर काँप रहा था, हृदय उछल रहा था, आँखें बावली बन गयी थीं, उसके मुख पर नवोढ़ा का-सा प्राण-हारक तेज फैल रहा था।

उसने हाथों को बढ़ा दिया, हृदय की गहराई से आवाज आयी, 'मुंजाल! मुंजाल!' मीनलदेवी उठ खड़ी हुई। उसे वास्तविक जगत का भान हुआ, यह स्मरण आया कि मुंजाल बन्दी है और वह असहाय अवस्था में है। वह अपनी ओर धिक्कार से देखने लगी। उसे अपने सतीत्व का स्मरण हुआ। वह मन-ही-मन बोल उठी, 'कर्णदेव! प्रभु! नाथ! स्वामी!' पास ही बिछे हुए दूसरे पलंग की ओर घूमकर उसने जयदेव का मुख देखा। उसकी एक-एक रेखा की जाँच की। उस मुख पर, उन रेखाओं में कुछ अपरिचितता, कुछ बेढंगापन दिखलाई पड़ा। तुरन्त ही उसकी दृष्टि के आगे त्रिभुवन का मुख आ गया, उसके मुख की रेखाएँ दिख गयीं। उन रेखाओं को देखकर हृदय क्यों भीग आया? उन रेखाओं में दूसरे किस नररत्न की मुख-रेखाएँ दीखती थीं? उसके मन में जो है उसकी? इन विचारों को निष्फल प्रयत्नों से पीछे हटाते हुए उसने कहा, "नहीं, नहीं, भगवान! यह क्या करने बैठे हो?" वह फिर से बैठ गयी; माथा फट रहा था। ऐसा लगता था कि वह अभी पागल हो जायगी। किसलिए उसका मन मुंजाल की रट लगाये था, नेत्र उसका मुख देख रहे थे, कान उसके शब्दों को सुन रहे थे? क्या

मुंजाल के बाल्य-काल की सखी और गुजरात की रानी एक ही थी? रानी ने चिल्लाकार कहा, 'नहीं, नहीं,' पर हृदय में केवल 'हाँ' की प्रतिध्वनि होती रही।

जब प्रातःकाल हुआ, तब सूर्य की किरणों ने कल सन्ध्या समय जिस मीनलदेवी को अन्धकार के अधीन किया था, वह उन्हें वापिस नहीं मिली। उसके बदले रानी मिटकर स्त्री बनी हुई; और अभिमानिनी महत्त्वाकांक्षिणी योगमाया के बदले हृदय के भावों से नम्र बनी हुई मीनलदेवी दिखलाई पड़ी। उसके मुख पर सत्ता की और चिन्ताओं की कठोर रेखाएँ मिटकर स्नेह की, दुःख की मृदुता आ गयी थी। रूपवती न होते हुए भी उस पर छाया हुआ बुद्धि का तुज मनोहर हो उठा था। तैंतीसवें वर्ष में भी पहले की बीसी की घबराहट आ गयी थी। उसकी दृढ़ता जाती रही थी; आँसुओं ने अपना अधिकार जमा लिया था।

जब सवेरे समरसेन आया तब मीनलदेवी के मुख पर रात के रोते रहने के चिन्ह स्पष्ट दिखलाई पड़ रहे थे। बूढ़ा सेवक कुछ देर खड़ा रहा और सिर हिलाते हुए बोला, "माँ, चिन्ता न करो, भगवान सोमनाथ सब भला करेंगे।"

"समर, भगवान जो करें सो सही।"

"माँ, मैं तो एक गरीब आदमी हूँ, मुझमें अकल नहीं, पर मेरी सलाह मनोगी?"

"क्या? जो कहना है, जरूर कह। तुझ जैसे स्वामिभक्त मनुष्य कहाँ हैं आजकल?"

"माँ, तो ऐसे समय मुंजाल मेहता से क्यों नहीं पूछतीं? वे मार्ग बतलाएँगे।"

मीनलदेवी को ऐसा लगा, जैसे चोट लगी हो। सभी 'मुंजाल-मुंजाल' कह रहे हैं! यह क्या बात है? उसका हृदय धड़क उठा।

"समर, मैं भी यही सोच रही हूँ। पर वह सहायता न करेगा।"

"मुंजाल मेहता चाहे जैसे हों; पर ऐसे नहीं हैं।" समर ने विश्वास दिलाया। इतने में कुमार जयदेव आ गया और बात अधूरी रह गयी।

"माँ, तुम क्यों रो रही हो?"

मीनलदेवी को इस लड़के पर कुछ अरुचि-सी पैदा हुई। अज्ञात रूप से उस मुख की रेखाओं की ओर उसकी दृष्टि चली गयी। उसे कँपकँपी आ गयी। प्रयत्न करके उसने जयदेव को अपने समीप खींच लिया, "कुछ नहीं बेटा, जब तू राजा बनेगा, तब क्या अपनी माता को याद करेगा?"

"माँ, माँ, जयसिंह महाराज की आन जहाँ-जहाँ फिरेगी, वहाँ-वहाँ मीनलदेवी की पूजा होगी। ऐसी घबरा क्यों रही हो?" बाल भूप ने इस प्रकार कहा, जैसे वह अनजाने इतिहास को आदेश दे रहा हो।

"तेरा मुख मीठा हो बेटा!" कहकर रानी ने उसे अलग कर दिया, और कहा, "अब घुमने जाओ। समर, किसी को महाराज के साथ भेज।"

"मैं तो यहाँ घूमते-घूमते ऊब गया हूँ, मैं पाटन जाऊँगा।" होंठ पर होंठ चढ़ाते हुए जयदेव ने कहा और वह समर को लेकर बाहर चला गया।

रानी में अभी अभिमान शेष रह गया था। मुंजाल के पास जाकर सहायता माँगना? स्वाभिमान त्यागकर उसके पैरों में सिर झुकाना? इस प्रकार की उधेड़बुन में जब सन्ध्या हो गयी, तब विजयपाल आया। दूसरी बहुत बातें करके उसने मुद्दे की बातें कहना शुरू किया।

"महारानीजी, कई सामन्त रात को अपने सैनिकों को साथ लेकर भाग गये और अधिकांश वल्लभ से जा मिले। अब कुछ करना चाहिए। आप कहें, तो पाटन पर घेरा डाला जाय, अन्यथा लौटकर वल्लभ से लड़ा जाय। परन्तु यों खाली बैठे-बैठे तो सब चले जायँगे।"

"मैं कल तुमसे कहूँगी। कल सायंकाल के पूर्व ही मेरा निश्चय हो जायगा।" अपने गौरव की रक्षा के लिए अन्तिम प्रयत्न करते हुए रानी ने कहा।

"अच्छी बात है।" कहकर विजयपाल चला गया।

रानी ने देखा कि निश्चय करने में अब विलम्ब नहीं किया जा सकता; अतएव यथासम्भव शान्ति से वह उपाय गिनने लगी। उसका जोश बहुत कुछ ढीला पड़ गया था; इससे वह ज्यादा बुद्धिमानी से विचार कर सकी। पाटन पर घेरा डालने या मालवराज से मिल जाने से सम्भव है कि विजय प्राप्त हो जाय; परन्तु पराजित होने से तो जयदेव का सिंहासन भी हाथ से चला जायगा। इसके अतिरिक्त और कौन मार्ग है? इसी समय उसे प्रसन्न के शब्दों का स्मरण हो आया कि 'रेवा-तट पर जाकर रहो।' तब क्या मेरे ही लिए यह सब उपद्रव है? रेवा-तट पर चली जाऊँ? या चन्द्रपुर चली जाऊँ? नहीं, नहीं, नहीं, यदि मेरे जाने से जयदेव सुखी होता हो, तो मर क्यों न जाऊँ? कर्णदेव के पश्चात् सती क्यों न हो जाऊँ? यह उपाय ठीक मालूम हुआ। मेरी लाज, मेरे कुल की गद्दी अग्निदेव बचाएँगे।

परन्तु क्या जीवित नहीं रहा जा सकता? किसके लिए मरूँ? जिसकी वफादार स्त्री रहते हुए भी जो हृदय में बस नहीं सका उसके पीछे? तुरन्त ही मुंजाल याद आ गया; मुरारपाल, समर और अपने हृदय की सलाह याद आ गयी। 'मरते-मरते इस अन्तिम उपाय से काम क्यों न लिया जाय?' मीनलदेवी स्वार्थिन थी, उसकी आकांक्षाएँ बड़ी-बड़ी थीं, उसे जीवित रहने और राज करने की लालसा थी, तब ऐसा उपाय क्यों छोड़ दिया जाय जिससे सभी की तुष्टि हो? और फिर कल रात से तो उसका हृदय मुंजाल को देखने के लिए तरस रहा था, उससे मिलने को पागल हो रहा था।

मीनलदेवी एकदम उठ खड़ी हुई और उसने पुकारा, "समर!" समरसेन आ गया। रानी में अचानक परिवर्तन देखकर वह चकित हो गया, "समर, मुंजाल मेहता को मेरे पास भेजो।"

समर प्रसन्न हो उठा और 'जो आज्ञा' कहकर चला गया।

हृदय और हृदयेश्वर

मीनलदेवी छाती पर हाथ रखकर अपने उछलते हृदय को शान्त करते हुए खड़ी रही। वह काल, वस्तुस्थिति, प्रसंग, सब कुछ भूल गयी। उसे केवल यही भान रह गया कि उसका मुंजाल आ रहा है। पन्द्रह वर्ष पीछे खिसक गये; चन्द्रपुर में जो मीनल थी, अधिकांश में वह वैसी ही बन गयी। वर्षों बीत गये थे, दुःख पड़े थे; फिर भी हृदय में कोई परिवर्तन नहीं हुआ था।

बहुत देर तक वह ज्यों-की-त्यों खड़ी रही। 'क्या न आयेगा? आयेगा तो क्या कहेगा? किस प्रकार वह बात आरम्भ करेगा?' किसी के पैरों की आहट सुनाई पड़ी। उसने मुंजाल के पैरों की आहट को पहचानने का प्रयत्न किया, परन्तु लाभ कुछ हुआ नहीं। आहट निकल गयी; और उसका हृदय अधिक खिन्न हो गया। फिर किसी के आने की आहट हुई। उसने सोचा, यह अवश्य वही होगा।

इतने में समरसेन आ गया और बोला, "माता, मुंजाल मेहता आ गये, बाहर हैं।"

"अन्दर भेजो, और जब तक मैं न कहूँ, किसी को अन्दर न आने देना।"

"जो आज्ञा।" कहकर समर गया और मुंजाल को अन्दर ले आया। समर फिर चला गया और सावधानी से द्वार बन्द करके बाहर खड़ा हो गया।

मुंजाल के हाथ और पैरों से हथकड़ी और बेड़ियाँ निकाल दी गयी थीं। इससे वह खुला हुआ ही आया। उसकी चाल पहले ही जैसी दृढ़ तथा सत्तादर्शक थी। उसका मस्तक पहले से भी अधिक गर्व से गगन में विहार कर रहा था। केवल उसके मुख पर अत्यंत ग्लानि छाई हुई थी। उसके होंठ भयंकर दृढ़ता से दबे हुए थे। आँखों में अप्रसन्नता दिख रही थी, पर साथ ही दया भी थी। वह सिर झुकाकर खड़ा हो गया।

उसे देखकर रानी उलझन में पड़ गयी, 'अब कैसे बोला जाय?' उसको धक्का-सा लगा और वह सिर उठाकर ऊपर न देख सकी। रानी ने सोचा था कि वह बोलेगा; परन्तु एक अक्षर भी उसके मुख से न निकला। कुछ देर में रानी ने नीचे से ऊपर देखा। मुंजाल निर्विकारिता की मूर्ति बना हुआ नीचे ही देख रहा था।

"मुंजाल, मैं किस तरह बात शुरू करूँ? मैंने तुम्हें बड़ा दुःख दिया है, मुझे क्षमा करोगे?" रानी उत्तर की आशा से कुछ ठहर गयी।

मुंजाल ने केवल नीचे से ऊपर देखा।

"तुम मेरी ओर तिरस्कार से देख रहे हो? भले देखो। मेरा गर्व गल गया है, मैं अपनी मूर्खता को समझ गयी हूँ, मेरी गयी हुई सुबुद्धि फिर लौट आई है। मैं तुम्हारे तिरस्कार की पात्र हूँ, परन्तु मुझे क्षमा न करोगे?"

मुंजाल ज्यों-का-ज्यों खड़ा रहा।

"तुम क्या देख रहे हो? क्या विचार कर रहे हो? बोलते क्यों नहीं?"

"मैं सुन रहा हूँ।" उसका प्रभावशाली स्वर नरम पड़ गया था।

"मुंजाल, तुम बुद्धिमान हो। तुम्हें बनाना फिजूल है, अब तुम यह मान लो कि तुम्हें समझाने की शक्ति मुझमें नहीं है। तुम चतुर हो, पाटन में तुम्हारे समान और कोई नहीं है। तुम्हारे हाथ में मेरा राज और मेरे लड़के का ताज है। तुम जाओ और पाटन को मना लो।"

"मैं बन्दी हूँ, क्या पता कि पाटन में क्या हो रहा है?"

"पाटन में? पाटन से मैं बाहर हुई कि जनता ने हुल्लड़ खड़ा कर दिया, शान्तु मेहता के हाथ से दरवाजों की कुंजियाँ ले लीं और तुम्हारा भानजा त्रिभुवनपाल नगर का राजा बन गया। इसके सिवाय मंडुकेश्वर का रुद्र-महालय जल गया, उसमें देवप्रसाद और हंसा जल मरे।"

"हँसा।" मुंजाल के स्वर में कुछ अनुभूति आने लगी।

"हाँ, हंसा। आखिर मैंने उसे मंडलेश्वर के पास भेज दिया था। त्रिभुवन की धारणा है कि उसके माता-पिता को मैंने मरवा डाला; अतएव वह प्रतिज्ञा लेकर बैठा है..."

मीनल ने 'क्यों' पूछने की प्रतीक्षा की; परन्तु कोई प्रश्न नहीं हुआ। वह आगे कहने लगी, "कि, या तो मीनल न रहेगी, या पाटन न रहेगा।" रानी ने मुंजाल की ओर देखा। वह तो निर्विकार खड़ा था; अतएव वह थककर और आगे कहने लगी, "इस समय चन्द्रावती की सेना दो ओर से फँसी हुई है; एक ओर वल्लभसेन देवप्रसाद की सेना लेकर पीछे पड़ा है और उधर त्रिभुवन पाटन के दरवाजे बंद किये बैठा है। पाटन की ओर देखूँ? वल्लभ के साथ युद्ध ठानूँ, तो सम्भव है, जयदेव का सिंहासन समूल ही चला जाय। इसकी अपेक्षा पाटन के साथ समझौता हो जाय, तो अच्छा। परन्तु वह कैसे करूँ?"

मुंजाल मौन रहा।

"कहते क्यों नहीं कि तुम्हारी क्या सलाह है?"

"बन्दियों की सलाह कैसी?"

"मुंजाल, तुम मेरी एक भूल को बार-बार आगे करते रहोगे? मैं मूर्ख हूँ। पिछले तीन दिनों में मुझे बहुत कुछ ज्ञान हुआ है। मैं समझ गयी कि मेरी मूर्खता की कोई सीमा नहीं रही है।" कहकर मीनलदेवी सिर पर हाथ रखकर चौकी पर बैठ गयी।

"मुंजाल, मैंने तुम्हारी बात न मानी, इसके लिए मैं पछता रही हूँ। तुम सोचोगे कि मैं ढोंग कर रही हूँ। परन्तु नहीं, मैंने देख लिया कि जनता के जिस विश्वास को तुमने और मंडलेश्वर ने प्राप्त किया, उसे मैं क्यों न प्राप्त कर सकी?"

रानी ने अब तक बहुत-कुछ मन में रख छोड़ा था; पर विचारों ने, दुःख ने, मुंजाल

के लिए उमड़ रही अनुभूतियों ने हृदय के द्वार खोल डाले थे; और एक बार जहाँ विचारों और अनुभूतियों का प्रवाह आरम्भ हुआ कि उसे रोकना कठिन हो गया; अतएव उसने मुंजाल के बोलने की प्रतीक्षा न करके आगे कहना जारी रखा, ''तुम्हारी अपेक्षा मैं अपने को बुद्धिमती समझती थी और दूर से लोगों को वश में रखकर, उन्हें शतरंज की गोटें मानकर खेलना चाहती थी। तुम गुण और दोष दोनों में जनता के आदर्श थे, और इसी से उनका तुम पर प्रेम था। इसमें तुम जीते और मैं हारी। यह मुझे बहुत पीछे ज्ञान हुआ कि निरकुंश सत्ता एक स्वप्न है।''

''ऐसा?'' मुंजाल ने पूछा। उसके नेत्रों में तिरस्कार चमक रहा था।

''हाँ, अब तुम भी कुछ कहोगे? मेरी बाजी बिगड़ गयी है। मेरे सिंहासन का ठिकाना नहीं रह गया है। सब कुछ सुधारना तुम्हारे हाथ है। किसी भी प्रकार अपने भानजे को समझाओ। मैं सब कुछ देने को राजी हूँ। केवल मेरे पुत्र के मुकुट को अमर रखो, और मुझे राजमाता के रूप में पाटन में रहने दो।''

मुंजाल ने लापरवाही से पूछा, ''वह क्या कहता है?''

''वह न जाने क्या-क्या कहता है! मेरी बित्ते-भर की भतीजी मुझसे आकर कह गयी कि मैं रेवा-तट पर जाकर रहूँ, तो वह जयदेव का पट्टाभिषेक करा देगी! क्या करूँ, मुझमें शक्ति नहीं है, और कोई नगर भी मेरी पीठ पर नहीं है, नहीं तो उस लड़की और उसके त्रिभुवन की जीभ खिंचवा लेती! मैंने सुना है कि उस लड़के ने प्रतिज्ञा की है कि पाटन में या तो मैं न हूँगी, या वह न होगा। अब क्या किया जाय? तुम कुछ बोलते क्यों नहीं हो? तुम्हारी बुद्धि कहाँ चली गयी?''

मुंजाल ने चिढ़कर कहा, ''जब तक मै मंत्री था, तब तक बुद्धि थी, अब नहीं है।''

''बुद्धि नहीं है? मुंजाल, तुम क्या कह रहे हो? तुम्हारे सिवाय इस समय मुझे और कोई अवलम्ब नहीं है।...नहीं, तुम्हारे सिवा और कोई अवलम्ब न मुझे पहले था और न अब भी है। तुम कोई मार्ग दिखलाओ। तुम्हारी बुद्धि काम न दे, यह कहीं हो सकता है? छुटपन में तुम ही कहा करते थे कि मैं नहीं समझ पाता कि मैं क्या नहीं कर सकता?''

''हाँ, मैं सब कुछ कर सका। स्त्री को मरने दिया, बहन को मार डाला, एक तरह से बहनोई को भी मार डाला, नगर का गला घोंट दिया; परन्तु अब भानजे को मार डालने की बुद्धि नहीं रह गयी है।'' पदभ्रष्ट मंत्री ने इस प्रकार कहा, जैसे कोई साधारण-सी बात कह रहा हो।

''तब मैं मर जाऊँ? मुंजाल, इन सबकी जड़ मैं हूँ, सबके बीच पड़ने वाली कील मैं हूँ। मैं मर जाऊँ, यह भी मैंने विचार किया है। अन्त में अग्निदेव तो मेरा तिरस्कार नहीं ही करेंगे। परन्तु उनकी शरण में जाने से पहले, सोचती हूँ, कि क्या कोई उपाय है? तुम कुछ बताओगे?''

मुंजाल ने कठोर स्वर में कहा, "मरी और जीती के बीच, मुझे तो कोई अन्तर नहीं दीखता।"

"तुम्हें कैसे दिखेगा? मैं तुम्हारी शरण में आयी हूँ, इसलिए तुम जो कहोगे, ठीक होगा; परन्तु कोई मार्ग बताओ।"

मुंजाल ने तिरस्कार से कहा, "ईश्वर की इच्छा के अधीन हो जाओ।"

"अर्थात, मैं मर जाऊँ? अपने बेटे के राज्य को हाथ से चला जाने दूँ?"

मुंजाल ने भयंकर रूप में कुछ हँसकर कहा, "योगमाया जो ठहरीं और सोलंकी कुल का उच्छेद करने के लिए जो पैदा हुई हो।"

रानी को लगा कि यदि उसे पिघलाना ही है तो वह मौन रहे, इसकी अपेक्षा तो गाली दे, यही अच्छा है। अतएव वह बोली, "हाँ, मैं उच्छेद करने के लिए अवतरित हुई हूँ। तुम किसलिए बोलोगे? एक सोलंकी जायगा, तो दूसरा आ जायगा। तुम्हारा तो भानजा चक्रवर्ती होगा।"

मुंजाल ने थोड़े में बात समाप्त कर दी, "दुनिया की चढ़ती-पड़ती के साथ मेरा कोई सम्बन्ध नहीं।" वह इस प्रकार मीनलदेवी की वाक्चातुरी में फँस जानेवाला नहीं था।

"तब तुम कुछ न करोगे? मुंजाल, इन पन्द्रह वर्षों के पश्चात भी तुम इतना न करोगे?"

उत्तर में मुंजाल कठोर रूप में हँस पड़ा। रानी ने अकुलाकर कहा, "हँसो, हँसो, प्रसन्न होओ। मैं इतना-इतना कह रही हूँ, पर तुम पर जरा भी असर नहीं होता? एक बार क्षमा न करोगे? अब तुम्हारे कहे बिना एक पैर भी न रखूँगी, कुछ तो मार्ग बतलाओ।"

"मैं मार्ग बतलाने का धन्धा छोड़ चुका हूँ।"

"यह क्या कहते हो? तुम्हें तनिक भी दया नहीं आती? मैंने तुम्हारा मंत्री-पद छीन लिया, मैंने तुम्हें बन्दी कराया, मैं कृतघ्न सिद्ध हो गयी, जो कुछ तुम्हें कहना हो, कहो। परन्तु एक बार, कृपा करके कुछ कह तो दो। तुम कहो तो तुम्हारे पैरों पड़ जाऊँ।" ज्यों-ज्यों रानी को अपने प्रयत्न निष्फल होते प्रतीत होने लगे, त्यों-त्यों वह अधिक प्रयत्न करने लगी; और प्रयत्न करते हुए, उसमें जो कुछ स्वाभाविक गम्भीरता तथा अभिमान था, वह चला गया और अपने असली स्वभाव में जो कुछ भाव थे, वे प्रकट होने लगे। गतरात्रि से, वह इसी मार्ग पर चल रही थी। अब प्रतिक्षण ज्यों-ज्यों वह हृदय की सीधी-सादी भाषा बोलने लगी। ज्यों-ज्यों सामने खड़े प्रभावशाली पुरुष का व्यक्तित्व उसके पागल हृदय को निःशब्द रखकर भी अधिक पागल बनाता गया, त्यों-त्यों उस मार्ग का अन्त आने लगा। वह अनुभव-हीन, कृत्रिमता-रहित, अधिकार की आकांक्षा के दाव-पेंचों से रिक्त पन्द्रह वर्षों पहले की मीनल बनती गयी। मीनल ने हाथ जोड़ लिये।

"रानी, इसके सिवाय और कुछ न कहना हो, तो मुझे छुट्टी दो। इसमें मैं कुछ भी नहीं कर सकता। जिस दिन मैं आपके हाथों बन्दी हो गया, उस दिन से मैं मुंजाल नहीं रहा।"

रानी एकदम उठ बैठी और मुंजाल के सामने आ खड़ी हुई। अपने एक हाथ में दूसरा हाथ लेकर उसे मरोड़ डाला और कहा, "फिर वही बात! मैंने अपराध किया है, उसके बदले मुझे मारना हो, तो मार डालो। मुझे फिर पाटन ले चलो और चाहो तो कल प्रातःकाल मुझ पर आरी चला देना। लौट-पलटकर वही-वही बात क्यों कह रहे हो? मुझे देखकर तुम्हें तिरस्कार उठता है? घड़ी भर मुझसे वार्त्तालाप करने में भी तुम ऊब रहे हो, यह भी भाग्य की बलिहारी है। मुंजाल, तुम कह रहे हो कि मैं मर जाऊँ? क्या यही तुम्हारे अन्तिम शब्द हैं? सचमुच क्या कोई और मार्ग नहीं रहा? परन्तु आज तैंतीस वर्ष की उमर में मरना भारी लगता है।"

मुंजाल ने क्रूरता की शान्ति के साथ कहा, "सेठानी पच्चीस वर्ष की उमर में चली गयी, और हंसा तीस वर्ष की उम्र में।"

रानी ने जोर से सिर पीट लिया और कहा, "हाँ, हाँ, एक भाग्यवान बन गयी कि मुंजाल जैसे पति के हाथों अग्नि-संस्कार पाया; दूसरी भी भाग्यवान बन गयी कि मंडलेश्वर जैसे महापुरुष के हाथों के बीच प्राण त्यागे। फूटे भाग्य तो मेरे हैं कि मेरे साथ कोई भी न आएगा, मेरे पीछे कोई न रोएगा। मेरा कैसा दुर्भाग्य था कि पाटन के नाम से लुभाकर मैं यहाँ आयी? नहीं तो यह दिन न देखती। इस भूमि को तो शाप है, यह जिसे-तिसे खा जाती है।"

"रानी, मुझे जितना दोष देना हो, दे लो; परन्तु मेरी माता को न देना।"

आक्रंदन करते हुए मीनल ने कहा, "दूँगी, क्यों न दूँ? तुमने चंद्रपुर आकर इस भूमि की प्रशंसा न की होती, तो मैं यहाँ पैर भी न रखती।"

"अपनी जन्म-भूमि का कीर्तन करना मेरा धर्म है। मेरी इस भूमि के समान भूमि तो स्वर्गलोक में भी मिलना मुश्किल है।" मुंजाल ने अपने सिर को और भी ऊँचा करते हुए कहा, "अपनी गलती पर दूसरे को क्यों दोष दे रही हो?"

"ऐसा ही सही। मुझे हठ नहीं है। किसलिए?" आँखों से अश्रुपात करते हुए रानी ने कहा, "इस भूमि के स्वामी के पीछे मैं कल प्रातःकाल सती होऊँगी। इसके बिना इस बेचैनी से निकलने का रास्ता मिलने वाला नहीं। मैं गौरव गँवाकर जीवित नहीं रहना चाहती। नहीं सोचा था कि कभी यह दिन भी देखना पड़ेगा।"

हृदय के उमड़ आने पर रानी रोती-रोती हिचकियाँ लेने लगी और बोली, "मुंजाल, अब तो जरा भीगी आँखों से देखो! तुम्हारी यह कठोर दृष्टि, तिरस्कारपूर्ण मुख, मेरे हृदय को चीरे डाल रहे हैं। मैं तुमसे और कुछ नहीं कहती, और कुछ नहीं माँगती, सिर्फ दो बातें भी मुझसे न कहोगे? यह मैंने कभी नहीं सोचा था कि तुम मेरे प्रति ऐसे बन जाओगे।"

मुंजाल ने अपना मस्तक छाती पर लटका लिया और वह बिना एक शब्द बोले खड़ा रहा।

रानी जैसे पागल हो गयी हो। इस तरह रोते-रोते, हिचकियाँ लेते धीरे-धीरे फिर कहने लगी, "मुंजाल, क्षण-भर के लिए तो भूतकाल को भूल जाओ। तुम क्रोधित हो गये हो, तो दो चपतें जमा लो; इस समय मैं चन्द्रपुर की राजकुमारी नहीं हूँ, पाटन की महारानी नहीं हूँ, नये महाराजा की माता नहीं हूँ, मैं मीनल हूँ। पन्द्रह वर्ष पहले तुम्हें देखकर पागल बन जाने वाली बाला हूँ। मैं मरूँगी, पर मरने से पहले मुझे तुम्हारे दो शब्द तो अपने साथ ले जाने दो। मुंजाल, तुम वे दिन भूल गये? तुम्हारी बातों पर लुभाकर मैं गुजरात के लिए पागल हो गयी थी, तुम्हें याद है? तुम पाटन की लीला का कैसा वर्णन करते थे? मुझे इस समय एक-एक शब्द स्मरण आ रहा है। मुंजाल, तुम्हारे पैरों पड़ती हूँ, एक–बस, एक क्षण-भर के लिए सब कुछ भूल जाओ। जैसे किसी समय थे, एक क्षण-भर के लिए वैसे ही बन जाओ। मैं पागल हो गयी हूँ, मेरी शान चली गयी है। पंद्रह वर्षों तक जिनको मैंने स्वप्न में भी नहीं याद किया, ऐसी बालपन की उमंगें ताजी हो रही हैं।" कहकर उद्वेग के कारण रानी पछाड़ खाकर गिर पड़ी।

मुंजाल उसे थामने के लिए जरा निकट आया, बीच में रुका और फिर तनकर खड़ा हो गया। उसने मुख से जरा पिघली हुई आवाज में कहा, "मीनलदेवी! यह आक्रंदन किस मतलब का? गत बातों का स्मरण करने से क्या लाभ? इस समय तो तुम महाराज कर्णदेव की विधवा रानी हो।"

"ठीक कहते हो मुंजाल, मरते-मरते भी सच्चे हृदय की उमंगों को प्रकट करने का मुझे क्या अधिकार है? मैं पहले से ही झूठी हूँ। तुम्हारे देश में आने को, तुम्हारे निकट रहने को, मैंने पराया हाथ स्वीकार किया। अब मेरा अपने हृदय के साथ क्या सम्बन्ध रह गया है? मनसा-वाचा जिसका जीवन बेईमान रहा हो, उसे मरने पर भी क्या सुख मिल सकता है?"

"आप उल्टा अर्थ न लगावें। परन्तु इस समय इन मृत प्रसंगों को जीवित करने से क्या लाभ?"

"मुझे इस समय लाभ की चिन्ता नहीं है। मरनेवाले को लाभ की क्या परवा होगी? जो कुछ हूँ, सो हूँ; परन्तु मुंजाल!" पागल-सी होकर उठते हुए रानी ने कहा, "मेरे मरने से पहले एक बार तो बोलो, मेरे सामने हँसो। मुझे और कुछ नहीं चाहिए। मैं तो अपने मुंजाल का मुख देखकर मरना चाहती हूँ। मुझे छूने से क्या विष चढ़ जायगा? मुझसे बैर ले रहे हो? हाँ, उस दिन का बदला ले रहे हो। अपने विवाह के दिन मैंने तुम्हें ठुकरा दिया, मैंने उस दिन तुमसे कहा कि अब गुजरात की रानी हुई, तुम्हारी माता बनी। मैंने तुमसे कहा कि क्षुद्र वासनाओं को त्यागकर हमें गुजरात का

स्तंभ बनकर रहना चाहिए। मैंने तुम्हें निकाल दिया, दुतकार दिया, उसका बदला ले रहे हो?''

इन वाक्यों को सुनकर मुंजाल में अद्भुत-सा परिवर्तन हो गया। उसकी भावहीनता दूर होने लगी, उसकी छाती श्वासोच्छ्वास से ऊँची-नीची होती दिखी। उसके मुख पर, उसके नेत्रों में कोमलता आ गयी। जब वह बोला तब उसका स्वर काँप रहा था, ''मीनलदेवी, कृपा करके उन दिनों की याद को जाने दो। मेरा हृदय चिरा जाता है।''

''तुम्हारा चिरा जाता है और मेरा नहीं? मुंजाल, मुझे स्वार्थी समझो, तुच्छ समझो, बेवफा समझो; तुमने कई बार मुझे हृदय-हीनता के लिए टोका भी है; परन्तु मैं वैसी नहीं हूँ। उन दिनों को स्मरण करके ही मैं जी रही हूँ। उन दिनों की कुचली हुई हृदय की उमंगों ने मेरे हृदय को स्वार्थी और शुष्क बना दिया है। मुंजाल, ब्याह करके तत्काल ही संकेत की रक्षा करने मैं राजमहल में उतरी थी, याद है? वह क्षण याद आते ही मैं एकदम बदल जाती हूँ। उस समय तुमने क्या किया...''

भर्राई हुई आवाज से मुंजाल ने कहा, ''मीनलदेवी, बस करो। प्रत्येक मनुष्य के धैर्य की सीमा होती है। मुझसे अब अधिक नहीं सहन होता।''

''क्यों सहन कर रहे हो? मैं वही तो चाहती हूँ। एक क्षण के लिए, उस रात को तुम जैसे मुंजाल थे, वैसे बन जाओ, मैं सुख से कल मर जाऊँगी। मुंजाल! ओ मुंजाल!'' कहकर रानी पास गयी और मुंजाल का हाथ पकड़ने को बढ़ी। वह एकदम पीछे हट गया। रानी की फटी हुई आँखों और ज्वलन्त मुख पर जो अग्नि दीखती थी, उसने उसे भी जलाना शुरू कर दिया। उसके निर्विकार अंग काँप उठे। उसकी दृष्टि के आगे पहले की मीनल आ खड़ी हुई। उसने होंठ दबाकर शान्त होने का प्रयत्न किया, परन्तु कोई फल न हुआ।

''रानी, क्या कर रही हो?''

''मुंजाल, तुम मेरे क्यों न रहे?''

मुंजाल ने अपने हृदय के साथ सख्त द्वंद्व युद्ध करते हुए कहा, ''आपने उस दिन मुझे दूर कर दिया और अभी परसों फिर अलग कर दिया।''

''परन्तु तुम क्यों बदल गये? मुंजाल, मैं अधम हूँ, तुम नहीं हो।'' मीनलदेवी ने बहुत जोर से हाँफते हुए कहा।

सिर हिलाकर मुंजाल ने हृदय में उठ रही लपटों को शान्त करने का प्रयत्न करते हुए कहा, ''मैं नहीं बदला।''

''सचमुच?'' मीनलदेवी के नेत्रों से भयंकर विद्युत निकल पड़ी।

मुंजाल ने मस्तक झुका लिया, व्यर्थ प्रयत्न करना छोड़ दिया, ''देवी! मीनल!-'' असहाय होकर वह पुकार उठा। उसके स्वर में पुष्पधन्वा के धनुष की टंकार थी।

मीनल चुपचाप बावली बनी खड़ी रही। मानो पागल हो गया हो, इस तरह मुंजाल

आगे बढ़ा, मीनल को अपने हाथों में ले लिया, मसला और दूसरे ही क्षण बलपूर्वक धकेलकर, भूमि पर पटक भाग खड़ा हुआ।

पाटन की माता

जब कुमार जयदेव बाहर से घूमकर लौटा, तब उसने मीनलदेवी को बिस्तर पर पड़े देखा।

"माँ, क्या हुआ है? दोपहर को तो कुछ न था।"

उसका स्वर सुनकर रानी काँप उठी, "जयदेव, मेरा माथा बहुत दुख रहा है, चक्कर आते हैं। क्यों, तुम घूम आये?"

"हाँ, आज बड़ा आनन्द आया। समर कहाँ गया? यह बूढ़ा तो अब बिलकुल निकम्मा हो गया है।"

"नहीं बेटा, पुराने लोगों पर गुस्सा नहीं करना चाहिए।"

"समर! ए समर! कहाँ चला गया?"

आ रहा हूँ महाराज!" कहकर चोबदार अन्दर आया, उसके मुख पर कुछ अज्ञात-सा हर्ष दिखलाई पड़ रहा था।

"लो, यह मेरा मुकुट और तलवार, कहाँ था अभी तक।"

"मुंजाल मेहता ने बुलाया था।" कहकर उसने मुकुट और तलवार ले ली। जयदेव बाहर स्नान के लिए चला गया और तब वह रानी की ओर घूमा, "महारानी जी, अब चिन्ता की बात नहीं है। मुंजाल मेहता ने संदेश कहलवाया है।"

निराशा से मंद हुए स्वर में रानी ने पूछा, "क्या?"

"उन्होंने कहलाया है कि—जो कुछ करना हो, वह कल न करके परसों करें।' कल मुंजाल मेहता पाटन जा-रहे हैं।"

उठकर बिस्तर पर बैठते हुए रानी ने कहा, "क्या कहता है?" खेद से व्याकुल हो रहे उसके मुख की अशान्ति कुछ कम हो गयी।

"हाँ, कल सवेरे जाएँगे। अब कोई चिन्ता नहीं है।" मुंजाल की शक्ति को दैवी समझनेवाले श्रद्धावान चोबदार ने कहा। उसके असंस्कृत स्वर में भी विजय की टंकार थी।

रानी का हृदय कुछ हर्षित हो आया। उसके मस्तिष्क में आशा के कुछ अंकुर प्रस्फुटित हो उठे। उसने अपनी अशान्ति दूर करने के लिए कनपटी पर हाथ रखा, फिर भी उसे जरा भी उत्साह न आया, कारण कि उसका मन मर-सा गया था।

"महारानीजी, सदा ही भगवान सोमनाथ की कृपा है।"

उत्तर में रानी ने परमात्मा का स्मरण करके ऊपर देखा; परन्तु कुछ दूरी पर इस प्रकार का कोलाहल सुनाई पड़ा, जैसे इस स्तुति का उत्तर मिला हो।

उस समय पड़ाव सर्वदा किसी देवस्थान के निकट ही डाले जाते थे। रानी का पड़ाव महादेव के मन्दिर के निकट था और मन्दिर की कोठरियों के चारों ओर कोट बना हुआ था। कोट के चारों ओर डेरा-तम्बू तानकर विजयपाल की सेना पड़ी हुई थी। ऐसा ज्ञात हुआ कि यह कोलाहल वहीं हो रहा है।

"समर, देख तो यह क्या है? इतना हो-हल्ला काहे का हो रहा है?"

"मैं बाहर जाकर देखता हूँ।" समर तेजी से बाहर गया और कुछ देर में लौट आया, "माताजी, कुछ दूरी पर मशालें दिखलाई पड़ रही हैं। भला यह है क्या? ठहरिए, मैं कोट से बाहर जाकर पता लगा आऊँ।"

रानी फिर घबरा उठी। मुंजाल के जाने की बात सुनकर उसे कुछ आशा हुई थी; पर अब उसे ऐसा लगा कि यदि यह वल्लभ की सेना हुई, तो वह आशा भी निष्फल हो जायेगी। कोलाहल निकट आ गया, उसमें युद्ध की गर्जनाएँ नहीं सुनाई पड़ रही थीं; परन्तु हर्ष की पुकारें थीं। रानी विचार में पड़ गयी, यह क्या है? कुछ देर में कोलाहल पड़ाव के निकट आ पहुँचा। घोड़ों की टापें, रणसिंगों का नाद, लोगों का जय-जयकार यह सब किसके लिए है?

इतने में बाहर से विश्वपाल और मुरारपाल आये। रानी ने तुरन्त उन्हें अपनी कोठरी में बुलाया।

"मुरारपाल, यह सब क्या है? यह कौन आ रहा है?"

"माताजी, यह तो आनन्द सूरि सेना लेकर आ रहे हैं।"

घबराहट से रानी ने पूछा, क्या कह रहे हो? उसे ऐसा लगा, जैस दुर्दैव की अन्तिम चोट पड़ी हो।

"परन्तु उसे तो वल्लभ ने बन्दी बना लिया था?"

"कौन जाने..."

इतने में कोट के अन्दर आये हुए लोगों की आहट सुनाई पड़ी। दो-चार व्यक्ति वेगपूर्वक बरामदे में आ गये और आनन्द सूरि तथा विजयपाल कुमार जयदेव को साथ लेकर अन्दर आये।

"माताजी, महाराज जयदेव की जय! भगवान महावीर की जय! आनन्द सूरि का परिचित स्वर सुनाई पड़ा। इतने थोड़े दिनों में ही उसके मुख पर बड़ा विचित्र परिवर्तन हो गया था। उसके नेत्रों में, कपाल पर, सारे शरीर के हाव-भावों में केवल एकाग्रता दिखलाई पड़ रही थी और नेत्रों में कोई अपार्थिव-सा तेज, कुछ उन्माद-सा भास हो रहा था। उसे उत्साह से उबलते देख रानी में अज्ञात खिन्नता-सी उत्पन्न हो गयी।"

"आनन्द सूरि, आप यहाँ कैसे?"

"मैं? माताजी, मुझे वल्लभ ने बन्दी बना लिया था; परन्तु अन्त में मैं सफल हुआ

और उलटे उसकी कुछ सेना को साथ लेता आया हूँ। अब हमारी विजय है। विजयपाल मुझसे कह रहे थे कि आप निराश हो गयी हैं। परन्तु अब कोई चिन्ता, कोई बाधा नहीं है। कल सवेरे ही हम पाटन को अपने हाथ दिखाएँगे।'' यति ने उतावली से उच्च स्वर में कहा।

रानी को सूझा नहीं कि क्या उत्तर दे। कोठरी के बाहर बहुत-से लोग यह जानने को तड़प रहे थे कि अन्दर क्या हो रहा है।

विजयपाल ने कहा, ''माताजी, आपकी आज्ञा हो तो द्वार बन्द करवा दूँ, हमारी बातचीत बाहर न जानी चाहिए।''

मुरारपाल ने समर्थन किया, ''ठीक कहते हैं।'' रानी ने सिर हिलाकर संकेत से स्वीकृति दी; अतएव समर ने द्वार बन्द कर दिया।

रानी ने तनिक गौरव के साथ कहा, ''बोलो, अब क्या कहते हो?''

यति ने कहा, ''कहना क्या है? कहने को अब कुछ है ही नहीं, करना बाकी है। कुमार जयदेव कल सवेरे गुजरात के सिंहासन पर आसीन होंगे। मैं कल से भागा हूँ और पाटन का पता लगाता आया हूँ। केवल तीन दिनों में पाटन जीता जा सकता है। अब घबराने का कोई कारण नहीं है। पीछे पड़ा हुआ वल्लभ भी दो दिन में निराश होकर हट जायगा।''

सबने रानी की ओर देखा। परन्तु, वह शान्त और ग्लानिपूर्ण नेत्रों से देखती रही। इतनी आशा पर भी उसे उत्साह नहीं हुआ था। मुंजाल के साथ वार्त्तालाप में उत्तेजित हो जाने के पश्चात् उसका हृदय दब गया था।

जयदेव ने बीच में ही कहा ''माताजी, क्या विचार कर रही हो? अब हम पाटन को लेंगे।''

रानी ने शान्त मुख और गम्भीर स्वर में कहा, ''नहीं बेटा, मुझे यह नहीं करना। पाटन भले ही जो चाहे करे। वह भले ही कपूत निकले, मुझे अपना मातृत्व नहीं मिटाना है।''

सब लोग स्तब्ध होकर देखने लगे। विजयपाल ने कहा, ''परन्तु महारानीजी, फिर और कौन-सा मार्ग है? कल तो हम लोग इतने विचार में पड़े हुए थे।''

''विजयपालजी, कल हम लोग विचार कर रहे थे, पर आज मैंने निश्चय कर लिया है कि मैं कुछ नहीं करूँगी। प्रातःकाल मुंजाल मेहता पाटन जा रहे हैं।'' रानी ने स्पष्टता से कहा। जब से उसके हृदय ने वर्षों की बेड़ियों को तोड़कर अपने प्रकृत स्वभाव को अपने मार्ग पर लगा दिया था, तब से उसका कृत्रिम रोब नष्ट होकर विशुद्ध गौरव दिखलाई पड़ने लगा था; और सादगी तथा सरलता से बोलने की रीति आ गयी थी।

यह परिवर्तन देखकर यति को विस्मय हुआ, और बीच में मुंजाल का नाम सुनकर तो वह बहुत अकुलाया। उसने पूछा, ''मुंजाल?''

"कौन माताजी, अपने मुंजाल?" जयदेव बोल उठा।

रानी ने सुधारकर धीरे-धीरे कहा, "हाँ, मुंजाल मंत्री पाटन जा रहे हैं। वे पाटन के अग्रणी व्यक्तियों से मिलेंगे; और इस पर भी कुछ न हुआ, केवल मेरे ही कारण पाटन की जनता हठ पकड़े बैठी रही, तो मैं परसों अपने स्वामी के पास स्वर्ग की यात्रा पर चली जाऊँगी। मैं सती नहीं हुई थी तो अपने पुत्र के लिए, अपने देश के लिए, परन्तु यदि वे मेरे बिना सुखी हो सकते हैं; तो क्यों मैं व्यर्थ ही अपने पतिदेव का वियोग सहन करूँ? अपने कारण क्यों देश को डुबाऊँ?"

वहाँ खड़े सभी लोग इस प्रकार हतप्रभ रह गये, जैसे स्वप्न में रानी की बातें सुन रहे हों। उनमें जितने पाटन-निवासी थे, उन्होंने सहर्ष रानी को इस प्रकार बोलते देखकर गौरव से मस्तक ऊँचे कर लिये। स्वामिभक्ति के लिए वे रानी के साथ थे, तथापि पाटन उन्हें प्रिय था। परन्तु, यति के मुख पर भयंकर परिवर्तन हो गया। उसकी लाल आँखों में खूनी का-सा चमकता हुआ तेज आ गया। वह दाँत पीसकर बोल उठा, "यह क्या कह रही हैं? जब विजय केवल बित्ताभर दूर रह गयी, तब ऐसी बातें कर रही हैं? आप सारे जगत की आशा हैं, आपकी महत्ता पर ही सब श्रद्धा किये बैठे हैं। अर्हन्तों की कृपा से आपके हाथ में अधिकार है, स्यानपन है, बुद्धि है, विजय प्राप्त करने की शक्ति है, फिर भी ऐसा कह रही हैं?" क्रोध के आवेश में उसने पूछा।

आस-पास खड़े योद्धा बीच में बोलना चाहते थे; परन्तु रानी ने कहा, "सत्ता, बुद्धि, और विजय—इस सबकी अपेक्षा मुझे अपनी प्रजा अधिक प्यारी है। यतिजी, तुम यह भूले जा रहे हो कि गुजरात की रानी के साथ वार्त्तालाप करते हुए कैसा अदब रखना चाहिए? "

यति ने होंठ चबा लिये, "नहीं, महारानीजी, मैं भूलता नहीं हूँ; परन्तु आपकी जिस राजनीति के लिए मैं मर मिटा, वह जब परिपक्व होने को आयी, तब आप ऐसा कह रही हैं? ऐसा क्षण इतिहास-क्रम में एक ही बार आता है, और उसे भी हम चूक जायँ?"

"आनन्द सूरिजी, मेरा निश्चय दृढ़ है, वह बदल नहीं सकता। यदि मुंजाल कल अपने प्रयत्न में सफल हो गये, तो मैं पाटन जाऊँगी।"

"आपको ज्ञात है कि त्रिभुवनपाल मजबूत होकर बैठा है? एक नहीं, पाँच मुंजाल आ जाएँ तब भी वह विचलित नहीं हो सकता। तब क्या करेंगी?"

रानी ने सख्ती के साथ कहा, "तब मैं सती हो जाऊँगी। अपने पुत्र के राज्य की अपेक्षा मेरे प्राण अधिक नहीं हैं।"

जयदेव ने कहा, "माताजी, यह आप क्या कह रही हैं?"

मीनल ने कहा, "बेटा, क्षत्रियत्व की टेक रखने के लिए गुजरात की रानी को तनिक भी विचार नहीं करना चाहिए।"

यति ने कहा, "परन्तु धर्म की ध्वजा के आगे टेक की क्या गणना हो सकती है? अकेले टेक ने कभी राज्य की रचना की है? क्षत्रियों की टेकों ने ही तो समस्त गुजरात को—समस्त भारतवर्ष को छिन्न-भिन्न कर डाला है; और यदि समय रहते एक धर्म की सत्ता प्रबल न होगी, तो एकधर्मी यवन कल जल्द ही आपको दासों का भी दास बना छोड़ेंगे। अब भी अच्छी तरह विचार कर लो, ऐसे मौके को न गँवा दो। जगत में चक्रवर्ती बनना हो, तो यही मार्ग है; उसे क्यों छोड़ते हो?"

मीनलदेवी ने लापरवाही से कहा, "आनन्द सूरिजी, आपके सम्प्रदाय में अब मुझे श्रद्धा नहीं है। चक्रवर्तित्व प्राप्त होगा तो प्रजा के उत्साह से, उनकी महत्वाकांक्षा को सजीव करने से।"

"यह महत्वाकांक्षा इस समय जैन धर्म ही ला सकता है।"

"सारी प्रजा इसे स्वीकार करने को तैयार नहीं है। अतएव मुझे भी यह नहीं चाहिए।"

"जो स्वीकार करने को तैयार न हो, उसे तैयार करना राजा का कार्य है।" कहकर यति ने अपनी कमर से बँधी हुई तलवार पर हाथ डाला।

रानी ने उत्तर दिया, "अहिंसा परमो धर्मः।" यति गूँगा हो रहा। "यतिजी, जो भी हो, पर मेरा निश्चय अटल है।" जीऊँगी, तो पाटन की इच्छा से; मरूँगी, तो पाटन का गौरव बढ़ाने के लिए।"

यति ने तिरस्कार से कहा, "व्यर्थ ही पीछे पछताओगी।"

कुमार जयदेव क्रोधित होकर बोलना चाहता था, उसे रानी ने रोक दिया। रानी ने कहा, "आनन्द सूरिजी, आप धर्मात्मा हैं, नहीं तो ऐसे शब्दों के लिए आपकी जीभ खिंचवा लेती। जाओ।" द्वार की ओर अँगुली से संकेत करके रानी ने कहा और फिर विजयपाल से कहा, "विजयपालजी, आपने मेरा निश्चय सुन लिया है। आप चन्द्रावती के सेनापति हैं। अब आपके नगर का हित किस बात में है, यह आप जानें।"

आनन्द सूरि ने तिरस्कार से कहा, "धर्म की विजय के बीच स्वार्थी-हृदय की प्रेरणाओं को लाने से ही इस जगत का अधःपतन हुआ है।"

मुरारपाल बीच में आकर बोला, "यतिजी, आप यति हैं, इसकी मुझे अधिक परवा नहीं है। अब यदि आप महारानीजी के सामने, फिर ऐसी कोई बात मुख से निकालोगे, तो आपका मस्तक कहीं का कहीं जा गिरेगा! विजयपाल जी, अब हम चलें महारानीजी की तबीयत ठीक नहीं है।"

सब लोग चुपचाप बाहर निकल गये। मुरारपाल पीछे रह गया और रानी की ओर घूमकर बोला, "माताजी, अन्त में आपने पाटन की नाक, पाटन की प्रतिष्ठा बचा ली। एक बार मैंने आपकी आज्ञा का पालन करना अस्वीकार कर दिया था, अब मेरे प्राणों की आवश्यकता हो, तो वे भी हाजिर हैं।"

"मुरारपाल, मुझे इस बात का ज्ञान आज हुआ कि जब मैं तुम सब लोगों की

रानी थी, तब मैंने कैसा मौका खो दिया। तुम विश्वासपात्र हो। देखो, यदि मुझे कुछ हो जाय, तो जयदेव को सँभालने वाले केवल तुम्हीं हो, यह ध्यान रखना।''

''माताजी, जब तक मेरी देह में प्राण है, तब तक कुमार जयदेव को मैं जरा भी आँच न आने दूँगा। अब आप हारी-थकी हैं, विश्राम कीजिए।'' कहकर मुरारपाल चला गया।

कुमार जयदेव अकेला रह गया। उसके स्वार्थी हृदय में मीनलदेवी के प्रति प्रेम था, उसके शब्दों के लिए सम्मान था, उसकी बुद्धि पर विश्वास था। मीनलदेवी की यह प्रतिज्ञा देखकर वह विस्मित हो गया। उसे सूझा नहीं कि क्या करे। केवल उसने यह पूछने का प्रयत्न किया कि मीनलदेवी सती क्यों हो रही हैं; परन्तु, मीनलदेवी ने कल कहने का वचन देकर उसे शान्त कर दिया। रानी का हृदय न जाने कौन-कौन से विचारों में विहार कर रहा था।

संधि-संदेश

त्रिभुवन ने कुछ ही दिनों में अद्‌भुत शक्ति दिखलाई थी और नगर की व्यवस्था और रक्षा के लिए जरूरी, उचित उपायों से काम लेना शुरू कर दिया था।

यह ठीक है कि खेंगार के अनुभव और उदा की राजनीति-पटुता से बहुत काम हुआ था, फिर भी त्रिभुवन के समान उत्साह-प्रेरकता किसी में नहीं थी। लोग उसे पहले के शूर-वीर सोलंकियों का मुकुट-मणि समझने लगे। उसके शब्दों पर प्राण देने को तैयार होने में बड़ाई मानने लगे। स्त्रियाँ उसके कोमल किन्तु सुन्दर मुख को देखकर निछावर होने लगीं। पुरुष उसके साहस तथा चतुराई-भरे चारित्र्य को देखकर बलिहारी होने लगे। बूढ़े उसके पिता और माता की पुरानी बातों को स्मरण करके उसे पूजने लगे। डूँगर नायक तो उसे देवता समझता और उसके पीछे रक्षक की भाँति, भक्ति से घूमते रहने में बड़ाई समझता। प्रसन्न उसके लिए सब प्रकार की व्यवस्था करने और उसके हृदय की निराशा और दुःखों को दूर करने में व्यस्त रहने लगी।

पाटनवासियों का उत्साह बहुत कुछ अंशों में बढ़ गया। यों ही द्वार बन्द करके बैठे रहना उन्हें भला न लगने लगा। अनेक लोग तो दिग्विजय की तैयारी का विचार करने लगे। पर जिन्हें दिग्विजय की हौंस थी, उन्हें त्रिभुवन की दृढ़ता और उदा की व्यवस्था अधिकतर वश में रखने लगी। उदा ने अपने वर्तमान अधिकार से लाभ उठाकर राजतंत्र जैसे पहले था वैसा ही चलाने का प्रयत्न किया, और लोगों में एक महात्त्वाकांक्षा होने के कारण उसे बहुत अंशों में सफलता मिली। इन दोनों के दिन

और रात के परिश्रम से किये हुए प्रबंध के कारण अव्यवस्था का भय दूर हो गया और पाटन निर्भयता से शांति के साथ रानी के मुकाबले में खड़ा हुआ।

त्रिभुवन को जो समाचार मिल रहे थे, उनसे प्रकट हुआ कि रानी अभी कुछ कर सके, ऐसी स्थिति में नहीं है। अतएव, वह विचार करने लगा कि पाटन का अधिकार किस प्रकार बढ़ाया जा सकता है। जब प्रातःकाल वह सोकर उठा, तो माता-पिता की मृत्यु का शोक होते हुए भी उसका चित्त प्रफुल्लित था। उसके महत्त्वाकांक्षी हृदय को समस्त भारत जीत लेना भी सहज मालूम हुआ। सूतक के कारण पूजा आदि कर्म तो करने नहीं थे; अतएव स्नान करके उसने बाहर निकलने का विचार किया। परन्तु, सूर्योदय में अभी विलम्ब था। उसने उदा को बुलाकर कुछ देर परामर्श किया और अपना हाथी मँगाने का आदेश दिया।

उदा ने दुपट्टे की तह करते हुए कहा, ''महाराज, सब लोग एक ही बात कह रहे हैं।''

''काहे की बात?''

आँखों को छोटी करके मारवाड़ी ने कहा, ''आपकी।''

उदा से बात कहने की खूबी पर हँसते हुए त्रिभुवन ने कहा, ''परन्तु काहे की बात?''

'' क्यों, आपको... परन्तु महाराज नाराज न हो जाना।''

''अच्छा, परन्तु कहो तो सही।''

''आपको सब लोग उलाहना दे रहे हैं।''

''क्यों, किसलिए?''

''कल मैंने जो बात कही थी, उसके लिए।''

''उदा सेठ, तुम कितनी ही चतुराई बतलाओ, पर मैं एक से दो नहीं होने का। जो वचन मेरे दादाजी ने दे दिया, उसे मैं भंग न करूँगा। पाटन के सिंहासन पर कर्णदेव महाराज के पुत्र के रहते मैं बैठूँ? पागल हुए हो! यह कैसे हो सकता है? पाटन का स्वामी वही है, मैं तो उसका सेवक हूँ।''

''इसी–इसी में...''

''देखो, फिर तुमने इस बात को बढ़ाया,'' कहकर वह घूमने जा रहा था कि इसी समय एक नौकर घबराता, हाँफता हुआ दौड़कर आया और यह भूलकर कि वह किससे बात कर रहा है, पूछने लगा, ''खेंगार बापू हैं?

''खेंगार?''

एक तीक्ष्ण दृष्टिपात से त्रिभुवन ने उसे डराया और विनयी बना दिया, ''क्यों, ऐसा कौन डाका पड़ रहा है? तू कौन है?''

''महाराज, मैं पहरेदार हूँ, मोंढेरी दरवाजे पर...'' कहकर वह कुछ देर साँस लेने

को रुक गया, त्रिभुवन सख्त होकर सुनता रहा, "महाराज, खेंगारजी से कहने आया था कि दरवाजे के बाहर नगरसेठ आये हैं—पधारे हैं।"

त्रिभुवन और उदा दोनों इस प्रकार बोले, जैसे नीचे से पृथ्वी खिसक गयी हो, "नगरसेठ?"

"हाँ महाराज, मुंजाल मेहता।"

दोनों सुननेवाले घबराहट से फीके पड़ गये। त्रिभुवन ने बड़े प्रयत्न से अपने को शान्त किया, "सेना लेकर? कितनी सेना साथ में होगी?"

"नहीं महाराज, अकेले।"

"ऐं!"

"हाँ, कहते हैं कि आपसे मिलना है; आज्ञा हो तो अन्दर आएँ, नहीं तो आप बाहर चलें।"

"उदा सेठ, जाओ, खेंगारसिंह को बुला लाओ।"

मंडलेश्वर खेंगारसिंह को बुलाने के लिए जाते हुए उदा विचार करने लगा। वह एकदम घबरा गया था; परन्तु उसकी स्वार्थ-बुद्धि ने तुरन्त सहायता की। 'मुंजाल नगर में आ गया, तो सारा खेल खत्म हो जायगा; उसका व्यक्तित्व, उसका वाक्चातुर्य, उसकी बुद्धिमानी सबको वश में कर लेगी। अब किया क्या जाय? खेंगारसिंह से मिलने तक उसने एक योजना गढ़ डाली।'

"बापू, मुंजाल मेहता आये हैं, कोट के बाहर खड़े हैं। त्रिभुवनपाल महाराज से मिलने की आज्ञा चाहते हैं। चलिए, महाराज आपको बुला रहे हैं।"

खेंगार ने कहा, "ऐं! रानी ने भेजा होगा?"

"हाँ, और क्या। परन्तु देखना, कहीं सब लौट-पलट न कर दे, बड़ा कूटनीतिज्ञ है।"

बूढ़े ने मूँछों पर ताव देते हुए कहा, "अजी, कैसे लौट-पलट देगा! यह कोई सहज बात है!"

"नहीं तो बापू, इतना करना कि बात करने के लिए त्रिभुवनपाल को नगर से बाहर जाने देना; मुंजाल मेहता को नगर में न बुलाना।"

"जाओजी, पागल हुए हो! मुंजाल मेहता कभी पाटन को लांछन नहीं लगने दे सकता है।" कहते-कहते खेंगार त्रिभुवनपाल के पास आ पहुँचे। त्रिभुवन को सम्बोधन करते हुए बूढ़े ने कहा, "क्यों, ठीक है न? मुंजाल मेहता आये हैं, तो बुलाओ उन्हें यहाँ।"

"हाँ, मैं यही विचार कर रहा था।"

उदा ने फिर अपनी बात आगे रखी, "महाराज, आप ही नगर से बाहर मिलने के लिए जायँ, तो कैसा?"

"किसलिए? मेहताजी भी पाटन के हैं, और बातचीत करके वापस चले जायँगे।"

उदा ने निःश्वास छोड़ा। उसके विचार से यह सब मूर्खता का काम किया जा रहा था, "ठीक है बापू।"

"काकाजी, आप कहें तो मैं अपना हाथी भेज दूँ, नगरसेठ की प्रतिष्ठा के योग्य ही स्वागत किया जाना चाहिए।"

खेंगारसिंह बोले, "परन्तु साथ में कोई भी और मनुष्य भीतर न आये।"

"दरबान यह तो कह रहा है कि उनके साथ और कोई नहीं है।"

"खेंगार ने कहा, "तो ठीक है, भेजिए। कहिए तो मैं चला जाऊँ।"

उदा अधिक विचार में पड़ गया, नगरसेठ के नाम के जादू ने असर डालना शुरू कर दिया था। वह बीच ही में बोल उठा, "मैं भी जाता हूँ।" ऐसे अवसर पर चूकने वाला वह नहीं था।

"हाँ, जाओ।" कहकर त्रिभुवनपाल वहाँ रह गया और खेंगार तथा उदा चले गये। कुछ क्षण बीते और समाचार सुनकर प्रसन्न दौड़ी हुई आ पहुँची। यह सुनकर कि मुंजाल मेहता आ रहे हैं, राजप्रासाद में खलबली मच गयी थी।

"क्यों जी, क्या यह सच है?"

"हाँ, सच है। इतनी अकुला क्यों रही हो?"

"देखना, कहीं तुम्हारा व्रत भंग न करा दें!"

त्रिभुवन ने गर्व से उत्तर दिया, "तनिक भी न घबराओ। मैं अटल हूँ।"

न जाने कब तक दोनों जने एक-दूसरे की ओर टकटकी लगाकर देखते रहे। मुंजाल से मिलने की आतुरता और अधीरता के कारण, कोई भी एक शब्द मुख से न निकाल सका। इतने में यह समाचार सुनकर दो-एक सामन्त और आ पहुँचे। कुछ देर में बड़ी अधीरता का अनुभव करने के बाद राजप्रासाद में कुछ लोग आते हुए सुन पड़े। त्रिभुवन चबतूरे पर आ खड़ा हुआ। मुंजाल, खेंगार, उदा और मार्ग में जो-जो मिले, सभी पैदल चले आ रहे थे।

मुंजाल के वस्त्र बिलकुल साधरण और मैले थे। जिस वेष में उसे बन्दी किया गया था, उसी वेष में वह यहाँ आया था। उसका ऊँचा गठीला शरीर जरा झुक-सा गया था। उसके सिर की रेखाओं में गर्व कुछ कम और नम्रता अधिक दिख रही थी। नेत्रों के तेज में सत्ता के बदले तिरस्कार अधिक झलक रहा था। उसकी चाल पहले के समान ही दृढ़ और अधिकार-प्रदर्शक थी। उसका व्यक्तित्व भी पहले के समान ही शोभा दे रहा था; तेजस्वी और सबसे निराला।

त्रिभुवन स्वागत के लिए एकदम आगे बढ़ गया, उसका हृदय अनेक प्रकार से उमड़ा आ रहा था; उसने एक अभिमानी मंत्री, राजनीतिज्ञ, नगरसेठ और रानी के सम्मानित मुंजाल को देखने की आशा की थी। परन्तु इसके बदले एक साधारण भिक्षुक की भाँति निवेदन करने वह आया। इसी समय त्रिभुवन को मुंजाल के उन

शब्दों का स्मरण हो आया, "त्रिभुवन, मेरे रिक्त हृदय की आशा को पूर्ण करोगे?" इन शब्दों के स्मरण से वह सब कुछ भूल गया, केवल अपने मामा को देखता रहा—उस मामा को, जिसको अन्त में रानी ने बन्दी कर लिया था। त्रिभुवन दौड़कर मुंजाल से लिपट गया, "मामा!" कहते-कहते उसके नेत्रों में आँसू भर आये। मुंजाल के नेत्र ज्यों-के-त्यों स्थिर रहे।

त्रिभुवन उसे कमरे में ले गया, और आदर से बिठाकर बोला, "मामाजी, यह कष्ट आपने क्यों किया?"

"त्रिभुवन, तुम समझ तो गये होगे कि किस कारण मैं आया हूँ; परन्तु मैं रानी की ओर से नहीं आया, अपने निज के लिए आया हूँ। तुम लोग अगर यह सोचते होंगे कि मैं पाटन की टेक तोड़ने आया हूँ, तो यह वास्तविक नहीं है। मैं तुम लोगों के दो-एक अग्रणी जनों से वार्त्तालाप करने आया हूँ। मुझे कुछ बातें कहनी है, उन्हें सुनोगे तो पाटन के गौरव की रक्षा अधिक होगी।" मुंजाल धीरे-धीरे दुःखित स्वर में कहने लगा।

खेंगार ने कहा, "मेहताजी, हम आपकी सब बातें सुनने के लिए राजी हैं। हमने क्या कुछ मजाक में ही यह सब आरम्भ किया है? जो कहना हो, मजे से कहिए।"

"ठीक है, पर इस प्रकार नहीं। हम ही तीन-चार आदमी बैठ जायँ। कुछ बातें ऐसी होती हैं कि जिसका इधर-उधर फैलना उचित नहीं।"

त्रिभुवन ने खेंगार से कहा, "ठीक है, आप ठीक कह रहे हैं। काकाजी, सेठ वस्तुपालजी को बुला लिया जाय। वे, आप, मैं और उदा सेठ।"

"ठीक है।"

त्रिभुवन ने कहा, "चलिए, हम लोग ऊपर चलें।" सब उठे और जीने की ओर घूमे। प्रसन्न दौड़ती हुई बगल के कमरे में छिप गयी पर मुंजाल की तीक्ष्ण दृष्टि उस पर पड़ गयी।

दृढ़ता से नजर घुमाकर मुंजाल ने कहा, "कौन, प्रसन्न?"

त्रिभुवन ने कहा, "जी हाँ, प्रसन्न है। बुलाऊँ? प्रसन्न! ऐ प्रसन्न! मामाजी बुला रहे हैं।"

हँसती, लजाती, सिर झुकाए प्रसन्न तुरन्त आ खड़ी हुई।

"कैसी है बेटी? रानी से मिली थी न? चल, तू भी चल। इसमें आपको कोई आपत्ति तो नहीं है?"

खेंगार ने कहा, "जी नहीं, बिल्कुल नहीं।" कुछ दिनों के अनुभव से यह बूढ़ा भी ममतावश प्रसन्न के पीछे पागल हो गया था, "चल प्रसन्न!"

पाँचों आदमी ऊपर गये और चुपचाप बैठे। कुछ देर में सेठ वस्तुपाल आ पहुँचे। वे बहुत घबराये हुए थे। आते ही वे मुंजाल की तबीयत का हाल पूछने लगे।

"सेठ वस्तुपालजी, तबीयत अब किसकी? पिछले पाँच दिनों में तो न जाने कितने युग मुझ पर से निकल गये। यह सब निबट जाय, तो मैं आबूजी की शरण में चला जाऊँ। दुनिया के बहुत-बहुत लाहे मैं ले चुका।" धीमा, दयनीय हास्य मुख पर लाकर मुंजाल ने कह, "अन्तिम बार आप लोगों ने भी एक लाहा दिया।" खेंगार और त्रिभुवन की ओर घूमते हुए उसने कहा।

दोनों ने एक साथ पूछा, "वह क्या?"

"मैं जानता था, मैं सदा कहा करता था कि पाटन नगरी जागती ज्योति है, इसे छेड़ने से किसी का भला न होगा, इसे आप लोगों ने सिद्ध कर दिया।"

वस्तुपाल ने पूछा, "तब यह सब आपको पसन्द है?"

"पसन्द? जब मैंने सुना कि परदेशियों के पैरों की आहट पाकर पाटनवासी एक स्वर से विरोधी हो गये हैं, तब मैंने अपने जीवन को सार्थक समझा। यह भूमि देव-भूमि है। इसके वीर पुत्रों में दैवी अंश है, इसका मुझे तभी भली भाँति विश्वास हुआ।" कहते-कहते उन्होंने गर्व से मस्तक उठा लिया। उनके फीके, परन्तु सुन्दर मुख पर ऐसा लगा कि पहले का-सा गौरव दीप्त हो उठा है।

त्रिभुवन ने पूछा, "मामाजी, क्या यह सब आपको अच्छा लगता है? तब आप क्या कहने के लिए यहाँ आये हैं?"

"भाई, लोगों को जो कहना हो सो कहें; परन्तु मैं तो इतने वर्षों तक पाटन को चक्रवर्ती बनाने का विचार करता रहा हूँ। यह सब मुझे भला लगता है। तुम्हारी दृढ़ता, तुम्हारी वीरता देख-देखकर मेरा हृदय बालिश्त-भर ऊपर आ गया है। और आया हूँ, तो केवल यही कहने के लिए कि अब जो कुछ करो, वह विचार करके करना। इस अवसर पर भूल करोगे, चूकोगे, तो तुम्हारे नगर का पतन हुए बिना न रहेगा।"

खेंगार ने पूछा, "कैसे?"

"मंडलेश्वरजी, पहले मेरी एक बात सुन लो, फिर मैं कहता हूँ। रानी ने मुझसे कहा कि तुम जाकर पाटन को मनाओ; परन्तु मैंने इनकार कर दिया। पीछे मेरे हृदय ने मुझे प्रेरित किया और मैं आने को तैयार हो गया। परन्तु, वह अपने लिए नहीं, रानी के लिए नहीं, केवल पाटन के लिए।"

"वह कैसे?"

"खेंगारसिंहजी, इस क्षण का मूल्य आप जानते हैं? नहीं जानते। पर मैं जानता हूँ। आपको ज्ञात है कि मैं पन्द्रह वर्ष चुप क्यों बैठा रहा; और क्यों कुछ कर न सका?" कारण, कि वह क्षण नहीं आया था। आज अनेक वर्षों से सब लोग पाटन की महत्ता के लिए तरस रहे थे, फिर भी कोई कुछ क्यों न कर सका? कारण, कि यह क्षण नहीं आया था।"

त्रिभुवन ने कहा, "मेरी तो समझ में नहीं आता।"

"त्रिभुवन, तुम्हें ज्ञात है कि पाटन जगत का मुकुट कब बन सकता है? जो उत्साह अकेले पाटन में इस समय है, वह समस्त गुजरात में आ जाए, तब। भीमदेव ने एक चुटकी मारते ही पाटन को पुनः प्राप्त कर लिया था, इसका क्या कारण था? यही कि सारे देश में यही प्रेरणा हो गयी थी। हमारी समस्त प्रजा को उठकर खड़ा होना चाहिए। हमारी ताम्रचूड़ की ध्वजा के पीछे समस्त प्रजा को आना चाहिए। यह उत्साह इतने वर्षों नहीं आया, अब आएगा।"

"क्यों?"

"तुम बालक हो, पुराने वैर-विरोधों को तुमने नहीं देखा है; पर सब लोग जानते हैं। पाटन को चौथ देने वालों में कितना विरोध है? त्रिभुवन, बारह मंडलेश्वरों में तुम्हारे पिता, खेंगारसिंहजी, मदनपालजी और वल्लभसेन—ये चार तो पाटन में आने का कष्ट भी उठाये हैं, बाकी सब अपने मंडलों में मौज करते हैं। हमारे बावन नगर कहे जाते हैं, उनमें देखा जाय तो हमारे केवल मोंढेरा, कर्णावती और अधिक से अधिक सोमनाथ और पाटन हैं। बाकी के सब कहाँ हैं? सभी ने पाटन की सरदारी स्वीकार की है; परन्तु नाम-मात्र के लिए।"

"पिताजी भी यही कहते थे।"

"भैया, तुम्हारे पिताजी के उद्देश्य बड़े थे; परन्तु उनका स्वभाव बड़ा उतावला था। वे प्रत्येक मंडल को स्वतन्त्र रखकर पाटन का अधिकार बढ़ाना चाहते थे, पर यह कैसे हो सकता था? और फिर इसमें हमारे श्रावकों का झगड़ा बाधक था। विमलशाह की स्थापित की हुई सत्ता के पीछे वे पागल हुए फिरते थे; अतएव जहाँ-तहाँ वे वही चाहते थे।"

"तब आपकी क्या धारणा थी।"

"इन सब संकटों में मार्ग खोज निकालने का प्रयत्न ही थकाने वाला था। जहाँ तक मुझसे हुआ, वहाँ तक सब कुछ ठीक रखने का प्रयत्न किया। मेरा विचार और ही कुछ था। मैं पाटन के नरेश की प्रतिष्ठा बढ़ाकर उसका डंका सारे देश में बजवाना चाहता था। जब तक किसी एक के हाथ में अधिकार नहीं होता, तब तक राज्य नहीं चल सकता।"

"यही तो महारानीजी का मत है।"

"नहीं, तुम भूल रहे हो। उन्हें तो सत्ता चाहिए थी, और वह किसी भी रास्ते से। उसका फल वे आज चख रही हैं। उस सत्ता के लिए ही तो उन्होंने चन्द्रावती की सेना से सहायता माँगी।"

उदा ने कहा "और आनन्द सूरि को रखा।"

"यह यति बड़ा जबरदस्त है। उसका सिद्धान्त भयंकर है। उसे जैन धर्म की विजय के आधार पर पाटन राज्य की रचना करना है।"

वस्तुपाल ने कहा, "यह कैसे सम्भव है? वैष्णव वणिकों का अग्रणी होने के कारण वह श्रावकों की सत्ता का विरोधी था।"

"सम्भव क्यों नहीं है? यह कोई मूर्खता की बात थोड़े ही है। धर्म की शक्ति पर राज्य की रचना करने से दस वर्षों में हम सारे देश को जीत सकते हैं। परन्तु, हमारी परिस्थिति ऐसी नहीं है। और, जैन धर्म में इतना जोश भी नहीं है।"

खेंगार ने पूछा, "तब आप क्या करना चाहते थे?"

"मेरा एक ही मार्ग था। यदि दो-चार मंडलेश्वर एक साथ हो जायँ, तो समस्त गुजरात की सेना को एकत्र करके मालवा पर आक्रमण किया जाय, और आक्रमण में जो साथ ने दें, उन्हें अपने अधीन कर लिया जाय। मैं आप लोगों से यही कहने के लिए आया हूँ।"

"क्या?"

"कि जिस अवसर के लिए मैं, मंडलेश्वर, और प्रत्येक पाटनवासी तरसते रहे हैं, वह आ गया है। पाटन त्रिभुवन को पूज रहा है। देहस्थली और वल्लभसेन त्रिभुवन के ही हैं। जिस समय भीमदेव महाराज ने पाटन पर फिर अधिकार किया था, उसके कितने ही वर्षों बाद प्रजा में यह उत्साह आया है। सभी लोग एक मनुष्य का आदेश पालन करने को तैयार हैं। यदि वह मनुष्य अवसर का, समय का सदुपयोग करे तो पाटन का डंका दिग्दिगंतों तक सुनाई पड़ने लगे।" धीरे-धीरे मुंजाल के शब्दों की शक्ति से उसके मुख पर तेज आने लगा। उसकी अपूर्व कान्ति अधिक तेजस्वी होने लगी।

उदा ने कहा, "ठीक है, ठीक कह रहे हैं। मुझे भी यही विचार आते हैं।"

मुंजाल ने प्रभावपूर्ण आवाज में कहा, "अब विचार का काम नहीं। जो क्षण बीत रहा है, वह स्वर्ण का है। महीना-भर इसी प्रकार पड़े रहोगे, तो उत्साह भंग हो जायगा। मैंने सुना था कि सारा पाटन-नगर राजमहल में उलट पड़ा था। तो उसे अब रोको मत, आगे बढ़ने दो और उस प्रवाह की महातरंगों को अवन्ती तक पहुँचा दो।"

उदा ने पूछा, "हम यही करना चाहते हैं; परन्तु किस प्रकार करें?"

खेंगार और त्रिभुवनपाल के हृदय में वीरता और महत्त्वाकांक्षा की झंकार होने लगी।

"किस प्रकार करेंगे, विचार करो। आप सब लोग प्रतिज्ञा किये बैठे हैं कि मीनलदेवी को यहाँ आने न देंगे। यदि इस प्रतिज्ञा की आप रक्षा करना चाहते हैं, तो दो ही मार्ग हैं।"

त्रिभुवन ने पूछा, "कौन से?"

"या तो इसी प्रकार पड़े रहिए, इससे आपका उत्साह नष्ट हो जायगा; या त्रिभुवनपाल सिंहासन पर बैठकर अपनी दोहाई फेर दें।"

त्रिभुवन ने जोर से सिर हिलाकर कहा, "मैं? मैं यह कभी नहीं कर सकता। अपने दादाजी के वचन को मैं भंग करूँ?"

"मान लो, तुम न करोगे; परन्तु जिस रानी का आज एक भी मित्र नहीं है, कल उसके पच्चीस मित्र बन खड़े होंगे। गुजरात में परस्पर मार-काट मच जायगी और कल पाटनवासी भी थक जायँगे। आप लोगों के सारे उत्साह पर पानी फिर जायगा और 'पाटन का प्रभुत्व' पाटन में ही समा जाय?"

खेंगार ने विचार करते हुए पूछा, "तब फिर किया क्या जाय?"

"करने को तो एक ही वस्तु है जो बन सकती है, कुमार जयदेव को सिंहासन पर बिठाना।"

त्रिभुवन ने एकदम उबलकर कहा, "मामा, आपकी बात मैं समझ गया। हमारी प्रतिज्ञा को आप मिट्टी कर देना चाहते हैं? मीनलदेवी को हम फिर पाटन में आने दें और चन्द्रावती के सैनिकों को पाटन में प्रविष्ट होने और घूमने दें?"

"नहीं, यह मैंने कब कहा? चन्द्रावती की सेना को, केवल लौटा ही दिया जाय, बल्कि चन्द्रावती से चौथ भी ले ली जाय और उसकी सेना को अपने शत्रुओं के मुकाबले में भेजा जाये। पर यह तभी हो सकता है, जब पाटन की पीठ पर उसका राजा हो और त्रिभुवन साथ रहे।"

"यह कैसे बने? मीनलदेवी ने तो कुमार जयदेव को भेजना अस्वीकार कर दिया है।"

"मीनलदेवी तो कल प्रातःकाल ही सती होने को तैयार हैं, और वे सती हो जायँगी, तो आप लोग कुमार जयदेव को तुरन्त राजा के रूप में स्वीकार कर लेंगे। तब प्रतिज्ञा में कौन-सी बाधा उपस्थित हो सकती है?"

खेंगार ने कहा, "कोई नहीं।"

"परन्तु तुम्हें इसके परिणाम की भी कुछ खबर है? फिर आपके राजा का और पाटन का हृदय कभी एक न हो सकेगा। जयदेव के हृदय में अपनी माता की मृत्यु सर्वदा खटकती रहेगी और वह कभी न भूल सकेगा कि उसकी माता को आपके कारण प्राण देने पड़े। फिर आप लोग एकता कहाँ से लाएँगे? राज्य को कैसे बढ़ाएँगे?"

सब लोगों ने एक दूसरे की ओर देखा।

"मैं फिर से कहना चाहता हूँ कि मुझे पाटन के प्रति प्रेम है, इसी से मैं यह सब कहने के लिए आया हूँ। जो उत्साह इस समय आप लोगों में प्रवाहित हो रहा है, यदि आप उसका उपयोग करना चाहते हैं; जो संकल्प महाराज भीमदेव के, कर्णदेव के, तुम्हारे पिताजी के और मेरे थे, उन्हें मूर्तिवान करना चाहते हों, और गुजरात में पाटन का अधिकार भली भाँति स्थापित करना चाहते हों, तो एक ही मार्ग है। आप रानी

और कुमार जयदेव को फिर से स्वीकार कर लें। उनके लिए अब तक का यह दंड क्या कम है?''

''परन्तु चन्द्रावती...''

''आप लोग इतना स्वीकार करते हों, तो उसका मार्ग बताना मेरा काम है। चन्द्रावती की सेना? चाहें तो रानी से ही कहला दीजिए कि चन्द्रावती की सेनाओं को वे लौटा दें और पुत्र और माता अकेले पाटन में आएँ तो ही दरवाजे खोले जाएँगे। पाटन की रानी के लिए क्या यह कुछ कम अपमान की बात है?''

खेंगार ने पूछा, ''परन्तु हमारी प्रतिज्ञा?''

''मंडलेश्वरजी, राज-कार्यों में मुद्दों की रक्षा की जाती है, केवल प्रतिज्ञा की नहीं। पाटन के स्वातंत्र्य की रक्षा हो, चन्द्रावती और रानी मूर्ख सिद्ध हों, आप लोगों का संकट दूर हो और आप लोगों का अधिकार बढ़ जाय। यह सब अधिक है या क्रोध में की हुई प्रतिज्ञा के शब्द?''

''मामाजी, मेरी प्रतिज्ञा, मेरी टेक?''

मुंजाल ने अभिमान से मस्तक उठाकर कहा, ''भैया, तुम्हारे पिता ने जो भूल की, वह तुम न करना। टेक पहले है, परन्तु किसकी? तुम्हारी अपनी अकेले-की नहीं; तुम्हारे पाटन की। विचार करो कि पाटन की टेक किस बात से रहेगी? पलभर में जीवन-भर की धारणाएँ सिद्ध हो जाएँ उसमें, या एक पल का निश्चय सारी जिंदगी के उद्देश्य को भंग कर दे उसमें? पहले पाटन है, फिर पाटनवासी।''

खेंगार ने कहा, ''मेहताजी, आपकी बात लगती तो ठीक है। परन्तु इसे नगर के समस्त अग्रणी जनों के आगे रखना चाहिए, नहीं तो हम पर व्यर्थ ही दोष आएगा।''

''इसके लिए मैं कब मना करता हूँ? पाटनवासियों की सुबुद्धि पर मुझे विश्वास है। राजनीति में क्रोध रखनेवाले का कभी भला हुआ है? पहले रानी को जीतिए, चन्द्रावती को जीतिए। इससे गुजरात आपका हो जायगा और सारा जगत आपके पैरों में आकर झुक जायगा।''

उदा ने कहा, ''परन्तु मेहताजी, कहीं रानी आकर सबका कचूमर बनाने लग जाएँ, तो? किये अपराधों को वे कभी नहीं भूलतीं।''

''यह मैं जानता हूँ। परन्तु जब त्रिभुवन दंडनायक होगा, वल्लभसेन सेनापति होगा, और यहाँ तुममें से कोई मन्त्री बनेगा तो फिर और क्या करना रह जायगा? परन्तु त्रिभुवन, तुम क्यों नहीं बोलते? तुम्हारा क्या विचार है?''

''मैं क्या बतलाऊँ? मेरी प्रतिज्ञा दृढ़ है। फिर भी आपकी बात सच है, उसमें कोई बाधा नहीं दिखलाई देती। पाटन को जो कुछ करना हो, वह करे।''

''नहीं, इस तरह पिछले पाट पर क्यों बैठते हो?''

''जी नहीं, मैं अपने लिए, पाटन के लाभ पर पानी कहाँ फेर रहा हूँ? उदा सेठ,

जाओ, नगर में ढिंढोरा पिटवा दो। किसी को भी असंतोष का अवसर नहीं मिलना चाहिए।"

वस्तुपाल ने कहा, "बेशक, नहीं मिलना चाहिए। चलिए, अब हम लोग नीचे चलकर बैठें। फिर सबसे बातचीत करके आपको बुला लेंगे।"

"ठीक, मुझे कोई उज्र नहीं है।" कहकर मुंजाल बैठ गया। खेंगार, उदा और वस्तुपाल नीचे चले गये।

बत्तीस लक्षणवालों को होमने का कारण

मामा और भानजे ने एक दूसरे की ओर देखा। त्रिभुवन के नेत्रों में कठोरता आने लगी। उसने दाँत पीसते हुए कहा, "मामाजी, आज मैंने एक बात देखी।"

"क्या?"

"यह कि सब लोग आपसे किस कारण डरते हैं।"

स्नेहपूर्ण स्वर में मुंजाल ने पूछा, "किस कारण?"

"आपकी दृष्टि त्रिकालज्ञ की दृष्टि है; और आपकी जिह्वा पर बृहस्पति विराजमान हैं।"

"भैया, परन्तु तुम तो तनिक भी रीझे नहीं दिखलाई पड़ते।"

"इससे क्या? पाटन के आगे मेरी क्या बिसात है? मामाजी, आपने पाटन को जिला लिया, और भानजे को मार डाला।"

मुंजाल ने चौंककर पूछा, "कैसे?"

"ज्योंही मीनल काकी नगर में आईं कि मैं इस देश को छोड़ दूँगा। मेरा निश्चय आप जानते हैं।"

मुंजाल ने जरा फीके पड़कर कहा, "क्या कह रहे हो? ऐसा भी कहीं निश्चय होता है?"

"आप जो चाहे कहें। जिसे जो कहना हो, कहे। मैं यहाँ से सोमनाथ पाटन जाऊँगा और फिर जहाँ बुद्धि सुझायगी वहाँ। मैं अपने पिता का पुत्र हूँ। मुझे अपना वचन सबसे अधिक प्यारा है।"

"पर भैया, यह तुम क्या कह रहे हो? ऐसे पागलों के से विचार भी कहीं किये जाते हैं? यह युक्ति, यह योजना केवल इसलिए है कि तुम्हारा और पाटन का गौरव बढ़े। तुम मुझसे साफ-साफ क्यों नहीं कहते?" कहकर मुंजाल ने स्नेह से उसके कंधे पर हाथ रख दिया। त्रिभुवन काँप उठा।

"साफ क्या कहूँ? आप तो केवल मंत्री हैं। बहन के लिए, बहनोई के लिए, आपके हृदय में कोई सहानुभुति, कोई संवेदना हो सकती है? उनकी भयंकर मृत्यु का

बदला लेने को आपका हृदय क्यों तड़पने लगा? पर मैं ऐसा नहीं हूँ। इस रानी के कपट से मेरी माता और पिता दोनों के प्राण गये; इसलिए इस जन्म में उसे कैसे क्षमा करूँ? आपकी बातें मैंने सुनीं। वे अब आप सब लोगों को भी सुनाना। लोगों ने ज्यों ही उन्हें स्वीकार किया, त्यों ही मैं जहाँ इच्छा होगी, वहाँ चला जाऊँगा। पाटन के लिए, अधिक-से-अधिक मैं अपने प्राण और अपनी आशाओं की बलि दे दूँगा। बतलाइए, फिर और क्या चाहिए?'' त्रिभुवन ने आवेश से कहा।

''त्रिभुवन, तुम इतने बुद्धिमान होकर भी केवल क्रोध को ही आगे रखोगे? तुम इस समय पट्टनियों के नायक हो, क्या उनकी कीर्ति के लिए इस क्रोध का शमन नहीं कर सकते?''

''जी नहीं, मैं पट्टनी नहीं हूँ, अपने दृढ़ प्रतिज्ञ पिता का पुत्र हूँ। पाटन जिस दिन उनके पक्ष को त्याग देना, उस दिन उससे और मुझसे कोई सम्पर्क, कोई सम्बन्ध नहीं रह जायगा।''

''परन्तु त्रिभुवन, कुछ विचार तो करो। इस उम्र में दंडनायक बनकर तुम क्या-क्या कर सकोगे?''

त्रिभुवन ने अदब के साथ कहा, ''ज्यादा बात करने से क्या फायदा? आप सही और मैं गलत, बस?''

''नहीं, तुम्हारी सम्मति न होगी, तो मैं कुछ नहीं करूँगा।''

''पाटन की सम्मति हो, तो मुझे क्या? मैं अपने आपका मुख्तार हूँ, मेरे लिए अपने माता-पिता सबसे पहले हैं।''

''भैया त्रिभुवन, कुछ तो विचार करो। तुम यह सोचते हो कि हंसा के लिए मुझे प्रेम नहीं था? उसकी मृत्यु के लिए मुझे दुःख नहीं है? त्रिभुवन, इन गयी-बीती बातों को याद करना व्यर्थ है। मैंने अपनी बहन को जीवन-भर बन्दी रहने दिया, सो किसलिए?—केवल पाटन के लिए।''

प्रसन्न अब तक एक भी शब्द बोले बिना सब बातें सुन रही थी। उसने कहा, ''नहीं मेहताजी, मेरी बुआ के लिए।''

''बेटी, तुम क्या जानो? यदि हंसा मंडलेश्वर के साथ रही होती, तो आज गुजरात इतना भी नहीं होता।''

''यह कैसे?''

''तुममें से तो किसी ने हंसा को देखा नहीं है; परन्तु मैंने उसका बाल्य-काल से ही पालन-पोषण किया था। एक समय उसे लाड-प्यार भी दिया था। हमारी भाई-बहन की जोड़ी थी।'' गले में आयी खरखराहट को दूर करते हुए मुंजाल ने कहा, ''वह लता की भाँति मुझसे लिपट जाती, बातों में रसिक, शालीनता की मूर्ति-सी लगती थी, फिर भी मनुष्य के हृदय में शौर्य और उत्साह की अग्नि क्षणमात्र में उत्पन्न कर देती थी। उसके सुन्दर मुख को देखकर लोग अपने-आप में नहीं रहते थे। उसका नाम सुनकर

दुःख को भूल जाते थे। जब वह छोटी थी, तब पाटन के लोग उसके पैर पूजा करते थे। जब वह मन्दिर से लौटती, तो उसके हाथ से प्रसाद लेने और उसकी रसीली जिह्वा से दो शब्द सुनने के लिए तरसते थे।''

मुंजाल का उमड़ता हृदय उसके नेत्रों में दिखलाई पड़ने लगा और उनसे आँसू टपकने लगे। त्रिभुवन और प्रसन्न के नेत्रों से भी आँसुओं की धारा बह चली। उसने आगे कहा, ''तुम्हें खबर है? उसकी ख्याति सुनकर देश-देश के महारथी आया करते थे। उसे देखकर, उसके स्पर्श से पावन होकर, प्रोत्साहित होकर लौट जाते थे। हंसा स्त्री नहीं थी, सरस्वती का अवतार थी। वह मंडलेश्वर के साथ रहती, तो मंडलेश्वर की सत्ता बढ़ जाती, पाटन में विरोध उठ खड़ा होता, और पाटनवासी परस्पर कट मरते।'' कहकर मुंजाल ने आँखें पोंछ लीं।

त्रिभुवन ने कठोरता से पूछा, ''मामाजी, तब ऐसी बहन को मारते हुए भी आपको कुछ नहीं लगा?''

''भैया, युवक समझते हैं, कि बूढ़े गधे होते हैं। क्या तुम्हारे पास हृदय है, और मेरे नहीं? मैं भी उसके लिए दिन-दिनभर रोया हूँ; परन्तु जीवन के आदर्श के आगे और सब कुछ भूल जाने की शिक्षा मैंने पाई थी। मैं हंसा से अकसर मिला करता था। उसने मुझे क्षमा कर दिया था। वह समझती थी।''

प्रसन्न ने कहा, परन्तु यह आप जानते हैं कि बुआजी ने उन्हें किस प्रकार भेजा था? अब उन्हें कैसे क्षमा किया जा सकता है?''

''अधिकार के मद में रानी अन्धी हो गयी थीं। बेटी, जरा विचारो तो, जहाँ पाटन की आन फिरती हो, वहाँ मुंजाल मंत्री को कोई बन्दी कर सकता है? मैं गर्व नहीं करता; परन्तु यदि केवल नष्ट ही करना हो, तो एक क्षण में, एक शब्द में आज सबका सत्यानाश कर छोड़ूँ। सोमनाथ से रेवा-तट तक एक भी मनुष्य ऐसा नहीं है, जो मेरे वचन पर मरने को तैयार न हो जाय। जब मुझे बन्दी किया, तब मैंने समझा कि रानी ने पाटन को बरबाद करना आरम्भ कर दिया है; परन्तु जब मैंने तुम्हारा पराक्रम सुना, तब मेरे निराशपूर्ण हृदय में आशा का संचार हो गया। तभी पाटन के लिए मैं यहाँ आया। त्रिभुवन, इसीलिए कहता हूँ कि जिसके लिए मैंने बहन, बहनोई और अपने आपको मिटा दिया, वह जब आज सरलता से प्राप्त हो रहा है तब क्या तुम इस प्रकार पीछे हटोगे?''

''मेरी प्रतिज्ञा...''

''तुम्हरी प्रतिज्ञा ठीक है, परन्तु अपने कुल की प्रतिज्ञा की भी तुम्हें खबर है? पाटन के लिए सर्वस्व अर्पण करनेवाले तुम्हारे दादा क्षेमराज के आत्म-त्याग का तुम्हें ज्ञान है? अधेड़ उम्र में पाटन का श्रेष्ठ सिंहासन त्याकर वे वानप्रस्थी हो गये, केवल इस पाटन के लिए। बड़े पुत्र होकर देश-प्रेम के कारण छोटे भाई को गद्दी देना, यह तो उन जैसे भीष्म पितामह ही कर सकते थे। तुम्हारे कुल के और हमारे कुल के भाग्य

में तो पाटन का यज्ञ-कुंड भरते रहना ही लिखा है। तुम्हारे दादा गये, पिता गये, माता गयीं, और यह मामा भी जा रहा है। सब पाटन के लिए गये। तुम बत्तीस लक्षणों से युक्त हो; मेरे पुत्र के समान हो, दूर-दूर रहते हुए भी तुम्हें मैंने अपनी आँखों का तारा समझा है। तुम्हें खबर है कि तुम्हें महीने में एक बार देखने के लिए मैं कितना तरसता था?''

त्रिभुवन और प्रसन्न, दोनों चौंक पड़े।

जरा हँसकर फिर उसने कहा, ''तुम समझते थे कि तुम जो प्रतिमास मिला करते हो, इसे कौन देखता होगा! परन्तु मुंजाल मंत्री ऐसा अन्धा नहीं था। प्रत्येक सुदी पंचमी या छठ को तुम मिला करते थे और तुमको देखने के लिए मैं चुपचाप खड़ा रहता था। वही मुंजाल मैं आज तुमसे कहता हूँ कि तुम अपने हठ को छोड़ दो। कुल-धर्म के आगे वचन की क्या बिसात है?''

त्रिभुवन ने निराशा से कहा, ''मामाजी, अब अधिक मत कहो, नहीं तो मेरी प्रतिज्ञा भंग हो जायगी।''

प्रसन्न ने कहा, ''परन्तु मेहताजी, यह कैसे समझ लिया कि बुआजी, अब सीधी राह चलेंगी। उनका स्वभाव तो कुत्ते की पूँछ जैसा है।''

''नहीं प्रसन्न, यह भी भगवान की दया है। मैं कल ही मिला था। रानी का भी पुनरुद्धार हो गया है। तुम्हें खबर है, कल सन्ध्या समय आनन्द सूरि वल्लभसेन के पास से भागकर कुछ सेना के साथ रानी से मिला था?''

त्रिभुवन ने कहा, ''ऐं!''

''हाँ, और उसने पाटन पर घेरा डालने के लिए कहकर रानी से पूछा कि उनकी क्या राय है? रानी ने बिलकुल अस्वीकार कर दिया और कहा कि पाटन मेरी बात मान लेगा, तो ठीक है, नहीं तो मैं सती हो जाऊँगी।''

त्रिभुवन ने कहा, ''यह बुद्धि बहुत देर से आयी?''

''हाँ, परन्तु न आयी होती, तो इस समय पाटन की सीमा पर पाटनवासियों का रक्त बहता। जो कुछ होता है, वह भले के लिए ही होता है।''

''ठीक है, तो भले ही पाटन मेरा भी बलिदान ले ले। पाटनवासियों को स्वीकार हो, तो मैं कुछ न बोलूँगा। बस? मैं अपने...''

''अब अपने-वपने कुछ नहीं। पाटन के सच्चे राजा अब तुम्हीं हो। अब तुम्हें उसकी आन सब ओर फेरनी है।''

''यह बात अलग है। आप सब तो हैं। देश-प्रेम से मैं अपनी हठ छोड़ता हूँ, पर क्या और भी कुछ करने को बद्ध हूँ?''

''वह पीछे देखूँगा। बेटा, न जाने कितने बत्तीस लक्षणोंवाले पुरुष और पद्मिनियाँ होमी जाती हैं, तब कहीं बड़े-बड़े राज्यों की महत्ता की रक्षा होती है।''

"अच्छी बात है। मैं होमे जाने के लिए तैयार हूँ।" कहकर त्रिभुवन ने मस्तक झुका दिया।

कुछ देर में उदा बुलाने को आ पहुँचा। अतएव मुंजाल और त्रिभुवन नीचे चले गये। थोड़े-बहुत मन्थन के बाद सब लोग निश्चय पर आ गये। पहले चन्द्रावती की सेना को तुरन्त ही विदा कर दिया जाय, और इसके पश्चात् कल सन्ध्या-समय रानी, कुमार और केवल यहाँ के सामन्त ही पाटन आएँ। इससे पहले मंत्री मुंजाल आ जाएँ और रानी की आज्ञा से भिन्न-भिन्न पदवियाँ देने का आदेश लेकर कल लौट आएँ। बहुत-सा वाद-विवाद होकर यह निश्चय हुआ कि त्रिभुवनपाल दंडनायक और पाटन का दुर्गपाल, वल्लभसेन सेनापति और उदा तथा सेठ शान्तिचन्द्र मंत्री बनाये जायँ।

सन्ध्या समय मुंजाल मेहता यह सब समाचार लेकर रानी के पास लौट गये।

उदा मारवाड़ी—अब उदा मेहता जोर से दुपट्टे की धड़ी करने लगा। स्वार्थ और सहज बुद्धि के परिणाम-स्वरूप उसे अकल्पित फल मिल गया था।

फिर पाटन में

जब मुंजाल लौटकर आया, तब रानी का हृदय बहुत ही डावाँडोल हो रहा था। सारी जिन्दगी जिस गर्व को धारण किया उसे गले के नीचे उतारना सहज नहीं मालूम हुआ। और, यद्यपि लौटी हुई निर्मलता का साम्राज्य स्थापित हो गया था, फिर भी इस तरह नाक नीची करके पाटन जाना उसे बड़ा कठिन मालूम हुआ। मुंजाल सन्ध्या समय पहुँचा और उसने तुरन्त रानी के पास जाकर पाटन का सन्देश कह सुनाया।

रानी ने अरुचिकर मन से उसे सुना, "फिर और कुछ!"

मुंजाल ने कहा, "और कुछ नहीं। मैं कल सवेरे उत्तर लेकर वापस जाऊँगा। आपको जाना हो, तो कल सन्ध्या समय दरवाजे खुलेंगे; परन्तु उससे पहले यह सेना यहाँ से चली जानी चाहिए।"

प्रणाम करके मुंजाल ने रानी से विदा ली। उसका व्यवहार स्वस्थ, विनयुक्त; पर बड़ा ठंडा था। मीनलदेवी को वह अखरा तो बहुत; परन्तु किया क्या जाय? पहले का हृदय लौट आने पर, वह फिर मंत्री के प्रताप से दबने लगी थी! यह दबना उसे सुखमय प्रतीत होता था; फिर भी इससे उसके अभिमान पर गहरा घाव लगता था। उसने विजयपाल को बुलाया। विजयपाल आतुरता से आया और पाटन से आये सन्देश को सुनकर प्रसन्न हो गया।

"विजयपालजी, चन्द्रावती ने मुझ पर बड़ा अनुग्रह किया है। इसे मैं कभी न

भूलूँगी। फिर भी आप सब कुछ जानते हैं, और इस समय की सहायता के लिए मैं जो कुछ दूँ, वह कम है।''

''महारानीजी, आप पर भगवान महावीर की कृपा है। यह सब झगड़ा टल गया, यह बहुत अच्छा हुआ। नहीं तो इसका परिणाम मुझे अच्छा नहीं दिखलाई पड़ता था।''

रानी ने कुछ हँसते हुए कहा, ''आपके आनन्द सूरि इस प्रकार नहीं मानते।''

''यह बात सच है। परन्तु, अब उसका पक्ष निर्बल हुए बिना न रहेगा। मैंने आज ही सुना कि चन्द्रावती का संघ उसे पद-भ्रष्ट करना चाहता है। उसके लिए अब वहाँ स्थान नहीं रह गया है।''

''वह है बड़ा चतुर। जरा बुलाओ तो उसे। वह मान जाय तो उसे मोंढेरा या कर्णावती भेज दूँ। वहाँ उसकी प्रतिष्ठा बनी रहेगी।''

''परन्तु महारानीजी, वह शायद ही माने। चाहे तो देख लीजिए। समरसेन, जरा यतिजी को बुलाओ। मुझे तो ऐसा लगता है कि उसका मस्तिष्क विकृत हो गया है। कुछ नायकों को वह उत्तेजित कर रहा था कि चलो हम पाटन पर चढ़ाई करें।''

रानी हँस पड़ी। उसने पाटन के प्रभाव का स्वाद सचमुच चख लिया था।

कुछ देर में आनन्द सूरि आ पहुँचा। उसका मुख तिरस्कार से ऐंठ रहा था। वह रानी की ओर इस प्रकार देखने लगा, जैसे सृष्टि का सम्राट हो।

''यतिजी, मैं तो पाटन जा रही हूँ, और विजयपालजी अपनी सेना को वापस ले जा रहे हैं। अब आप क्या करना चाहते हैं?''

''मीनलदेवी, महावीर की कृपा से, आपको अनन्त काल के लिए नाम अमर करने का मौका मिला, और अन्त में आप भी ऐसी सिद्ध हुईं, यह खेद की बात है।''

''मैंने आपको इसलिए नहीं बुलाया है।'' उसे ऐसे चतुर मनुष्य की ऐसी बेढंगी एकाग्रता देखकर दया आयी। यति की धुन देखकर रानी ने हँसते हुए कहा, ''परन्तु, यदि आप शान्ति से जीवन व्यतीत करना चाहते हों, तो मोंढेरा में मेरा उपाश्रय है, वहाँ प्रबन्ध कर दूँ, वहाँ आपको पूरा-पूरा सम्मान मिलेगा।''

''मुझे सम्मान! रानी, आनन्द सूरि सम्मान का भूखा नहीं है।''

''तो और क्या चाहिए?''

''केवल अर्हन्तों की वाणी ही मेरे लिए सब कुछ है। तुम्हारे क्षणभंगुर मान और श्रेष्ठता का मेरी नजर में कोई मूल्य नहीं है।''

''परन्तु मैंने सुना है कि चन्द्रावती का संघ आपको अलग कर रहा है।''

खिलखिलाकर हँसते हुए यति बोला, ''हा-हा-हा! बेचारे क्षुल्लक जन्तु! रानी, अपने जीवन के उद्देश्य के आगे मुझे किसी की परवा नहीं है। उसी के लिए मैं तुम सब लोगों की खुशामद करने निकला था। अब मैंने देखा कि सभी निःसत्व हैं। भगवान महावीर के मंत्र को मूर्तिमान करने का किसी में साहस नहीं है। मैं ऐसे जन्तुओं के साथ कैसे मिल सकता हूँ?''

"तो अब क्या करोगे?"

"तुम्हारे इन छोटे-छोटे खिलवाड़ों से क्या मेरी मान्यता चली गयी? फिर से अवसर आने तक मैं प्रतीक्षा करूँगा। अपने सिद्धान्तों में मुझे श्रद्धा है। और एक दिन, धर्म की विजय-ध्वजा फहराते चक्रवर्ती की बगल में आप मुझे देखेंगी।"

"यतिजी, महारानीजी सच्ची सलाह दे रही हैं। पाटन की रानी बनकर जो-जो कार्य वे करें, उनमें योग देने से ही राज्य का गौरव बढ़ेगा।"

यति ने तुच्छता से कहा, "विजयपाल, तुम तो बालक हो। तुम क्या समझो? जाओ, राज्य का गौरव बढ़ाओ और अपने भ्रम के अन्धकार में चक्कर काटते रहो। अन्त में मेरे ही सिद्धान्तों की विजय होगी। नहीं तो, विधर्मी यवन आगे बढ़ रहे हैं। भारतवर्ष की पतितपाविनी भूमि उनके पैरों से कुचली जा रही है। पानीपत की, सिन्धु देश की भूमि हाथ से निकल गयी है; और अब तुम्हारी भी निकल जायगी। धर्म से रहित साम्राज्य की स्थापना करोगे, तो अन्त में तुम्हारे मुंजालों का परिश्रम मिट्टी में मिल जायगा। तुम्हारे बाल-बच्चे गजनी के बाजारों में बिकेंगे। तुम सब मुझे मूर्ख समझते हो; परन्तु एक दिन धूल फाँकते हुए मेरी बुद्धिमत्ता को स्वीकार करोगे। मुझे तुम्हारे सम्मान या राज्य की परवा नहीं है। अन्धों और बुद्धि-हीनों के साथ मेरा सम्बन्ध अब समाप्त हो गया।" यह कहकर वह इस प्रकार खड़ा हो गया, जैसे भविष्यवेत्ता की दिव्य दृष्टि से भविष्यत का संकट देख रहा हो। रानी और विजयपाल काँप उठे। दूसरे ही क्षण, आनन्द सूरि वहाँ से रानी की ओर एक तिरस्कारपूर्ण दृष्टि डालकर चला गया।

न जाने कब तक रानी और विजयपाल घबराए-से एक दूसरे की ओर देखते रहे। उन्हें ऐसा प्रतीत हुआ, जैसे वह भविष्यवाणी इसी समय सत्य हो रही हो। कुछ देर में दोनों स्वस्थ हो पाये।

"विजयपालजी, यह बेचारा बिलकुल बहक गया है। खैर, तुम्हें और कुछ कहना है? मैंने एक विचार किया है, तुम्हें कोई आपत्ति न हो, तो कहूँ।"

"क्या?"

"यदि पाटन की सत्ता मेरे हाथ में आयी, तो तुम्हें पाटन का सामन्त बनाऊँगी और पाटन बुलाऊँगी।"

"महारानीजी, आप मुझे क्षमा करें। पाटन को मैं भी अपने माथे का मुकुट समझता हूँ; परन्तु अपनी चन्द्रावती के बाद। सामन्त बनने को तो ऱाजी हूँ; परन्तु पाटन में न आऊँगा।"

"अच्छा, देखा जायगा।" कहकर रानी ने बात को छोड़ दिया।

विजयपाल वहाँ से गया और उसने सेना को कूच करने का आदेश दे दिया। सेना में बड़ा असन्तोष फैला। कई लोगों ने रानी की कृतघ्नता पर धिक्कारा। विवश होकर

जैन धर्म की विजय के स्वप्न त्यागकर सेना वहाँ से प्रातःकाल ही रवाना हो गयी। केवल विजयपाल रानी के साथ रह गया।

सन्ध्या-समय, विजयपाल के दिये हुए हाथी पर कुमार जयदेव के साथ बैठकर, रानी पाटन की ओर चली। मुरारपाल, विश्वपाल, विजयपाल तथा विनयचन्द्र आदि घोड़ों पर बैठे कोई पन्द्रह आदमी साथ थे। पाटन को देखकर व्याकुलता से और आशाओं के निष्फल हो जाने से रानी की आँखों में आँसू आ गये। तुरन्त उसे मुंजाल याद आया। उसके सारे जीवन का, उसके प्रयत्नों का और आत्म-त्यागों का स्मरण हो आया। उसकी दृष्टि के आगे, हताश, स्त्री को मारकर, बहन को तड़पाकर, बहनोई का वध कराके, केवल उसके और पाटन के अधिकार के लिए संन्यासी बन जाने वाला मंत्री आ खड़ा हुआ। उसकी इस समय क्या दशा होगी? उसके आगे दुःखों की क्या गणना हो सकती है? रानी को हंसा याद आयी, उसकी रम्य मूर्ति भी उसके नेत्रों के आगे आ गयी। अपने लिए, पाटन की सत्ता के लिए, उसको दिये हुए दुःख तथा उसकी अकाल-मृत्यु भी याद आयी। हौदे पर बैठे-बैठे रानी के नेत्रों से आँसुओं की धाराएँ बहने लगीं। उसने गयी-बीती भूल जाने का प्रयत्न किया। उसे फिर से गुजरात की महारानी बनने का अवसर मिला था। सारा नगर यदि क्रोधित हो तो उसे प्रसन्न करने के लिए अहोरात्रि प्रयत्न करने और मुंजाल जैसे कूटनीतिज्ञ की सलाह के बिना एक पग भी आगे न बढ़ने का उसने निश्चय कर लिया। उसे त्रिभुवनपाल याद आया। मुंजाल जैसी उसकी मुखाकृति भी उसे याद आयी। एक अजीब तरह से हंसा के इस पुत्र की ओर उसे प्रेम हो आया। से सब अब उससे मिलेंगे, उसके हो जायँगे। नहीं, वह स्वयं सबकी हो जायगी। पाटन ने उसे अपनी दासी बना लिया था। मुंजाल, त्रिभुवन आदि सब पाटन के देवता थे। सिर्फ अपनी पुजारिन की भाँति ही वह उसे स्वीकार करता था।

मोंढेरी दरवाजे पर मंडलेश्वर खेंगार, सेठ शान्तिचन्द्र, उदा और वस्तुपाल कुछ सैनिकों को साथ लिये प्रतीक्षा कर रहे थे। उनके व्यवहार में माया दिखलाई पड़ रही थी, साथ ही कुछ कृपादृष्टि थी। रानी ने बड़े प्रयत्न से अपने क्रोध को दबाया। पति के शोक को त्यागकर नगर से बाहर गयी हुई रानी का कौन सम्मान करता? उनके सम्मान में उमंग नहीं थी। जब रानी ने मुंजाल और त्रिभुवन दो में से एक को भी वहाँ नहीं देखा, तो हृदय खिन्न हो गया। होंठ पर होंठ दबाकर उसने अपने को शान्त बनाये रखा।

नगर में श्मशान की भाँति शून्यता दिखलाई पड़ रही थी। कोई भी व्यक्ति बाहर नहीं निकला था। कोई भी खिड़की में नहीं बैठा था। सन्ध्या हो गयी थी, अँधेरा होने लगा था; अतएव रानी को ऐसा प्रतीत हुआ, जैसे वह चोरी से छुपकर नगर में प्रवेश कर रही हो।

'क्या यह वही राजमहल है?' रानी को उसमें बड़ा परिवर्तन दिखलाई पड़ा।

देखते-देखते यह राजमहल उसका मिटकर त्रिभुवनपाल का हो गया था। यदि कहीं त्रिभुवनपाल गद्दी पर बैठ गया होता तो? रानी काँप गयी। हाथी अन्दर पहुँचा, रानी उतर पड़ी, यद्यपि वहाँ पर कल्याण नायक वहीं था, पर ऐसा दिखलाई पड़ा जैसे वह तिरस्कार-भाव से देख रहा हो। सेठ शान्तिचन्द्र के हास्य में भी पहले का-सा भाव नहीं दिखलाई पड़ा। रानी तेजी से ऊपर चली गयी। लीलाधर वैद्य मिले। ऐसा प्रतीत हुआ, जैसे वे चुपचाप उलाहना दे रहे हैं। पं. वाचस्पति, खड़ाऊँ पहनकर, भस्म लगाये पूजा करके आ रहे थे, उन्होंने नमस्कार किया। रानी को उनकी खड़ाऊँ की आवाज में उनके मत की विजय-ध्वनि मालूम हुई। राजवंश की सभी स्त्रियाँ उससे मिलीं। उनकी चापलूसी देखकर रानी को तिरस्कार हो गया। रानी जल्दी ही अपने कमरे में चली गयी। कुछ देर में सब लोग चले गये और रात हो गयी।

"बाहर कोई है?" रानी ने इस प्रकार पुकारा, जैसे कोई दासी भय से पुकार रही हो।

"जी माताजी, हाजिर हूँ।" कहकर सदा का सेवक समरसेन उपस्थित हो गया।

"समर, पता तो लगाओ, त्रिभुवनपाल कहाँ हैं, मुंजाल मेहता कहाँ हैं, प्रसन्न कहाँ है, ये सब दिखते क्यों नहीं?"

"जी, पता लगाकर अभी बताता हूँ!" कहकर समर चला गया।

कुमार जयदेव थका हुआ आया था, इतने में रानी ने उसके सोने की व्यवस्था कर दी। नौकर-चाकर और दासियाँ चुपचाप आते-जाते और काम करते दिखते थे। अपने मौन से जैसे वे रानी को दाग रहे हों। धीरे-धीरे रानी के हृदय की व्याकुलता, रुद्धता बढ़ने लगी। इस तरह कोई एक घड़ी बीत गयी, परन्तु समर लौटकर नहीं आया।

रानी ने कुछ भोजन किया और हारी-थकी सोने का विचार करने लगी। बहुत रात बीत गयी थी, "समर अभी तक क्यों नहीं आया? क्या वह भी बेवफा हो गया?"

इसी समय समर का स्वर सुनाई पड़ा, "माताजी, क्षमा करें, मैं मुंजाल मेहता के यहाँ गया था। वे आने के लिए इनकार करते हैं। उन्होंने आप से कहा है..."

"क्या?"

"कि मुंजाल ने अन्तिम परमार्थ साध लिया और अब वह कल सवेरे स्वार्थसाधन के लिए जाएँगे।"

रानी ने घबराकर पूछा, "कहाँ?"

"आबूजी जाने की तैयारी कर रहे हैं।"

"परन्तु वे हैं कहाँ?"

"यहाँ नहीं हैं, वे तो अपने नगरसेठ के मुहल्ले में हैं।"

रानी को धक्का-सा लगा, "सचमुच!" न जाने कितने वर्षों में मुंजाल राजमहल में रहना छोड़कर अपने घर गया है! "तूने कैसे जाना कि आबूजी जा रहे हैं?"

बूढ़े ने माथा हिलाकर कहा, "मैंने उनके सेवकों से पूछा है। अब मेहताजी न मानेंगे।"

"नहीं मानेंगे? मुंजाल के बिना मैं क्या करूँगी?" उछलते हृदय की लहर को बाहर निकालती हुई रानी कह गयी। वह भूल गयी कि सामने सेवक खड़ा है। समर यह उद्गार सुनकर चकित हो गया। "समर, तू वफादार है, मेरे साथ चलेगा?" रानी ने एकदम निश्चय करके पूछा।

"कहाँ?"

"जहाँ मैं चलूँ वहाँ?"

"जी, सेवक तैयार है।"

रानी तुरन्त अन्दर गयी, साड़ी बदली, शाल से सारे शरीर को ढक लिया और बाहर निकल पड़ी, "चल मेरे साथ।"

स्वामिभक्त सेवक चुपचाप पीछे-पीछे चलने लगा। रानी राजप्रासाद को छोड़कर पिछली खिड़की से चुपचाप चल दी।

विजयिनी प्रसन्नमुखी

अब जरा यह देखें कि उस दिन दोपहर को क्या हुआ। त्रिभुवन के सन्देश के अनुसार वल्लभसेन पाटन आ पहुँचा। त्रिभुवन ने उसे सारी बातें कह सुनाईं। पर वे उसके गले नहीं उतरीं। तथापि, देवप्रसाद के पुत्र की वचन-रक्षा और हित साधना के लिए वह तैयार था। उसने पाटन में रहना स्वीकार कर लिया। वह देवप्रसाद के महल में जा ठहरा।

जब से नगर के अगुओं ने रानी को लौट आने देने के लिए विचार प्रदर्शित किये थे, तब से त्रिभुवनपाल का चित्त हिंडोले पर चढ़ा-सा मालूम होता था। प्रातःकाल सबसे मिलने और राज्य की तरह-तरह की व्यवस्था में वह व्यस्त रहा; अतएव प्रसन्न उससे भेंट न कर सकी। परन्तु उसे ऐसा प्रतीत हुआ कि त्रिभुवनपाल मन ही मन कोई तजवीज गढ़ रहा है। दोपहर को जब वह वल्लभ के साथ बातों में लगा था, तब भी उसे कोई अवसर नहीं मिला। आखिर वह दोपहर बाद मिल सकी।

"त्रिभुवन, अब क्या करना है?"

"किसका? क्या?"

"अपना! कल से हमारा मिलना भी कठिन हो जायगा।"

उत्तर में त्रिभुवन ने एक विचित्र प्रकार से प्रसन्न की ओर देखा, "अभी मीनल काकी को आने तो दो।"

"आने में अब कोई सन्देह है? त्रिभुवन, इस प्रकार बात को क्यों उड़ा रहे हो?"

"नहीं, नहीं। हम लोग फिर बातचीत करेंगे।" कहकर उसने इस प्रकार प्रसन्न के कन्धे पर हाथ रख दिया, जैसे स्नेह बिना जाने फूट पड़ा हो। प्रसन्न ने उसका हाथ पकड़ लिया, कुछ दबाया और छोड़ दिया। त्रिभुवन के नेत्रों में प्रेमज्योति प्रदीप्त हो उठी और क्षण-भर में फिर बुझ गयी।

"बुआजी अभी आएँगी। उनसे मिलने नहीं जाना है?"

"मैं किसलिए मिलने जाऊँगा? मेरा कार्य समाप्त हो गया। अच्छा, फिर बात करेंगे।" त्रिभुवन ने यह इस प्रकार कहा, जैसे बात को यहीं समाप्त कर देना चाहता हो।

"तुम कहाँ जा रहे हो?"

"अपने महल में, वल्लभ भी वहीं गया है। अच्छा, तो जाता हूँ।" कहकर वह वहाँ से चल दिया। उसके जाते ही प्रसन्न को कुछ धक्का-सा लगा। उसकी बातों में, और जब कंधे पर हाथ रखा, तब भिन्न ही प्रकार के दिखे हुए उसके स्नेह में, उसे कुछ अपरिचित मर्म दिखाई दिया। उसे कल की बात का स्मरण हो आया। त्रिभुवन ने मुंजाल की बात को भली भाँति स्वीकार नहीं किया था। क्या वह पाटन को छोड़कर कहीं अन्यत्र चले जाने के विचार में है? वह दौड़कर तुरन्त खिड़की के समीप गयी और नौकर को पुकारने लगी, "बलदेव! ओ बलदेव! देख तो, मंडलेश्वर महाराज चले गये? कह दे कि जरा ठहरें, मैं आती हूँ।" कहकर दौड़ती हुई वह नीचे उतरी, बाहर के चौक में पहुँची और उसने पुकारकर पूछा, "बलदेव, महाराज कहाँ हैं?"

"महाराज उस ओर खड़े हैं?"

प्रसन्न शीघ्रता से दौड़कर पहुँची। उसे देखकर त्रिभुवनपाल ने जरा क्रोधित होकर पूछा, "क्यों, क्या काम आ पड़ा?"

प्रसन्न उसके घोड़े से सटकर खड़ी हो गयी। "त्रिभुवन, मुझे भी तुम्हारे घर चलना है।"

"इस समय यह नहीं हो सकता। मुझे अभी जाने दे, काम है।"

"मुझे ले चलो। ऐसा क्या काम है? त्रिभुवन, तुम मुझसे कुछ छिपा रहे हो।"

त्रिभुवन ने घोड़े पर बैठे-बैठे प्रसन्न की ओर देखा। उसके सौन्दर्य, विनीत भाव से देख रहे उसके नेत्रों तथा उसकी वफादारी को देखकर वह पिघल गया। "प्रसन्न, मुझे अपने वचन का पालन करना है। मीनलदेवी के पाटन में आने से पूर्व ही मैं यहाँ से चला जाऊँगा।"

"कहाँ जाओगे?"

"जहाँ इच्छा होगी। देहस्थली जाऊँगा तो उपद्रव खड़ा हो जायगा। भले ही पाटन की सत्ता बढ़ जाय, मैं अपनी प्रतीज्ञा का पालन करूँगा और स्वयं ही देश-निकाला ले लूँगा।"

"तब, मुझे भी साथ ले चलो। मैं यहाँ क्या करूँगी?" कहते-कहते प्रसन्न के नेत्रों में आँसू आ गये। प्रसन्न को पाटन छोड़ना पसन्द नहीं था, तथापि वह त्रिभुवन के अधीन हो गयी।

त्रिभुवन ने एक शब्द भी न कहा; परन्तु लगाम थामे हुए प्रसन्न के हाथ को दबा दिया, क्षण-भर विचार किया और फिर कहा, "प्रसन्न बहुत सहन करना पड़ेगा भला!"

"चिन्ता नहीं।"

त्रिभुवन ने हाथ बढा दिया; अतएव प्रसन्न तुरन्त उछलकर उसके पीछे घोड़े पर बैठे गयी। त्रिभुवन ने घोड़े को दौड़ा दिया।

थोड़े दिनों के अनुभव से ही राजमहल के लोग त्रिभुवन और प्रसन्न को अपना स्वामी समझने लगे थे। अतएव, वे जो कुछ करते उसे वे लोग चुपचाप स-सम्मान देखते रहते। परन्तु जब दूर एक द्वार में से वाचस्पति ने देखा कि दोनों इस समय, इस प्रकार उतावली से चले जा रहे हैं तब उसे कुछ विचित्र-सा लगा। वाचस्पति स्नान करके सन्ध्या करने की तैयारी में थे; अतएव सूझा नहीं कि क्या करें; परन्तु उन्होंने एक सेवक को भेजकर उदा को बुलवा लिया और उससे सब कह दिया। उदा मेहता तैयार होकर मोंढेरी दरवाजे पर रानी की अगवानी के लिए जाने को तैयार थे कि इतने में यह सुनकर उनकी आँखें खुली रह गयीं।

"पंडितजी, बात बिगड़ गयी, त्रिभुवनपाल चले जायँगे।"

"ऐं! परन्तु अब किया क्या जाय? और उनको जाने भी कैसे दिया जा सकता है?"

"महाराज, त्रिभुवनपाल मानेंगे नहीं, वे अपने पिता के पुत्र हैं।"

"अरे कुछ करो तो सही। मुंजाल मेहता से तो जाकर कहो।"

"हाँ, हाँ, यह ठीक है।" कहकर उदा उठ खड़ा हुआ। वह सर्वदा एक अवसर से दो लाभ उठाने का प्रयत्न किया करता था। अभी तक मुंजाल से उसका बहुत अल्प परिचय था और उसके प्रभाव से वह दबता भी था। उदा की धारणा थी कि प्रत्येक अवसर उसके साथ के ही लिये है; अतएव इस अवसर पर भी उसे लाभ दिखलाई पड़ा।

वह पहले खेंगार के पास गया। "महाराज! मुझे एक आवश्यक कार्य है, मैं अभी क्षण-भर में दरवाजे पर आ पहुँचता हूँ।" कहकर वहाँ से रवाना हुआ और हाँफते-हाँफते नगरसेठ के मुहल्ले में मुंजाल से समाचार कहने को जा पहुँचा।

उधर त्रिभुवन और प्रसन्न चुपचाप अपने महल में जा पहुँचे।

"प्रसन्न, बताओ, तुम अभी मेरे साथ चलोगी, या मैं फिर आकर तुम्हें ले जाऊँ?" शीघ्रता करो। देखो, अभी सन्ध्या हो जायगी।"

"नहीं, नहीं, चलूँगी तो साथ ही चलूँगी। परन्तु कहाँ जाने का विचार किया है?"

"यहाँ से पहले प्रभास चलेंगे। तुझे मर्द का वेष ठीक लगेगा? उस वेष में मार्ग में अधिक सुविधा रहेगी।"

"हाँ, हाँ।" ऐसे विकट प्रसंग प्रसन्न को बहुत रुचते थे। "तुम घोड़े तैयार कराओ, और मेरे लिए कपड़े कहाँ हैं यह बतलाओ, मैं पहन लूँ।"

त्रिभुवन ने प्रसन्न को कपड़े ला दिये और वह दूसरा घोड़ा तैयार करने का आदेश देने चला गया।

प्रसन्न का हृदय आनन्दित हो रहा था। यद्यपि उसमें कुछ चुनचुनाहट थी। वह सब विचार त्यागकर वस्त्र बदलने लगी। पुरुष के वस्त्र पहनते हुए उसे बड़ा आनन्द आया। अपने रमणीय, छटादार अंगों को पाजामे और मिरजई जैसे अपरिचित वस्त्रों से ढकते हुए उसे न जाने क्या-क्या विचार आये। अन्त में उसने वस्त्रों को पहन लिया और शीशे के सामने जा खड़ी हुई। पलभर अपना मुख देखकर वह पागल हो उठी। त्रिभुवन के साथ जाने की आशा ने उसका मन प्रफुल्लित कर दिया था। वह नीचे और नीचे झुक-झुककर शीशे में देखती रही। मिरजई की तनी पुरुष की भाँति बाँधने का प्रयत्न करने लगी।

उसने अपने बालों को ऊपर किया और साफा बाँधने का विचार किया, फिर अपने आपको सम्बोधित करते हुए बोल उठी, "वाहजी मेरे प्रसन्नपाल!"

उमंग से उसका हृदय उछल पड़ा। नीचे झुककर उसने सामने दिखते हुए 'प्रसन्नपाल' के मुख से मुख लगा दिया, और चुम्बन कर लिया!

पीछे से किसी ने द्वार खोला। प्रसन्न ने विचार किया कि त्रिभुवन लौटकर आया होगा। "क्यों, सब ठीक कर आये?" परन्तु इन शब्दों का भली भाँति उच्चारण करने से पहले शीशे में किसी और का ही मुख दिखलाई पड़ा। वह चौंक कर घूम पड़ी। दरवाजे पर मुंजाल मेहता उलझन में पड़े हुए खड़े थे। उदा ने अपना काम साध लिया था। प्रसन्न उन्हें देखकर लजा गयी। उसके मुख पर लज्जा की रेखाएँ खिंच गयीं और वह नीचे देखने लगी। उसे सूझ ही न पड़ा कि वह साड़ी पहन ले या क्या करे। घबड़ाती, लजाती, धरती माता से रास्ता माँगती हुई वह खड़ी की खड़ी रह गयी।

मुंजाल ने उसे प्रकृतिस्थ होने का अवसर देकर पूछा, "प्रसन्न, त्रिभुवन कहाँ है?" पाटन छोड़ने की तैयारी हो रही है क्या?"

कंठ सूख जाने से भर्राई हुई आवाज में प्रसन्न ने कहा, "हाँ।"

बड़े दयाजनक स्वर में मुंजाल ने कहा, "प्रसन्न, क्या तुम भी पगली हो गयी हो? त्रिभुवन प्रतिज्ञा की धुन में मूर्खता कर रहा है और तुम उसका साथ दे रही हो? वह कहाँ है?"

"घोड़े लाने गये हैं।"

धीमे स्वर में शीघ्रता से मुंजाल ने कहा, "प्रसन्न, अभी समय है। वह जाकर क्या करेगा? इस प्रकार अपना हक छोड़कर परदेश में रहेगा? पाटन में सत्ता है, यश है,

विजय है, इन सबको त्यागकर एक जिद के लिए तुम अपने जीवन को पानी के मूल्य बेच दोगे?''

बड़ी मुश्किल से लज्जा छोड़कर प्रसन्न ने कहा, ''मेहताजी, मैं क्या करूँ? मैं तो जो वे कहें, वह करने को तैयार हूँ।''

''तुम क्या करो? प्रसन्न, तुम्हीं कुछ कर सकती हो। तुम्हारे ही कहने से वह मानेगा। कुछ प्रयास तो कर देखो। मुझे देखकर तो भड़क उठेगा।''

''मेरी बात शायद ही मानें।''

''प्रसन्न, मैं तुम्हें पहचानता हूँ। तुम एक बार प्रयत्न तो करो। इस अमरावती का दंडनायक बनने, सोलंकियों की गद्दी का संरक्षक बनकर रहने, ताम्रचूड़ के विजयध्वज को अवन्ती में फहराने, आदि कार्यों के लिए तो देवता भी स्वर्ग छोड़कर यहाँ आ सकते हैं। प्रसन्न, तुम दोनों अमर होने के लिए पैदा हुए हो। पर इस प्रकार तो यह सब खो बैठोगे। तुम्हारे जैसी पद्‌मिनी क्या नहीं कर सकती?''

मंत्री के शब्दों में जादू था। उसकी धीमी, परन्तु जोशीली आवाज, चमकती आँखें, और पानीदार भाषा ने प्रसन्न के हृदय के विचारों को सजीव कर दिया। वह पहले से ही जाने के विरुद्ध थी। ''मेहताजी, आप यहीं रहें। मुझसे जो बन सकेगा, करूँगी। परन्तु न मानें, तो?''

''प्रसन्न, इस समय चाहे ब्रह्मांड ही टूट पड़े, पर त्रिभुवन न जाने पाए। मैं अपना और अपने बहनोई के वंश का नाश अपने रहते न होने दूँगा। तुम्हारी बात न मानेगा, तो मैं आऊँगा और जबरदस्ती करूँगा। क्या तुम नहीं जानतीं कि मेरा वचन टालना कितना भारी होता है? मैं इस पास के कमरे में ही खड़ा हूँ। मैं यहीं रहूँगा, तो तुम लजाओगी।'' प्रसन्न नीचे देखने लगी। ''समझाओ, समझाओ। तुम्हारी जिह्वा पर सरस्वती उतर आएगी। तुम्हारे जैसी भनेज बहू का पाटन छोड़ना कैसे सहन हो सकता है?'' मुंजाल हँस पड़ा। उसके हास्य में कुछ खेद था, पर दुर्जय माधुर्य भी था। प्रसन्न वश हो गयी। मुंजाल बगल के कमरे में चला गया।

प्रसन्न विचार में पड़ गयी कि अब क्या करना चाहिए? मुंजाल के शब्दों से फिर पुराना विचार ताजा हो आया, ''पाटन को छोड़कर किसलिए निर्वासित हुआ जाए?''

कुछ देर में त्रिभुवन आ गया। ''क्यों, तैयार हो गयी? घोड़ा आ गया है।''

अब क्या कहना चाहिए? धबराते हुए प्रसन्न ने कहा, ''त्रिभुवन, तुम मेरे परमेश्वर हो, मेरी एक बात मनोगे?''

''क्या बात है? इस समय क्या बात करने का अवसर है? रानी अभी नगर में प्रवेश करेगी।''

''करने दो त्रिभुवन, तुम मेरी बात सुनो। हम यहाँ से भागकर न जाएँ, तो क्या काम नहीं चल सकता? प्यारे, यहाँ हमें किसी बात की कमी नहीं है, फिर हम बाहर

क्यों जाएँ?'' प्रसन्न को मुंजाल की अटलता पर विश्वास था; अतएव उसने निश्चित रूप से विचार कर लिया कि वे त्रिभुवन को अवश्य की यहाँ रख लेंगे। परन्तु, इसके पूर्व वह यथासम्भव प्रयत्न करने को तत्पर हो गयी।

एकदम नेत्र विस्फारित करके, पैर पटककर, उग्र रूप धारण करके त्रिभुवन बोला, ''प्रसन्न, इसीलिए तुम मेरे साथ आयी हो? मेरी प्रतिज्ञा भंग करना चाहती हो? मैं निश्चल हूँ; तुम चलोगी या नहीं? न चलना हो तो, तुम यहीं रहो।''

''मैं भी यहीं रहूँगी, और तुम्हें भी रखूँगी। हमें सारा जीवन व्यतीत करना है। मैं दंडनायक की पत्नी बनना चाहती हूँ। तुम यहीं रहो त्रिभुवन!'' कहकर प्रसन्न ने त्रिभुवन का हाथ पकड़ लिया।

''प्रसन्न, तुम्हें यह क्या हो गया? तुम चल रही हो, या नहीं?'' कहकर वह प्रसन्न को द्वार की ओर घसीटने लगा। उसका रक्त खौल उठा था। उसे केवल यही ध्यान था कि प्रत्येक क्षण मीनलदेवी दरवाजे के समीप आ रही है। प्रसन्न ने दोनों हाथों से त्रिभुवन का हाथ पकड़ लिया।

''त्रिभुवन, मुझे कहाँ ले जा रहे हो? मेरे मालिक, तुम ऐसे निष्ठुर, ऐसे क्रूर-हृदय क्यों बने जा रहे हो? अपने पूर्वजों की प्रतिष्ठा के लिए, अपने पाटन के लिए, मेरे लिए, कुछ तो विचार करो। तुम्हारे बिना हम सब मर जाएँगे, झुर-झुर कर, तड़प-तड़प कर। तुम हमें कहाँ छोड़े जा रहे हो?''

भयंकर रूप से हँसकर त्रिभुवन ने कहा, ''अर्थात् तुम नहीं चलोगी? कमीनी! दुष्टा! छोड़ मेरा हाथ।''

''नहीं, नहीं, त्रिभुवन, जरा मेरी बात सुनो।''

''छोड़ दे'' कहकर क्रोधावेश में त्रिभुवन ने अपना हाथ छुड़ाने का प्रयत्न किया। प्रसन्न और जोर से चिपट गयी। त्रिभुवन ने होंठ दबाकर भगीरथ प्रयत्न किया और उसे झिंझोड़ डाला। प्रसन्न छूट पड़ी, धड़ाम से भूमि पर गिर पड़ी, और ''आह त्रिभुवन!'' कहकर अचेत हो गयी।

त्रिभुवन इधर-उधर जरा भी न देखकर दो-चार पैर आगे बढ़ गया। पीछे से एक परिचित, अधिकारपूर्ण स्वर सुनाई पड़ा, ''त्रिभुवन!'' त्रिभुवन एकदम लौट पड़ा और मुंजाल को देखकर चकित हो गया। मुंजाल ने नेत्रों से असह्य तेज की किरणें निकल रही थीं, ''जिस लड़की ने तुम्हें हजार बार बचाया, उसे यह अच्छा पुरस्कार दिया!'' कहकर उसने गौरव के साथ एक हाथ प्रसन्न की ओर किया। गिरते-गिरते एक चौकी से प्रसन्न का सिर टकरा गया था, वह अचेत हो गयी थी, और उसके माथे से रक्त की धारा बह रही थी।

त्रिभुवन ने प्रसन्न की ओर देखा, उसे अचेत और लहूलुहान देखा और अपने जिस हाथ से उसने उसे झिंझोड़ा था, उस हाथ की ओर देखा। निश्चय के कारण जोर से दबे हुए होंठ ढीले पड़ गये, और उसके मुख पर छाई हुई भयंकर कठोरता में

कोमलता आ गयी। वह क्षण-भर अनिश्चित-सा खड़ा रहा। उसे सूझा नहीं कि वह इधर आये, या उधर जाए।

मुंजाल चुपचाप केवल नेत्रों से ही त्रिभुवन को उलहना देता खड़ा रहा।

त्रिभुवन तुरन्त लौटा, उसने द्वार की ओर इस प्रकार दृष्टि डाली, जैसे उसे नमस्कार कर रहा हो और प्रसन्न की ओर दौड़ा, "आह मेरी प्रसन्न!" त्रिभुवन ने उसका लहूलुहान मस्तक अपने हाथों में ले लिया।

"तुम इसे देखो, मैं किसी को लीलाधर वैद्य को बुलाने के लिए भेजता हूँ। माथे से रक्त बहता हुआ रोको, मिरजई निकाल डालो, नहीं तो इसका दम घुट जायगा।" कहकर मुंजाल मेहता बाहर चले गये।

बड़ी देर में, वैद्य के अनेक उपचारों से, प्रसन्न का बहता हुआ रक्त रुका। उसे चेत आया, "त्रिभुवन!"

त्रिभुवन दौड़ पड़ा।

"पाटन में..."

"हाँ, हाँ, पाटन में ही हैं। तुम निश्चिन्त होकर सो रहो। जहाँ तुम हो, वहीं मैं हूँ।"

न जाओ छोड़ मुझको

दो-चार घड़ी के बाद जब मुंजाल वहाँ से निकला, तब उसका मन शान्त था। पाटन के राज-तंत्र को ज्यों-त्यों करके स्थिर रखने का उसने जितना बन सका, उतना प्रयत्न किया था। वह रानी को लौटा लाया था, उसने जनता को समझाया था; उनका दंडनायक जा रहा था, उसे भी रोक लिया था, अपना कौटुम्बिक श्रेय-साधन भी कर लिया था। उसे अपना जीवित रहना सार्थक प्रतीत हुआ और अब जगत के प्रपंचों को त्यागकर चले जाने में उसे कोई बाधा नहीं दिखी। वह धीरे-धीरे पैदल चलकर अपने घर आया। ऐसा मालूम हो रहा था, जैसे वह पाटन कि गलियों को अन्तिम बार देख लेने का लाहा ले रहा है।

उसने अपने जीवन के विगत वर्षों पर दृष्टिपात किया। उनमें निराशा और दुःख के अनेक प्रसंग थे, तथापि उसे अपना समग्र जीवन बहुत अंशों में सफल हुआ दिखलाई पड़ा। उसी के कारण पाटन आज टिक रहा है। भविष्य की प्रजा जब पूर्वजों को याद करेगी, तब सबसे पहले उसी के नाम का स्मरण करेगी। सरल तथा सादे जीवन की पुरानी भावनाओं के लोग अपने-अपने घरों में सो गये थे। सारे नगर में

शान्ति प्रतीत हो रही थी। उसने मन-ही-मन इस प्रकार आशीर्वाद दिये, जैसे नगर के सभी लोग उसके बालक हों, और वह सारे नगर का पिता हो।

जब वह अपने घर आया, तब एक सेवक बाहर चबूतरे पर बैठा था, वह बोला, "महाराज, कोई एक स्त्री आकर बैठी है।"

मुंजाल जरा हँसा। अक्सर नगर के असहाय, दुःख से पीड़ित लोग सलाह लेने, अपने झगड़े निबटाने या सहायता पाने की आशा से उसके पास आया करते थे। परन्तु अब यह किसलिए? उसके पास सत्ता नहीं थी; धन था, सो उसमें से वह बहुत कुछ धर्म-कार्यों में दान कर चुका था।

"कहाँ हैं?"

"ऊपर हैं। उनके साथ एक नौकर है।"

"अच्छा।" कहकर मुंजाल ऊपर गया। जीने के समीप एक मनुष्य सिकुड़कर बैठा था, "कौन है भाई?"

"महाराज, मैं हूँ।"

"कौन समरसेन? तुम यहाँ कैसे? किसे लाये हो?"

कुछ झुककर समर ने धीरे से उत्तर दिया, "महारानीजी आयी हैं।"

"ऐं!" मुंजाल इस प्रकार पीछे हट गया, जैसे सर्प ने डस लिया हो।

समर ने माथा हिलाकर कहा, "हाँ।" मुंजाल शीघ्रता से अन्दर जाकर बोला, "मीनलदेवी! यह क्या? मेरे यहाँ?"

"क्यों न आऊँ? सेठानी थीं, तब एक बार आयी थी, कितने वर्ष हुए? जुग के जुग बीत गये।"

"परन्तु, कोई जानेगा, तो क्या कहेगा?"

"जिसे कहना हो, कहे। किसी के मुँह को कभी किसी ने बन्द किया है? मनुष्य के जीवन में एक क्षण ऐसा भी आता है, जब उसे किसी की परवा नहीं रहती।"

"वह साधारण लोगों के लिए ठीक है। ज्यों-ज्यों हम ऊँची पंक्ति पर पहुँचते हैं, त्यों-त्यों हमें परवा ज्यादा रखनी पड़ती है। परन्तु, इस समय यहाँ कैसे?"

"तुम इतने वर्षों के बाद राजमहल छोड़कर यहाँ कैसे आये?"

मुंजाल की भँवें तन गयीं। वह सामने गद्दी पर बैठ गया और कठोरता से रानी की ओर देखने लगा। "मीनलदेवी, अगर हम पुराने पोथों को खोलने लगें, तो उससे क्या लाभ होगा? अब मुझसे और राज्य के झगड़ों के क्या सम्बन्ध? तब समाप्त हो गया। अब मैं आबूजी जाऊँगा। संसार की विडम्बना में बहुत समय तक लिपटा रहा।" मुंजाल ने यथाशक्य शान्ति से कहा।

रानी को उसके कठोर शब्दों की परवा न थी। उसे ऐसा लगता था, जैसे उसके समस्त शरीर में होली सुलग उठी है और वह तभी शान्त हो सकती है, जब उसे शब्दों के रास्ते निकल जाने दिया जाय। "मुंजाल, यह सब तुम किसे समझा रहे हो? क्या

मैं तुमको पहचानती नहीं हूँ? संसार की विडम्बना से छूटना चाहते हो? अभी तो तुममें पाँच संसारों को जीतने का बल है। अभी तुममें समस्त भारतवर्ष के राजतंत्र को संचालित करने की शक्ति है। यह क्या मैं नहीं जानतीं?''

''रानी, मुझमें इतने दिनों में बड़े परिवर्तन हो गये हैं। जब आपने मुझे बन्दी किया, तब मेरे क्रोध का पार नहीं था। जब आपने मुझे बुलाया, तब मैं निराश था; परन्तु पाटन के साहस की बात सुनकर मेरी निराशा दूर हो गयी; किन्तु उत्साह नहीं आया। देश के लिए और अपनी जीवन-भर संग्रह की हुई आशाओं के लिए मैंने मेल कराया; तथापि हृदय तटस्थ ही रहा। इस समय यद्यपि मैं चालीस वर्षों का भी नहीं हूँ, फिर भी मैंने बूढ़े दादा बनकर तुम्हारे दंडनायक को जाने से रोका; फिर भी जीवन में रस नहीं आया।''

''क्यों, त्रिभुवन कहाँ जा रहा था?''

''अपनी टेक रखने के लिए पाटन छोड़कर देश-निकाला ले रहा था।''

''फिर, रुक गया—तुमने रोका?''

''नहीं, आपकी भतीजी ने। बेचारी का माथा फूट गया है। अब ठीक है।'' लीलाधर वैद्य वहीं हैं।—मैं क्या कह रहा था?—हाँ, इतना सब कुछ किया, फिर भी जी नहीं मानता—विरक्त हो गया है। अब पाटन ठिकाने आ गया, अतएव मैं निश्चिन्त हूँ।''

''यह तो तुमने अपना इतिहास कहा, अब मेरा भी सुनना है? विखराट में जब दुःख पड़ा, तब मैं पापिनी थी, सत्ता के शौक में मैं अधिकाधिक पतित होती जा रही थी। एक रात को मुझे स्वप्न आया, और मैं बच गयी—मेरा पुनरुद्धार हुआ।''

मुंजाल को खयाल आया कि मीनलदेवी बात को कहाँ से कहाँ ले जा रही है; परन्तु करता क्या? वह चुपचाप बैठा रहा।

''किसने पुनरुद्धार किया, खबर है? जब मैं अपने चन्द्रपुर में प्रसन्न जितनी थी, तब जिसने मेरे हृदय को हर लिया था, उसने।'' रानी के नेत्रों में भयंकर बिजली चमक उठी। मुंजाल नीचे देखने लगा। ''नीचे देखने की आवश्यकता नहीं है। तुम महान पुरुष हो, विरागी हो गये हो। मैं तो क्षुद्र हूँ। वासनाओं की दासी हूँ। हम स्त्रियों को वैराग्य शीघ्र प्राप्त नहीं होता। उस रात्रि के पश्चात् मैं जैसी थी वैसी की वैसी हो गयी हूँ।''

''मीनलदेवी, अब इस उम्र में, ऐसे समय ऐसी बातें करना ठीक नहीं है। जो था, हो गया, उसे जाने दो।''

''मैं भी यही कहती हूँ। पिछले दस वर्षों में जैसी हो गयी थी—उन वर्षों को जाने दो। हम जैसे थे, वैसे ही रहें।''

मुंजाल ने माथा हिलाया।

"तुम भले ही यह कहो। उस दिन विखराट में जब तुमने मुझे ढकेल दिया, तब मुझे विश्वास हुआ कि तुम जैसे थे वैसे ही हो। अभिमान के कारण अलग होने का प्रयत्न अवश्य करते हो, परन्तु तुम्हारा हृदय तो जैसे का तैसा है।"

"मीनलदेवी, इस तरह की बातें मुझे पसन्द नहीं हैं।"

"न कहूँ? एक वचन दो।"

"क्या?"

"पाटन छोड़ने का विचार त्याग दो।"

"यह कैसे हो सकता है? मीनलदेवी, मैं जैसा था वैसा नहीं रहा हूँ। मैं तुम्हारे किए हुए अपमान को भूलने की चेष्टा करता हूँ; परन्तु उसने बड़ा गहरा घाव कर दिया है। मेरी बहन, अपनी हंसा की मृत्यु की चोट भी मुझे कुछ कम नहीं लगी है। मुझमें अब पहले की शक्ति नहीं रही है। यहाँ रहकर भी मैं क्या करूँगा?"

"क्या करोगे? मीनलदेवी के राज्य में तुम क्या करोगे? मालिक बनकर रहोगे।"

"नहीं, नहीं, अब उस प्रकार नहीं रहा जा सकता। सारे जगत के देखते बन्दी हुआ—अब मुझसे यह कैसे माना जाय? मैं उलहना नहीं देता हूँ, ताना नहीं मारता, परन्तु वह प्रसंग मुझसे भूला नहीं जाता।"

"मैं उसे ही भुलाने आयी हूँ। उसके लिए प्रायश्चित करने आयी हूँ।"

कुछ हँसते हुए मुंजाल ने पूछा, "किस प्रकार करोगी?"

"किस प्रकार करूँगी? तुम कहो तो तुम्हारे पैरों पड़कर। मुंजाल, न जाने क्यों, उस दिन से मुझे अपने विवाह का प्रसंग याद आता है। उस दिन रात को हमने जो निश्चय किया था, याद है?"

"हाँ, और उस निश्चय को तुम इस समय तोड़ने का प्रयत्न कर रही हो। हमने भाई-बहन के से निर्मल स्नेह का व्यवहार करने की शपथ ली थी। किसी भी प्रकार के स्खलन से गुजरात के गौरव को दूषित न करेंगे,-राज्य कार्यों के अतिरिक्त हम और किसी समय न मिलेंगे, इस विषय के कर्कश वार्त्तालाप को छोड़ और कोई वार्त्तालाप न करेंगे, ऐसी-ऐसी प्रतिज्ञाएँ ली थीं। चौदह-पन्द्रह वर्षों के पश्चात् आज तुमने प्रतिज्ञा तोड़ी और राज-काज के बिना मिलने आयीं। तुम देवी हो, पतितपाविनी हो, यह तुम्हें शोभा देता है?"

"मुंजाल, तुम अपनी प्रतिज्ञा का भी पालन कहाँ कर रहे हो?" मुझे छोड़कर जो इस प्रकार भाग जाना चाहते हो, वह कैसा मित्र? तुमने अपने वचन को छोड़ा, तो मैंने भी छोड़ दिया। मैं रानी नहीं बनना चाहती। मैं पाटन में रहूँगी तो तुम्हारे साथ रहूँगी; नहीं तो जहाँ तुम जाओगे वहाँ।"

मुंजाल ने दुःखित स्वर में कहा, "मीनलदेवी, तुम मुझे नाहक ही उलझन में डाल रही हो।"

"नहीं, हक से।" मीनलदेवी ने कहा और वह जरा हँसी, "तुम मुझे पाटन ले आये, एक बार नहीं, अब तो दो बार। अब मैं तुम्हें पाटन से बाहर कैसे जाने दे सकती हूँ?" कहकर मीनल एकदम उठी और मुंजाल के समीप आ गयी।

मुंजाल जरा पीछे हट गया, "नहीं, नहीं।"

"मुंजाल, ये निकम्मी बातें किस मतलब कीं! मैं लड़ूँगी भी तो तुम्हारे साथ, अतएव कहीं तुम्हारे बिना क्षण-भर भी चल सकता है? और तुम सब कुछ कहो; पर मैं नहीं मानूँगी। तुम मीनल को कैसे भूल सकते हो?" कहकर रानी ने मुंजाल का हाथ पकड़ लिया। विचारों में, उलझन ने कपाल पर हाथ रख लिया।

"मुंजाल, विचार न करो। बिना माने निस्तार नहीं है। सोच लो कि मैं चन्द्रपुर में हूँ, छोटी हूँ; सोच लो कि उस समय जैसी थी, वैसी ही तुम्हारी संगति के लिए पागल हूँ, तुमसे विनय कर रही हूँ, मान जाओ। हम अलग कैसे रह सकते हैं? यहाँ तुम्हारे बिना ऐसा कौन है जो मेरे विचारों का साथी हो? पाटन को जगत की राजधानी बनाने के लिए मेरी सहायता करने की किसमें सामर्थ्य है? मुंजाल, तुम अपनी विशाल, निष्कलंक बुद्धि के तेज में मुझे पहले की भाँति स्नान करने दो। बस, मुझे इतना ही चाहिए।"

"रानी..."

"नहीं, मीनल..."

"अच्छा, मीनलदेवी, मैं सोचूँगा। हो सकेगा, तो मान लूँगा। अब कृपा करके जाओ, बहुत हो गया।"

"नहीं, वचन दो और इसी समय मेरे साथ चलो, राजमहल सूना है। जब तक तुम न चलोगे, मैं जाने की नहीं।"

मुंजाल ने रानी की ओर देखा। उसके प्रेम से पागल हुए मुख पर अद्‌भुत छाया पड़ रही थी। उसके हाथ, जो मुंजाल के हाथ को थामे हुए थे, थरथर काँप रहे थे।

"मीनलदेवी, अच्छी बात है। मैं राजी हूँ।"

रानी ने आतुरता से पूछा, "वचन दे रहे हो?"

"हाँ, वचन दे रहा हूँ।"

"ओह मेरे मुंजाल!" कहकर रानी मुंजाल के गले से लिपट गयी। डूबता हुआ मनुष्य जैसे आशा छोड़कर प्रवाह की शरण ले लेता है, उसी प्रकार मुंजाल हो गया।

कुछ क्षण इसी प्रकार बीत गये।

"मीनलदेवी, यह नहीं चल सकता। मैं यहाँ रहूँगा, तो उस दिन वाली प्रतिज्ञा का पालन करना होगा। जिस निर्मल जीवन ने लोगों के मुखों को बन्द कर दिया था, उनके शंकाशील हृदय में श्रद्धा ला दी थी, उस जीवन को फिर से स्वीकार करना होगा।"

"हाँ, हाँ, मुझे स्वीकार है। बड़प्पन का जितना भी दंड भोगना होगा, भोगूँगी, परन्तु तुम मेरी आँखों के आगे रहो।"

महाराज जयदेव की आन

उदा मेहता सवेरे मन-ही-मन मुस्कराते हुए उठे। एक प्रकार से उनका निर्मल स्वार्थ सिद्ध हो गया था। नगर के निवासी विद्रोह खड़ा करें, त्रिभुवनपाल लड़ाई ठानें और युद्धक्षेत्र तक बात जा पहुँचे, इसकी अपेक्षा राज्य ज्यों-का-त्यों रहे और वह मंत्री बन जाय, यह उसे बहुत अच्छा मालूम हुआ। उसने सोचा कि अब तो उसके पौबारह हैं। मुंजाल मेहता आबूजी जानेवाले हैं, और अन्य कोई उसके आगे किसी गिनती में है ही नहीं।

इतने में डूँगरनायक आ पहुँचे। जागीरदारी का नया रुतबा मिलने की आशा से उनमें कुछ भलमनसी का ढंग आने लगा था।

"कहो मेहताजी, यह नयी बात भी सुनी?"

"क्या भाई?"

"प्रसन्नमुखी मृत्यु-शय्या पर पड़ी हैं और मुंजाल मेहता ने आबू जाने का विचार त्याग दिया है।"

इन दोनों बुरे समाचारों को सुनकर उदा ने कुछ उदास होते हुए कहा, "अरे यह क्या कह रहे हो? मुंजाल मेहता पाटन में रहें, तो फिर उदा मेहता को कौन पूछेगा? और यह बात झूठ है। मैंने स्वयं मुंजाल मेहता के मुख से आबू जाने की बात सुनी है।"

"अच्छी बात है, जब राजमहल में जाओ तब देख लेना।" कहकर डूँगर ने विदा ले ली। उदा का मन छटपटाने लगा। 'मुंजाल कैसे रह गये?' वह तुरन्त कपड़े पहनकर राजमहल की ओर गया। वहाँ प्रवेश करते ही उसने बड़ा परिवर्तन देखा। सारा राज-तंत्र पहले के ही समान नियमित और विनयशील हो गया है। सैनिक धीरे-धीरे और नियमानुसार घूम रहे हैं। नौकर-चाकर पहले की ही भाँति अपने-अपने काम पर आ रहे हैं। उसे यह परिवर्तन बड़ा मार्मिक प्रतीत हुआ।

सदा की भाँति उदा ने पूछा, "कहो कल्याण नायक! क्या हाल है?" नायक का व्यवहार बड़ा नम्र हो गया था। कुछ अपरिचित-सी सभ्यता से उसने धीरे से उत्तर दिया, "सब कुशलता है।" और वह अपने काम से चला गया।

वह जल्दी-जल्दी लीलाधर वैद्य के पास गया। वे प्रसन्नमुखी की सेवा-शुश्रूषा में थे; इसलिए भेंट नहीं हो सकी। डूँगर की एक बात तो सच हुई।

जब वह रानी से मिलने को चला तो समरसेन ने रोक लिया, "महारानीजी मुंजाल मेहता से बात कर रही हैं।" उदा बर्फ की भाँति ठंडा हो गया। अब उसकी समझ में आया कि राजमहल इतना नियमित क्यों हो गया है। स्वामीहीन राज्य का सच्चा स्वामी

आ गया था। उसके मुख से निःश्वास निकल पड़ा। उसे मुंजाल की धाक पहले जैसी ही मालूम हुई और वह यह भूल गया कि मै भी मंत्री हूँ। वह बड़ी उतावली से मुंजाल मेहता के कमरे के समीप पहुँचा। कमरे में पाटन के अनेक अगुए बैठे हुए उनकी राह देख रहे थे।

कुछ देर में मुंजाल ने आकर सबसे भेंट की। उसकी मधुर जिह्वा ने प्रत्येक को कुछ न कुछ सम्बोधन किया और अपने आबूजी न जाने का कारण बतलाया कि रानी का हुक्म है। सब हँसे, बोले और चले गये।

मुंजाल ने कुछ हँसते हुए कहा, "उदा मेहता, जरा ठहरना, मुझे कुछ कहना है।"

उदा ठहर गया। इस मनुष्य का जादू उस पर भी चलने लगा था।

"उदाजी, अब राज्याभिषेक का कार्य तुम्हें अपने माथे लेना होगा। इस समय विश्यपाल मालवराज से मिलने जा रहे हैं और चार दिनों के अन्दर वे गुजरात से बाहर न चले गये तो वल्लभसेन की अध्यक्षता में सेना को भेजने की धमकी दे दी गयी है। परन्तु, सबसे पहले महाराज जयदेव को सिंहासन पर आरूढ़ होना चाहिए। ऐसे ठाट-बाट से सब कुछ करना है कि गुजरात ने भी कभी न देखा हो। मैंने सभी मंडलेश्वरों को निमंत्रित करने का विचार किया है। अब पूरा प्रभाव दिखलाना होगा।"

उदा को जो कुछ थोड़ा-बहुत काम-काज मिला, उसे उसने स्वीकार कर लिया। उसे ऐसा लगा कि मुंजाल के रहते उसकी कुछ चल नहीं सकती।

मुंजाल की देख-रेख में, उदा के परिश्रम और पाटन के उत्साह से, कर्णदिव की मृत्यु के ठीक सवा महीने बाद जयदेव पराक्रमी गुर्जरेश्वरों के सिंहासन पर बैठ गये। पाटन हर्षित हुआ। सारे गुजरात में डंका बज गया। दूर देशों के द्वेषी राजाओं के हृदय में एकता की यह नयी लहर देखकर, एक अकल्पित-सा भय समा गया।

इस एकता से घबराकर मालवराज ने आगे पैर बढ़ाना बन्द कर दिया। खेंगार और वल्लभसेन के उपरान्त अन्य दो-तीन मंडलेश्वर भी समय देखकर पाटन को कुछ समझने लगे और मुंजाल की राजनीति से उनकी स्वतन्त्रता एकदम चली नहीं गयी, इसलिए उन्होंने प्रसन्नता से पाटन की पीठ पर रहकर लड़ना स्वीकार कर लिया।

परन्तु मंडलेश्वरों का नायक त्रिभुवनपाल इस समय सब कुछ भूल गया था। एक बहुत जरूरी काम में वह रुका हुआ था और वह था प्रसन्नमुखी को मनाना। कुछ दिनों के पश्चात् एक और बड़े उत्सव के पीछे पाटन के लोग पागल हो गये। उनके दंडनायक का ऐसे ठाट से प्रसन्नमुखी के साथ विवाह हुआ कि जयदेव के राज्याभिषेक के अवसर को भूल गये। कठोर हृदय मुंजाल के नेत्रों से टप-टप आँसू टपक पड़े। रानी

को सूझा ही नहीं कि वह हँसे या रोए। इस विवाह के पीछे लोगों को इतना पागल हुआ देखकर जयदेव अपने विवाह की भी हठ ठान बैठा।

रानी ने मुंजाल से कहा, ''इस प्रसंग पर अब कोई कमी नहीं रह गयी है।''

मुंजाल ने उत्तर दिया, ''कमी केवल मेरी बहन और बहनोई की है।''

त्रिभुवन पाणिग्रहण करके ज्यों ही उठा कि उदा मेहता मिले।

''उदा मेहता, अब तुम कब विवाह करोगे?''

उदा ने एक आँख को मींचकर कहा, ''महाराज, गुर्जर-राष्ट्र में प्रसन्नमुखी एक ही थी, दूसरी कहाँ है?''

''क्यों बे बनिये! यह गुस्ताखी...''

मुंजाल और त्रिभुवन मिले और भेंटे।

''मामाजी, अब तो राजी हुए?''

''नही भइया!''

''क्यों, अब और क्या बाकी है?''

''जब पाटन का दंडनायक अवन्ती से चौथ लेगा, तब राजी होऊँगा।''

रात हुई। देवप्रसाद का सूना महल, जो हर्ष से गूँज रहा था, शान्त हो गया। उसमें एक मुग्धा मद और मान से भरी हुई बैठी थी।

''अब तुम्हें पाटन छोड़ना हो तो छोड़ सकते हो, छुट्टी है।''

''अब कहाँ जाऊँ? उस समय क्यों नहीं जाने दिया?''

अपनी कोमल हाथों की मुट्ठी ऊँची करके प्रसन्न ने कहा, ''अपना माथा फोड़वाने के लिए। अब देखना है कि किसका माथा फूटता है।''

''देख लिया तुम्हारे हाथों को, अभी चाहूँ तो मसल डालूँ।''

''याद रखो इन हाथों ने तुम्हें मरने से बचाया है।''

''इन हाथों ने? कब?''

जब कुमार जयदेव ने तलवार तानी थी, तब उसका हाथ किसने घायल किया था, भूल गये?''

''तुमने?...तुम तो...'' कहकर त्रिभुवन एकदम समीप बढ़ आया।

''खबरदार!''

''क्यों?''

आँखों को नचाते हुए प्रसन्न ने कहा, ''उस बेचारे मुरारपाल को तो इस समय नींद ही नहीं आ रही होगी।''

''प्रसन्न, अब मजाक रहने दो। इस समय तुम्हें देखकर मेरी समझ में एक बात आ रही है।''

"क्या?"

"यह कि पिताजी ने माताज़ी के लिए क्यों अपने प्राण दे दिये।"

ताम्रचूड़ध्वज सिद्धराज जयसिंह के महान साम्राज्य का आरम्भ हुआ। साम्राज्य के हित में लगे भिन्न-भिन्न व्यक्तियों का केवल एक ही ध्येय हो गया। उनके हृदय में केवल एक ही मंत्र गुँजने लगा।

वह ध्येय, वह मंत्र था, "जय सोमनाथ!"